本书是国家社会科学基金重大项目
《中国传统政治文化与坚持走中国特色社会主义政治发展道路研究》
（项目批准号：13&ZD008）的最终成果。

中国传统政治文化现代转型研究丛书

天津市重点出版扶持项目

政道通源：

传统政治文化与中国特色社会主义政治发展道路

葛荃 等著

天津出版传媒集团

天津人民出版社

图书在版编目(ＣＩＰ)数据

政道通源:传统政治文化与中国特色社会主义政治
发展道路 / 葛荃等著. -- 天津 : 天津人民出版社,
2020.12
(中国传统政治文化现代转型研究丛书)
ISBN 978-7-201-16804-3

Ⅰ.①政… Ⅱ.①葛… Ⅲ.①中国特色社会主义—政
治制度—研究 Ⅳ.①D621

中国版本图书馆 CIP 数据核字(2020)第 233188 号

政道通源:传统政治文化与中国特色社会主义政治发展道路
ZHENGDAO TONGYUAN

出　　版	天津人民出版社	
出 版 人	刘　庆	
地　　址	天津市和平区西康路35号康岳大厦	
邮政编码	300051	
邮购电话	(022)23332469	
电子信箱	reader@tjrmcbs.com	
策划编辑	王　康	
责任编辑	郑　玥　王　玚	
特约编辑	王　倩	
装帧设计	汤　磊	
印　　刷	河北鹏润印刷有限公司	
经　　销	新华书店	
开　　本	710毫米×1000毫米　1/16	
印　　张	30	
插　　页	6	
字　　数	430千字	
版次印次	2020年12月第1版　2020年12月第1次印刷	
定　　价	128.00元	

课题组成员

葛　荃:首席专家

蒋　锐:子课题负责人

王　成:子课题负责人

楚成亚:子课题负责人

贾乾初:子课题负责人

目 录

Contents

导　论

党的十九大报告指出："中国特色社会主义政治发展道路，是近代以来中国人民长期奋斗历史逻辑、理论逻辑、实践逻辑的必然结果，是坚持党的本质属性、践行党的根本宗旨的必然要求。世界上没有完全相同的政治制度模式，政治制度不能脱离特定社会政治条件和历史文化传统来抽象评判，不能定于一尊，不能生搬硬套外国政治制度模式。要长期坚持、不断发展我国社会主义民主政治，积极稳妥推进政治体制改革，推进社会主义民主政治制度化、规范化、程序化，保证人民依法通过各种途径和形式管理国家事务，管理经济文化事业，管理社会事务，巩固和发展生动活泼、安定团结的政治局面。"

这里讲得十分明确，一个国家的政治道路是历史与人民共同选择的结果，既有人的主观追求与探索，也有客观规律的驱动与成就。中国特色社会主义政治发展道路的形成与发展，除了上述两个方面的坚守，还有中国传统政治文化的传承与维系。这一点正是本项研究的主旨。

一、中国传统政治文化的价值系统

中国传统政治文化内容广博浩瀚，就现有的研究看，理应从其内部结构入手，以便于把握其精要。一般认为，中国传统政治文化是以儒家思想为主体的,兼容道、法及佛教思想的思想体系。其内部深层结构是一套政治价值系统。这里说的政治价值是基于人的政治活动的社会性特征,主要表现为一系列政治准则,这些准则具有广泛的认同性,是政治主体进行政治活动、制定政治法则、设置政治制度、维护政治秩序的合理性依据和指导性原则。就理论层面而言,政治价值作为政治主体的一种评介标准,是政治主体借以认识政治现象,评估政治问题的依据尺度。从政治哲学的视角看,所谓政治价值是一个意义系统,具有明确的主体性,体现着人与外部世界的某种关系。同时,政治价值亦是一个政治系统赖以建立的根本依据,以及人们全部政治活动的终极目的。政治价值一般通过人们的政治观念表达出来。政治价值的表现形式可能普遍地存在于某一共同体的政治文化之中,也可能是某一政治主体个人所独具的。对于一个民族的政治文化而言,政治价值的形成是一个复杂而长期的过程,通常需要数代人甚或千百年的承传积淀。对于个人来说,政治价值观念的形成无非是一个政治社会化(Political Socialization)过程。[①]

中国传统政治文化的价值结构主体可以分为三个层次,以下分别述之。

(一)君权至上

作为一种政治价值准则,"君权至上"指的是在中国古代社会政治生活中,君主的权威具有压倒一切的至上性,神圣不可侵犯。从思想文化的层面看,这一价值准则的形成有着特定的条件和过程。

君权至上的思想渊源可以追溯到殷商时代,殷商帝王自称"余一人",就已经表达了这样的政治观念。到了春秋战国时代,关于这方面的认识逐渐丰富起来。从先秦诸子之学来看,除了极个别的,如农家许行、道家杨朱等,诸

---

① 参见葛荃:《走出王权主义藩篱——中国传统政治文化研究》,天津人民出版社,2017年,第32~33页。

子中的绝大多数都是尊君的典范或准尊君论者,只是他们在具体的表述和尊君的方式上有所不同。

法家的表达最简洁、最明快,"国者,君之车也"①,"事在四方,要在中央;圣人执要,四方来效"②。墨家学派则要"同一天下之义",从里长、乡长做起,层级"上同",最后由诸侯国君"有率其国之万民以尚乎天子"③。墨家设计的"尚同"社会是集权式的君主政治,"凡国之万民,上同乎天子而不敢下比。天子之所是,必亦是之,天子之所非,必亦非之"④。在实际政治选择上,墨家毫不含糊地奉行尊君主义。道家的阵营里有些例外,庄子对君主政治采取了某种疏离的态度,他批判圣人和"治世",坚持要在精神上和行为上全面回归自然。但是道家学派的创始者老子却是力主"圣人治天下"的;庄子后学也有积极主治的一面;黄老派当然就更不在话下了。即使是成为道家通识的"无为之治",其大旨仍然是对君主权威的肯定。只不过依照老子的设计,君主要遵循"道"的法则治天下,绝圣弃智,用弱用柔,以柔克刚。

至于儒家学派,其尊君的心思最深刻,计虑最长远。除了孟子和荀子的个别之论,⑤孔孟儒学大讲特讲的并不是"民贵"和"诛一夫",而是礼制等级、德治仁政、爱有差等、克己寡欲、修身教化等等。这些命题无一不是在维护和巩固君主政治的制度、政策、道德和社会基础上做文章。与法家政治学说的长于进取相比较,儒家学派的特点是"益于守成",而"进取"和"守成"都是君主政治的需要。所以司马谈《论六家要旨》认定儒家的礼制"虽百家弗能易也"。

事实上,儒家早就高举起君权至上的旗帜,孟子曾经引述孔子之言:"天

___

① 《韩非子·外储说右上》,王先慎:《韩非子集解》,中华书局,2013 年,第 310 页。
② 《韩非子·扬权》,王先慎:《韩非子集解》,中华书局,2013 年,第 44 页。
③④ 《墨子·尚同中》,《百子全书》(上册),浙江古籍出版社,1998 年,第 719 页。
⑤ 孟子有"诛一夫"之论。《荀子·正论》的"诛暴国之君若诛独夫"(梁启雄:《荀子简释》,中华书局,1983 年,第 235 页。)与孟子之论相类。

无二日,民无二王"①,类似的表述散见于《礼记》②。虽然《论语》无载,"天无二日,民无二王"是否出于孔子之口难以确证,但是这句名言显然是儒家思想的成说,代表了孔孟儒学的政治认识,清楚地表明了儒家学派的价值选择,他们给君权的独占性、一统性和至上性投了赞成票。由此可知儒家不仅尊君,而且尊得深切和绵长。

在先秦诸子此起彼伏的尊君呼声中,君权至上的政治价值准则渐次形成。汉代以后,儒学与政治紧密地结合起来,完成了儒学的政治意识形态化的演变,形成了以儒学为核心的传统政治文化体系。在随后的历史进程中,即便诚如现代新儒家所言,宋明时期尚有儒学的"第二期发展",但是以儒家文化为中轴的传统政治文化内涵的君权至上价值准则却是一以贯之的。从政治文化的视角看,主要表现在以下方面:

1.政治权力的归属问题,君主的权威具有绝对性

君主作为中国古代社会的国家首脑,是全社会的最高政治首领和实际主宰者,这一点基本得到了所有社会成员的公认。前述殷商帝王自称"余一人",晚出的《礼记》解释说:"凡自称,天子曰'予一人'"③,"君天下,曰'天子'。朝诸侯,分职授政任功,曰予一人。"④很显然,这一称谓内含着某种至高无上的权威性,体现着君主的特殊政治地位。殷商以后,这一称谓并没有随着改朝换代而消亡,除了保存在儒家的典籍里,后世帝王也有使用这种称谓的。例如西汉孝文帝、东汉光武帝的诏令里就自称"余一人"。这一现象典型地说明了君权至上意识的历史承载过程。

一般而论,中国古代的君主政治具有官僚政治的特点,政治参与和政治

---

①　《孟子·万章上》,朱熹:《四书章句集注》,中华书局,1983年,第306页。

②　参见《礼记·曾子问》:"孔子曰:'天无二日,土无二王。尝、禘、郊、社,尊无二上。'"《礼记·坊记》:"子云:'天无二日,土无二王。家无二主,尊无二上,示民有君臣之别也。'"《礼记·丧服四制》"资于事父以事母而爱同,天无二日,土无二王,国无二君,家无二尊,以一治之也。"上引分别见杨天宇:《礼记译注》,上海古籍出版社,2004年,第230、676、856页。

③　《礼记·玉藻》,杨天宇:《礼记译注》,上海古籍出版社,2004年,第387页。

④　《礼记·曲礼下》,杨天宇:《礼记译注》,上海古籍出版社,2004年,第42页。

录用具有一定的广泛性和社会流动性；加之官制中的监察系统相对完备，因而从某种角度看，君主的"个人独裁"在实际政治运行过程中的表现似乎并不突出。然而自古以来在儒家文化极力张扬的政治理念中，关于君主个人拥有并执掌最高政治权力的认识是由来久远而且是根深蒂固的，在官僚化君主政治的表象内里，赫然是对于君主口含天宪、一言九鼎而独断乾纲的普遍认同。这在春秋时期已经有了明确的认识，谓之"国不堪贰"①。

先秦诸子坐而论道，他们的政治选择各有特点，观点多有歧义，然而在坚持君主权威一元化的问题上却具有一致性。

由于法家一派主张君利中心和君主绝对专权，儒家则倡导德治教化，于是有人认为强调君权的绝对化和一元化是申、韩之士的事，与儒家无涉，其实不然。我们在前引儒家有关"天无二日，民无二王"的论述中，已经清楚地了解到儒家一派的政治态度。此外，孔子亦明确表示："惟器与名，不可以假人，君之所司也。"②孔子说的器指礼器，名是名位。古代帝王"铸鼎象物"，据传说，大禹将天下划为九州，铸造九鼎以为象征，于是鼎作为礼器就成了最高政治权力的代名词，所谓"器与名"是权力的同义语，孔子的意思是，天下最高权力应该由君主个人亲自执掌。秦汉以后，这一认识更具有了普遍性。

2.在政治决策过程中，君主同样拥有绝对的权威性

不过作为一种政治认识，君主的决策权威有其特定的历史过程。大体而言，早期的君主政治曾经实行过"三占从二"的决策方式。《尚书·洪范》有载："立时人作卜筮，三人占，则从二人之言。汝则有大疑，谋及乃心，谋及卿士，谋及庶人，谋及卜筮。"《周礼·秋官司寇·小司寇之职》："掌外朝之政，以致万民而询焉。一曰询国危，二曰询国迁，三曰询立君。"这种决策方式备载典册，显

---

① 据《左传·隐公元年》载，郑庄公之弟共叔段依仗母后势力，欲夺君位，公子吕告诫郑庄公说："国不堪贰，君将若之何？"（阮元：《十三经注疏》（上册），浙江古籍出版社，1998年，第1716页。）要求郑庄公当机立断。

② 《左传·成公二年》，阮元：《十三经注疏》（上册），浙江古籍出版社，1998年，第1894页。

然带有一定的上古氏族制的遗留成分。

到了春秋战国时代，随着君主政治政体形式的发展变化，决策方式逐渐演变成为"兼听独断"。如《管子·明法解》说："明主者，兼听独断，多其门户。"这里的"独断"是问题的关键。无论臣僚百官提出什么样的意见，最终的决断权掌握在君主个人手里，这才是君主至上权威的真实体现。事实上，臣的意见越多，倾向性越明显，君主越要专断裁决，不能优柔寡断。孔子深知此中意涵，故而叮嘱君主："众恶之，必察焉；众好之，必察焉。"①

延至后世，"兼听独断"成了儒家文化为理想中的明君设计的最佳决策模式，得到历代帝王及思想家们的一再提倡。例如明儒王夫之就指出："不淫听于辨言，而不塞听于偏听……乃若听之之道，群言竞奏，而忠佞相淆，存乎君之辨之，不徒在言者也。"②这一决策模式表明了"独断"始终是君主特有的权力内涵。宋儒司马光唯恐世人不得参详，或许会痴迷于儒家的"忠谏""直谏"而对君主的至上权威有所误解，遂解释说："国家凡举一事……要在人主审其是非而取舍之。取是而舍非则安荣；取非而舍是则危辱……故传谋群臣下及庶人，然而终决之者，要在人君也。古人有言曰：'谋之在多，断之在独。'谋之多，故可以观利害之极致；断之独，故可以定天下之是非。若知谋而不知断，则群下人人各逞其私志，斯衰乱之政也。"③司马光说得再清楚不过了，君主要将审断是非以决定取舍的权力牢牢掌握在自己的手中。

如果我们将政治权力具体划分为参政权、议政权、行政权、裁决权即立法权、司法权、监督权等，那么其中居于核心地位的显然是裁决权即立法权。这一权力由谁来执掌，是一人还是多人，经由什么样的程序达成，无疑是决定政体的专制或民主性质的重要标识之一。从司马光等人的认识来看，毫无疑问，兼听独断属于专制政治的范畴，是君权至上政治价值的典型体现。

---

① 《论语·卫灵公》，杨伯峻：《论语译注》，中华书局，2006年，第189页。
② 王夫之：《读通鉴论·晋》(中册)，中华书局，1975年，第298~299页。
③ 司马光：《司马温公文集·上体要疏》，《丛书集成初编》。

3.在社会政治关系方面,君主有着绝对的统属和占有权

一个耳熟能详的依据就是《诗·小雅·北山》:

> 溥天之下,莫非王土;
>
> 率土之滨,莫非王臣。

《北山》的吟诵很有代表性,相类的认识在西周人的铜器铭文和其他诗篇、文献中并非少见。①在古人的政治认知里,君主的权力范围是一个极为广阔的"地缘"概念,其边界是含混不清的。所谓"溥天之下""四方""万邦"都是虚指,体现着中国先民的空间意识,同时也意味着人们对于君主权力的认定:帝王的统辖疆域极言其广,没有边界,因而帝王的权力也是无限的。公元前219年(秦始皇二十八年),秦始皇巡游至"琅琊",登山所立的石刻铭文便是这一普遍认同的官方告白:

> 六合之内,皇帝之土。西涉流沙,南尽北户。
>
> 东有东海,北过大夏。人迹所至,无不臣者。②

秦始皇虽说被后世视为暴君的典型,恶名传世而至万劫不复;强秦"二世而亡"的政治经验也只是给后人留下了"失道寡助"的教训。然而秦朝的帝国建制及其帝王观念却长期传延下来,"六合之内皆臣民"的政治宣言并没有随着秦世暴政而一并受到批判,而是成为后世历代帝王们的共同精神财富。

正是基于上述认识,传统政治文化在社会政治关系的认识方面,君主始终处于制高点。构成这一共识的理论基础是儒家"君君、臣臣、父父、子子"的

---

① 《大盂鼎》:"在武王……匍有四方,畯正华民。"《诗·大雅·江汉》:"江汉汤汤,武夫洸洸;经营四方,告成于王。"《尚书·洛诰》:"曰自时中乂,万邦咸休,惟王有成绩。"

② 司马迁:《史记·秦始皇本纪》(第1册),中华书局,1959年,第245页。

身份等级思想。传统政治文化强调等级观念,使得君主处于一种独一无二的位置。尊卑等级始终构成了君主政治的权力基础,这不仅得到了一系列政治制度和政治惯例的维护,而且一般说来,还得到了全体社会成员的认可和拥戴。从政治文化角度看,正是等级观念及其制度化,使得"溥天之下,莫非王土;率土之滨,莫非王臣"变得具体和具有了可操作性,从而使得君权至上的价值准则得以经由这样的途径而融贯于社会政治关系之中,并且使得君主的至上权威在社会政治关系中的全面覆盖成为可能。

4.在人与自然的关系方面,君主处于独特的崇高地位

在古人的观念中,自然世界与人类社会的关系是密不可分的,君主则是调节天人关系,亦即自然与社会关系的最高仲裁人,因而他拥有无可比拟的特殊权威。法国社会学家莫里斯·迪韦尔热(Maurice Duverger)认为,在古代社会,权力是在社会各种复杂的调解、妥协、协商、居间调停程序中形成的。那么中国古代的帝王亦无例外。他们作为"负责强制实行妥协和惩罚的公共权威人士"①,不仅仲裁人间事务,而且是人与自然关系的仲裁权威。

据史载,中国上古之世"民神不杂",人的社会与外部世界的交往均由带有神权性质的专职人员掌管,称为巫或觋。至少昊衰世,这种人神交往的秩序一度被打乱,出现了"九黎乱德,民神杂糅"的现象。于是圣王颛顼"乃命南正重司天以属神,命火正黎司地以属民……是谓绝天地通"②。这一事例见载于《国语·楚语》,是楚大夫观射父讲述的上古神话。人类学家张光直认为:"这个神话的实质是巫术与政治的结合,表明通天地的手段逐渐成为一种独占的现象。就是说,以往经过巫术、动物和各种法器的帮助,人们都可以与神相见。但在社会发展到一定程度之后,通天地的手段便为少数人所独占。"③他还征引了史学家杨向奎的观点,指出:"这样是巫的职责专业化……国王

---

① [法]莫里斯·迪韦尔热:《政治社会学》,华夏出版社,1987年,第110页。
② 《国语·楚语下》,黄永堂:《国语全译》,贵州人民出版社,1995年,第635页。
③ 张光直:《考古学专题六讲》,文物出版社,1986年,第10页。

们断绝了天人的交通,垄断了交通上帝的大权。"①这些见解极为精到。

从中国古代的文化发展来看,统治者始终把人与神的交往看作政治生活的首要事务,所谓"国之大事,在祀与戎",人与天神相交往,这一事实本身体现的恰恰是一种政治上的特权。随着君主政治的发展,君主的个人权威不断增强,沟通和调节天人关系便成了君主至上权威的内容之一,关于这一点在传统文化中形成了系统的理性认识。汉儒董仲舒的论说最有代表性:

> 古之造文者,三画而连其中谓之王。三画者,天、地与人也。而连其中者,通其道也,取天、地与人之中以为贯而参通之,非王者庸能当是! ②

这种认识把君主放在了一个特殊的位置上,成了人类社会与自然外部世界的联系枢纽。作为仅次于上天神道的人间主宰,君主代表人类与天对话,并代表天意治理人间。这个位置是无人能够取代的,从而构成了君权至上的坚固基石。

在古代社会, 人们对外部世界的认识总是带有对某种神秘主义的敬畏。君主能交通天地,即足以显示了其身份地位的与众不同,于是就在与天道的沟通过程中,使得天的神秘权威投射到了自己的身上,分享了天的权威与神性。这一方面加强了社会一般成员对君权的畏服心态,从而促使君主的世俗权威进一步向着神权跃升,成了天地间的最高主宰。正像宋儒石介说的那样:"人君,统治天地阴阳者也。"③同时,另一方面,既然天对人间事务的关注必须假手于君主,那么天对君的特别眷顾便再次强化了君权的合法性依据,"唯天子受命于天",在认识上增强了君权的神圣不可侵犯性。

---

① 张光直:《考古学专题六讲》,文物出版社,1986 年,第 11 页。
② 董仲舒:《春秋繁露·王道通三》,上海古籍出版社,1989 年,第 67 页。
③ 石介:《徂徕石先生文集·水旱责三公论》,中华书局,1984 年,第 127 页。

在实际历史过程中,君主的这一特殊身份和权威还得到了制度的保障。封禅、郊、社等祭典受到了历代帝王的重视,这种现象的长期存在绝不是简单的"封建迷信",而是通过制度典章化了的政治信仰对于君主至上权威的一再确认。

5.在道德与思想文化的层面,君主意味着终极真理

在古人的政治视野中,君主的权威不只统治着生命与物质的世界,而且还统辖着人的思想、道德即文化与精神的世界。君主成为人的认识上的终极裁决者。

儒家文化认为圣人是礼乐文明的缔造者,"道"是由圣人制定的。宋儒张载说:"礼者,圣人之成法也。除了礼,天下更无道矣。"[1]中国传统政治文化中的"圣人"有多种面相,其中之一是理想的帝王。荀子即曾明确指出,天下的特点是"至重""至大""至众",故而非"至强""至辨""至明"者不能胜任。荀子认为,能够达到"至强""至辨""至明"的只有圣人,"故非圣人莫之能王"[2]。荀子的这一认识是很有代表性的。在儒家的某些文献中,曾经制礼作乐的圣人特指周公。然而随着君主政治的发展,这样的圣人逐渐指向了在位的君主,据《中庸》的解释:"虽有其位,苟无其德,不敢作礼乐焉;虽有其德,苟无其位,亦不敢作礼乐焉。"显然,既有德又在位者,只能是当今圣上。

事实表明,帝王们在文化裁断认识上是当仁不让的。众所周知的例证有:秦始皇焚书坑儒,禁绝百家,诏令天下以吏为师。汉武帝罢黜百家、独崇儒术,等等。假如学术延传出现争端,各个门派之间攻讦不已,甚而出现了某些思想混乱,这时就要由君主出面协调,做出最终裁决。比较典型的例证有西汉甘露三年(公元前51年)汉宣帝主持召开的石渠阁会议,东汉建初四年(公元79年)汉章帝召开的白虎观会议。这两次会议极为典型地展示了君主在思想

---

① 张载:《经学理窟·礼乐》,《张载集》,中华书局,1978年,第264页。
② 《荀子·正论》,梁启雄:《荀子简释》,中华书局,1983年,第236页。

文化领域的至上权威,充分说明了在君主政治条件下,政治权力对文化的介入和对思想的占有,毫无疑问,这是君权至上的重要表现。

此外,君权的终极真理性还表现在君主可以任意"钦定"标准读本,任意裁定思想异端、判定思想犯罪。关于这些方面的例证,历朝历代俯拾即是。且不说那些以诗文犯险的文字狱,就连我们今天引以为荣的古代大型类书,如《四库全书》,亦无不是帝王无上权力的证明。《四库全书禁毁书目》更是这一权力暴虐的集中展现。

综上所述,君权至上价值准则的政治文化内涵是极为宽泛的,囊括了政治、社会、自然、思想文化等各个层面。这既是君主政治的实际权力运作在政治文化方面的体现,同时又是中国传统政治文化基本特点的表现。政治权力的泛化促使"君权至上"价值准则成为统治者制定政策、实施统治的主要依据,并且对传统政治文化价值结构的形成具有决定性的影响。

(二)父权至尊

父权至尊的价值规定是,在社会与家庭生活的层面,父家长的权威具有至上性和绝对性,受到人们甚至官府的普遍尊崇。

从历史的源流来看,父权至尊的价值准则在先秦诸子学中不具有普遍性,崇敬父权的观念主要是由孔、孟儒家学派提倡的。时至今日,包括现代新儒家在内的众多学者都把儒学的学科秉性定位为"人生哲学",这一看法显然有些偏颇。如果从儒学的历史存在特征看,儒学的根本属性是政治哲学。不过,在孔、孟儒家的思维视野中,社会人生是其致思逻辑的一个重要环节,同时,人生与政治是不可两分的。儒家文化认为,最合理的人生是由学而仕,即从一般的社会生活向着政治领域发展。入仕参政是人生价值最重要的体现,"修身齐家"作为由学而仕的准备阶段,则是人生的必然经历,正是在这一过程中,父家长的权威起到了至关重要的作用。

父权至尊作为一种价值观念,主要涵盖了三个方面。

1.在家庭-社会生活中,家长的权威独尊

在儒家文化的人生设计中,父家长是人们的"家庭-社会生活"的主宰。如果从宗法制的社会组织结构看,父权的强化具有一定的必然性,表现在观念意识上,尊崇父权得到了儒家文化的全面支持。典型者如荀子说:"父者家之隆也,隆一而治,二而乱,自古及今,未有二隆争重而能长久者。"①学界普遍认为,荀子是先秦儒学的集大成者,虽然其著述未能列入《十三经》,但是荀学在先秦乃至汉以后思想文化领域的影响是不容忽视的。

汉儒董仲舒为政治秩序作论证,提出了"阴阳合分论"。他说:"凡物必有合",世间任何事物或现象都不是单一或孤立的,都必然有其相对的方面,事与物都会形成相互对应的关系。诸如上下、左右、寒暑、昼夜、君臣、父子、夫妻等等。董仲舒断言,这些关系实际上都受到阴阳之道的支配,所谓"物莫无合,而合各相阴阳"②。例如,"君为阳,臣为阴;父为阳,子为阴;夫为阳,妻为阴"。阴阳之道的内在秩序为"阴兼于阳",阳制约阴。在具体的社会政治关系中,"妻者夫之合,子者父之合,臣者君之合"。"君臣父子夫妇之义,皆取诸阴阳之道。"③"阴阳合分论"将整个社会一分为二,又合二为一,形成了相互区别又相互关联的二方:一方是君、父、夫,为天生的主宰;另一方是臣、子、妻,是天生的从属。这三对关系是最基本的社会政治关系,又称为"三纲","君为臣纲,父为子纲,夫为妻纲"。"王道之三纲,可求于天。"④人类社会就由无数这样的主从关系叠垒而成,君主则居于顶端。

在这样的理论建构中,父家长与君、夫一道成为社会的当然主宰,父家长的绝对权威性具有普遍意义。天作为最高权威既是君权的合法性依据,也是父权的合法性来源,于是父家长在家庭-家族的范围内,其拥有的地位和统

---

①　《荀子·致士》,梁启雄:《荀子简释》,中华书局,1983 年,第 187 页。
②③　董仲舒:《春秋繁露·基义》,上海古籍出版社,1989 年,第 73 页。
④　同上,第 74 页。

治权力也是无可比拟的。正如《孝经·圣治章》所言："人之行，莫大于孝，孝莫大于严父。严父莫大于配天。"

2.父家长拥有管理家庭(族)的绝对权力

在家庭生活中，父家长的权力具有绝对性，在宗法制度的维系下，父家长对家庭事务、家族财产，以及家庭成员的人身等，均有强大和绝对的支配权。关于这一方面，比较早的记述见诸《礼记·内则篇》①，父家长的权力体现在以下三个方面：

其一，父家长拥有暴力惩戒权。对于家庭成员来说，违逆家长的意志，违犯了家规家法，或是有了什么过失，都会受到父家长的惩戒。这种惩戒常常是暴力的，但是受惩戒者非但不能抗拒、不许怨恨，甚而连一丝违逆之心都不能有，"不敢疾怨"，而是要从心底里越发敬服父家长，"起敬起孝"。至今盛名不衰的《颜氏家训》也说："笞怒废于家，则竖子之过立见。"②惩戒权的合法性与服从的绝对化意味着父家长对于一般家庭成员的人身的强制支配权和实际占有。从某种角度来看，这种状况不过是君主政治国家暴力的缩小化，父家长的暴力惩戒权与专制帝王的政治暴力在泯灭人性、遏制人的主体与独立性等方面是一脉相承的。

其二，父家长的意志具有绝对的权威性和覆盖面，在世俗的家庭(族)生活中，父家长掌控着所有成员的意志、精神和心智。因而一般家庭成员没有个人的生活选择，而且连爱憎、敬鄙都要以父家长的趋向为标准，"父母之所爱亦爱之，父母之所敬亦敬之"。人们要绝对服从家长，"不违其志"。甚至父家长去世后，其精神、意志、主张、规矩仍然具有绝对的权威性。所谓"三年无改于父之道"③。在父家长的掌控之下，一般家庭成员没有独立意志和思想自由，被

---

① "父母怒，不说而挞之流血，不敢疾怨，起敬起孝。""子妇无私货，无私畜，无私器，不敢私假，不敢私与。""是故父母之所爱亦爱之，父母之所敬亦敬之。至于犬马尽然，而况于人乎！"

② 《颜氏家训·治家》，《百子全书》(下册)，浙江古籍出版社，1998年，第936页。

③ 《论语·学而》，杨伯峻：《论语译注》，中华书局，2006年，第8页。

培养成为遍在的精神奴仆。

其三,父家长掌控着家庭的经济大权,家庭成员没有经济上的自主性。在任何形式的专制统治下,拥有权力者必然占有财富、资源和利益。父家长是关起门来做皇帝,在家庭(族)范围内拥有绝对的支配权和管理权,那么在资源及财富的占有上,也是具有绝对性的。因而一般家庭成员的私货、私畜、私器和私与都在严禁之列,这也是维系父家长权威的保障之一。

3.父权与君权相通

君权是父权的政治保障,普遍的父权是君权的社会基础。在传统政治观念中,君主就具有天下最大父家长的身份。《尚书·洪范》:"曰:天子作民父母,以为天下王。"《礼记·大传》:"君有合族之道,族人不得以其戚戚君,位也。"这里所谓"作民父母""合族之道"一方面体现了君主身份特殊,在社会政治生活中超越族制的至高无上地位;另一方面也说明了君主具有最大的父家长的身份,具有统领所有家族的权力。这样的最高政治权威正是以遍在的父权作为其社会基础的。

父权与君权的相通,还特别体现在君权对于父权的维护上。父家长有时会得到帝王的特别恩宠。例如东汉明帝刚一即位,即诏令:"其赐天下男子爵,人二级。"①注引《前书音义》曰:"男子者,谓户内之长也。"这里指的就是父家长。此外,更为重要的是,君权对父家长的维护还被写入了法典,父权得到了历代律法的偏袒与保护,如《唐律疏议》:"诸告祖父母、父母者,绞。(谓非缘坐之罪及谋反以上而故告者。)""[疏]议曰:父为子天,有隐无犯。如有违失,理须谏诤,起敬起孝,无令陷罪。若有忘情弃礼而故告者,绞。"②又如《唐明律合编》:"凡骂人者,笞一十;互相骂者,各笞一十。"但是"诸詈祖父母、父母者,绞;殴者,斩";"凡骂祖父母、父母,及妻、妾骂夫之祖父母、父母者,并绞"。③凡

---

① 范晔:《后汉书·明帝纪》(第 1 册),中华书局,1965 年,第 96 页。
② 长孙无忌等:《唐律疏议》,中华书局,1983 年,第 432 页。
③ 参见薛允升:《唐明律合编》,法律出版社,1999 年,第 624、590、627 页。

属子女对父母的"不孝"犯上之罪,称为"忤逆",被归入"十恶不赦"的重罪,要受严惩。这些法律规定的直接政治效益是巩固了君主政治的社会基础,同时也强化了父家长在家庭-社会生活中的主宰地位。

显然,父家长的权威得到了君权的全力维护。从尊为经典的《礼记》,到晚出的《孝经》,直至清儒李毓秀编撰的《弟子规》,父权至尊的价值观念通过各种媒体传播弥散,终至妇孺皆晓,尽人皆知。

综上所议,可知父权至尊作为一条政治价值准则,与君权至上是相辅相成的。事实上成为人们在家庭-社会生活中的行为选择的主要依据。

(三)伦常神圣

人类社会的文明史已经表明,伦理道德是普遍存在着的一种文化现象。不过,在中国传统文化中,伦理道德的文化表现最有特色。主要一点是,中国传统文化中的伦理道德不仅仅是人们的社会行为和社会关系等方面的规范,而是无论在理论上还是在实际社会政治生活中,伦理道德与政治行为、政治关系和政治活动具有密不可分的联系,是传统政治文化中的一个重要组成部分。伦理道德与政治的互化则是中国传统政治文化最为显著的理论特色,"伦常神圣"即成为中国传统政治文化的又一个价值准则。

作为政治价值准则,伦常神圣意味着社会政治生活中的任何权威都要遵循道德规范,对于一般社会成员而言,伦理道德提供了最基本和最全面的规定性。主要体现在以下五个方面:

其一,人的本质是道德。"凡人之所以为人者,礼义也。"[1]至迟到春秋战国时代,儒学宗师们就宣布了"天地之性人为贵",并且规定了人的本质是伦理道德。按照传统政治文化的理解,仅只血肉之躯、具有七情六欲是算不得人的。"孝弟忠顺之行立,而后可以为人"[2],而后构成了人的文明世界。反之,如

---

[1] 《礼记·冠义》,杨天宇:《礼记译注》,上海古籍出版社,2004年,第812页。
[2] 同上,第814页。

果人们稍稍偏离自身的道德本质,都会导致从人的文明世界跌落,堕落为禽兽。如果社会上出现普遍的道德沦丧,结果必然是"国将不国"。可知在中国传统政治文化看来,道德本质既是人的本质规定,同时又实际构成了人类社会的本质规定。

其二,尽人皆有"道"。儒家文化为君臣、父子、夫妇、兄弟、朋友等各种角色都规定了相应的伦常道德规范和行为守则,谓之"道"。例如君主,"欲为君,尽君道",君主不能遵循相应的规范和守则,是为"无道昏君",很可能会成为有道者或"替天行道"者诛伐的对象。其他角色也是如此。荀子曾专门著有《君道》《臣道》《子道》诸篇章,讲论颇详尽。总之,恪守道的规定便是自身存在的合理性依据。

其三,儒学的主要道德条目,如忠、孝、仁、义等,都具有宽泛的涵盖性,适用于包括君主在内的所有社会成员,因而具有普遍的权威性。《孝经》《忠经》中的有关规定最典型。如孝道就规定了天子之孝、贵族之孝、庶人之孝,等等。[①]《忠经》有《圣君》《冢宰》《百工(官)》《守宰》《兆人》诸章,分述明确。[②]伦理道德是面向所有社会成员的,只是基于不同的身份等级而有着不同的规定性。汉儒董仲舒:"道之大原出于天,天不变,道亦不变"[③],宣告了伦理道德的权威具有至上性。三纲五常是儒学伦理道德的精粹,体现着伦常神圣的典型性。

其四,道德规范与政治法则具有同一性。儒学不大讲权势法治,专一醉心于德治仁政,以至认为道德规范用于行政就是政治法则。如孔子曰:"'孝乎惟孝,友于兄弟,施于有政'是亦为政,奚其为为政?"[④]汉以孝治天下的摹本原来就是孔子描绘的。

在传统政治文化看来,道德与政治是密不可分的,譬如,获得最高政治权

---

①　参见《孝经》之《天子章》《诸侯章》《庶人章》,阮元:《十三经注疏》(下册),浙江古籍出版社,1998年。
②　参见《忠经》之《圣君章》《兆人章》,《百子全书》(上册),浙江古籍出版社,1998年。
③　班固:《汉书·董仲舒传》(第8册),中华书局,1962年,第2518~2519页。
④　《论语·为政》,杨伯峻:《论语译注》,中华书局,2006年,第21页。

力而君临天下的重要条件之一是有德,"以德行仁者王,王不待大。汤以七十里,文王以百里"①。有德即可拥有天下的认识集中体现了德与政的同一。再如,人们参与政治、介入体制的主要条件是道德。《论语·为政》:"言寡尤,行寡悔,禄在其中矣。"汉代实行察举制,主要条目是"孝廉"。汉代以降,在政治录用方面基本保持着道德上的"一票否决"②。又如,政治评估的标准是道德。这种政治评估标准形成于先秦,儒学宗师们评估三代政治,或是给君、臣分类,选用的标准都是伦理道德的。后世统治者继承了这个传统。所以桀、纣和秦始皇成为暴君的典型而永世不得翻身,文景之治、贞观之治等治世的帝王则成为统治者的道德楷模。这种评估标准对于整个民族文化的影响是极为深远的。

其五,儒家文化倡导的人生目标和社会理想是同一个道德完善过程。儒家历来认为道德修身是人生必修课。《大学》有言:"自天子以至于庶人,壹是皆以修身为本。"一味修身的人生目标就是要完善本性,下学而上达,做圣贤。与这一过程相伴行,理想的"王道"社会也将实现,孔子谓之"修己以安百姓"。这就是被儒家文化奉为人类社会终极价值的"内圣外王"。当然,真的实现这一崇高理想谈何容易,"尧舜其犹病诸"。不过,人们正是在朝向"内圣外王"的不懈追求中,才切实体察到道德权威制约人生的极致。

传统政治文化以伦常道德作为普遍法则,发挥着特定的媒介作用。所有的人我关系、社会关系和政治关系都是顺着伦常道德的规定而联结的。君权与父权分属于不同的层面,通过忠孝道德的媒介,君与父才得以相互援手和呼应。伦常神圣实是君权至上和父权至尊的价值中介,从而使得观念形态的君权至上、父权至尊具有了可操作性和价值实现的可能性。

综上,传统政治文化的价值系统的主体部分呈"三层次结构"。其中,君

---

① 《孟子·公孙丑上》,朱熹:《四书章句集注》,中华书局,1983年,第235页。
② 历史上也有例外,如汉末三国曹操的"唯才是举",不过这是绝无仅有的特例。

权至上是核心,亦是传统政治文化价值结构的价值中轴,君权至上决定着以儒学为主体的传统政治文化的理性思维和价值选择的主导方向；父权至尊是君权至上的社会保障机制,并与君权至上相呼应,为维护君权提供社会心理基础,建构传统政治文化的社会基础。伦常神圣则居间沟通调停,除了五常之德,主要通过忠孝相互切换,促使君父之间形成价值互补。此三层次结构各据其位又互相依存,故而不论从致思逻辑,还是从操作形式看,传统政治文化价值系统的主体部分都显示出趋于成熟圆满的自我调节功能以及超强的稳定性。

如果我们抛开传统政治文化的君主政治内涵, 仅仅从一般意义上的社会政治视角审视, 中国传统政治文化价值系统与社会政治运作及发展的相对稳定有着深刻的内在关联,这一状况值得我们探究和深思。作为传统政治文化的积淀和遗存,为当代中国特色社会主义政治道路的坚守与推动,提供了重要的借鉴和精到的补充。

二、传统政治文化的社会政治功能

上述传统政治文化的主体价值结构深埋在传统政治文化的内部, 历经改朝换代和域外文化的介入、冲击,伴随着思想、文化以及制度的发展变化,这一价值系统总是安如磐石,为政治运作、政策制定和人的行为选择提供合理的依据。

依照历史唯物论和辩证唯物论,参照经济基础与上层建筑的辩证关系,我们看到, 以儒家思想为主体的传统政治文化对于社会政治的稳定发展和君主政治的长期延续起到了无可替代的重要作用。主要表现为两个方面：

(一)士人阶层构建社会中坚

传统政治文化的社会政治功能首先表现为儒学的传播培育了士人阶

层,为君主政治构建了社会中坚,维系了社会的相对稳定。

孔子首倡"有教无类",其后儒学派别众多,"家法""师法"也有差异,但是在教书育人、传道解惑方面却是有共识的。士人被一代代培育出来,接续下来。他们是以儒家思想为主体的传统政治文化的载体和传播者,他们的生涯规划是"学而优则仕"。这些重要的存在特征使得士人具有了特殊的社会政治功能。

一方面,士人成为君主政治官僚阶层的主要构成。上古三代实行贵族政治,经由春秋战国时代,贵族制向着官僚政治转换,逐渐形成了将相制。秦统一天下后,建立了官僚制中央集权君主政治。自汉代起始选用官员实行察举制,至隋唐实施科举制,选用官员面向全国,通过举荐或考试予以录用。汉武帝"罢黜百家,独崇儒术"后,士人成为官僚阶层的主要成员,实则成为君主政治的权力基础。这一过程延续了两千年,直至晚清光绪三十二年(1906年)废除。

君主政治时代官僚集团的组成有多种成分,如世袭、受封、恩荫、捐纳等,但相较而言,特别是唐宋以来,两榜出身的士人实是官僚集团的主体,在实际社会政治运作中发挥着极为重要的参政、咨询、监察、治理、管理等主要作用。

另一方面,中国古代社会的官僚制度颇为完备,官员的选用、任命、考核、升黜、退休等等很是详尽。其中"致仕"的官员告老还乡,基于其特殊的身份,俨然成为地方领袖。事实上我们说的士大夫阶层是包括士绅、缙绅在内的。士人或曰士大夫阶层功名在身,享有某些政治特权,又拥有对于圣人思想言论的解释权,从而能够与地方官府对话和沟通,得以号召地方,左右民情和舆论。

士人即士大夫阶层,对上是权力基础,对下是民间领袖,构成了中国古代社会的中坚力量。他们代代相沿,不论王朝危机、天下大乱或王朝重建,必然都有他们的参与,为了振兴王朝而发挥着重要作用。所以在中国历史上,出身豪族或平民者都能做皇帝，在前朝的废墟上重建帝国，就在于有了士大夫们的帮衬。一言以蔽之，以儒家思想为主体的中国传统政治文化培育出的士人阶层维系了社会的相对稳定。

（二）基于伦常神圣价值准则的治国方略

君主政治时代的基本治国方略，是以伦常神圣价值准则为根基而构建形成的，极大地助益于社会政治稳定。孔儒以来在治国方略方面是力主德治教化的。他们强调人治，但也并不排斥法治。秦汉以后形成了"阳儒阴法"治国方略，成为社会政治稳定的基本政策选择。

儒家讲求德治、礼治、仁政、教化，在春秋战国以力相争、战乱频仍的时代，显然无助于一统天下，故而孔子、孟子都曾游说诸国，试图售卖其治国方略，却一无所获。荀子只好在稷下学宫做起了学官。所以说，秦的统一实是法家思想在百家争鸣中的胜出。但是秦统治者将法家思想推向极端，以严刑酷法的强制管理和暴力统治导致社会冲突愈发严重，致使强秦二世而亡。于是汉代统治者转换战略思维，以儒为主，法治为辅，形成了"杂用王霸"的"汉家制度"。这一治国方略注重调节，倡导惠民仁政，有利于缓和社会冲突。同时以法制为底线，守住治国根基。软硬两手相辅相成，天下得治。

以儒家思想为主体的传统政治文化以伦常神圣政治价值准则为底蕴，将德治与法治相结合：一方面是法治思想的法典化、制度化，另一方面则是儒家德治思想的国家战略化。中国传统政治文化并不含有现代法制意识，但这并不妨碍先秦法家思想的法典化。伦理道德的主要功能是通过国家政策以调节和协调社会政治关系，弥合冲突；同时经由亚文化即社会风俗-民间习俗的教化，覆盖社会以移风易俗，将儒家倡导的三纲五常、礼义廉耻融入人们的社会政治意识，衍化为生活方式和思维方式。

如果仅仅以法制暴力的强制性统治行政，可以形成秩序，但社会政治矛盾与冲突难以化解。强力压制一旦失控，便难以收拾。强秦速亡便是最佳例证。德治教化之道与法治相结合,收效显著。此间的道理儒家先师早就说过。如孔子:"道之以政,齐之以刑,民免而无耻。道之以德,齐之以礼,有耻且格。"①如孟子:"善政不如善教之得民也。善政,民畏之;善教,民爱之。善政,得民财;善教,得民心。"②至于德治与法治的关系,汉儒贾谊讲得十分明确:"凡人之智,能见已然,不能见将然。夫礼者禁于将然之前,而法者禁于已然之后,是故法之所用易见,而礼之所为生难知也。"③这正是中国传统政治文化"宽以济猛,猛以济宽,政是以和"政治智慧的完美表述。

从政治价值系统看,传统政治文化是与君主政治互动的产物,但是毫无疑问,其中蕴含着深厚的政治智慧。正是由于传统政治文化的覆盖和积淀,形成中国传统社会的三点优长:一是形成相对稳定的社会中坚力量,士人/士大夫阶层构成社会基础,具有恒定的政治稳定性;二是构建出高度政治理性的文官制度作为制度支撑;三是基于伦常神圣政治价值凝练出符合历史进程和实际社会政治状况的"宽猛相济"政策原则。历史经验已然表明,这三点是国家稳定、发展与繁荣的基本条件。作为中华优秀传统文化的重要构成,为当代中国的社会政治发展奠定了文化根基。

三、中国特色社会主义政治道路解读

党的十九大指出:"经过长期努力,中国特色社会主义进入了新时代,这是我国发展新的历史方位。中国特色社会主义进入新时代,意味着近代以来久经磨难的中华民族迎来了从站起来、富起来到强起来的伟大飞跃,迎来了实现中华民族伟大复兴的光明前景;意味着科学社会主义在二十一世纪的中国焕发出强大生机活力,在世界上高高举起了中国特色社会主义伟大旗帜;

---

① 《论语·为政》,杨伯峻:《论语译注》,中华书局,2006 年,第 12 页。
② 《孟子·尽心上》,朱熹:《四书章句集注》,中华书局,1983 年,第 353 页。
③ 班固:《汉书·贾谊传》(第 8 册),中华书局,1962 年,第 2252 页。

意味着中国特色社会主义道路、理论、制度、文化不断发展，拓展了发展中国家走向现代化的途径，给世界上那些既希望加快发展又希望保持自身独立性的国家和民族提供了全新选择，为解决人类问题贡献了中国智慧和中国方案。"

这里讲得十分明确，中国特色社会主义道路不仅要高举社会主义旗帜、坚定不移地走下去，而且这条政治道路具有普遍性意义，即"为解决人类问题贡献了中国智慧和中国方案"。本研究认为，这条道路是中国共产党领导中国人民经历了新民主主义革命阶段，在长期的革命与社会主义建设实践中立足中国国情而确立的、具有中国特色的社会主义发展道路。党提出坚持走中国特色社会主义道路，符合时代发展潮流、我国国情和现实政治情况。春秋时代的智者晏子说："橘生淮南则为橘，生于淮北则为枳。"①这个譬喻非常形象地说明，任何一个国家的发展道路均应从本国实际出发，不能盲目照抄照搬别人的做法。

比照西方社会，资本主义国家政治发展道路也走过了这样一条道路。英国的议会民主制是最早的资产阶级国家政体。如果以 1215 年贵族与国王妥协签署《自由大宪章》算起，到 1688 年国王与国会妥协的"光荣革命"为止，经历了 470 余年之久。直至今日，英国依然保留了国王、贵族等"封建遗存"，实行的君主立宪制是具有英国特色的资本主义政治制度。法国民主制度的建立是以不断的暴力革命手段完成的。为此，法国人民与社会付出了相应的代价，并最终在各派势力妥协的基础上制定了 1875 年宪法，实行民主共和制。印度是通过非暴力手段实现民主政治的典型，表明印度在特定的社会、政治和文化条件下，通过非暴力手段迫使统治者妥协，从而走向民主是可行的。南非则是有限暴力模式，虽然有武装斗争，但主要针对的是各种机构和设施，而没有针对相关人员，将暴力的破坏性限制到了一定的范围，最终达成民族

---

① 《晏子春秋·内篇·杂下之十》，上海古籍出版社，1989 年，第 44 页。

和解,实现民主宪政。

以上列举诸国风格各异的政治发展道路说明,实现政治现代化的手段是多样化的,最终的结果是多元的。人类社会的文明史已然表明,从来没有一种放之四海而皆准的发展模式。为此我们得到的核心启示是:任何一个国家要实现复兴,就必须与本民族固有的文化传统相结合,开辟结合本国传统文化的、具有本国特色的政治发展道路,才是一条通向希望与成功的路;反之则会造成动荡甚至衰退。中华民族的伟大复兴,必然要以中华民族的文化复兴为前提,基于本民族传统文化的积淀和推动,"绝不照搬西方政治制度模式",走一条自己的现代化之路。

事实上,中华民族从一开始就走了一条独具特色的发展道路。

古代中国的政治特点十分明显。上古三代的政治体制就是君主政治,与秦统一后的政治体制有所不同。主要特点是形成了以天下的最高统治者——殷商的王、西周的天子,作为"天下共主"的相对松散的政治联合体制。血缘关系是统治集团分配权力与利益的主要依据。王或天子与诸侯国之间是宗主与臣属的关系,通过规则化的册封朝觐制度形成政治统属。诸侯国以下分级封建,"胙之土而命之氏"①,封诸土而建诸侯,传统史学谓之封建制,然而这种制度与欧洲中世纪的封建制度有着很大的差异。

秦统一后,实行郡县制,建立了相对完备的官僚制度,形成了官僚制中央集权君主政治。这种政治体制具有相对完善的政治制度和管理方式,含有高度发达的政治理性,其文明程度远远超出同时期的世界其他民族。从某种意义而言,正是由于这一政治体制的内部机制相对成熟和完善,从而使得中国古代的君主政治延续了两千年。

晚清爆发的鸦片战争,致使帝制中国被世界列强强行拖入了近代社会。从 19 世纪 60 年代的洋务运动为起始,西学东渐,中国的政治与文化精英努

---

① 《左传·隐公八年》,阮元:《十三经注疏》(下册),浙江古籍出版社,1998 年,第 1733 页。

力学习西方的科技与文化，以谋自强。从某种视角看，戊戌变法、辛亥革命等重大政治运动都是向西方学习的结果。然而事实表明，不关注中国历史与文化传承的特殊之处而照搬西方是不能成功的。因而才有了1915年的新文化运动。

以1919年的五四运动为标志，中国进入新民主主义革命阶段，这一政治道路的选择恰恰是世界其他民族的先进经验、政治认知与中国社会实践相结合的结果，马克思主义中国化正是中国特色社会主义道路在认知层面的完美体现。

与1919年以前的旧民主主义革命相比较，新民主主义革命的根本特点是领导权问题。一般界定为"在帝国主义和无产阶级革命时代，殖民地半殖民地国家中的无产阶级领导的资产阶级民主革命"。17至18世纪西方国家的资产阶级革命是以推翻封建主义、确立资产阶级政治统治作为政治目标的，这类革命是以资产阶级为领导的，是旧民主主义革命。中国近代的新民主主义革命则是无产阶级领导的，人民大众的，反对帝国主义、封建主义、官僚资本主义的革命。这一革命是无产阶级通过中国共产党牢牢掌控革命的领导权，将革命过程分为两步：第一步，完成民主革命，实现民族独立和国家主权的独立完整，建立人民共和国；第二步，及时实现由新民主主义向社会主义的过渡。新民主主义革命的最终指向是社会主义，这是一条推翻剥削和压迫，实现每一个社会成员正当权益与尊严的必由之路。中国近代以来的进步过程验证了这样一个事实：中国共产党作为执政党，实现了中国人民成为社会主体的夙愿。

中国共产党在1931年成立了中华苏维埃共和国临时中央政府，实行民主选举，这是现代化政治进步的重要实践与探索。同时在经济上，与政治相配合，发展公营经济与合作社，又开展扫盲运动，实行义务教育。这些举措展示了新民主主义革命的现代化发展趋向与革命党的努力。正是基于这样的成功经验，毛泽东提出"只有社会主义能够救中国"，强调了向社会主义转换的必然性。

在完成了从民主革命向社会主义的过渡后,中国国力不断提升,成就斐然。1978 年 12 月以来的改革开放,通过一系列经济改革,引进市场经济原则,推动了中国经济高速发展,终于使社会主义中国成为世界第二大经济体。事实证明,中国共产党人选择的政治道路是合理且成功的。

这就是说,中国特色社会主义政治发展道路,一定是扎根于中华民族政治文化传统的产物。高谈西方政治道路或是艳羡西方民主政治的成果,不如在眼睛向外的同时也反观国内,回望历史,尤其是重新审视中华民族的优秀政治文化传统,走出一条属于自己的现代政治文明之路。只有了解中国,透析传统,立足本土,才能在马克思主义的指导下,在改革开放的视野下,创新和丰富中国特色社会主义理论体系,走出一条中国特色的社会主义政治发展道路,为人类社会提供中国经验、中国道路、中国智慧和中国方案。

四、传统政治文化与中国特色社会主义政治道路之关联

本研究认为,科学地规划符合中国国情与本民族政治文化传统的社会主义政治发展道路,建构一套具有中国特色的政治发展话语体系,积极推进具有中华民族特色的政治发展成果走向世界,努力争取和提升在国际政治舞台上的话语权,从而实现与世界政治文明的平等和谐对话,已然成为刻不容缓的时代使命。为此,我们除了要坚持以马克思主义为指导,还必须洞悉并结合中国国情,即中国特定的社会、政治和文化条件,站在中国历史传承的基础上,充分发掘我国优秀的传统政治文化,为中国特色社会主义政治道路提供政治文化资源和条件,为坚持走这样一条政治发展道路提供可供操作的逻辑过程和可行性论证。

中国思想史研究大家侯外庐曾经断言,中国的历史与文化在政治上是"早熟"的,事实上,中国自古以来就是一个泛政治化的国家。政治文化作为我

国传统文化的主流，在我国社会主义政治发展道路的规划建构中是不可或缺的重要内容。本项研究正是积极响应"建设优秀传统文化传承体系，弘扬中华优秀传统文化"之号召，努力挖掘和借鉴传统政治文化价值的专项课题。

如果说，政治文化传统是思考和研究任何民族国家现代化进程都不可回避的问题、绕不过的一个领域，那么关注中国传统政治文化与当代中国社会主义政治发展道路的关联就显得尤其重要。何以如此？盖因中华文化历史悠久，长期延传而未曾中断①，传统与当代的文化关联深刻、久远而且紧密。四十多年的改革开放，中国在飞速前进，成就瞩目，但也问题多多。在政治方面，我们当然要坚持走中国特色社会主义政治发展道路，但如何走，怎样坚守，既是实践问题，也是理论问题。

其中首要一点，就是要在理念上和实践中坚持中国共产党的领导，各民主党派积极合作，团结各方爱国力量，带领广大人民群众在新时代中国特色社会主义实践中不断总结经验，积极探索，走出一条符合中国特色和基本国情的政治发展道路。党的十九大报告指出："中国特色社会主义道路是实现社会主义现代化、创造人民美好生活的必由之路，中国特色社会主义理论体系是指导党和人民实现中华民族伟大复兴的正确理论，中国特色社会主义制度是当代中国发展进步的根本制度保障，中国特色社会主义文化是激励全党全国各族人民奋勇前进的强大精神力量。全党要更加自觉地增强道路自信、理论自信、制度自信、文化自信，既不走封闭僵化的老路，也不走改旗易帜的邪路，保持政治定力，坚持实干兴邦，始终坚持和发展中国特色社会主义。"

基于传统政治文化的积淀和传承，坚持走中国特色社会主义政治道路需要从中有所借鉴。如前所述，传统政治文化成功地解决了社会中坚、制度

---

① "崖山之后无中国"论点不确。从思想文化传承看，南宋民间学术程朱理学是在元仁宗时期立为官学的。加之满族文化的汉化状况，恰恰印证了马克思主义的一个重要观点，"征服者被征服"。

支持和治国方略问题,维系了古代社会政治的长期稳定发展。这个经验对于当代中国特色社会主义政治道路的坚守很有借鉴意义。

也就是说,坚持走中国特色社会主义政治道路就是要在中国共产党的领导下,从实际出发,重点解决好社会稳定与发展的的问题。换言之,稳定与发展是坚持走中国特色社会主义政治道路的基本度量和根本保障。

1949 年至 20 世纪 70 年代末,中国的基本格局是计划经济与中央集权。这一阶段,在阶级斗争思想的主导下,全国政治运动此起彼伏。正如毛泽东说的那样:"在拿枪的敌人被消灭以后,不拿枪的敌人依然存在,他们必然地要和我们作拼死的斗争,我们决不可以轻视这些敌人。如果我们现在不是这样地提出问题和认识问题,我们就要犯极大的错误。"[①]这一理论后来发展成为"无产阶级专政下继续革命"的理论,甚至被写入了党的九大、十大的政治报告和党章。在这样的政治氛围下,新中国成立后三十年,经历了数十场政治运动,不过总体来看,社会仍然保持稳定。虽说 20 世纪 60 年代初中国经历了一段困难时期,却仍能保持大局平稳,执政党权威并未受到影响。原因何在?

借鉴传统政治文化的社会政治功能相参照,可以做以下三点分析。一是社会中坚力量稳固。中国共产党从革命党转为执政党,战争年代的干部队伍延续下来,通过"传帮带"和持续细致的思想政治教育,培育了大量年轻干部。从而在社会所有层面,围绕党团组织形成积极分子团队,构建了坚实的社会中坚力量。干部群体及积极分子具有并发挥着特定的组织性和政治向心力、凝聚力,始终维系着社会稳定。

二是制度保障坚定。中国共产党的政治权威及其制度建设在延安时期便奠定了基础。1949 年以后的政治体制构建愈益完备,在各级党委的领导

---

① 毛泽东:《在中国共产党第七届中央委员会第二次全体会议上的报告》,《毛泽东选集》(第四卷),人民出版社,1991 年,第 1427 页。

下，实行一元化行政管理，成绩斐然。各级政府与人大、政协等机构协调一致，相互配合，各级党组织纪律严明，全党服从中央，上下通畅，对于社会政治稳定和党的方针路线的贯彻、国家各项政策的实施与推进切实起到了领导和保障作用。

三是政策原则稳定。在计划经济和中央集权体制下，一般社会成员的社会定位少有变动，个人的生涯规划一般是按照组织的要求，个人服从安排或积极响应组织号召而发展，人们各自归属于相应的单位和组织。在社会结构层面，计划经济下的户籍制度严格而彻底，社会整体缺少流动。同时，国家各项政策的实施长期稳定，包括物价、医疗、教育、退休及各种生活福利供给。一般社会成员的生老病死以及婚姻、生育、住房都是按照相应的政策和程序来安排，按部就班。人们由此获得安全感和生活保障，社会秩序得以在长时间内保持稳定。

自 1978 年 12 月党和国家实施"对内改革，对外开放"政策发展至今，经济、科技、外交、军事、管理及法制等方面的成就有目共睹，震惊世界，兹不赘言。从社会状况看，社会尚属稳定。从政治文化及其相应的制度建设视角看，相较而言，主要原因是前三十年的社会中坚基础受到一定程度的冲击。干部队伍新老交替，老一辈退出，中青代未能将老一辈革命传统真正传续下来，其中不乏有有嗜利者。民营企业家相对松散，多为利益驱动，正向推力不足；知识分子也在两极分化，名缰利锁，思想混乱；富人与精英热衷海外移民。再者，腐败瓦解制度、吞噬权威，执政党的政治权威首先在党内和体制内被削弱，直接导致了管理实效的削减。制度导致的疲软带来诸多后果，其中最具危害性的是中央对地方政府的权威被削弱，兹所谓"政令不出中南海"。再有就是政策实施不稳定，各个利益集团与地方政府利益的纠结严重干扰了国家政策的贯彻与执行。地方性政策往往失衡，导致官民冲突多发。

以上种种状况在党的十八大以后有了很大的改观，尤其是严厉打击贪污腐败、严格治党治军方面成绩十分显著。为了进一步排除干扰，加速中华民族的伟大复兴和现代化进程，在坚持走中国特色社会主义政治道路的方向指引下，需要我们标本兼治，形成良策。

为此就需要借鉴中华优秀传统政治文化的精髓与政治智慧，予以改进。具体举措思路有三。

一是强化理论构建。理论是坚持政治方向、维系社会政治稳定的根基。如前所述，中国古代社会依靠儒家思想造就社会中坚和制度保障。现代中国则是马克思主义和毛泽东思想成就了新中国的繁荣昌盛。当下亟须深入贯彻习近平新时代中国特色社会主义思想和党的十五大精神，强化国家政治意识形态，以此培养人才，锤炼队伍，加强制度建设，为坚持走中国特色社会主义道路提供思想信念和理论保障。

理论的构建首先要坚持马克思主义，以中国梦为主题，以社会主义核心价值观为内在架构，借鉴并融合中华传统文化的合理内容，吸纳西学合理可用成分，以马克思主义基本原理为底色，结合中国国情，进行理论创新。同时构建中国特色的社会文化、政治文化。特别是要将传统政治文化中的德治、教化思想，仁政主张与马克思主义、社会主义理论相结合，为当代中国特色社会主义思想进行深度论证。

二是培育精英，凝聚和构建社会中坚。总结执政党的思想政治教育经验，借鉴传统政治文化的"教化"思想，培育经济、政治、文化精英，自上而下，凝练精英团队。特别要注重通过理论创新来凝聚共识。同时，乘反腐东风，着力改进干部队伍构成，不得伤筋动骨，但应改头换面，启用一批有素质、有信仰、有情怀、有担当，并具有现代理念的新型干部。新型干部队伍与精英团队相结合，构成社会中坚力量，起到国家权力基础和民间领袖的稳定作用。

三是调整并坚守国家政策原则。政策原则关系到一般社会成员生活状况，为此要通过优化"人治"以推动法治建设，将政策制定与实施置放在法治与制度建设的基础上。借鉴传统政治文化的"刚柔相济"政策原则思想，将人才建设与法治建设相结合，实现有效管理，促进公共产品的公众满意度飙升，为坚持走中国特色社会主义政治道路构建坚实的社会基础。

为了进一步解读传统政治文化与坚持走中国特色社会主义政治道路的关联，本研究还要关注以下四个问题。

一是民族国家政治发展道路与本民族传统政治文化的内在理路问题。在我们看来，政治发展道路是一个国家在长期政治实践中总结出来的，符合自己国家的实情，具有一定理论依据的政治实践路径与模式。政治发展道路指导一个国家的政治发展方向，规定了政治发展的指导思想、原则目标、制度运行等。每个国家的国情不同，因而同一种政治道路在一个国家可行，但在另一个国家就不一定能够实行。

进而言之，一个民族国家政治发展道路的形成受到很多条件和因素的影响，在这一形成过程中，本民族固有的传统政治文化必然会产生重要影响。特别是传统政治文化的固有思维模式会影响政治发展道路的选择，影响政治发展道路的前进方向与目标确定。中国特色社会主义政治发展道路的形成和发展就与中国传统政治文化密切相关。以往的有关研究注意到了中国特色社会主义政治发展的内涵界定，也关注到了传统政治文化对于中国特色社会主义政治道路的影响，但是研究者们没能在传统政治文化与当代中国独具特色的社会主义政治发展道路的关联上，即从所谓的"内在理路"进行深入分析。而这正是本项研究予以解读的重点问题之一。

二是中国特色社会主义政治发展道路与传统政治文化价值结构的契合性问题。中国特色社会主义政治发展道路本身即内含着历史的"损益"过程。也就是说，这一发展道路是经过几代共产党人的探索，历经邓小平理论、"三个代表"重要思想、科学发展观的思想积淀逐步形成的。集中体现在习近平新时代中国特色社会主义思想之中。这一思想在政治发展方面无疑是含有传统政治文化因素的。据本研究考察，有关中国特色社会主义理论体系与传统文化关系的研究并不少，但是将中国特色社会主义政治发展道路与传统政治文化价值、意识结构关系层面结合起来进行研究的却不多。这就需要我们再进一步从政治文化的深层结构入手，探讨中国特色社会主义政治发展道路与传统政治文化的内在关联，进而明晰并解决中国特色社会主义政治发展道路对传统政治文化的借鉴与参照的问题。

如果从价值层面向前再推进一步，就要对中国特色社会主义政治发展道路与传统政治意识的深层关联予以考察，因为政治意识恰恰是政治价值的表象，由此反观政治价值会更加清晰和深入。这里说的政治意识是指政治主体所具有的政治认知、政治态度和政治信仰，它既包括民族和个人的政治心理，又包括社会阶级、集团的政治意识。研究的主要内容是政治思想、政治观点以及对于政治现象的态度与评价。

传统社会的政治意识主要是指在长期的君主政治条件下形成的政治认知和政治信仰，中国特色社会主义的政治意识指的是在建设中国特色社会主义的实践过程中，人们所形成的政治认知、政治态度和政治信仰。从文化传承的视角看，传统社会的政治意识与中国特色社会主义政治意识之间是相互影响并有所承袭的，同时又是与时俱进的。这里说的"有所承袭"，主要体现在对于传统社会政治观念，比如儒家的"民本"理论、道家的以人为本"清静无为"的思想、法家重视法治依法治国思想的延传、传承和发展完善。以中国特色社会主义的政治理论为纲，辅之以传统社会政治意识中的先进和优秀成分，形成了具有中国特色的社会主义政治意识。

作为上层建筑的政治文化和政治意识所具有的传承性、主观能动性和相对滞后性，中国传统政治意识对于中国特色社会主义政治意识的影响是必然存在的，有关的研究已经指出了这样的问题，但是传统政治意识与当下中国实际存在的政治意识的互动关系与深层关联，学界尚没有相应的研究。而这一点，恰恰是本项研究的重点之一。

三是对于当下中国一般成员的政治意识状况的分析。当代中国特色社会主义政治发展道路与传统政治文化的关联问题除了文献梳理和理论分析，也需要对当代中国一般社会成员的政治意识状况有所了解，为此就需要运用计量研究的方式对当代中国民众的政治文化特点与中国特色社会主义政治道路取向问题进行统计和分析。这一部分在本项研究整体结构中所占比重不大,但颇为重要,为传统政治文化与坚持走中国特色社会主义政治道路的发展问题提供了数据依据,并通过实证研究确认当代中国民众政治文化的形态,从而为中国特色社会主义政治发展道路的设计提供社会层面的文化参照。

同时,通过统计数据验证快速工业化、城市化、市场化对中国民众政治文化的改造作用,从而为预测中国特色社会主义政治发展道路的前景提供科学依据。按照现代化理论,当社会在经济层面着力发展之时,其文化通常会朝着可预测的方向转变;转变的方向在现代化初期主要是文化的世俗化,即从对待权力的传统态度向世俗理性态度的转变;在后现代化阶段则是从生存价值观向自我表现价值观转变,或者说是从物质主义向后物质主义转变。20世纪90年代初以来,中国经历了所谓的"大转型",市场化、工业化、城市化、信息化、全球化结伴而行,出现了"中国奇迹"。由此我们可以初步判断,虽然只有短短的二十几年,但大众政治意识和政治心理或许已经发生了悄然的变革。但是无论是对变革的机制还是对这种变革本身,我们仍然缺乏真正的了解。本研究将从政治文化的层面对这类问题提出相应的论断,以供政府决策参照。

四是,本项研究将就坚持中国特色社会主义政治发展道路对传统政治文化开发的重点领域、重点任务和重点举措进行梳理和分析,以期提升习近平新时代中国特色社会主义思想理论构建的操作性与实效性。

一般而言,中国传统政治文化的政治价值体系是与君主政治的生成同步和相互作用的,作为君主国家政治意识形态的内在深层结构,当然要维系和实现君主政治的政治要求和政治利益。然而我们需要特别关注的是,在中国传统政治文化中,在一般意义上的价值观念、社会政治意识、政治伦理道德覆盖下,仍然含有诸多具有历史合理性的内涵,有的观念意识和价值选择甚而具有一定的普世性,诸如道德修身、重民教化、仁政爱民、慎独自律、忠恕之道等等。这些价值观念和意识具有的普世性是站在全人类社会的立场上而言的。正如党的十九大报告指出的那样:"中华民族有五千多年的文明历史,创造了灿烂的中华文明,为人类作出了卓越贡献,成为世界上伟大的民族。"

不忘初心,立足中华,放眼全球,卓越奉献。本研究解析了中国优秀传统政治文化与坚持走中国特色社会主义政治道路的内在关联,为构建中国特色社会主义理论体系提供参照。研究过程本身正是凝聚中国方案与中国智慧的过程,希冀为中华民族的伟大复兴做出贡献,同时也为 21 世纪的人类社会做出贡献。

第一章

民族国家政治发展道路与传统政治文化的内在理路

对于任何一个民族国家来说，其政治发展道路与传统政治文化都是密切相关、相互影响的。一方面，民族传统政治文化具有很强的传承性和稳定性，一旦形成便不易改变，左右着一国的公众尤其是政治精英对一国的政治发展发挥潜移默化的影响。另一方面，国家作为统治阶级进行阶级统治的工具，其政治发展道路的选择必然要体现统治阶级的意志，而统治阶级在进行政治道路选择时必然会对长期形成的传统政治文化进行一定程度的扬弃。因而在各民族国家的政治发展历程中，传统政治文化的影响是显而易见的，反之亦然，民族政治文化也在这一过程中被打上了深刻的时代烙印。

从古希腊城邦国家到古罗马帝国再到近现代欧美民族国家，从中国夏商周王朝到秦汉以来多民族统一的专制帝国再到近现代"中华民族国家"，其政治发展道路无一不受到民族传统政治文化的深刻影响，并反过来塑造着本民族的政治文化。因此，仔细考察和深入探究民族国家政治发展道路与传统政治文化之间的相互关系，从中发现某种具有普遍性的现象，得出某种具有启发性的结论，对于我们准确把握和正确认识当代世界各民族国家政治发展中的文化因素以及各民族文化中的政治因素，对于我们深入理解当代中国政治发展道路选择与民族传统政治文化的密切联系，对于我们正确处理马克思主义中国化与坚持走中国特色社会主义道路的关系，无疑都具有重要的理论和现实意义。

本章试图从政治发展与政治文化的相互关系出发，探讨不同文化圈中各民族国家政治发展道路的独特性，尝试从中发现某些具有共性或普遍性的现象，揭示民族国家政治发展道路与民族传统政治文化的基本关系，并在此基础上讨论传统文化特别是政治文化对民族国家政治发展道路选择的影响，探寻不同民族国家政治现代化和政治民主化进程中的文化根源和文化因素，将民族国家的政治发展进程同时理解为一个政治文化演进的过程。

第一节　传统宗教文化的深远影响

每个民族都有自己独特的宗教传统和宗教文化。在古代，几乎各民族都经历过政治生活与宗教生活密不可分的发展阶段，政教合一一度成为普遍现象。近代以来，随着各民族国家的形成及其政治生活的近代化过程，政教分离逐渐成为基本发展趋势，这在欧美国家表现得特别明显。尽管如此，传统宗教文化在民族国家政治发展进程中发挥的作用与影响仍不可小觑，直到当代仍是如此。

一、宗教文化与政治发展

宗教文化对政治发展的影响是显而易见的，例如在近代欧洲，正是宗教改革运动引发了各国的资产阶级革命，改革后的基督教成为资产阶级取得和稳固政权的重要工具。1640 年爆发的英国革命，一个重要特点就是宗教的政治化或政治的宗教化，革命的主力是清教徒，革命的政治理念也都是以宗教语言来表达的，因此这场革命通常又被称为"清教徒革命"。英国清教徒把自身的政治要求与宗教要求紧密结合，一方面要求对国教进行改革，清除国教中的天主教成分，另一方面还要求对政治制度进行改革，限制国王的政治权力。①革命胜利后，克伦威尔建立的护国政府把清教徒的清规戒律提高到国家法律的高度，用暴力来强制推行清教徒的信条，结果激起人们的强烈反感，导致了斯图亚特王朝复辟和国内宗教矛盾、政治矛盾的激化。直到 1688 年"光荣革命"后，随着《权利法案》的制定和《宽容法》的颁布，英国才确立起君主立宪政体，实现了各派宗教力量和政治力量的和解与妥协。此后，英国长期以这种妥协原则和宽容精神来处理国内不同政治派别或宗教派别间的争端，有效地防止了社会政治矛盾的极端化发展，并将这种政治妥协原则、宗教宽容精神与国内迅猛发展的资本主义经济因素及海外商业贸易、殖民扩张相结合，使英国迅速发展成为欧洲最强盛的资本主义国家和"日不落大帝国"。

宗教改革运动可以说是欧洲宗教文化向世俗文化转变的开始，也是欧洲传统社会向现代社会转变的一个标志，蕴含着西方现代政治文化的基本内容，预示着西方政治发展的基本方向。②在作为宗教改革运动发祥地的德意志帝国，宗教改革对其政治发展的影响更是不可低估。帝国的世俗统治者充分利用宗教改革这一历史机遇，在路德派新教的支持下排斥了罗马教廷和地方教会对世俗政府权力的干预，有力地维护了德意志的主权。在地方层面，一些较大的诸侯领地演变成为中央集权化的邦国，个别经济发达地区甚至开始筹建共和国。这种新型地方政权的兴起，既是对中世纪体制的一种取代，也是向近代政治体制的一种过渡。③德意志世俗诸侯充分利用宗教改革后帝国议会赋予自己的宗教事务管理权，大力加强所辖领地政府的独立性和对教会及宗教事务的干预，确立了由世俗政府来管理宗教事务的近代政治原则，使教会再也无力与政府分庭抗礼。

---

① 参见赵林：《英国宗教改革与政治发展》，《学习与实践》，2006 年第 7 期。

② 参见燕继荣：《论宗教改革与现代西方政治文化的关系》，《学习与探索》，1993 年第 5 期。

③ 参见朱孝远：《国家主权与现代政治秩序之基——德国的宗教改革与国家教会关系演变》，《人民论坛·学术前沿》，2014 年第 10 期。

　　在宗教文化影响政治发展的同时，宗教势力通常也会渗透到政治生活中，以扩大自身的社会影响和政治利益，或者将教派间的分歧与冲突转化为政治斗争。历史上，既不乏主流宗教利用政治权力或统治集团的支持迫害异己宗教势力的先例，也不乏受压制的宗教力量运用政治手段反抗主流宗教或国家政权迫害的现象。此外，宗教文化与政治发展也可能产生冲突，从而引发宗教势力与政治集团之间的矛盾和斗争，例如中世纪欧洲的教权与皇权之争。但一般说来，宗教与政治、宗教文化与政治生活是相互利用、相互促进、相互影响的，宗教只有适应统治阶级的政治需求才能获得广阔的生存发展空间，统治阶级为维护自己的政治统治也必然要正确处理政治与宗教的关系，充分利用宗教的社会影响，把宗教作为维护自身统治的精神工具，比如历史上"君权神授"的观念，正是这种相互利用关系的典型体现。

　　宗教文化对政治发展的影响程度和影响方式，在不同时代、不同民族地区或文化区域的表现是各不相同的。例如在中世纪欧洲的大多数国家，政权通常笼罩在神权之下，宗教与政治处于一种紧密结合的状态，或者说是一种接近于政教合一的状态，各国的政治活动都要服从和体现宗教原则。在这种神权政治下，教会势力凌驾于世俗政权之上，成为社会的直接统治力量和封建制度的重要支柱，《圣经》是高于一切世俗法律的根本准则。而在把基督教奉为国教的英、德等国，则不是以神权来支配君权，而是由君权来约束神权，使宗教活动受政治发展的制约，使教会势力受政治统治集团的支配，但教会僧侣依然享有特权地位，对国家政治发展有着举足轻重的影响。

　　宗教改革运动之后，基督教在欧洲的绝对统治地位被打破，各国的世俗权力得到巩固，并逐渐开始实行政教分离的原则，从而大大减弱了宗教文化对社会政治发展的影响。在国家政治制度层面，宗教不再是一种强制性力量，而仅仅是一种意识形态，使得"社会与文化的各个部门从宗教的制度与象征的支配中脱离出来，也就是不再为'神圣的天篷'所笼罩，人们不再以宗教的诠释架构看待他们的世界和日常生活"①。政教分离使宗教的影响日益被排挤出国家政治权力领域之外，仅作为一种信仰或社会利益团体而存在，一般通过民间宗教团体或教徒对社会其他成员、组织以及政府施加影响。尽管如此，在近现代欧美国家的现实政治生活中，仍到处可见宗教的痕迹，在宗教活动中也不乏政治的影子。

以美国为例，美国是世界上第一个实行政教分离的民族国家，但美国宪法的这一规定却并未完全阻止宗教文化对社会政治生活的影响，正如托克维尔所说："宗教在美国并不直接参与社会政治，但它又被认为是国家政治机构当中最重要的部分。"②艾森豪威尔也曾说过："我们的政治制度如果不是建立在一种深刻的宗教信念之上的话，它就失去了意义，至于是哪一种信念我倒不在乎。"③宗教文化是美国政治文化的中枢，这首先是因为宗教在美国政治文化形成过程中具有重要价值，并持续不断地服务于美国自由主义政治与社会秩序的合法化，由此我们就不难理解宗教对美国政治的影响了。在美国社会政治生活中，宗教文化的作用与影响表现在道德、种族、利益、权力、竞选等各个领域，宗教与政治相结合、相融合是美国政治的一个突出特征，可以说各种政治活动都与宗教息息相关。美国宗教文化的多样性决定了其政治的多元化，而政治的多样性也决定着其宗教的多元化，宗教文化与政治生活这种相辅相成的关系，塑造了美国特有的政治发展道路，即从政教合一到政教分离，从神权政体到民主政治，再从政教分离到"道德重建"。④此外，美国是一个由各种利益集团构成的社会，其中不乏宗教利益集团，因此在宗教信仰至上还是政治追求为先的问题上，各个利益集团都有自己的选择。宗教利益集团在美国政治生活中发挥着重要作用，体现着各宗教教派的信仰原则与政

---

① 梁丽萍：《现代社会宗教的政治参与及其对政治稳定的影响》，《当代世界与社会主义》，2007年第2期。

② ［法］托克维尔：《论美国的民主》，董果良译，商务印书馆，1988年，第341页。

③ ［美］布占姆等：《美国的历程》（下册），商务印书馆，1988年，第547页。

④ 参见王滨：《美国的宗教文化与政治》，《学术论坛》，2008年第6期。

治追求,且各个宗教利益集团参与国家政治的途径与特点各异,特别是一些宗教集团与政党的"联姻",使得宗教利益集团在美国政治发展中发挥着越来越大的作用。此外,宗教文化不仅影响着美国的总统选举和政府决策,也影响着普通公民的政治参与,例如一些宗教团体会在竞选过程中就其关心的问题询问候选人,了解各候选人在这些问题特别是宗教问题上的立场,然后向选民通报,希望借此影响选民的投票行为;也有一些宗教团体或宗教人士会直接为某位候选人助选,或者利用所控制的报刊、电视、广播等为候选人进行宣传,提高该候选人的声誉。①

再看东方的印度,宗教文化对其现代政治发展的影响更是不容忽视。综观印度历史可以发现,宗教尤其是印度教始终在国家政治发展中起着重要作用,渗透于社会政治生活的各个方面,例如印度最早的法典《摩奴法典》,实际上就是印度教的法典。在印度民族解放运动中,宗教同样发挥了巨大的作用。面对英国殖民主义的经济和文化侵略,印度民族主义先驱们从印度教的精神宝库里寻找思想武器,把《吠陀》《奥义书》等作为团结和唤醒民众反抗侵略的旗帜,圣雄甘地则从印度教文化中提炼出"非暴力""不合作"等斗争方式。印度独立后,尼赫鲁、英·甘地奉行世俗主义,主张各宗教平等,但由于传统的影响,教派冲突始终是印度社会的一个尖锐问题,印度教与伊斯兰教、锡克教的矛盾不断激化,引发了一系列流血事件,深刻影响着印度政治的发展走向。在印度,宗教文化与政治生活紧密结合在一起,同样呈现政治宗教化和宗教政治化的倾向,主要表现为:政治与宗教互为因果、互相影响;教派利益与政党利益密不可分,政党同时代表着教派的利益;教派冲突有时会发展为恐怖活动;教派主义与地方分裂主义相结合,危害政局稳定和民族团结。印度这种宗教文化与政治生活密切交织的特点,是由多种因素造成的,既有历史、社会、文化等客观因素,也有思想、观念、意识等主观因素。印度的宗教尤其是

① 参见吕其昌:《美国宗教及其对政治的影响》,《国际论坛》,2003年第1期。

印度教实际上已成为一种文化传统，深刻影响着人们的思想意识，支配着人们的道德伦理和日常生活。在这样一种浓厚的宗教文化氛围中，人们的思想意识和政治观念便不可避免地打上宗教的烙印，政治家们当然也不例外，会受到宗教观念的制约和影响，并在其政治活动中表现出来，从而影响着他们的政治选择和决策，影响着国家政治的发展走向。①在当代印度，宗教文化对政治发展的影响依然不可低估，而这种影响又往往以负面的为主，如种姓意识、种姓冲突不仅破坏民族团结，也阻碍着人们民主意识的增强；教派冲突有时演变为暴力恐怖活动，造成政局动荡和社会秩序的不稳定，使人民缺乏安全感；教派主义与分裂主义相结合，威胁着国家统一，也使一些邻国如巴基斯坦、孟加拉国感到担忧等。

在具有政教合一传统的伊斯兰世界，宗教文化与政治生活的关系更加密不可分。伊斯兰教自诞生以来就与政治有着千丝万缕的联系，甚至有研究者称之为"政治性宗教"，这一特点是其他世界性宗教所没有的。二战后，随着亚非拉民族解放运动的高涨，一系列伊斯兰国家获得政治独立，这些新兴民族国家通常从一开始就具有宗教政治化和政治宗教化的鲜明特点。特别是20世纪后期兴起的伊斯兰复兴运动，更是以伊斯兰教义为旗帜，要求纠正现代政治制度的弊端，重建传统的伊斯兰政治体制。

在中国，由于历史的原因，宗教文化与政治发展的关系长期以来基本呈良性互动趋势，这为我国当前政教关系的有序发展奠定了良好基础。我国当前政教关系的主要内容包括：国家尊重公民的宗教信仰自由，保护正常的宗教活动；宗教必须在国家法律、政策允许的范围内开展活动，不得干预国家职能的实施；国家对各宗教一律平等对待，任何宗教都不得享有超越其他宗教的特殊地位；宗教徒与其他公民具有同等政治权利等。当代中国在政教关系上既坚持政教分离的原则，也尊重宗教的自我发展，这是一种符合我国国情

---

① 参见江亦丽：《宗教对当代印度政治的影响》，《南亚研究》，1992年第1期。

的、以促进政教和谐为目的的新型政教关系。尽管如此,宗教文化在我国社会主义政治生活中的作用仍具有双重性:一方面,由于剥削阶级作为阶级已被消灭,使我国宗教摆脱了旧的统治阶级的控制和利用,宗教的状况发生了深刻变化,能够与社会主义相适应、相协调,能够为社会主义建设服务;另一方面, 宗教的本质并没有发生根本变化, 仍是现实生活在人们头脑中虚幻的、歪曲的反映,是唯心主义有神论的,这对于我国社会主义民主政治建设无疑会产生一些不利影响。①此外,由于宗教或宗教派别通常具有一定的民族性,因而它们在对我国政治文化发展产生影响的同时,也会对各民族之间的关系产生重要的影响。此外,宗教文化与我国社会主义政治文化难免存在冲突,因为二者的世界观、价值观基础完全不同,尤其在当前我国社会转型期和政治现代化进程中, 宗教价值观与社会主义价值观的冲突是我们不可回避的一个现实问题, 如何协调和处理好二者之间的关系具有极其重要的意义。

二、宗教文化与政党政治

近代以来,随着政党政治的产生发展,宗教文化与政治发展的相互影响呈现出更丰富的色彩,特别是宗教性政党的出现,使宗教文化与政党政治形成了密不可分的关系。宗教性政党或宗教政党,是宗教与政治相结合的一种特殊形式,"是一些资产阶级政治活动家利用宗教影响和宗教团体组织起来的资产阶级政党。另一种情况是,宗教组织为了直接干预政治和扩大自己的宗教势力,并使宗教社会具有强大的政治色彩,有些宗教领袖就通过各种方式,在宗教组织的基础上,组织起自己的宗教政党,或者由政治活动家同宗教领袖联合起来共同组织宗教政党, 这种宗教政党就是要利用宗教的社会

---

① 参见陈凤娟:《政治社会发展中的宗教因素分析》,山西大学硕士学位论文,2010年,第24页。

力量来达到其政治目的"①。研究者认为,宗教政党具有鲜明的宗教属性,往往将宗教教义纳入自己的政治纲领中,通常产生于具有政教合一传统或政教关系比较密切的民族国家,如欧洲的荷兰基督教民主联盟、德国基督教民主联盟和基督教社会联盟、比利时基督教社会党、意大利天主教民主党、瑞士基督教民主党和人民福音党、瑞典基督教民主联合党、挪威基督教人民党,拉美的尼加拉瓜基督教社会党、秘鲁基督教人民党、巴拉圭基督教民主党、厄瓜多尔基督教社会党、海地基督教民主党,以及亚洲的以色列沙斯党、圣经联合阵线(圣经犹太教联盟)和国家宗教党(犹太家园党)等。宗教政党在参与国家政治生活时,通常把信奉宗教的成员作为一个独立社会群体,为维护该宗教群体的利益对社会政治发展和国家政策走向施加影响。

关于宗教政党在政党政治中的重要作用及其对政治发展的影响,我们可以通过以色列宗教政党政治的演变加以详细说明。在以色列政党政治中,宗教政党是不可或缺的重要组成部分,目前活跃在政治舞台上的有三大宗教政党——沙斯党、圣经联合阵线和国家宗教党,都是犹太复国主义运动的产物,源于"世界精神中心运动"和"世界正教运动"两大宗教运动。在历史上,从这两大宗教运动中产生的各宗教政党和政治派别曾几经分化组合,直到 1948 年以色列建国后,才为犹太宗教政党及其政治活动提供了进一步发展的空间。从以色列建国至 1977 年,是工党主导的多党政治时期,各宗教政党参加了工党领导的历届联合政府,但它们在联合政府中的实力和地位却无足轻重。工党之所以同意与宗教政党联合,主要是出于民族团结和避免宗教文化冲突的考虑。在这一时期,以色列各宗教群体和机构的宗教特权得以维护,犹太教正统信仰被纳入司法框架和政治生活,由此换得了各宗教党派对联合政府的支持。在 1977—1996 年工党与利库德集团竞争对抗时期,以色列宗教政

---

① 冯天策:《宗教论》,山东人民出版社,2005 年,第 186 页。

党尤其是国家宗教党的地位和作用开始凸显,主要原因在于其政治倾向的明显右翼化拉大了它们与工党的距离, 而更加接近于执政党利库德集团的立场。①作为利库德集团与工党之间一支重要的平衡力量,各宗教政党在与主导性政党进行组阁谈判时就有了更大的发言权,迫使其不得不接受有关宗教事务的协议条款以及更多的政治要求,从而对国家政治生活发挥了更大的实质性影响。自 1996 年起,以色列政党政治进入一个新的发展时期,主要特征是大党势衰,小党势增,宗教政党的力量发展到了顶峰。②在这种新的政党政治格局下,宗教政党的地位进一步提高,在历届政府中都起着重要的平衡作用,因而它们不断就宗教分歧问题向政府发起攻势,导致了世俗政治与宗教文化间的冲突日益尖锐。因此,在以色列这样一个充满宗教与世俗矛盾的社会,需要有一个在二者之间进行调和的力量,能够将社会问题和宗教问题融合起来,以宗教文化来补充政治文化,而这正是宗教政党在以色列得以长期存在和发展的基础,也是宗教文化与政党政治密切关联的一个生动例证。

而在具有政教合一政治文化传统的伊斯兰国家,宗教文化与政党政治相互密切联系并深刻影响的现象则更加普遍,一些宗教政党甚至成为政坛的主导性力量。在 20 世纪伊斯兰复兴运动的推动下,许多伊斯兰国家建立了伊斯兰政党,其成员大部分或全部为穆斯林,把伊斯兰教作为立党的思想理论基础,主张维护穆斯林利益,复兴伊斯兰精神,以伊斯兰原则和伦理来建设国家。伊斯兰政党是典型的宗教政党,是宗教与现代政治文明相结合的产物,自产生之日起就在伊斯兰世界各国政治舞台上扮演着重要角色,对本国政治生活发挥着很大的影响。伊斯兰政党由于自身具有浓厚的宗教色彩,因而被赋予了某种神圣性和崇高性。在现实政治生活中,为了与世俗政府相对抗,强化民众对它们的认同,伊斯兰政党往往对伊斯兰教义进行极端的解释,造成伊斯兰与非伊斯兰之间矛盾的激化。例如埃及穆斯林兄弟会领导人库特

---

①② 参见王彦敏:《以色列宗教政党政治演变探析》,《理论学刊》,2011 年第 10 期。

布，就把"圣战"绝对化，号召穆斯林不仅必须信仰安拉的绝对领导权，而且还必须为主道而战，彻底推翻非伊斯兰政府。[1]伊斯兰政党在政治主张上的这种极端性，曾导致许多西方国家对其进行批评和谴责，本国政府也往往不承认其合法地位。由于伊斯兰教是一种世界性宗教，在许多国家都拥有虔诚信徒，一些伊斯兰政党还往往利用这一点，跨越种族、阶级和国家的界限去争取更多支持。有的伊斯兰政党则大力鼓吹"泛伊斯兰主义"，主张以共同的宗教信仰和宗教感情为纽带，把全世界的穆斯林联合起来，建立一个不分民族和种族的伊斯兰国家。

关于伊斯兰教文化与现代政党政治的密切关系，我们还可以政党政治起步较早且发展较为成熟的土耳其为例详加说明。1923 年土耳其共和国建立后，借鉴西方政治制度实行政党政治，但悠久的宗教文化传统却不可避免地为这一制度染上了浓厚的伊斯兰色彩。特别是 1950 年共和人民党的一党专政结束后，随着多党政治和民主化进程的发展，土耳其各党派为在选举中获得更多选票，纷纷利用宗教大搞宣传活动，伊斯兰教逐渐成为各政党争斗的重要工具，在国家政治生活中的作用日益凸显。到 20 世纪 70 年代初，具有浓厚伊斯兰宗教色彩的民族秩序党开始直接参与国家政治生活，以推动穆斯林意识的复兴为纲领，向土耳其的世俗主义原则提出了挑战。1972 年成立的民族救国党更是主张建立伊斯兰道德秩序，反对以追求个人利益为目标的资本主义道德价值，倡导"公正的经济秩序"[2]。民族救国党在 1973 年、1975 年和 1977 年曾三度加入联合政府，成为土耳其政党政治中重要的平衡力量。20 世纪 80 年代初，民族救国党提出了反对世俗化和共和国的口号，要求将伊斯兰教重新定为国教，实现伊斯兰的复兴。1983 年成立的土耳其繁荣党，更是一个典型的伊斯兰宗教政党，自成立之日起就积极主张复兴伊斯兰精

---

① 参见徐小凤：《对伊斯兰政党现象的一点思考》，《当代世界与社会主义》，2004 年第 4 期。
② 左彩金：《伊斯兰教与当代土耳其政党政治研究》，河北师范大学硕士学位论文，2004 年，第 13 页。

神,尊崇伊斯兰传统,用伊斯兰教义来教育国民,并号召伊斯兰国家联合起来抗衡美国和西方。冷战结束后,伊斯兰教在土耳其政党政治中的影响进一步扩大,促使繁荣党在 1995 年一跃成为土耳其第一大党,并于次年上台执政,大大助长了伊斯兰宗教势力特别是极端宗教势力的发展,使土耳其的世俗政治制度受到前所未有的冲击,面临着重新退回到伊斯兰化时代的危险。

事实上,宗教组织政党化已成为当今世界政治生活中的一个普遍现象,无疑加剧了宗教文化对现代政党政治的渗透和影响。近二三十年来,亚洲、非洲特别是中东地区的许多宗教或教派势力纷纷登上政治舞台,乃至成为本国政坛的主导性力量,如伊朗伊斯兰联合党、印度人民党、摩洛哥正义与发展党、马来西亚伊斯兰教党、埃及穆斯林兄弟会、黎巴嫩真主党、巴勒斯坦哈马斯等。宗教组织的政党化或原有政党的宗教化,打破了部分国家传统的政党政治格局,对这些国家的社会政治生活产生了深刻影响,凸显了宗教文化对世俗政治文化的强大渗透力,成为引发一些国家政治制度尤其是政党政治演进的重要因素。特别是冷战结束后,世界正经历着一场极其深刻的变革,经济全球化、政治多元化的潮流迅猛发展,各种文化和思潮交汇激荡、互相影响和渗透。在这种背景下,部分国家和地区掀起的宗教复兴运动强烈冲击着传统主流政治文化,甚至迫使部分国家的世俗政治不得不向宗教势力作出极大让步。这一现象也表明,政党政治仍是大多数国家社会政治演化的一个基本趋势,不管其政治体制、发展程度、文化背景如何,政党在国家政治生活中日益占据重要地位都是一个不争的事实。在当今世俗政治起主导作用的时代背景下,宗教政治组织要想获得合法的政治参与资格,唯有顺应时代潮流向政党化发展才会有更大的出路和前景,这也是一些国家宗教组织加快向政党转化的最大政治动因。①

即便在严格实行政教分离原则的现代民主国家,宗教文化对政党政治的

---

① 参见代金平、殷乾亮:《宗教政治组织合法化、政党化现象分析》,《当代世界》,2009 年第 8 期。

影响也不可小觑，尽管这种作用与影响也许不是直接的，例如在美国，基督教文化首先就对其两大传统政党的意识形态发挥着潜移默化的影响。在整个19世纪，美国两大政党的政治争端通常是与宗教因素纠缠在一起的，基督教虔敬派大多站在共和党一边，而非虔敬派则往往支持民主党。虔敬派认为自己是改造美国的领导者，为了达到目的可以毫不犹豫地动用法律、政策等一切权力手段，这与共和党更注重国家保护主义的意识形态有较多相似之处；而非虔敬派则强调宗教仪式和圣事的重要性，提倡宗教事务中的个人自由，这与民主党更注重自由贸易、要求国家尽可能少地干预社会经济生活的意识形态较为接近。

研究者认为，进入20世纪以后，尽管这种宗教分歧在美国两大党的意识形态中有所淡化，但却并未消失，而是以新的形式反映出来，体现在当代美国激进主义（现代主义）和保守主义（传统主义）之间的斗争中。特别是20世纪70年代，共和党在经过两次选举惨败后，为挽回颓势而开始与基督教右翼结盟，试图借助宗教势力扩大自身影响，从而为共和党打上了更深刻的宗教印记。与此同时，天主教和部分自由派基督徒则转向了民主党，从而强化了民主党的平等主义与和平主义特质。而处在美国两大政党之外的第三种政治力量或第三党，在意识形态上受宗教势力的影响则更大，有些甚至就是基督教宗教运动的直接产物。在当代，不仅基督新教和天主教影响着美国的政党政治，甚至像摩门教这样边缘化的、几乎被视为邪教的宗派组织也在对美国的政党政治发挥着影响，例如摩门教信徒罗姆尼在2008年大选中参加了共和党内对总统候选人的角逐，在2012年大选中被共和党正式提名为总统候选人。当前，基督教势力已经成为平衡美国内政外交政策的一支重要力量，也是影响美国政党政治的一个重要因素。

在同样实行政教分离的当代日本，宗教势力和宗教文化也渗透到社会政治生活的各个层面，通过各种途径影响着日本的政党政治。二战后，在日本民主化改革过程中，一向被视为国教的国家神道的神圣地位被取消，重新回归于民间宗教,日本出现了多种宗教和宗派并立的局面,特别是产生了一系列新兴宗教。在二战后日本历次选举中,以这些新兴宗教派别和组织为基础的利益集团发挥了重要作用,它们在贯彻信仰自由原则的名义下,对所属教徒的投票行为施加影响;而对于参加竞选的各政党来说,宗教团体则是它们获取更多选票的理想"票田",这种现象被称为"宗教票田"。[①]因此,日本各大政党或政治势力无不注重加强与宗教团体的联系,这成为影响二战后日本政党政治演变的重要因素之一。

宗教集团参与和影响日本政治生活和政党政治的方式是多种多样的,如推选自己的政治代言人或对某政党候选人进行声援,积极参与地方乃至全国的参众议院选举,推举世俗政党中具有宗教倾向的候选人,保持与世俗政党的密切关系等。[②]其中,一些新兴宗教团体甚至还组建了自己的政党,直接登上政党政治舞台的前台,例如日本创价学会。创价学会是日本最大的新兴宗教团体,它以"净化政界、公明选举"为口号,提倡信徒自由支持政党,积极参加社会政治活动,早在20世纪50年代就作为一支独立政治势力登上日本历史舞台。1961年,创价学会建立了以本会议员为核心的准政党团体"公明政治联盟",并在次年的参院选举中一举获得15个议席。1964年11月,公明政治联盟改组为日本公明党,后在1967年众院选举中获得25个席位,一跃成为第三大党和第二大在野党,从根本上改变了日本政党政治的格局,使之从过去的保守(自民党)、革新(社会党)两党格局演变为保守(自民党)、中道(公明党)、革新(社会党)三党对峙局面。[③]1970年之后,尽管创价学会与公明党在组织上实行了分离,但创价学会始终是公明党的支持力量,二者之间保持着密切的联系。1994年,公明党与新生党、民社党等党派合并为新进党,一度

---

①③　参见徐万胜:《宗教与战后日本政党政治》,《世界经济与政治》,1999年第6期。
②　参见邵宏伟:《战后日本新宗教参与政党政治的方式、动因及其认识》,《佛学研究》,2008年第17期。

对自民党的主导地位构成严重威胁。1997年新进党解散后，公明党恢复重建，继续得到创价学会的大力支持。

印度独立后，宪法也明确规定实行政教分离原则，但事实上，由于宗教观念根深蒂固，宗教文化对印度政治生活的渗透呈不断上升趋势，特别是宗教势力与政党政治的结合，已成为印度政治的一大特色。许多教派组织积极向政治领域渗透，发展为教派主义政党，如印度教派的印度人民同盟、伊斯兰教派的穆斯林联合阵线、锡克教派的阿卡利党等。此外，一些非教派政党也逐渐呈现浓厚的教派化倾向，它们为了争取数量庞大的教徒手中的选票，往往提出一些具有鲜明教派色彩的口号，宣称为某一教派利益服务，甚至向教派政党演变，例如20世纪80年代崛起的印度人民党。不仅如此，甚至那些原来高举世俗主义旗帜的传统政党，如印度国大党、共产党等，为了争取选票也纷纷提出具有教派主义色彩的口号，不断与教派势力妥协或与教派政党结盟，例如在1987年地方议会选举中，国大党与穆斯林派和基督教派政党结盟，共产党则与穆斯林政党进行联合。宗教文化与政党政治的紧密结合，深刻影响着印度的政治生活和内外政策，这一点在国大党执政期间有着鲜明体现。印度独立后，国大党一党独大，长期垄断着政权。在此期间，国大党政府采取妥协与调和的宗教政策，一方面讨好印度教教派势力，默认其狭隘民族主义的宣传与活动；另一方面也安抚穆斯林等教派，给予某种优待。但这种政策并未取得良好效果，反而加剧了教派间的矛盾，印度教教徒攻击政府过分迁就和照顾伊斯兰等教派的利益，后者则抱怨政府默认甚至怂恿印度教教徒歧视其他宗教派别，煽动教派对立情绪。[1]教派矛盾导致印度一再发生大规模流血冲突，一些教派势力甚至不断制造恐怖事件或谋杀国家政治领导人，例如圣雄甘地被印度教极端分子刺杀身亡，英迪拉·甘地则被两名锡克教卫

---

① 参见王丽：《国大党的兴衰与印度政党政治的发展》，华东师范大学博士学位论文，2005年，第36页。

兵枪杀等。因此,从印度政党政治现代化的宏观进程来看,宗教文化、教派政治与政党政治的密切结合,严重影响着其政治生活世俗化进程。

第二节　传统政治文化的直接影响

民族国家的政治文化是其政治系统中的行为取向因素或情感心理因素,有西方学者将其定义为"在特定时期流行的一套政治态度、信仰和感情……包括一国居民当时所盛行的态度、信仰、价值观和技能"[②]。可以说,一国政治文化影响着其政治体系中每一个政治角色的行为,并作为制约社会成员政治行为的心理文化因素作用于政治生活的各个方面,决定着政治体系的存在状态、运作方式和发展前景。具体来说,首先一国政治文化首先决定着其政治体系的建构,决定着国家政治制度、政治体制的性质与形式;其次,政治文化是维持政治体系稳定性的重要因素,它通过凝聚社会成员对政治体系的文化心理认同,为国家政治体系的合法性提供保障;最后,政治文化推动着政治体系的变革,并通过影响社会成员对变革目标和方式的认知、情感、价值取向等,制约着国家政治体系变革的进程和结果。通常情况下,政治文化的革新往往成为民族国家政治变革的先导,例如欧洲文艺复兴运动和宗教改革运动之于各国资本主义生产方式的确立,启蒙运动之于各国资产阶级革命等。

---

①　[美]加布里埃尔·A.阿尔蒙德、小 G.宾厄姆·鲍威尔:《比较政治学:体系、过程和政策》,曹沛霖等译,上海译文出版社,1987 年,第 29 页。

一、政治文化与政治道路

民族国家的政治发展道路通常是政治主导者选择的结果，然而具体选择何种政治发展路径，则深受其民族政治文化的影响。在欧洲，中世纪的社会政治秩序是以基督教为基础的，因此欧洲在从传统社会向近现代社会转变时，其思想政治文化的变革首先从宗教改革开始是不难理解的，正如恩格斯所指出的：封建制度的巨大的国际中心是罗马天主教会，它通过西欧封建诸侯建立了自己的"分而治之"的统治，给封建制度绕上了一圈神圣的灵光，因而要在每个国家内从各个方面成功地进攻世俗的封建制度，就必须先摧毁它的这个神圣的中心组织。[①]

作为一国社会成员所共同具有的政治价值观念、政治信仰、政治认知、政治情感、政治态度的综合体系，政治文化是民族国家整个社会文化的集中表现，但它同时也是一个变项，在各民族国家的不同发展时期有着不同的内容表现。特别在一些具体的政治问题上，人们可能会形成不同的政治态度，然而透过变化多端的政治表象，我们仍可从总体上来把握一个社会潜在的深层结构，即政治文化的基本倾向。[②]现代西方政治文化的基本特征，可概括为基于性恶论的法治主义、基于个人主义的怀疑主义以及基于相对主义的宽容精神，而这些特征的形成都与欧洲宗教改革运动密不可分。可以说，宗教改革运动与文艺复兴时代的人文主义运动一样，共同奠定了现代欧洲政治文化的基础。作为西方政治文化的基本内容，法治主义、个人主义、相对主义、自由主义都是在西方社会长期演变过程中逐步形成和定型的，并渗透到其政治、经济、社会生活的各个方面，从这个意义上说，宗教改革运动标志着

---

① 参见《马克思恩格斯选集》（第三卷），人民出版社，1995 年，第 390 页。
② 参见燕继荣：《论宗教改革与现代西方政治文化的关系》，《学习与探索》，1993 年第 5 期。

欧洲宗教文化向世俗文化转变的开始,也是西方传统社会向近现代社会转变的一个标志,蕴含着西方现代政治文化的基本内容,预示着西方政治发展道路的基本方向。

在英国,影响其近代政治发展道路选择的传统政治文化因素,甚至可以追溯到宗教改革运动很久之前的《大宪章》。从某种意义上说,正是1215年的《大宪章》塑造了英国政治文化的特质,催生了英国议会,深刻影响着近代英国民主政治发展的走向。在此后的几个世纪中,受《大宪章》精神的影响,英国君主制的发展呈现一系列鲜明特征,如契约精神、崇尚法治、君主集权、王权与教会密切结合以及君权有限的宪政传统等。到15世纪后期,英吉利王国的一切重大决策都须经议会同意才能实施,包括内政、外交、战争和王位更迭等,主要由新贵族和资产阶级组成的议会逐渐确立了自己的主导地位和作用,王国的最高统治权只有通过议会才能合法运行。1688年"光荣革命"后英国君主立宪政体的确立,正是对这样一种政治文化传统的延续,把中世纪的有限君权和议会传统有机地衔接起来,使英国进入现代"议会主权"时代。

另一方面,在政治发展进程中的推动力和制约力,对英国政治文化的影响也同样不可忽视。在英国君主立宪体制建立过程中,政治家们确立了一系列新的政治规则,经历了保守派与激进派的一系列斗争和妥协,最终才促成了议会改革并以法律手段将其固定下来。正是这种保守主义与激进主义的交融,造就了英国现当代政治文化中突出的二元主义特性:占主导地位的保守主义中夹杂着激进主义,二者共存共生、相互促进、相互制约。①可以说,自"光荣革命"以后,特有的政治文化传统使英国以一种和平的方式完成了从专制王权向贵族政治的转换,后来又以类似的方式完成了向现代民主政治的转变,在维护传统与追求变革之间找到了一条适中的道路。

---

① 参见徐可、游丽:《浅议英国政治文化的形成发展与本质特点——保守主义与激进主义的融合》,《湖北师范学院学报(哲学社会科学版)》,2007年第3期。

在宗教改革运动之前的德国,其传统政治文化中并没有真正意义上的宪政民主思想。虽然自中世纪晚期德国政治生活中出现了某些宪政因素,但却没有像在英国那样把德意志民族引向宪政之路,例如 1122 年签署的《沃尔姆斯宗教协定》、1356 年颁布的《金玺诏书》以及德意志传统的"选侯制度"、等级议会制度、汉撒城市自治制度等,都未能把德意志民族推向近现代民主政治发展的道路。自《金玺诏书》颁布后,"德意志民族的神圣罗马帝国"就已名存实亡,各诸侯领地得到帝国法律确认,成为世袭领地,造成了长期的封建割据局面。由于各诸侯国实力的大小取决于其世袭领地的大小,因此诸侯们都热衷于保护和扩大自己的势力,互相混战不休,难以形成民族向心力。当西欧其他各民族国家纷纷摆脱皇权、民族意识不断加强之时,由宗教冲突引发的"三十年战争"却进一步加剧了德意志民族的分崩离析。这种状况一直持续到 19 世纪中期,直到 1871 年普鲁士通过"自上而下"的王朝战争实现德意志民族国家的统一为止。长期的分裂割据为德意志民族的政治发展带来严重恶果,也强化了其政治文化中的一些消极因素,形成一种独特的文化民族主义现象。这种文化民族主义偏重于从文化层面进行政治表达,试图借助于民族文化来唤醒大众的民族意识,抵御外来文化的入侵,促进民族国家的建立。这种政治文化传统在促进民族认同的同时,也导致了过分宣扬德意志民族精神及其独特性,以及对强有力领袖的颂扬和对权力的盲目崇拜,从而助长了德意志民族的沙文主义、军国主义和专制主义传统。①

另一方面,长期的分裂割据使德意志民族对国家产生了盲目尊崇,在很多人看来,国家的统一远比个人自由更重要,建立民族国家远比实行政治民主更重要,从而导致了"国家至上"思想在后来的泛滥。例如 19 世纪德国伟大思想家费希特、康德等人,在其思想学说中就体现出鲜明的保守主义倾向,

---

① 参见李战胜、傅安洲、阮一帆:《二战后联邦德国政治文化转型研究》,《理论月刊》,2010 年第 4 期。

充满对国家的崇拜和对君主制的眷恋，把建立君主立宪制作为孜孜以求的理想政治目标。特别是在王朝统一战争过程中，普鲁士传统政治文化中特有的国家至上、军国主义、专制主义、服从权威等信条迅速席卷整个德意志，渗透到社会政治生活的各个方面，深刻地影响着德意志民族的思想和行为。因此，在终于获得国家统一的德意志第二帝国，确立了一种极其有限度的君主立宪政体，走上了一条有别于其他欧洲国家的特殊政治发展道路。到20世纪二三十年代，德意志民族政治文化中这种民主、自由观念淡漠，军国主义、保守主义、极端民族主义、专制主义盛行的传统，既构成了纳粹独裁体制的政治文化基础，更为纳粹主义的进一步发展提供了适宜土壤，是德国政治走向法西斯主义道路的一个重要原因。

在独立后的美国，其政治发展道路的独特性主要体现在权力分立上。这一特点是与其共和主义政治文化传统的影响密不可分的，在某种意义上可以说，共和主义政治文化传统在塑造美国独特的政治发展道路方面发挥着决定性作用。在当时，英国君主立宪政体被认为是能够在平民、贵族和国王三者之间实现制约与平衡的混合政体，也是一种最理想的政治制度，因此无论在制宪会议上还是在随后的宪法辩论中，美国的制宪者们都坦言，他们参照的主要样板就是英国宪制。然而实际上，美国的开国政治家们并没有照搬英国政治发展道路，因为他们在赞扬英国宪制的同时，也看到了它的重大弊端，即难以防止政治腐败。

事实上，在当时的美国最盛行的，是源于英国17、18世纪之交的政治反对派的共和主义思想。共和主义者认为，公民应积极参与政治生活，就公共事务展开协商、达成妥协，在公共利益与私人利益出现矛盾时优先考虑公共利益，这才是公民应有的"美德"；相反，沉溺于私人领域，置公共事务于不顾，则是"腐败"的表现。因而共和主义者推崇能够维护公民美德的政治和经济制度安排，以确保公民能够直接参与公共政治生活。但随着人口的增长和领土面积的扩大，公民直接参与国家事务管理已不可能，所以共和主义者不得不把关注点放在代表制和议会制上，主张保持由民意代表组成的议会的独立性。

正是秉承共和主义的理念，1787 年美国宪法的制定者们在规划美国政治发展道路时，最终确定了以权力分立为典型特征的制度设计，即横向上由议会、总统和法院分享人民授予的权力，实行严格的三权分立；纵向上由联邦和各州分享权力，实行联邦共和制。这种权力分立式政治发展道路的确立，主要是为了达到两个目的：一是防止腐败，二是促进公民参与政治生活，从而维护共和精神。然而从美国后来的政治实践看，这一政治道路却并未能巩固其共和精神或共和主义政治文化，反而使共和精神不断衰退，主要原因在于：这种权力分立式政治发展道路本身存在着磨损共和主义的机制，特别是在社会发生分裂的情况下，这一模式阻碍着妥协的达成，损害了共和精神。由于经济社会的平等对于维护共和精神来说至关重要，所以理想的政治发展道路应能够在经济社会的不平等扩大时发挥救偏补弊的作用，但美国权力分立式政治发展道路不仅做不到这一点，相反还会延缓甚至阻碍救偏补弊的过程。因此自 20 世纪 80 年代保守主义兴起后，自由主义和保守主义便从两端不断撕裂着美国社会，在这种政治文化氛围下，美国要想重新恢复共和主义传统无疑将十分困难。

无论就政治文化传统而言，还是就政治发展历程而言，俄罗斯都是一个极为独特的民族，这深刻地影响着其近代以来对政治发展道路的选择，影响着其民主化进程。自古以来，由于特殊的自然地理环境、生存方式、外部因素和历史进程，俄罗斯形成了一种与别国迥异的文化系统特别是政治文化，造就了其独特的国民性、价值观念、思维方式、政治态度和行为方式，直接影响着它对政治发展道路与模式的选择。俄罗斯这一独特政治文化传统的形成，同其历史上的三大事件密切相关：一是"基辅洗礼"和基督教被宣布为国教，二是蒙古帝国的征服和统治，三是彼得一世改革和叶卡捷琳娜二世"开明专制"。特别是在叶卡捷琳娜二世"开明专制"时期，她把法国启蒙思想引入俄罗斯，开启了俄罗斯的启蒙运动，推动俄罗斯走向西方化政治发展道路，并通过全方位改革使俄罗斯一跃成为欧洲霸主之一。

在上述因素影响下,俄罗斯形成了一种既不同于东西方又兼具东西方文化内涵的特殊政治文化,其主要特点是:集体主义与个人主义精神并重,国家主义和无政府主义思想共生,君主专制与自由主义、民主主义传统杂糅,虔诚的宗教信仰与无神论思想并存。这些特性导致了俄罗斯政治文化传统中一系列的矛盾性和冲突性。正如一位俄罗斯思想家所描述的:"在俄罗斯人身上可以发现矛盾的特征:专制主义、国家至上和无政府主义、自由放纵;残忍、倾向暴力和善良、人道、柔顺;信守宗教仪式和追求真理;个人主义、强烈的个人意识和无个性的集体主义;民族主义、自吹自擂和普济主义、全人类性;世界末日——弥赛亚说的宗教信仰和表面的、虚假的虔诚;追随上帝和战斗的无神论;谦逊恭顺和放肆无理;奴隶主义和造反行动。""在俄罗斯的各个方面,都可以发现这种莫名其妙的二律背反性。关于俄罗斯的民族性格,可以确定无数个正题和反题,也可以发现俄罗斯之魂存在着许多矛盾。"①正因如此,俄罗斯民族是一个两极化的民族,非理性、绝对性和极端性构成其政治文化的另一个重要特征,表现为在所有重大问题上都采取非此即彼的态度,因而在俄罗斯政治哲学中人们可以找到无数个正题和反题,但却找不到合题,而且有时正题可以直接转变为反题,正如有学者所指出的:"俄罗斯民族往往采取激进的方式和激烈的手段来进行自己民族历史上的重大转折和飞跃,较少采用中国历史上经常出现的缓进和改良的措施……从某种角度讲,俄罗斯民族——从民众到统治者——在求新和求稳的选择中,往往选择前者而时常不顾及后者。"②

这种政治文化传统深刻地影响着俄罗斯民族的政治道路选择和政治发展进程,主要表现在以下方面:首先,在政治发展模式和国家制度上具有东西方融合的特点,既羡慕和学习西方,又对西方价值观充满仇恨和批判;既反对

---

① 　[俄]Вл.索洛维约夫等:《俄罗斯思想》,贾泽林、李树柏译,浙江人民出版社,2000年,第262、269页。

② 　林军:《俄罗斯外交史稿》,世界知识出版社,2002年,第14页。

东方政治制度的保守僵化、缺乏活力与创造性，又赞同这种制度对维护国家稳定和人民团结的意义。例如 18 世纪以后的沙皇制度就是如此，即形式上的民主和实质上的专制。其次，在国家、社会和个人关系上，国家主义政治文化决定了国家在政治生活中至高无上的地位，社会和个人更多表现为国家的附属力量，"强国家–弱社会"始终是其一个突出的政治特点。这种状况所导致的后果就是全部政治生活的国家化，国家成为俄罗斯民族最有活力、最有能力和左右一切的力量，社会和个人则奴性十足、逆来顺受，"不愿表现主动性和积极性，总想让别人为他们操持一切"①。最后，在政治变革方式上既注重向西方学习，致力于西方式现代化，又试图把这种变革局限于经济、科技等领域，拒绝政治领域的变革。因此在很长时间内，俄罗斯的本土因素顽强地抵制着普遍性因素的渗透，力图使政治现代化不致动摇其固有的社会结构，一旦改革进程发展到触动沙皇专制制度根基的阶段，改革便会在上层和下层的共同抵制下戛然而止，19 世纪 60 年代农奴制改革和 20 世纪初斯托雷平改革的失败就恰恰说明了这一点。

　　东方的日本，是在接触到中华文化之后才开启了自己的文明进程，逐渐形成了自己独特的政治文化传统。在此过程中，本土神道与天皇制的媾和成为日本传统政治文化的一个基本特征，并促成了中国儒家政治文化的"日本化"。在日本历史上，曾发生过三次实质性的政治变革，即大化改新、明治维新和二战后的民主化改革，其间天皇制虽有所演变，但它作为日本政治文化和政治制度的一个独特标志则贯穿始终，这一点对近现代日本政治发展道路具有重大影响。自德川幕府时代，日本的思想和文化开始走向繁荣，源于中国儒家的礼教文化逐渐在日本政治生活中发挥重要影响，促使民族主义、本民族中心主义等观念在政治文化中的价值取向凸显。到了明治维新时期，以天皇亲政为核心的中央集权民族国家在日本确立下来。在此过程中，传统政

---

① ［俄］Вл. 索洛维约夫等：《俄罗斯思想》，贾泽林、李树柏译，浙江人民出版社，2000 年，第 272 页。

治文化对明治维新的成功也发挥了重要作用,例如"王政复古"曾一度成为明治初年的主导意识形态,1870 年明治政府又确定神道为日本国教,并禁止基督教传教活动。1889 年 2 月颁布的《明治宪法》标志着日本开始从专制政治过渡到立宪政治,但由于受传统政治文化的深刻影响,这种君主立宪政体其实是很不彻底的,仍具有专制王权的性质,这成为日本后来走上军国主义和法西斯主义道路的一个重要原因。

印度传统政治文化与其政治发展道路之间的相互影响关系则更为独特。在印度,传统政治文化的主要特征包括:鲜明的宗教中心性、壁垒森严的等级秩序、浓厚的"尚法"意识、高度的多元思辨性与包容性、缺乏皇权崇拜意识,以及自给自足基础上的基层自治传统等。这些特征在印度近现代政治发展过程中有着充分的体现。自独立以来,印度虽然逐步确立起西方式议会民主制政治发展道路,但仍保留了东方式威权体制的一些特点,其民主政治的质量不高,例如缺乏现代政治理念,种姓、宗教等传统势力大量存在,缺少强有力的公民社会等。首先,印度议会民主制是一种弱总统制,国家权力掌握在强有力的总理手中,议会两院中上院(联邦院)的权力也远不如下院(人民院)大;其次,印度有一个庞大的官僚系统,被认为是世界上效率最低的官僚系统之一,其腐败问题十分严重;再次,印度虽是一个联邦制国家,但其联邦色彩却比其他联邦制国家要弱,具有鲜明的"强中央"色彩;最后,尽管宪法明确规定印度是一个世俗国家,但由于宗教文化的深刻影响,世俗主义原则在现实政治生活中很难付诸实践。此外,印度现代政治发展也在很大程度上促进了传统政治文化中的积极因素,消解了其中的一些消极因素,例如"尚法"传统被继承下来并发展为现代意义上的法制;基层自治传统被发扬光大,成为培育现代公民社会的良好基础;皇权崇拜意识的缺乏和文化的多元包容性,为现代民主、自由思想提供了肥沃土壤,使壁垒森严的等级制度逐渐被打破,有力地推动了社会的不断进步;宗教在民众生活中的中心地位被推翻,宗教文化传统中的非理性、非人道因素逐渐被克服,表现出较明显的世俗主义取向,并对社会风尚和生活方式产生了积极作用。①总体来看,在印度现代政治发展过程中,逐渐摒弃了传统政治文化中的糟粕,发扬了传统政治文化中的精华,其政治发展道路和模式是基本符合印度国情的。

二、政治文化与政治制度

传统政治文化不仅影响着民族国家对政治发展道路与模式的选择,也深刻影响着政治家们对政治制度的设计和变革,影响着公众的政治共识、政治参与和对政治制度合法性的认同。作为政治制度的一个重要影响因素,政治文化还渗透到政治制度的实际运行过程中,制约着政治制度的变革和发展,以及通过左右社会成员对政治制度发展目标的认知和价值取向,间接制约着政治制度的发展进程及其结果。此外,现代政治制度的构建目标、价值体现及政治功效,又成为多元化社会凝聚政治共识、形成新的政治文化的重要因素。事实上,现代社会的政治共识主要是指对政治制度的共识,它构成了现代政治文化的基本内容。②现代政治制度为公众的政治参与提供了必要保障,从而提高了公众对现实政治制度的信任与合法性认同,这有利于民族国家政治秩序的维持和政治制度的稳定。

政治文化特别是传统政治文化,作为一个民族特有政治态度、政治情感、政治心理、政治习俗、政治道德和行为规范的综合反映,对民族国家政治生活的各个方面都具有导向性、制约性和规范性作用,"形成某种政治制度离不开一定政治文化在其中的作用,维持政治稳定、促进政治发展,同样需要建立相应的政治文化,并使之符合政治体系一体化的要求"③。当然,政治文化构成的复杂性和多元性,也使其对政治制度的影响作用具有积极与消

---

① 参见欧东明:《印度近代宗教改革中的世俗化倾向》,《南亚研究季刊》,2002 年第 4 期。
② 参见王为:《论以政治制度为基础的现代政治文化》,《教学与研究》,2014 年第 1 期。
③ 赵渭荣:《转型期的中国政治社会化研究》,复旦大学出版社,2001 年,第 16~17 页。

极之分,以及适应与不适应之别。当一国政治制度的发展落后于其政治文化时,就会产生改变政治现状的要求,政治制度改革甚至政治革命的浪潮就会高涨起来,从而推动政治制度的创新与发展;反之,当政治文化落后于政治制度的发展时,就需要通过各种途径来引导和重塑适宜民主政治发展的社会政治文化,并在实践中不断提升政治文化与民主政治制度的契合性。总之,政治制度的创新和发展需要一个宽松的政治文化氛围,这样才能激发政治主体的创新意识,保障政治主体敢于创新,为此就需要建立起通畅的政治沟通渠道,营造和谐包容的政治文化氛围,倡导不断进取的政治价值取向。

首先以英国为例,来考察其以保守主义为主要特征的传统政治文化对政治制度形成、发展和改革的深刻影响。有学者指出:"英国保守主义是一种稳重守成的力量,它并不一味地反对进步,而是对变革的进程和程度持稳重态度。当尚存的制度能维持和继续时,它就坚定地守住阵地,不肯变革;但当已有的体制不能够满足现实的需要时,它就允许某种程度的变化,并在这个新的变化的基础上守住阵地,成为反对新的变革的力量。"[①]也就是说,英国这种保守主义政治文化倾向更多地表现为对政治传统的保护心理以及对政治变革的小心谨慎态度,这一点在"光荣革命"时期表现得尤其突出,正如埃德·蒙伯克所言:"光荣革命"虽然打破了一成不变的传统,但它并不是真正意义上的革命,而是对传统的一种保护,是为了保护传统而进行的稳重改变。[②]正因如此,在"光荣革命"后的英国,原有的政治结构并未发生根本性变化,只不过加入了一些新的内容,例如议会中的贵族院仍得以保留,以体现"国家尊严和政治传统",并且继续作为议会权力的中心主导着国家政治生活,这种状况一直持续到 19 世纪中期以后。

再如,作为世界上最早实行的文官制度,英国文官制度在早期也具有鲜明的贵族化特征,不仅"恩赐官职"的传统继续得以保留,文官的任命权也掌

---

① 陈晓律:《在传统与变革之间——英国文化模式溯源》,浙江人民出版社,1991 年,第 124 页。

② 参见贺文涛:《浅析英国政治制度特点及其政治文化》,《现代交际》,2016 年第 8 期。

握在国王和贵族手中，导致政府的重要官职几乎被贵族子弟所垄断。随着英国资本主义的进一步发展和资产阶级力量的壮大，资产阶级对国王和贵族继续掌握对政府要职的任命权和管理权日益不满，迫切要求由自己委托的代理人来行使这些权力，再加上两党制的确立和下院权力地位的上升，从而加剧了贵族势力的没落，为英国内阁制度的形成创造了条件。随着内阁制的形成，剥夺了国王手中唯一尚存的行政权，使以议会下院为后盾的内阁成为国家的政治枢纽和国家机器运转的轴心，标志着英国近代政治制度臻于完善，从而加速了其政治现代化的进程。

　　英国保守主义政治文化的另一个鲜明特征体现为协商和妥协的政治传统，正如伯特兰·罗素所说："英国人承袭了典型的喜欢妥协的政治传统，在社会问题上他们优先考虑的是改革而不是革命。"①这一传统在英国政治发展和政治制度变革中的一个具体体现，就是突出的和平渐进性或渐进主义，例如1832年以来的历次议会改革都是如此。此外，自《大宪章》以来所形成的"重法轻权"的传统政治观念在英国社会也根深蒂固，"伴随英国政治制度逐步现代化，统治阶级一再运用法律武器建立和巩固其统治地位；不同阶级之间和统治阶级内部的政治斗争多次付诸法律武器，其行为大多能够限制于法律范围之内，或借助法律名义标榜其行为和要求的正义性"②。正因如此，英国政治生活法制化的趋势不断加强，"使国内各类政治行为能够逐渐公开化、合法化和比较温和地进行，较少诉诸暴力和阴谋行为，常常能以较少的社会代价赢得较多的社会进步，同时又加强了英国政治制度的渐进性、连续性和灵活性特点"③。

　　美国的政治文化虽源于欧洲，但又不完全等同于欧洲，而是具有自身鲜明的特点，如理想主义与实用主义并存，自由主义与民族主义混杂，民主和平

---

①　[英]伯特兰·罗素：《西方的智慧》（下），崔权醴译，文化艺术出版社，1997年，第460~461页。
②　徐奉臻：《英国政治现代化的历程及特点》，《史学月刊》，2004年第10期。
③　阎照祥：《英国政治制度史》，人民出版社，1999年，第5页。

等的色彩突出,以及公民对政治生活的积极参与和对政府的不信任等。此外,浓厚的新教色彩也是美国政治文化的一个重要特征,表现为政治生活中强烈的个体独立性和个人主义意识、人人平等的观念和契约精神、强烈的民族优越感和对世界的责任感等。这些文化特性为美国政治制度的稳定运转提供了有力保障。拿宗教文化因素来说,由于美国是一个由新教徒主导建立的国家,所以其政治文化自始便受到新教理念的浸润,正如托克维尔所指出的:所有美国人都认为宗教是"维持共和体制所必不可少的,这一意见不只属于一个阶级或一个政党,而是属于全体国民,属于社会每一个阶层"[1]。托克维尔还指出,民主制度的稳定需要有宗教信念的支撑,因为民主带来的平等可能使人们变得独立,而这种独立性会导致人的自私、冷漠和贪婪,只关注个人事务而不顾公共利益,从而成为威胁民主制度的隐患。[2]但由于新教鼓励民众积极参与政治生活、关心公共事务,因此在很大程度上消解了这一威胁,成为美国自由民主制度的有益保障。

美国公民对政治参与的热情不仅体现在选举政治中,也体现在社会政治制度的其他方面,如社区自治管理、社会组织生活、利益集团活动以及新闻媒体监督等。作为美国政治制度的基础,其政治文化的核心价值理念不仅维持了政治制度诸要素之间的制约与平衡,也为其政治制度的稳定奠定了合法性基础。比如从政治共识与民主选举的关系来说,在美国,正是强烈的政治共识推动着其民主选举制度不断走向完善,并反过来强化了广大民众的政治共识。

日本政治文化传统中特有的集团主义思想和等级观念,对其现代政治制度特别是政党制度的影响同样是显而易见的。二战后,日本在美国等西方国家的主导下建立起现代多党民主政治制度,这种制度虽有很大借鉴西方民主政治的成分,但也有其自身特点,其中之一就是由保守的自民党长期垄断政

---

①　Alexis de Tocqueville, *Democracy in America*, *Vintage*, 1945, vol.1, p.316.
②　参见牛霞飞、郑易:《美国政治文化的特点及其对政治制度稳定性的影响》,《世界经济与政治论坛》,2016 年第 5 期。

权的一党独大政党体制。自民党作为日本主要的政治集团,尽管其内部派系纷争不断,但却有着浓厚的集团主义意识或集体主义观念,对组织的忠诚和对外部政治势力的共同抵御是其能够长期保有政权的一个重要原因。同时,日本政党制度中还有着鲜明的等级制色彩,这不仅体现在党派间的关系上,也体现在各政党内部。例如自民党一党独大的地位确立后,它在国家政治体系中的这种优势便很难为其他政党所撼动,即使在自民党内部发生严重分化时也是如此,而且在自民党内特别是领导层,权力也是被少数政治巨头所控制。这种由政治文化传统所决定的政党模式和政党政治模式,在有效稳定日本政局的同时也潜伏着一定危机,例如自民党内部等级森严的组织结构就严重阻碍着新生力量和新思想的崛起,当新旧矛盾积聚到一定程度时,就会引发新旧势力的冲突和斗争,从而撕裂党的组织机体。20 世纪 80 年代以后,自民党在日本政党政治中的独大地位日益式微,主要就是由这种政治文化传统所导致的。

　　新加坡作为东西方文化的交汇点,其政治文化和价值观念可以说是东西方两种文化相互碰撞、相互融合的产物,是传统文化与现代文化的结合,突出表现为威权主义、精英主义和自由主义,这种文化特质对其政治发展和政治制度具有重要的影响作用。①威权主义传统导致新加坡人民行动党长期独揽政权和强人政治,精英主义传统使新加坡奉行精英治国的原则,自由主义传统则使新加坡的政治制度模式更具西方现代民主色彩。因此在新加坡政治生活中,民主选举与一党长期执政并存,君子执政、精英政治与依法治权并举,威权政府与有限政府统一,到处体现出传统价值与现代性的交互影响。拿公务员制度来说,尽管新加坡崇尚君子执政和精英政治,但又认为精英政治不同于传统的人治和德治,而必须辅之以严格的法治。新加坡公务委员会是一个不受政府制约的独立法定机构,负责公务员的编制、任用、晋升、调迁、免职等;为规范政府公务员的公职行为,新加坡制定了一系列严明的法律,如

---

　　① 参见王璇:《东西文化的融合与会通:新加坡政治价值与政治发展问题研究》,中共中央党校硕士学位论文,2008 年,第 29 页。

《防止贪污法》《反贪污法案》《防止贿赂法》《不明财产充公法》等,公务人员一旦触犯有关法规,将会受到非常严厉的处罚;独立高效的贪污调查局和审计总署是新加坡以法治权的组织保障,它们直接向总理负责,拥有广泛的职权,如逮捕权、调查权、搜查权、获取财产情报权、不明财产检查权,以及审核政府预算和财政开支是否符合法律规定等。这一套较为完善的制度对新加坡政府机关系统的管理发挥了十分有效的作用,实现了精英政治与依法治权、依法治政的统一,达到了使政府公务人员不想贪(道德约束)、不必贪(高薪养廉)、不能贪(严明法纪)和不敢贪(违法重罚)的效果。①

再如新加坡的所谓威权政府,其实并不是权力无所限制的政府,各种制衡机制使其同时具备有限政府的特征。首先,自1991年以后总统是由选民直接选举产生的,具有对政府进行监督和制衡的重要职权,有权批准或拒绝委任高等法院大法官、法官、司法委员以及总检察长、贪污调查局局长等要职,对内部安全法令、维护宗教和谐法令、贪污调查局调查权力等有监督权。其次,任期制和民主选举对执政党具有制衡作用。新加坡实行的是多党民主制,尽管人民行动党一党独大,但在其政府任期届满后仍面临着换届选举、多党竞争和选民民意的制衡。最后,司法系统、公务委员会和反贪机构的独立性,也使执政党及其政府的权力在体制上受到制衡。尤其是公务委员会,其成员均由总统根据总理的建议任命产生,是从社会各阶层精英中聘任的,他们不得担任政府官员或国会议员,也不能在政党和工会中任职,具有严守政治中立的特点。

第三节　传统政治制度的历史影响

当代各民族国家都经历了或正在经历着从传统政治向现代政治的转型,

---

① 参见王璇:《东西文化的融合与会通:新加坡政治价值与政治发展问题研究》,中共中央党校硕士学位论文,2008年,第70~71页。

在这一过程中以及在转型后的现代政治生活中,传统政治制度的历史影响通常仍清晰可见。所谓传统政治制度,主要是指以中央集权制或集权主义为基本特征的政治体制和制度,如君主集权制、寡头垄断制、贵族共和制,以及强君主弱议会的君主立宪制等。所谓现代政治制度,主要是指以议会民主制和政党政治为基本特征的政治制度,它以人民主权、自由平等、民主选举、分权制衡和法治等为基本原则,是近代以来世界政治发展的主导潮流。

尽管在传统政治时代也曾孕育出像古希腊雅典那样的民主政体,但这种所谓古典民主制与现代民主制之间却存在着明显区别:前者是一种小国寡民型的城邦政治制度,后者则是大国众民型的民族国家政治制度;前者动乱频发且都很短命,很容易蜕化为各种形式的专制政体,后者则比较稳定、健康而持久;前者只在能充任战士的本邦成年男子之间讲平等的参政权,不仅排除承担体力劳动的奴隶,而且所有的妇女和外邦移民也均不得涉足政坛,后者则只是在早期有一些类似的排斥性,后来就逐渐承认了所有成年人的参政权;前者拘泥于民主一词的字面意义,实行的是单纯的、纯粹的民主制即直接民主制,后者则一般不诉诸全体公民意志的直接表达,通常实行代议制度即间接民主制以及政党政治和分权制衡,是一种力求在大众意愿和精英意愿之间维持某种平衡的混合政体;前者仅把"自由"定义为个人参与政治活动的自由,个人在公共权力面前没有任何自我保护能力,后者赋予个人的自由则广泛得多,既有权参与政治活动,也有权不受非议地放弃公共政治而从事一切私人的合法活动。①

一、传统政治与现代政治

西方现代民主政治在其形成和发展的过程中,显然也从古希腊民主思想

---

① 参见马克垚主编:《世界文明史》(中),北京大学出版社,2004年,第110页。

和古罗马政治制度中吸收了不少养分，体现着古代传统政治的影响。事实上，在人类政治发展的进程中，古希腊罗马那种民主制或共和制政体不过是一个特例，在古代东方以及中世纪的西方世界，大多数国家所实行的其实是世袭的君主制政体，这导致了各民族国家传统政治中鲜明的中央集权和专制主义特征，不仅使西方国家在从传统政治向现代政治转型的过程中遭遇强大阻力，而且至今仍制约着许多东方国家政治现代化的进程。例如在《大宪章》产生之前的英国，国王不断加强政治集权，对贵族阶层享有的封建特权以及教会特权构成严重威胁，导致国王与贵族、教会之间的冲突连绵不断。《大宪章》的问世，标志着英国封建秩序开始从无序化、随意性向法理化、制度化方向发展，在政治生活中形成了"王在法下"的传统，出现了宪政的萌芽，标志着其近代政治的开端。但《大宪章》的主旨并非否定王权，而是限制王权，将国王的权威纳入制度化的运作轨道，因而它并未真正改变当时英国政治制度的集权和专制性质。到了都铎王朝时期，随着英吉利民族国家的兴起，《大宪章》及其精神更是被所谓"新君主制"所取代，君权神授、王权至上的观念反而加剧了英国政治的集权主义倾向，这一状况直到 17 世纪中期以后才开始逐渐发生改变。

在从传统君主专制向现代代议民主制转变的过程中，虽然各民族国家特别是东西方国家之间存在诸多差异，但也有许多共性。

第一，传统君主专制政治是一种以王权为中心的一元化、整体性权能结构，在政治体系中只能有一个政治权力中心即至高无上的王权，任何政治制度与行为均不得与君主的意志相左，一切政治机关的结构功能必须以有利于专制王权的集权而展开。与此相反，现代代议民主政治则是一种多元化权能结构的分权政治，整个政治体系不再围绕一个权力主体展开，而是多种政治权力主体相互作用，国家、社会、政府、政党、公民、利益集团和社会组织等均有特定的政治权利与义务。虽然政府在现代政治体系的权力分配中占有突出地位，但其他各政治主体也都是政治过程不可或缺的环节，且各政治主体之间有着明确的权能行使范围和相互关系规则。

第二,传统君主专制政治是一种主要依靠专制强权和暴力机器对臣民进行统治的政治形式;而在现代代议民主政治下,至少从理论上讲统治者与被统治者之间是一种权利义务关系或契约关系,公民与政府之间是一种委托与被委托关系。从这个意义上说,现代政治又是一种"契约政治"。

第三,传统君主专制政治总体上是一种不规则、非程序的政治,君主可以不顾甚至抛弃已有的政治规则和程序,来贯彻自己的专制独裁意志;而现代代议民主政治则是一种规则化、程序化的政治,任何政治主体均有权利参与政治规则和程序的制定,并对这些政治规则和程序的执行有监督权。

第四,传统君主专制政治的合法性依据主要是"君权神授"观念,君权总是与神权或教权相联系;而现代代议民主政治则是一种世俗化、理性化的政治,其核心是"合法的暴力"和以选举、监督为主要形式的公民政治参与。

第五,传统君主专制政治主要依靠家族世袭的政治传统进行统治,在此君王个人的魅力往往比法规更有效;而现代代议民主政治则主要依靠法理和法治进行统治,是一种法治的而非人治或德治的政治。

第六,传统君主专制政治是一种排他性、等级化的贵族政治,贵族阶级掌控着国家政府的大部分要职和政策,且其内部有着严格的等级秩序;而现代代议民主政治则是一种参与性、大众化的公民政治,政治过程和重大政治决策通常由公众来决定。①

自近代以来,首先在西方欧美国家,开启并完成了从传统政治向现代政治转变的进程,这是由资本主义生产方式及其核心政治价值所决定的。随着资本主义所主导的全球化和现代化的发展,广大发展中国家和地区也纷纷加入这一进程,经历了或正在经历着从传统政治向现代政治的转型。

前文提到,在英国都铎王朝时期,随着英吉利民族国家的兴起,形成了所

---

① 参见施雪华:《论传统君主专制政治向现代代议民主政治转变的过程、机理和动因》,《武汉大学学报(哲学社会科学版)》,2005 年第 4 期。

谓的"新君主制"。其实,这种"新君主制"或"新君主政治"是近代欧洲在从传统政治向现代政治转型过程中出现的一种普遍现象,具有鲜明的过渡色彩,贯穿于整个欧洲近代历史。在 14—15 世纪的西欧,随着城市的发展,产生了早期商人阶级和手工业资产阶级。为了巩固和加强王权以及应对封建割据势力,欧洲的国王们急需一个封建贵族以外的支持力量,而新兴资产阶级由于当时力量还很弱小,也需要一个强有力的国王政权给予保护,于是一些国王与新兴资产阶级结成了暂时联盟,在 15 世纪末、16 世纪初开始了西欧新君主政治的历史,到 17 世纪这一制度在一些国家便已巩固下来。①西欧新君主制极力保护新兴资产阶级的利益,例如英国的"圈地运动"就是如此,从而促进了英国资本主义工商业的迅速发展。在法国,由于封建势力比较强大,其新君主政治的发展较为曲折,到路易十四统治时期才基本形成,并同样促进了法国资本主义经济的繁荣。

在新君主政治下,西欧一些国家允许新兴资产阶级不同程度地参与政权,例如都铎王朝时期设立了具有内阁性质的枢密院,主要从新贵族和资产阶级中选拔枢密官,而主要由新贵族和资产阶级组成的国会也在政权中逐渐发挥着越来越重要的作用。法国三级会议中第三等级的代表也多是新兴资产阶级,他们虽然没有决定政府政策的权力,但也参与政策的制定并有表决权。此外,16—18 世纪法国所谓的"穿袍贵族",也大都出身于新兴资产阶级,他们成为国家法治的代言人。此外,新君主制国家还对反映新兴资产阶级利益的新教采取宽容或支持态度,使新教迅速兴起和发展起来。

到 18—19 世纪,随着资产阶级政治统治在西欧国家的相继确立,新君主政治又在封建势力还很强大的中东欧各国兴起,例如俄国叶卡捷琳娜二世时期的所谓"开明专制",就是这种新君主政治最为突出的体现。②在中部欧洲的普鲁士和奥地利,也分别从 17 世纪末和 18 世纪中期进入新君主政治时

①②　参见龚敏:《论近代欧洲的新君主政治》,《湘潭师范学院学报》,1989 年第 1 期。

代，例如普鲁士自由主义贵族代表人物施泰因和哈登贝格发起的资产阶级改革运动，为普鲁士资本主义的进一步发展铺平了道路，也为后来俾斯麦武力统一德国创造了条件。

新君主政治是欧洲由传统封建政治向现代资本主义政治过渡的一种形式，是封建贵族与新兴资产阶级政治妥协的产物，因而它形式上是封建主义政治，但实际上已被新兴资产阶级力量所左右，在促进欧洲政治现代化和民主化过程中具有进步作用，并对现代西方政治产生了深刻影响，迄今在一些国家的政治体制和政治制度中仍可发现它的踪迹。

如果说，英法美等国从传统政治向现代政治的转型总体上具有平稳性和连贯性，尽管其间也有赖于资产阶级革命运动的有力推进，那么像德国、日本这些国家，其政治转型的进程则一再被军国主义、法西斯主义的干扰所打断，直到二战后才真正完成这一转变。但与发展中国家特别是东方发展中国家相比，西方发达国家之间政治转型的这种差异性要远小于它们与东方发展中国家之间的差别。而对于那些曾是西方殖民地的新兴民族国家来说，其政治转型的过程则更为独特而复杂。

以东南亚为例。16 世纪后，西方殖民主义者逐渐将东南亚地区纳入了以西欧为核心的资本主义世界体系，各宗主国的政治、军事和文化政策对当地社会发展和政治生活产生了重大影响。二战后，东南亚各国在政治上纷纷取得独立，且大多采取了西方式民主政治体制，不过这种西方式民主体制却在本国政治转型实践中遇到一系列问题和挫折，并与本民族政治文化传统发生了激烈冲突，例如马来西亚和菲律宾。在西方殖民者进入东南亚地区之前，马来西亚和菲律宾都有着自己悠久而独特的政治和宗教传统，尽管殖民时期两国深受英、美政治文化的熏陶，西方民主政治理念和实践在这里影响深厚，但其自身政治文化传统无论在殖民时期还是在独立后都未曾完全中断。

在菲律宾，历史上从未出现过较大规模的中央专制集权统治，各地区大多处于一种各自为政的政治状态,这使它逐渐形成了一种以大家族和地方势力为主体、强调家族和地方利益的"弱国家"形态。①这种"弱国家"政治形态使得西方式民主政治体制易于被地方势力或大家族所操纵,成为他们通过民主选举程序来巩固本集团和家族利益的工具。在美国对菲律宾进行殖民统治时期,殖民者把美国式议会民主制度照搬到菲律宾,这虽然在某种程度上促进了当地民主政治的发展,但由于独特民族政治传统的强大惯性,这种民主政体难免遭到扭曲,如政治活动的主体仍是当地传统利益集团和大家族,它们通过民主选举程序获取公共资源,并以此来巩固本集团和家族的利益。

在主要信奉伊斯兰教的马来西亚,政教合一的政治传统历史悠久,马来苏丹既是政治首脑也是宗教领袖,伊斯兰教教义渗透到当地政治文化和价值体系,对宗教和世俗权威的遵从成为社会道德体系的支柱。现代民主制度在由英国殖民者引入马来西亚后,仍混杂着较多当地传统政治因素。马来西亚独立后,一方面继承了英国殖民统治的政治遗产,另一方面也面临着殖民政策造成的地域矛盾、族群冲突和社会利益集团争斗,因而对西方式民主政治进行改造,使之更加符合本民族政治文化传统,成为政治家们首先要解决的难题。为此,他们不断加强国家政治生活中的威权主义,使政治民主处在可控范围内,以保持政治稳定和政府机构效率,从而使马来西亚现代政治制度逐渐向介于民主和威权之间的独特政治体制靠拢。②此外,宗教与政权间的复杂关系也深刻影响着马来西亚的政治民主化进程,使政治家们在维护世俗政治制度和利用宗教来巩固族群认同的问题上时常陷入进退两难的境地。

在当今中国政治现代化进程中,如何正确处理社会主义民主政治与传统政治影响的关系,也是一个极具挑战性的难题。中国传统政治中虽然也有许

---

①② 　参见高伟浓、汪鲸:《政治传统、宗教和殖民历史对东南亚民主政治的影响——以菲律宾和马来西亚为例》,《东南亚南亚研究》,2009 年第 4 期。

多值得借鉴吸收的优秀成分,但更多的却是封建主义糟粕,影响和制约着中国政治现代化的进程。中国传统政治的首要特征是政治权力被君主和官僚所垄断,个人政治权力成为国家的最高政治人格和现实基础,世袭制和终身制传统根深蒂固,广大人民始终被排斥于政治权力之外,导致官僚集团强烈的政治优越感和官本位意识,以及政治腐败和官僚主义长盛不衰。在传统政治中,作为政治主体的君主和贵族官僚凭借宗法关系和宗法制度,无限扩大自己的政治权力和政治职能,剥夺广大人民参政的权力,使特权与民权、人治与法治、臣民与公民、权力与权利发生严重错位,在政治生活中充斥着权力本位、权力至上、潜规则盛行等畸形现象,导致政治权力的严重异化和政治运行的低效率,严重阻碍着中华民族政治发展的步伐。新中国成立后,我国社会主义民主政治虽与传统政治有着天壤之别,但其发展也深受传统政治的影响和制约,因而在我国政治现代化和民主化发展进程中,既要对传统政治中那些积极合理的因素进行深入挖掘、充分利用、借鉴吸收,但更应注意批判和剔除其糟粕,只有这样才能使我国社会主义民主政治获得健康发展。

二、历史传统与现实选择

当我们观察和思考当代世界各国政治发展的轨迹时,可以发现:有的民族国家选择了革命变革的方式,有的则选择了和平渐进的方式;有的选择了君主立宪制,有的则选择了民主共和制;有的实行联邦制,有的则实行单一制;有的采取权力分立模式,有的则采取议行合一模式;有的实行政教分离,有的则实行政教合一;有的实行总统制,有的则实行半总统制或内阁制;有的实行多党制,有的则实行两党制或一党制;有的是民主政体,有的则是威权政体或极权政体。凡此种种,不一而足。

为什么会出现如此巨大的差异性呢? 原因当然是多方面的。但我们认为,在各民族国家对政治发展道路的现实选择中,无疑也受到本民族历史传统的强大影响,特别是历史上长期存在的政治理念、政治价值、政治准则、政治哲学、政治制度、政治传统、政治习俗以及政治实践等,无疑会在其现实政治选择中得到某种程度的反映和体现。

现代议会制度最早形成于欧洲特别是英国绝非偶然。且不说古希腊罗马时代的元老院,也不说欧洲中世纪前期的御前会议、贤人会议和贵族议会,因为这类机构与现代议会制度尚有天壤之别,但自 12 世纪以后在意大利、法国南部和德意志出现的自治城市议会,以及 14 世纪在英国率先形成的王国等级议会,至少从形式上看已具备了现代议会的基本形态,可说是现代议会的雏形。

随着资本主义的萌芽和商业的发展,在欧洲兴起了最早的一批商业城市,这些城市在新兴资产阶级的推动下开展自治运动,其中一些城市取得了自治权,开始建立一种由市民代表组成议会来管理城市事务的政治制度。例如意大利威尼斯共和国,其自治机构自 1297 年起由选举产生的"大议会"和"小议会"(或称元老院)组成,前者是最高立法和监督机关,后者是最高行政机关。在德意志,不仅各"汉萨城市"通过市议会实行自治,而且这些城市还结成"汉萨同盟",由各城市代表组成同盟议会作为其最高权力机构。

英国之所以最早建立了较完善的现代议会制度,这与其中世纪等级会议的充分发展有着必然的联系。早在盎格鲁－撒克逊时代,英国就产生了"贤人会议"这种能够在一定程度上制约王权的贵族代表机构,拥有参与国家税收、外交、防务、分封等重大决策甚至废黜国王的权利,以及拥有最高司法权。11世纪中期,威廉一世为加强自己的专制统治把贤人会议改造成了"大会议",使其权力大为削弱。12 世纪末理查德在位时,大会议再度成为王国政治事务中的重要机构。1237 年英国大会议被正式定名为"议会",不过其性质并未发生变化,仍是由贵族代表组成的国王咨议机构。[①]自 1264 年起,英国议会中

----

① 参见陈文滨:《论西方近现代议会政治的中世纪基础》,《江西科技师范学院学报》,2005 年第6 期。

开始有市民代表参加,1295年后这一做法则逐渐成为惯例;到1325年又规定无平民代表参加不得召开议会,这标志着英国等级议会制度的正式形成。等级议会拥有司法、请愿、征税、财政监督、立法、监督和弹劾政府官员等广泛的权力,甚至还能废黜和选立国王。由于议会中的贵族代表与骑士及市民代表地位悬殊、利益不同、立场相左,难以在一起共同议事,因而自1341年起二者便开始分两处开会,并在此基础上逐渐形成了议会中的贵族院和平民院,也称上院和下院。起初上院占据明显优势,掌握着立法主导权,但经过下院议员的长期斗争,到15世纪二者的势力趋于平衡,开始共享议会立法权。此外,15世纪中期,英国还形成了法案必须经议会两院"三读"才能通过的立法程序,这一做法一直沿用至今。到了都铎王朝时期,议会上院的实力大为削弱,下院的地位日益突出,这为英国等级议会向近代资本主义议会过渡奠定了基础。①"光荣革命"以后,英国等级议会直接被改造成了资产阶级性质的近代议会,并在历经几次重大改革后演变成为现代议会。

在中世纪的法国、德国、西班牙、荷兰(尼德兰)等国,也都出现了等级会议,只是未能像在英国那样获得充分发展,但其对后来各国近代议会制度形成的影响仍不可忽视,例如荷兰、法国的近代议会,也都是在等级会议的基础上直接演变而来的。尽管欧洲中世纪的城市议会和等级议会与近现代议会有着质的不同,但在形式上却与近现代议会相差无几,而且这种政治传统在很大程度上改变了欧洲人的政治观念与行为方式,使人们早已习惯于议会这种民主政治形式,因而近代欧洲选择议会制并率先完成从传统议会制到现代议会制的转型,也就没什么奇怪的了。

现代民族国家对于联邦制或是单一制的选择,同样也主要是受到历史传统的影响。例如德国实行联邦制,就主要是出于对历史传统的考虑。历史上,德意志地区在长达数百年的时间里一直处于邦国林立、各自为政的诸侯割据

---

① 参见陈文滨:《论西方近现代议会政治的中世纪基础》,《江西科技师范学院学报》,2005年第6期。

状态,所谓的德意志王国或"德意志民族的神圣罗马帝国"实际上徒有虚名。1806 年神圣罗马帝国解散后, 德意志民族曾数次尝试建立一个统一的联邦制国家,如莱茵联邦、德意志联邦、北德意志联邦等,但都未能获得成功。直到俾斯麦统一德国后,才第一次建立起统一的德意志民族国家,即德意志帝国或称第二帝国,但它实际上是一个联邦制国家。这种联邦制传统也为后来的魏玛共和国所继承,只是在第三帝国时期,希特勒政权把德国由联邦制国家改造成了中央集权的单一制国家。二战后,西占区的政治家们在筹建西德时,充分考虑到各州(它们都是由历史上的诸侯邦国演变而来的)长期高度自治的历史传统,确定建立一个联邦制国家,即德意志联邦共和国。

再如印度,历史上从来就没有形成过一个能够统一整个印度地区的中央政权,也没有出现过统一的印度民族国家,包括极盛时期的孔雀王朝和莫卧儿帝国。即便在英国殖民统治时期,鉴于印度民族、宗教、文化的多元性,以及各土邦长期分裂割据、各自为政的历史与现实,殖民者在尝试建立单一制印度国家的实践失败后,也不得不满足于建立一个印度联邦。因而 1947 年印度独立后,国大党的政治家们充分考虑到这一历史传统,确定建立一个联邦制的印度共和国。此外,还有很多国家如巴基斯坦、阿根廷、巴西、尼日利亚、阿联酋等,也都属于这种情况。

至于美国对联邦制的选择,则属于另一种情况,其中既有历史的原因,也有现实的考虑,正如唐纳德·卢茨在《美国宪政的起源》一书中所说:1787 年的联邦制并非创新,它源于 167 年来美国人通过订立圣约联合在一起形成地方政府的经验;美国人依赖圣约而联合在一起,先形成自治的新英格兰小镇,而后逐渐扩展形成了联邦制观念,成为后来《美利坚合众国宪法》确立联邦制的基础。[1]

在二战后日本民主化改革中, 尽管天皇对发动战争负有不可推卸的责

---

[1]　参见袁兆霆:《美国联邦制的形成及其演变》,《历史研究》,2010 年第 4 期。

任,但天皇制仍在二战后日本的现代政治体系中被保留下来,日本继续采取了明治维新以来的君主立宪政体。究其原因,这不能不归之于天皇制在日本悠久的历史传统。在历史上很长一个时期里,天皇虽然不过是个政治傀儡,但他作为日本神道教的精神领袖和国民精神的象征,在大和民族中有着强大的传统影响力。自 7 世纪天皇制确立以后,直到 1868 年明治维新开始,在这一千二百多年间天皇基本上是个"虚君",很少直接控制政权,但天皇家族的世袭传承却从未中断,被称为是"万世一系"。明治维新开启了日本近代天皇制,其标志就是 1889 年颁布的《大日本帝国宪法》,其中规定"天皇为国家元首,总揽统治权",拥有统帅军队、任免官员、召集议会等一切大权,成为名副其实的专制君主。这就是所谓的"天皇亲政"。1945 年日本战败后,美国主导下的民主改革促使日本完成了从近代政治制度向现代政治制度的转变,其中包括确立了日本现代天皇制,或称"象征天皇制",使作为国家元首的天皇再度成为"虚君",仅是"日本国民统一的象征"。尽管如此,但天皇作为大和民族精神领袖的地位长期以来一直牢不可破。

相比之下,君主立宪制在英国现代政治体系中的存续则主要不是基于这样一种传统。如果说英国"光荣革命"后所确立的近代君主立宪政体不过是封建贵族势力与资产阶级相互妥协的产物的话,那么在此后的政治发展过程中,在英国政治制度从近代到现代的转型过程中,君主立宪政体的继续保留其实仍然是这种政治妥协传统的延续。

而在德国,1871 年所确立的近代君主立宪政体其实不过是普鲁士君主专制政体的一个翻版,它完全继承了普鲁士王国的军国主义与专制主义传统,是一种改头换面了的专制政体,正如马克思所指出的,这是"一个以议会形式粉饰门面、混杂着封建残余、同时已经受到资产阶级影响、按官僚制度组成、以警察来保护的军事专制国家"[①]。因此,这样一种制度是不可能直接演

---

① 《马克思恩格斯选集》(第三卷),人民出版社,1995 年,第 315 页。

变为现代政治制度的,相反,它只会朝着军事专制主义乃至法西斯主义的轨道发展。

在法国,中央集权的君主专制制度自 16 世纪确立以后,在长达两百多年的时间里呈不断加强之势,到路易十四时代达到了登峰造极的地步。法国大革命以后,资产阶级革命派毅然抛弃了这种制度,选择了民主共和制。但由于历史传统和政治惯性的强大影响力,法国在 19 世纪先后经历了数次制度更替:拿破仑第一帝国、波旁王朝复辟、七月王朝君主立宪制、法兰西第二共和国、拿破仑第二帝国。直到 1870 年法兰西第三共和国建立后,近代民主共和制才真正在法国扎下了根,后经第四、第五共和国改革,完成了向现代政治制度的转变。

近年来,人们在讨论发展中国家特别是东亚国家的民主政治发展与转型时,常常使用"威权政治""威权政体"或"威权主义"等概念,认为这是东亚、东南亚一些国家如新加坡、菲律宾、马来西亚、印度尼西亚、韩国、泰国以及部分拉美国家所实行的一种政治模式,有的人把俄罗斯、西班牙、葡萄牙等国也列入这种模式。所谓威权政治,在一些学者看来就是介于民主政治与极权政治之间的一种政治体制和制度。例如新加坡,在独立后既继承了殖民时代形成的专制集权传统,也接受了西方议会民主制,执政的人民行动党独揽政权,取消地方政府建制,把权力集中于自己手中,标志着其威权政治体制的形成。在拉美,威权政治一度也很盛行,但随着拉美民主化运动浪潮的高涨,这种政治模式到 20 世纪 80 年代已基本失去效力。特别是冷战后,随着"第三波民主化浪潮"的兴起,东亚和拉美一些国家进入了从威权政治向民主政治的转型期,但却遭遇到严重的困难和阻力,于是又出现了所谓"新威权政治"。

威权政治的基本特征是以民主制为框架和形式,并兼有集权制或独裁制的色彩,主张强政府、弱议会,实行强人政治、精英治国,在政党政治上往往表现为一党独大乃至一党独裁。①事实上,这种威权政治的形成,不过是一些发展中民族国家的历史传统在其政治现代化和民主化进程中的一种反映。在这些实行威权政治的国家特别是东方国家,历史上要么曾长期存在君主专制传统,要么曾长期遭受殖民主义统治,可以说,封建主义君主专制传统或殖民主义专制统治传统,正是这种所谓威权主义的文化基因。

鉴于威权政治主导下的一些国家和地区——如亚洲四小龙,在经济社会发展领域所取得的突出成就,因而国内一些人对其倍加推崇,认为威权政治为我国社会主义民主政治的发展提供了许多可资借鉴的经验,甚至认为中国也应该实行威权政治模式。②对此,我们必须保持高度警惕。

中国特色社会主义民主政治的发展及其现代化,当然不可能脱离中国的现实国情和经济基础,也不可能割断与历史传统的联系,但无论如何,我国社会主义民主的实质是人民民主,目的在于实现人民当家做主,它只能继承历史文化中那些优秀传统而不是专制主义传统,只能借鉴国外先进经验而不是盲目照搬他国政治发展模式,只能在坚持"古为今用,洋为中用,去粗取精,去伪存真"方针的前提下不断扩大和发展人民民主,不断完善人民代表大会制度,不断推进社会主义协商民主建设,不断提高民主选举、政治协商和依法治国的水平,不断杜绝各种政治腐败现象,坚持走中国特色社会主义政治发展道路。

---

①② 参见程广丽:《"威权政治"评析及其启示》,《辽宁大学学报(哲学社会科学版)》,2016年第1期。

第二章

古代中国的政治道路与政治文化的互动与影响

中华文化源远流长,不仅是说有着上下五千年的历史传承,而且是说这五千年的中华文化一以贯之接续下来,没有中断。当然,就历史发展过程看,古代中国曾经经历了几个分裂时期,也有周边少数民族贵族在黄河流域建立政权。但是不论是分裂战乱的魏晋南北朝、五代十国,还是大一统的元朝、清朝,中华文化的传承是始终延续下来的。所以在世界范围内,只有中国能拿出一部二十五史奉献给人类文明社会。

这种文化传承的长期延续造就了中华文化的民族性与特殊性,同时,也给当代中国的现代化发展带来一系列问题,需要我们特别关注。其中之一就是中国传统政治文化的影响。

根据现代政治学理论,政治文化的概念是美国政治学家 G.A.阿尔蒙德在 1956 年提出来的,此后政治文化成为一个热门话题。政治文化是政治中的主观因素,一般而言,指的是一个政治系统赖以生成和运作的文化背景与条件,包括政治价值、政治观念与意识、政治信仰、政治态度、政治情感等等;当政治文化对政治主体形成影响,表现为某种政治取向(Orientation)即选择倾向时,它可能是个人的,也可能是群体的、集团的;政治文化与政治系统互为因果,是政治权力结构与制度的内在机制,是宏观政治现象背后的微观因素;如果说,人作为政治的主体具有某种恒定性,那么政治文化的研究就总会是有意义的,因为政治文化的研究视域正是人的内心世界。①

本研究所说的"中国传统政治文化"特指借鉴现代政治学论阈中的政治文化理论作为方法论,用以研究中国传统的文化、社会与政治。在知识结构或曰学科归属上涵盖了政治学与历史学,具有一定的跨学科性质;同时,在方法论上坚持历史唯物论和辩证唯物论的基本立场。

第一节 古代中国的政治发展与政治文化体系

中国古代社会历史悠久,文化传承绵长。政治生活本身有着十分明晰的特点,对于互动而生成的传统政治文化影响至深。为此需要对传统中国的政治发展过程略作梳理,这将有助于明其就里。

一、中国古代政治发展过程

中国有句俗语,叫作"天下大势,分久必合,合久必分",这句话再准确不过地道出中国古代社会政治历程的主要特点。

中国最早的统一政权是夏朝。在夏朝建立之前,黄河流域有许多部落组成了部落联盟,据传说,尧、舜、禹是这一时期的最高首领,他们由各部落酋长共同推举,相继为王,史称这种制度为"禅让制"。禹年老时,依惯例应推举东夷部落的伯益为王。然而禹曾经带领人民治理水患,又征伐三苗,具有强大的军事和政治实力。于是禹把王位传给了儿子启。伯益不服,被启杀死。《竹书纪年》②载:"益干启位,启杀之。"从此,王位世袭取代了禅让制,中国历

---

① 参见葛荃:《走出王权主义藩篱——中国传统政治文化研究》,天津人民出版社,2017年,第5~6页。

② 编年体史书,凡十二篇。

史上第一个统一王朝建立起来了。这时大约是公元前 21 世纪。夏朝传了 14 世,17 王,历时四百多年。

大约公元前 16 世纪,东方商部落兴起,在首领汤的带领下,灭掉夏朝。商朝的都城曾多次迁移,公元前 13 世纪,商王盘庚将统治中心迁到殷(今河南安阳市西北),此后不再迁都。所以商又称殷朝,或合称殷商。商朝传了 17 世,31 王,历时五百多年。

公元前 11 世纪,西夷周族部落逐渐强大起来。周文王、武王时期,积极扩张势力,逐一翦灭商朝的附属诸侯国。公元前 1027 年,在商朝都城附近的牧野,周武王带领军队与殷商军队决战,大败之,殷纣王自焚,周朝建立。从这时起,至公元前 771 年,周朝定都于镐京(今陕西西安附近),史称西周。

夏、商和西周是早期的统一王权时代,这一时期的政治特点是:在中央,以王为核心形成全国最高统治集团,有相应的政权机构及职官设置,王有自己的直接统治区,称"王畿"。地方上主要是方国或诸侯国,诸侯国君有侯、伯、子、男等称号,各自设有政权机构和军队。诸侯尊王为"天下共主",同时在自己国内有相对的政治独立性。这种统一王权实是一种相对松散的政治联合体,虽说诸侯对王要定期朝觐纳贡,以示臣服,但与秦朝统一后的中央集权帝国不同。

西周晚期,政治陷于混乱,申侯联合西方的犬戎族攻破镐京,暴君周幽王被杀。继立的周平王只得将都城东迁至洛邑(今河南洛阳附近),史称东周。时为公元前 770 年。

从平王东迁到公元前 221 年秦朝统一,是分裂和战乱的时代。这一时期又分为两段,以公元前 476 年为界,前段称春秋,后段称战国。春秋战国即东周时代的特点是:王纲解纽,权力下移,诸侯争霸,百家争鸣。就是说,东迁后的周天子,地位日渐下降;各诸侯国经过了两百多年的发展已经强大起来,他们各自为政,相争兼并,仅在春秋阶段,诸侯国之间即有大小战争近五百次。政治形式从周天子的一元政治演变成政治多元。原有的百余个诸侯国合成了十几个大国。进入战国阶段以后,形成了齐、楚、秦、韩、赵、魏、燕七国称雄的局面。最后,由秦国剿灭其余六国,于公元前 221 年统一天下,建立了秦朝,五百多年的分裂局面至此结束。

秦朝是中国历史上第一个中央集权的君主制王朝,虽然短命,只存在了两代皇帝,15 年后就灭亡了。但其开国规模和建国体制直接影响着后世。例如秦朝建立的皇帝制度、中央与地方行政制度,以及维护国家统一的诸项措施等均被后世承传下来,极有利于国家统一。

秦以后,王朝迭相兴替,虽说仍然是有分有合,但其政治体制和统治形式基本是中央集权和君主专制,这种情况直至 19 世纪即清朝晚期才有改观。

秦以后的统一王朝有:西汉、新朝、东汉、西晋、隋、唐、北宋、元、明、清。分裂混乱时期有:自东汉末至隋统一之间的三国两晋南北朝时期,唐、宋之际的五代十国时期。需要说明的是,两宋时代,与中原政权相并存的还有若干少数民族政权。主要有党项族建西夏(1038—1227 年)、契丹族建辽(916—1125 年)、女真族建金(1115—1234 年)等。这些王朝迭相兴起,都没能统一全国。南宋偏安江南,也未统一。

从秦以后的王朝兴替来看,其间似乎有着一定的规律性。大体是每代王朝兴起,总是有杰出帝王通过战争,或政变建功立业。一到王朝中期,社会冲突就会加剧,天灾人祸肆虐,土地矛盾尖锐,于是一代王朝由盛转衰。到了王朝末年,常常是统治集团内部争权夺利激烈、吏治败坏、政治黑暗,民不聊生,再加上天灾或民族冲突等,于是民众铤而走险,聚众谋反,接着诸侯蜂起,天下大乱。一代王朝由此覆灭,新兴王朝取而代之。除个别王朝是通过政变夺权建立的,如隋、北宋等,其他王朝大抵如是。

清朝是最后一代君主制王朝。1840 年以后,清朝陷入战争和被侵略的危机之中,从这一时期起始,中国走上了寻求共和政治之路。

二、君主政治特点与基本政治制度

中国古代君主政治以秦朝为界，可以分为两个时期。上古三代时期的君主政治是以王或天子为中心的政治联合体，实行贵族封建体制，即天子以下的统治者层级分封，各自拥有封地。王或天子以下为诸侯、卿大夫、士。天子的封地称为王畿，诸侯为国、卿大夫为邑、士则食田。

秦统一后，实行郡县制，建立了完备的官僚制度，形成了官僚制中央集权君主政治。全国的政治、军事和经济权力归于朝廷，由君主掌控。各级官员的职权由君主分配，实是君权的某种分享，代表君主统治所辖地区，形成一元化的君主专制权力结构。

政治制度主要有以下三种：

（一）皇帝制度

夏、商、周时代，全国最高统治者称作王或天子，主要特点有：王的权力地位至上；王位世袭；亲贵合一，即王与各级贵族除了政治统属关系，还有一层血缘关系。这时尚未形成皇帝制度。

皇帝制度正式形成于秦朝，随着历史进程不断完善，伴随着 1911 年清朝覆灭而告终结。主要内容有：

1.名位制

皇帝及其亲属拥有专用名号。如皇帝的称谓即君主一人专用，同时又有一系列专用称谓。皇帝自称曰朕；臣民称皇帝曰陛下；皇帝的讲话、命令有策书、制书、诏书、戒书等称谓；皇帝的居处称禁中；所至之处曰幸；印曰玺；所用加御字，如御膳、御马、御医等。此外，皇帝之父曰太上皇；母称皇太后；妻妾称皇后、夫人、妃嫔；继位之子称皇太子，其余称皇子；皇帝之姑称大长公主，姐妹称长公主，女儿称公主，等等。

除了上述名号称谓,还有年号:帝王纪元所立之名号,如贞观、洪武等;庙号:皇帝死后受后世祭祀的庙宇称号,如太祖、太宗等;谥号:皇帝死后评价其生平功绩的称号,如文帝、武帝等;尊号:皇帝在位时,为彰显其尊荣所加的名号;陵寝之号:皇帝坟墓的专称,如昭陵、长陵等。今北京尚有十三陵。

名位制严格区分了君臣等级,用特定称谓突出了君主的特殊权力地位。这一制度与儒家端正"名分"的思想相互影响,讲究"名正言顺"是中华传统文化的特点之一。

2.太子制

为了保证王位世袭并正常延续,依据立嫡的原则,在皇帝生前预立太子,通过册立仪式,确定为合法接班人;又设置师、傅、保等职官,以教育和辅佐太子,使之成为合格的王位继承人。

3.后宫制

确立后妃的尊卑等级,以保证皇后的"国母"地位。建女官制,管理后宫。又设宦官制,专理后宫事务。这些制度的具体建制各朝不同,有的变化很大。

以上是皇帝制度最主要的内容。此外还有宫省制,即皇宫殿室的建制规模;服御制,皇帝衣食住行、礼仪设施等规定,如服色、饰物、祭、丧品级等;礼乐制,各种礼制仪节;宗室制,以血缘关系为纽带,分封藩王,以屏藩皇室的制度。

皇帝制度维护了君主的至上权威,使国家成为皇帝的私有物,官僚均是皇帝的仆从,政府是皇帝个人的办事机构,从而保证了君主政治统治的正常运行。

(二)行政制度

夏代已有行政制度,但那时设官分职比较简单。商代有了内服官、外服官之分,西周有卿事寮、太史寮的设置。最初,文职与武职是混为一谈的,春秋时期出现了文武官分职设置。秦朝统一以后,行政制度才有了一定规模。

秦代中央行政是三公九卿制。三公指丞相、太尉、御史大夫,分别协助皇帝处理全国政务、总领全国军事和监察百官。九卿负责具体政务,分掌礼仪、文教、警卫、车马仪仗、司法、财政、少数民族事务及皇族事务等。三公九卿属外朝官,机构设在皇宫之外。

自汉代始,皇帝为了办事方便和集中权力,在宫内设置行政办事机构,称内朝(或中朝)官。尚书台就是东汉建立的内朝官机构。随着皇权的加强,行政权从外朝官移向内朝官,逐渐控于皇帝手中。

自隋朝开始,形成了以三省六部为核心的中央行政管理体制。三省:尚书省(行政)、内史省(后改称中书省,拟议诏令)、门下省(审核)。尚书省下辖吏、户、礼、兵、刑、工六部,分管人事、户籍、田土、税务、礼仪、祭祀、文教、军事、刑法、司法行政、水利土木工程等政务。三省六部是行政核心,此外还有秘书省、御史台以及九寺五监等多种管理机构。这些机构随着王朝兴替而有废止增减。唐以后,三省六部制也有变化,如元代为一省制,明代中央行政以六部为核心,但总体上未出三省六部之格局。

地方行政自秦朝实行郡县制,以后历代循而不改。但具体形式不一。历史上出现过二级制,郡县或州县;三级制,州郡县、路府(州)县、道府(州)县;四级制,省路府(州)县或省道府(州)县等。现代中国地方行政区划的称谓,如县、省、州等即是历史的沿革。

统观行政管理制度,一个最显著的特点是君主通过层级分权,尽可能将行政大权握在自己手中。通过强化对官员的任免权和监察权,保证了中央对地方的控制。所谓"铁打的衙门,流水的官",各级官员只有依赖王权才得保有禄位,从而在制度上保障了中央集权统治的稳固。

(三)文官制度

夏、商、周三代带有贵族政治的特点,在官员任命上实行世卿制。即王任命官员,官职世袭。春秋战国时期战乱频仍,用人之际,出现了荐举制,世卿制受到冲击。到了汉代,世卿制演变为荫袭制,并延传下来,即官员子弟凭出身取得入仕资格,或直接任命官职。

汉代的选官制度主要是察举制,即由皇帝诏定科目,由丞相、公卿及地方守令依科目考察举荐。被荐者要参加考试,由皇帝策问,合格者入选。汉代的察举科目很多,主要有孝廉、茂才、光禄四行等等。

汉末三国时期,察举制演变为九品中正制,即在地方设中正官,依上上、上中、上下、中上、中中、中下、下上、下中、下下九个品级评定本地人才,依品选用。

选官制废除了察举,还有捐纳(用钱买官)、訾选(依家财多寡选官)、征辟(皇帝诏令征选)等。不过,自隋代始,科举制逐渐成了选用官员的主要途径。

科举制是一种定期定额的考试选官制度,到了明清时期最为完善。考试共分四级。一为童试,考生称童生,属府县级考试。考中称生员,通称秀才。有资格参加高一级考试。二为乡试,是省级考试。通常八月举行,故称"秋闱"。共考三场,中试为举人。第一名称解元,第二名称亚元。举人取得下一级考试资格,同时,也可直接授官。三为会试,是中央级考试,由礼部主持,称"礼闱",通常在二月举行,又称"春闱"。考试合格者为进士,第一名称会元。四为殿试,是皇帝亲自对考中进士者进行复试。取三甲,即三等。一甲三名:状元、榜眼、探花,称"赐进士及第"。二甲若干名,称"赐进士出身"。三甲若干名,称"赐同进士出身"。凡中试者均依名次授予官职。

科举制既能体现皇帝在官员选用方面的最高权威,同时,又有利于从社会各个层面广泛搜求、选拔人才,实则扩大了君主政治统治的权力基础。

文官制度在官员任用、考课、奖惩、官品、俸禄、休假、退休、抚恤等方面均有详细的制度规定。有些规定颇有合理性。

例如,汉代有"三互法",即任官回避制度,规定官员不可在本乡任职;有姻亲关系者不得在同一部门任职。这个制度延续下来,回避的范围扩至师生、同乡等。

再如，官员考课与奖惩相结合。凡考课最差者，必受惩处，依次为罚金、降秩、降职、免官、判刑、处死或抄家等。凡考课为清廉、为循吏者，则大力表彰，如赏赐、旌表、载入史册等。

总之，文官制度是选拔、任用官员的重要制度，符合君主政治"人治"而非法治特点的需要。

维系帝国规模的政治制度还有监察、财政、文书符玺、民族管理等，不过，最重要的是上述三种。这三种制度相互配合，保障了君主的绝对权威和统治的正常运行。其中许多内容不仅具有历史合理性，就是今天看来仍有一定的借鉴意义。

三、政治文化体系与政治统治

政治文化的理论界定有如前述，中国古代君主政治条件下，政治文化的生成和发展是在与君主政治实践中形成的。其内在结构是一套价值体系，包括君权至上、父权至尊、伦常神圣、均平理想和明哲保身。前三者为主体结构，后两者为调节机制。与上述五层价值准则相连的是一系列政治观念、理念和意识，形成了政治文化体系，对于君主政治的运作和发展至关重要，影响深远。

这里特别需要指出的是，中国古代社会的政治统治除了表现在权力和制度方面之外，还表现在文化即思想统治方面。现代政治学认为，社会成员对于政治系统的认同感、归属感是形成稳定政治秩序的重要条件。中国古代统治者及其思想家、政论家当然没有现代政治学知识，但他们懂得思想制约的重要。

君主政治是上古三代以来基于中国的历史与文化条件而形成的政治道路，其政治实质是以君主为首的特殊政治利益集团掌控权力和全国资源，实施专制统治。在其实际统治过程中,运用国家政治意识形态掌控全社会的思想与观念意识,成为中国古代君主政治的一大特色。据史载,秦帝国刚刚统一天下,就推行统一思想政策。李斯提出"别黑白而定一尊",采用压制思想的方法,焚书坑儒,却没能取得预期的效果。在政治暴力面前,人们并没有拥护帝国,反而造成了混乱和反叛。

汉代统治者吸取了秦朝的教训,汉武帝采纳了著名思想家、学者董仲舒的建议,凡不属于儒家的其他诸子之学,"皆绝其道,勿使并进"。意思是士人要想读书做官,只能读儒家著作,只有通晓儒家的政治学说才能取得参与政治和谋取利益的资格。这样一来,儒学占据了统治思想地位,其他学说没有政治地位,只在民间流传、任其自生自灭。汉以后,历代帝王大都一再重复"独尊儒术"的立场。

儒家思想的核心是尊王和礼制,坚持"天无二日,民无二王",以及君臣父子等级规范等主张,这与中央集权君主政治的统治要求是一致的。儒家提倡的伦理道德,如仁、义、礼、智、信、忠、孝、诚等等,也都是要求人们在尊王和遵守等级规范方面循规蹈矩。因此,自汉以来,孔子被尊为圣人,有"大成至圣文宣王"的尊号。历代帝王都要大张旗鼓地祭孔,以示尊儒。儒家的典籍被尊为经书,成为具有政治权威的国家教科书。通过这样的方式,统治者们加强了思想统治。人们在尊王的教育下,严守等级规范,在观念上笃信"在家为孝子,在朝做忠臣",从而形成了对王权的普遍认同和对君主制度的归属感,这是超乎权力和制度的又一种制约力量,似乎无形,却是很强韧。正是在这样的思想统治下,人们会自觉地遵从长官,崇拜权威,心甘情愿地服从统治。思想统治是政治统治的最佳助手。正是基于这样的政治特点,在中国古代社会,政治文化佐助国家权力,形成了颇具中国特色的"治道"理念。谓之"圣王以道治天下"。

前述汉代统治者的政策选择体现了儒家一脉的治国理念,天下得以治平的最终要素并非帝王,而是"道"。即所谓"圣王以道治天下"。儒家思想家

极为重视王与道的结合,但他们认为道并非帝王治理天下的工具,而是帝王治理天下务须道的引领或指引。我们且看古人的论说:

> 战国的荀子:"道存则国存,道亡则国亡。"①
> 《管子·君臣上》:"君一国者,其道君之也。王天下者,其道王之也。大王天下,小君一国,其道临之也。"
> 南宋儒生叶适:"人君必以其道服天下,而不以名位临天下。"②
> 明末清初的王夫之:"君天下者,道也,非势也。"③

这些征引足以表明自先秦以至于明清,始终有思想家明确指出"道"是治天下的重要条件,形成了儒家政治文化的一个传统认识。从这些表述看,道是君主治理天下的原则和方法,实际上是道引领着君主"君天下",令天下臣服。以战争、暴力获得的君之名位是统治天下的实质所在,但治平天下靠的是道,而不是政治暴力。此间道理,诚如《史记》中载陆贾所言:"居马上得之,宁可以马上治之乎?且汤武逆取而顺守之,文武并用,长久之术也。"陆贾的意思很明确,治平天下不能倚仗武力,要想江山稳固,长治久安。需要儒家倡导的礼义道德等文治之术,也就是需要"道"的引领和主宰。

"道"字的本义是道路。④到了西周晚期,道从一个实性名词衍变成为抽象概念,被逐渐引申为某种事物的法则、规律和道理。包括先秦诸子在内,人们普遍使用,含义多样。可以用来指称宇宙天地的本原和规律。用道来概括自然规律或宇宙法则称为"天之道","天之常"。也有用道来概括人们应当共同遵守的原则与规范,人与人之间的关系准则,以及人的情性与本能等等,称之

---

① 《荀子·君道》,梁启雄:《荀子简释》,中华书局,1983 年,第 165 页。
② 叶适:《水心别集·君德一》,《叶适集》(第三册),中华书局,1983 年,第 633 页。
③ 王夫之:《读通鉴论·宋武帝》(中册),中华书局,1975 年,第 413 页。
④ 参见许慎《说文解字》解作:"道,所行道也……一达之谓道。"

为"人道"。

　　道用于政治领域,一般是从具体政策或统治方式中抽象出来的政治理性原则。他们是这样表述的:"道也者,生于所以有国之术。"①"道也者,治之经理也。"②他们的认识十分清晰,道的实质是他们各自认可的政治理性原则。这种认知的达成,表明中国先秦时期的思想家们就已经从纯粹的政治经验实践中走了出来,上升到了理性政治层面,同时体现着统治阶级的政治主动性与自觉性得在政治理念层面的提升。诸子关于道的理性认知作用于政治实践,就必然会促进政治运行的秩序化和规范化。汉代起始孔儒思想上升为国家政治意识形态,道的理念被统治者们所吸收,成为古代帝王用以治平天下引领性手段。

　　孔儒一脉认同的道,在学术传承上接续着西周的礼乐法规。道既是政治原则,又是统治手段,天下的治与乱在相当程度上取决于道的存在及其相应的控制力。而且在儒家思想家们看来,道的价值规定是具有永恒性的。孔子当年就已经明确提出了道的价值具有恒定性, 道的政治原则体系是永恒不变的。孔子的原话是"吾道一以贯之"③,这里说的"一以贯之"不只是逻辑上的恒定贯通,而且蕴含着"道"在历史的行进过程中是绵延不绝、万世一系的意思。其后有荀子说:"百王之无变,足以为道贯。一废一起,应之以贯,理贯不乱。"④故而在儒家文化看来,"以道观尽,古今一也。类不悖,虽久同理"⑤。道内含的价值准则是具有永恒性的。

　　在汉代士人的理论设计中,道的永恒性与天的永恒性结合为一体。董仲舒的名言:"道之大源出于天,天不变,道亦不变",为道的永恒性作了最具权威性的说明。在汉儒们看来,统治者根据实际统治的需要和具体情况的变化

①　《韩非子·解老》,王先慎:《韩非子集解》,中华书局,2013 年,第 141 页。
②　《荀子·正名》,梁启雄:《荀子简释》,中华书局,1983 年,第 318 页。
③　《论语·里仁》,杨伯峻:《论语译注》,中华书局,2006 年,第 42 页。
④　《荀子·天论》,梁启雄:《荀子简释》,中华书局,1983 年,第 230 页。
⑤　《荀子·非相》,梁启雄:《荀子简释》,中华书局,1983 年,第 54 页。

而在政策选择或治理手段方面有所调节与变更,但这种变动是局部的即细枝末节的,道的原则不可变。董仲舒谓之"王者有改制之名,无易道之实"。汉儒的认识得到了后世历代统治者及其思想家们的认可,"天不变,道亦不变"传延下来,成为无须思考、不可怀疑的绝对真理。孔儒之道令人敬仰,放之四海而皆准,诚如明儒方孝孺说:"斯道之在天下,犹日月之在天也。淫风怪雨弥时而止,日月未尝不行乎其间;乱臣贼子恣横乎世,而天理之在人心者终不少变。"①

传统政治文化的"道"既是政治原则,又是宇宙本体在人间的再现,拥有无限的权威性和绝对的真理性,成为最高价值准则,被中国古代的统治者奉为"万代之法"。"君失其道,无以有其国。"②在实际社会政治生活中,道具体表现为历代帝王对于德治——教化的重视,对于忠孝信义等人伦德行的弘扬与表彰,以及仁政——重民政策的宣扬。于是帝王能不能遵循道的约定治理天下,亦成为政治评估的标准。"有道明君"或"无道昏君"的评判成为亚文化层面的口碑流传,以至于人心广被,延传至今。

如果我们将"圣王以道治天下"以及王夫之的倡言——"君天下者,道也,非势也"转换为现代话语,其无非是说,在中国古代社会君主政治条件下,以儒家思想为主体的传统政治文化体系对于社会政治的存续与发展具有超强的统摄力和影响力,传统政治文化内含着的政治价值、观念和信仰等等不仅在维护社会政治秩序方面实际发挥着难以估量的作用,而且还渗透到亚文化层面,充盈在世俗文化之中,直接衍化为一般社会成员的社会政治意识,在相当程度上左右着人们的政治选择,所谓"荡诸四海,变习易俗"③,对于整个民族文化形成了深远的影响。

---

①　方孝孺:《方孝孺集》,浙江古籍出版社,2013年,第179页。
②　《管子·君臣上》,黎翔凤:《管子校注》,中华书局,2004年,第550页。
③　董仲舒:《春秋繁露·基义》,上海古籍出版社,1989年,第74页。

第二节　政治运作与政治文化的互动

中国古代社会的唯一政体形式是君主政治，政治运作模式为"刚柔相济"，就是汉宣帝说的"汉家自由制度，本以霸王道杂之"。也就是儒法结合、礼治教化与刑名法术并用的运作方式。

总的来看，先秦法家思想丰富，与实际政治过程的结合最紧密，最富于实践性。在战国时代得到各诸侯国统治者的认可，纷纷以此推行变法，以期富国强兵。秦用商鞅而变法成功，最终剿灭六国而统一天下，实是法家政治思想的成功。然而，秦朝统一天下之后，力行法家苛政，严刑酷法，致使二世而亡。及至西汉王朝，遂以秦亡为教训。文景之世推行道家黄老"清静无为"与民休息政策，随后汉武帝独崇儒术，政治运作逐渐过渡到人治为主，法治为辅的阶段。法家思想制度化和法典化，在政治指导思想层面则以儒家德治教化仁政为主。

这样的政治运作方式的选择，既有历史客观条件的制约，也有人的主观选择。就后者而言，汉初陆贾、贾谊对秦朝二世而亡教训的反思影响巨大。陆贾认为，强秦之所以速亡，就在于其严刑酷法，"秦二世尚刑而亡"①。"秦以刑罚为巢，故有覆巢破卵之患"②，贾谊则断言根本原因在于其一味强化法治而不知政策转换。他说："夫兼并者高诈力，安危者贵顺权，此言取与守不同术也。秦离战国而王天下，其道不易，其政不改，是其所以取之守之者无异也。孤独而有之，故其亡可立而待也。"③这些认识对于汉代统治者以及后世君主的治道选择有着决定性的影响。事实上，在中国古代社会并不存在现代政治

---

① 陆贾：《新语·道基》，陈生玺辑：《政书集成》（第 1 辑），中州古籍出版社，1996 年，第 10 页。
② 同上，第 15 页。
③ 贾谊：《新书·过秦中》，阎振益、钟夏：《新书校注》，中华书局，2000 年，第 14 页。

学意义上的法治。在君主政治条件下，所有的法制文本和制度设计不过是人治的辅助手段。"阳儒阴法"德治为主政治运作模式的形成显然是实际政治过程与政治文化互动的结果。

一、人治与教化

在传统政治文化的影响下，君主政治的政治运作偏重德治与人治，体现在国家的制度设计与政策方面。具体表现为两个问题。一是选用人才，二是教化民众。

关于前者，儒学宗师多有教诲。孔子比较早地提出要"举贤才"，又说"举直错诸枉，能使枉者直"①，这个认识一经提出便成为儒家学派的共识，其后《礼记·中庸》记述孔子说："文武之政，布在方策。其人存，则其政举；其人亡，则其政息。"这个表述便成为人治政治的经典。及至后世，人才的鉴别、选拔、任用、监察等成为政治文化的重要内容，也成为历代王朝制度建设的必要举措。察举制、科举制及文官制度极为完备，便是基于这样的政治理念的而促成的。人才济济亦成为政治兴衰的主要指标。

历史上绝大多数思想家、政论家及帝王将相常常会论及人才考评、选用等问题，可谓史不绝书。曹魏时期的刘邵作《人物志》，被视为中国历史上第一部人才学专著。人事管理亦成为历代统治者治理国家的一个恒久话题。力主"人治"的政治理念作用于政治运作，促成了高度政治理性的政治制度。科举制、文官制度便是这样的造物。

关于后者，作为一项治国方略被提出，最早见诸《论语》。儒家学派以德治教化作为最重要的治国方略，治理百姓当以教化为政策首选。孔子早就拟定了这样的方针。据载：

① 《论语·颜渊》，杨伯峻：《论语译注》，中华书局，2006年，第146页。

> 子适卫,冉有仆。子曰:"庶矣哉!"
>
> 冉有曰:"既庶矣,又何加焉?"
>
> 曰:"富之。"
>
> 曰:"既富矣,又何加焉?"
>
> 曰:"教之。"①

可知"先富后教"是孔子拟定的基本国策,教化是治民的主要手段。一个世纪后,孟子自称"私淑"孔子,在治民方略上完全承袭了夫子之教,他说:"仁言,不如仁声之入人深也。善政,不如善教之得民也。善政民畏之;善教民爱之。善政得民财,善教得民心。"②

"善教得民心"一语道出教化的功效。这些认识被后世继承下来,成为以儒家文化为主体的中国传统政治文化的通识。例如汉儒贾谊就曾经比较了礼义教化与法令刑罚的治民效果。他说:

> 夫礼者禁于将然之前,而法者禁于已然之后,是故法之所用易见,而礼之所为生难知也。……故世主欲民之善同,而所以使民善者或异。或道之以德教,或驱之以法令。道之以德教者,德教洽而民气乐;驱之以法令者,法令极而民风哀。哀乐之感,祸福之应也。秦王之欲尊宗庙而安子孙,与汤、武同,然而汤、武广大其德行,六七百岁而弗失,秦王治天下,十余岁则大败。此亡它故矣,汤、武之定取舍审而秦王之定取舍不审矣。③

贾谊之论很有见地,对于后世的统治者们有着深刻的影响。

---

① 《论语·子路》,杨伯峻:《论语译注》,中华书局,2006 年,第 153 页。
② 《孟子·尽心上》,朱熹:《四书章句集注》,中华书局,1983 年,第 353 页。
③ 班固:《汉书·贾谊传》(第 7 册),中华书局,1962 年,第 2252~2253 页。

自汉代以降,历代统治者无不着力推行教化,方式多样,主要有三种:

一是学校教育。西汉初年景帝时期,蜀郡守文翁率先在地方上开设官学,其后汉武帝独崇儒术,设立中央官学,此后逐渐兴旺起来。中国古代社会的官学、私学极为发达,加之唐代出现了书院制度,学校教育成为统治者教化民众的主要渠道。

二是通过地方官员进行教化。朝廷通过表彰"循吏",积极鼓励地方官员推行道德与思想教化。例如,西汉循吏黄霸,师从名儒夏侯胜学习《尚书》,儒法兼通。后来任颍川太守,就用儒家仁德思想去教化百姓,又将教化的内容制定成法规约束他们,以实现孔儒"导之以德,齐之以礼"的理想治道。据载:

> ……使邮亭乡官皆畜鸡豚,以赡鳏寡贫穷者。然后为条教,置父老师帅伍长,班行之于民间,劝以为善防奸之意,及务耕桑,节用殖财,种树畜养,去食谷马。米盐靡密,初若烦碎,然(黄)霸精力能推行之。[①]

他"力行教化而后诛罚",将孔儒先师的"先教后杀"思想付诸政治实践,效果颇显著,史家谓之"奸人去入它郡,盗贼日少"。这样的政绩当然得到了皇帝的赞赏,汉宣帝下诏褒奖,夸赞有加:"百姓向化,孝子弟弟贞妇顺孙日益众多,田者让畔,道不拾遗,养视鳏寡,赡助贫穷,狱或八年亡重罪囚,吏民向于教化,兴于行谊,可谓贤人君子矣。"[②]

三是朝廷表彰忠义、孝悌、节烈和义门。历代帝王除了褒奖循吏,还褒奖地方父老,汉代统治者还着力褒奖三老、力田等地方乡官。此外,朝廷还特别注重民间事例,凡民间的孝子、节妇、烈妇、义门等等,一经地方官员保举申报,即会得到帝王表彰。这些民间事迹有的还会载入《孝义传》《列女传》,垂名后世。

---

① 班固:《汉书·循吏传》(第 11 册),中华书局,1962 年,第 3629~3630 页。
② 同上,第 3631 页。

其中，如果家族整体都能遵行孝道，长幼有序，和睦相处，就会被誉为"孝义之门"，简称"义门"，一般就会得到朝廷的表彰。例如北魏"天水白石县人赵令安、孟兰强等四世同居，行著州里。诏并标榜门闾"①。又《旧唐书·孝友传》载："郓州寿张人张公艺，九代同居。北齐时，东安王高永乐诣宅慰抚旌表焉。隋开皇中，大使、邵阳公梁子恭亦亲慰抚，重表其门。贞观中，特敕吏加旌表。"②北齐九世同堂的张家受到历代帝王的旌表。

在儒家思想的引领下，统治者着力于教化民众，化民成俗，使得儒家文化倡导的忠孝礼义等道德观念逐渐被庶民百姓们所接受，耳濡目染，潜移默化，期待着人们"所谈者仁义，所传者圣法也"，使得统治者们向往的"人识君臣父子之纲，家知违邪归正之路"③理想局面的实现具有了可能性。

在儒家教化方略的指引下，统治者注重移风易俗，思想观念的灌输与传播就显得十分重要，因而在中国传统社会，虽说政治文化的要素也必然包括政治认知、情感与信仰，但最为重要和普遍存在的，对人们行为选择影响最为直接的是政治意识。这种状况是中国传统政治文化的显著特色：政治文化与政治运作互动，配合得如此完美，并且能够转化为强劲和巨大的行为能力。所以直至20世纪50年代，美国的中国问题专家费正清仍然在纳闷：所有的美国专业研究人士谁也没有料到，共产党凭借着一种思想和两千条枪就赶跑了国民党，建立了政权。这正是政治文化与政治运作互动、配合的现代体现。

二、传统制衡观念与政治运作

制衡理念是西方政治文化传统的政治观念。如何制约当权者的行为，使

① 《北史·节义传·石文德传》，《二十五史》（第4册），上海古籍出版社、上海书店，1986年，第3194页。
② 《旧唐书·孝友传·刘君良传附张公艺传》，《二十五史》（第5册），上海古籍出版社、上海书店，1986年，第4068页。
③ 范晔：《后汉书·儒林传》（第9册），中华书局，1965年，第2589页。

国家权力不至于被滥用是古希腊以来西方思想家们着力探索的主题。柏拉图曾经提出了"混合式"的国家原则,设想通过结合不同性质的政治原则,实行君主制与民主制因素并存的混合政体,从而形成相互抗衡和相互制约的政治力量,稳定城邦国家的政治秩序。①17世纪下半叶,英国的洛克正式提出分权学说。②其后,孟德斯鸠在洛克的认识基础上总结出立法、司法、行政三权分立理论,他的名言是:"要防止滥用权力,就必须以权力约束权力。"③分权学说奠定了西方民主政治的理论基础。

　　中国传统政治文化中也存在着有关政治"制衡"的认识。早在西周末年,史官伯阳父就曾用"和与同"来说明政治中的制衡关系。他批评周幽王为政无道说:"今王弃高明昭显……去和而取同。"④史伯说的"和"指异性事物共处一个共同体中,通过彼此间的交互作用,形成某种融洽和谐状态;"同"指一事物排斥异己,聚引同类,呈单一发展趋向。他认为,多样化与相互对立及冲突是事物的常态,正是由于多种事物间的冲突和相互作用而形成的普遍联系,才促成了万物的生成和发展,"故先王以土与金木水火杂,以成百物"。因此,"和实生物,同则不济。以他平他谓之和,故能丰长而物归之;若以同裨同,尽乃弃矣"⑤。具体到政治生活,君主应"择臣取谏工而讲以多物",臣对君的决策和行为有所异议,形成一定的制约关系,如此方能促进政治和谐与稳定。此后,春秋时齐国的晏子又进一步解释了"和"的内涵,认为"和"就是"济其不及,以泄其过"。具体言之,"君所谓可而有否焉,臣献其否以成其可;君所谓否而有可焉,臣献其可以去其否。是以政平而不干,民无争心"。⑥

　　史伯和晏子对政治中的制衡关系虽然有所认识,但他们强调的不是政治

①　参见[美]乔治·萨拜因:《政治学说史》(上册),邓正来译,上海人民出版社,2008年,第108页。
②　参见[英]洛克:《政府论》(下),叶启芳、瞿菊农译,商务印书馆,1964年,第十二、十三章。
③　[法]孟德斯鸠:《论法的精神》(上册),张雁深译,商务印书馆,1961年,第154页。
④⑤　《国语·郑语》,黄永堂:《国语全译》,贵州人民出版社,1995年,第590页。
⑥　《左传·昭公二十年》,阮元:《十三经注疏》(下册),浙江古籍出版社,1998年,第2093页。

权力之间的相互制约,而是不同政治角色间的某种互补关系。"和同论"的认识模式对于传统政治制衡观念的形成有着重要的引导定向意义。西汉以后,以儒为主,兼采众家之长的国家政治意识形态逐渐形成,有关政治制衡的认识也相应趋于定型。这种制衡观念的价值构成,制衡方式及功能均与"权力制衡"不同,我们姑称之为"道义制衡"。

在这里,我们使用的"道义"一词含指传统政治文化的"道",指的是思想家们从具体的制度,规范和伦理规定中抽象出来的,体现着统治阶级根本利益的一般政治原则。如汉儒董仲舒说:"道者,所由适于治之路也,仁义礼乐皆其具也。"①鉴于这些原则兼具政治、道德双重属性,故谓之"道义",荀子所言"道义重则轻王公"②,就是在这个意义上使用的。所谓"道义制衡"就是允许臣子们以道义原则为依据,在实践中主要通过道德约束和舆论制约的方式,如进谏等,对君主的决策和行为形成某种制约,并对整个政治运行起到一定的调节作用。"道义制衡"政治观念的价值构成主要有两点:其一,在权力关系上,君权至上;其二,在道与君的关系上,道高于君。

"君权至上"政治价值准则是传统制衡观念的认识前提。它的思想源头可以溯至殷商帝王的"余一人"思想。从春秋战国政治思维的发展来看,除了杨朱、庄子、许行等个别人物,维护君主政治是百家异说中的主流,《易传》谓之"天下同归而殊途,一致而百虑"③。秦汉以后,随着统一帝国的建立和巩固,诸子之学趋向合流。政治上的统一必然要求政治原则的一统化和规范化,"君权至上"作为维护君主政治的根本价值准则得到统治者的普遍认可。汉儒董仲舒说:"君人者,国之本也。夫为国,其化莫大于崇本。"④宋儒程颐讲得最明确:"天子居天下之尊,率土之滨,莫非王臣……凡土地之富,人民之众,

---

①　班固:《汉书·董仲舒传》(第 8 册),中华书局,1962 年,第 2499 页。
②　《荀子·修身》,梁启雄:《荀子简释》,中华书局,1983 年,第 17 页。
③　《周易·系辞下》,阮元:《十三经注疏》(上册),浙江古籍出版社,1998 年,第 87 页。
④　董仲舒:《春秋繁露·立元神》,上海古籍出版社,1989 年,第 37 页。

皆王者之有也,此理之正也。"①君权至上原则认可君主是全天下土地、财富和人民的唯一最高主宰者,拥有巨大的权力和绝对的权威。这一认识成为人们进行政治选择和指导政治行为的根本立足点。

"道高于君"是说,在坚持君权至上的前提下,认可一般政治原则对于君主的约束意义。例如,礼的约束对象即包括社会一般成员,"人无礼不生";同时也包括君主:"为人上者,必将慎礼义务忠信然后可。"②仁既是人们修身的主课,"君子无终食之间违仁"③,又是君主的政治守则:"天子不仁,不保四海。"④仁用作政策原则是为仁政,能不能实行仁政则是考察君主圣明与否的重要标准。孝的约束对象也是下及庶民,上达天子,所谓:"人君之道以孝敬为本。"⑤孝道讲求"三年之丧",孟子说:"三年之丧……自天子达于庶人,三代共之。"⑥

在君主政治条件下,君主作为国家元首,理应成为统治阶级共同利益的代表,君主的决策和行为应当与统治阶级的根本利益即王朝利益保持"一质性"。可是,实际情况却往往事与愿违。君主常常会滥用权力,任意胡为,致使决策失误。轻则破坏利益均衡,引发冲突和紊乱;重则危及政权,严重损害统治阶级的共同利益。因此,思想家及政治家们要求君主把维护整体利益放在第一位,向着道义原则认同。他们反复强调道义原则的普遍约束意义,突出道的权威。

先秦时人已经有了这样的认识,汉儒对道的权威更加尊崇,如董仲舒说:"道之大原出于天,天不变,道亦不变。"⑦强调了道的超社会性与恒久性。以

---

① 《周易程氏传·大有》,《二程集》,中华书局,2004 年,第 770 页。
② 《荀子·强国》,梁启雄:《荀子简释》,中华书局,1983 年,第 219 页。
③ 《论语·里仁》,杨伯峻:《论语译注》,中华书局,2006 年,第 39 页。
④ 《孟子·离娄上》,朱熹:《四书章句集注》,中华书局,1983 年,第 277 页。
⑤ 房玄龄等:《晋书·王湛传》(第 7 册),中华书局,1974 年,第 1967 页。
⑥ 《孟子·滕文公下》,朱熹:《四书章句集注》,中华书局,1983 年,第 252 页。
⑦ 班固:《汉书·董仲舒传》,中华书局,1962 年,第 2518~2519 页。

后,宋儒把这个问题讲得愈发绝对。周敦颐说:"天地间,至尊者道。"①二程说:"是天地之间,无适而非道也。"②他们把道义原则提升为宇宙本体,称为理或天理,认为:理先于天地万物存在,世间的一切都是理即道的派生或外化:"道之外无物,物之外无道","父子君臣,天下之定理,无所逃于天地间"。③从而在认识上确认了道义的权威高于君权。基于这样的认识,君主行使权力,治理国家必须遵循道义原则,君主个人的言行举止也要符合相应的道德规范。从春秋至西汉,"为君尽君道"已经形成普遍认识。君主"践至尊之祚为天下主,奉帝王之职以统群生",必须要"循礼而动,躬亲政事,致行无倦,安服若性"④,否则君主的决策和行为便失去合法性,臣有义务进行干预。

　　传统制衡观念的基本政治功能不是防范君主专制与独裁,而是旨在通过臣对君的相对制约,维护君主政治运行正常,防范发生危机。显而易见,这种制衡观念是君主政治的产物,无疑是政治运作与传统政治文化互动的产物。意味着君主政治时代的统治者及其思想家、政论家基于社会政治实践而形成的自我认识的深化。如果说"权力制衡"观念的历史实践是促进了近代民主政治的成熟和完善,那么"道义制衡"观念则恰恰相反,它的逻辑归宿和实践效果都只能是巩固君主政治。这正是中国古代君主政治得以长期延续的重要原因之一。

第三节　传统政治文化的超稳定形态与
社会政治发展

　　中国传统社会的政治体制是官僚制中央集权君主政治。这种政治体制

---

① 《周子全书·师友上》,《周敦颐集》,中华书局,2009 年,第 33 页。
②③ 《河南程氏遗书》(卷四),《二程集》,中华书局,2004 年,第 73 页。
④ 班固:《汉书·谷永传》(第 11 册),中华书局,1962 年,第 3445 页。

的主要特点是建立十分完备的官僚制度,在全国划分行政区划,由中央政府派遣官员进行管理。然而古代中国以农业立国,生产方式、科学技术、交通方式和行政手段十分落后。正是由于传统政治文化具有独具特色的超稳定性,被用作统治行政的辅助手段,统治者才能相对有效地管理幅员辽阔的疆土和人民。这一点恰恰体现了中国传统政治文化的特别功效。

一、传统道德观念的超稳定功效

以儒家思想为主体的政治文化主张德治教化、道德修身,具体德目有"四维""五常"之说。四维者,礼义廉耻;五常者,仁义礼智信。不过,从传统政治文化的传承和历史发展看,忠和孝受到历代统治者及思想家异乎寻常的重视。不仅有专门的经典——《忠经》《孝经》,历代忠臣孝子还被列入正史,后世留名。①以忠孝为代表的伦理道德得到全社会的认同,被用为评价标准来规范行为,维系秩序,评估社会政治事务和现象。忠孝道德对于亚文化层次的影响也是最为直接和深刻的。

就像任何政治观念都有一个与政治发展相伴而行的生成过程一样,忠孝意识大约在西周时代初露端倪,春秋时已经成为普遍认识。自孔子始创儒学,竭力倡行忠孝,又经后世儒宗代代相袭,"忠孝之道"渐次形成。理论形态的忠孝之道体系完备,忠与孝相为表里,互为补充,被人们用作政治事件和政治行为的评估标准或选择依据。对于一般社会成员而言,忠孝伴随一生,孝道侧重于规范家族姻亲血缘关系的道德行为,忠更倾向于概括政治上的隶属关系及道德行为。不过在认识上,并没有分明的界限。孝道的作用范围不只限于家庭和社会,同时延及政治领域。《孝经》说:"孝,始于事亲,中于事

---

① 《二十五史》之中,有十五种著有忠孝类传记。

君,终于立身。"①又说:"君子之事亲孝,故忠可移于君。"②《孝经》作者把忠视为孝的政治表现形式。

(一)孝道的伦理边界

孝道的理论结构均呈现为三个层级,每一层级都有其特定的价值规定和行为界说,总体上构成了孝道的伦理边界。

孝道的第一个层级为"敬养之孝",由孔子首倡,以区别于当时流行的"能养为孝"。孔子说:"今之孝者,是谓能养。至于犬马,皆有能养,不敬何以别乎?"③"能养"指的是子女对父母的物质奉养,这是当时社会上通行的孝道标准。"敬养"较之"能养"提高了"养"的自觉性,使之由一般的亲缘关系规定上升为规范化的道德情操,这即是《尔雅·释训》所谓"善父母曰孝"的本义。

《礼记·祭义》认为:"养可能也,敬为难。"孔子援敬入孝拓宽了孝道的内涵,提高了孝的践履规格。将家庭成员对父家长权威的绝对服从提到首位,具体要求有四个方面:一是"无违"。敬养父母必须严格遵循礼的规定办事,"生事之以礼,死葬之以礼,祭之以礼"④。儒家文化在物质奉养和遵循礼制之间的选择是"礼菲而养丰,非孝也"⑤。儒家之礼的基本精神是尊卑等级,无违的核心是恪守子道,服膺父权。二是"无改"。孔子说:"父在观其志,父没观其行,三年无改于父之道,可谓孝矣。"⑥儒家文化认为服从父权不只意味着对在位父家长的恭顺,更重要的是对去位父家长的服从。"父之道"是父家长的规范化,"三年无改于父之道"突出了父家长权威传承的永恒性和服从父权

---

① 《孝经·开宗明义章》,阮元:《十三经注疏》(下册),浙江古籍出版社,1998 年,第 2545 页。
② 《孝经·广扬名》,阮元:《十三经注疏》(下册),浙江古籍出版社,1998 年,第 2558 页。
③ 《论语·为政》,杨伯峻:《论语译注》,中华书局,2006 年,第 15 页。
④ 同上,第 14 页。
⑤ 《盐铁论·孝养》,《百子全书》(上册),浙江古籍出版社,1998 年,第 129 页。
⑥ 《论语·学而》,杨伯峻:《论语译注》,中华书局,2006 年,第 8 页。

的绝对性。三是显亲。敬养之孝除了要求一般意义上的服从父权,还要求孝子通过"立身行道",以"扬名于后世,以显父母"①,为父家长带来较之生前更辉煌的声誉和荣誉,使父母身后之名得以不朽。显亲驱使人们孜孜以求于光宗耀祖,"扬名显亲,孝之至也"②,这是积极维护父权的一种重要形式。四是立嗣。家庭或家族的代代传延是父权得以存在的基本条件,倘若绝嗣,后继乏人,何谈敬养和祭祀先祖?于是孟子疾呼:"不孝有三,无后为大。"③所谓"三千之罪,莫大不孝,不孝之大,无过于绝祀"④,亦成为儒家文化的共识。

敬养之孝在行为规范上要求人们绝对服从父家长,谦恭有礼,唯唯诺诺。"出必告,反必面,所游必有常";"见父之执,不谓之进,不敢进;不谓之退,不敢退;不问,不敢对。此孝子之行也"。⑤

第二个层级谓之"不辱之孝",典型表述见于《孝经·开宗明义章》:"身体发肤,受之父母,不敢毁伤,孝之始也。"这一境界的立论前提是:人皆为父母所生养,人之躯体乃父母的赐予,体现着父母的大恩惠,"身也者,父母之遗体也,行父母之遗体,敢不敬乎?"⑥"父母全而生之,死全而归之,可谓孝矣。"⑦保护自身不受伤害是不辱之孝的根本规定,唯其如此,方能为敬养父母尽孝道提供最起码的保障。不辱之孝在行为规范上要求人们"不登高,不临深,不苟訾,不苟笑。孝子不服闇,不登危,惧辱亲也"⑧。"能全支体,以守宗庙,可谓孝矣"⑨。

第三个层级叫作"大孝之孝",这是孝道的最高境界。曾子问:"子从父之

---

① 《孝经·开宗明义章》,阮元:《十三经注疏》(下册),浙江古籍出版社,1998 年,第 2545 页。
② 《晋书·王祥传》(第 4 册),中华书局,1974 年,第 989 页。
③ 《孟子·离娄上》,朱熹:《四书章句集注》,中华书局,1983 年,第 286 页。
④ 《魏书·李孝伯传》,《二十五史》(第 3 册),上海古籍出版社、上海书店,1986 年,第 2304 页。
⑤ 《礼记·曲礼上》,杨天宇:《礼记译注》,上海古籍出版社,2004 年,第 5 页。
⑥⑦ 《礼记·祭义》,杨天宇:《礼记译注》,上海古籍出版社,2004 年,第 624 页。
⑧ 《礼记·曲礼上》,杨天宇:《礼记译注》,上海古籍出版社,2004 年,第 6 页。
⑨ 《吕氏春秋·孝行览》,《百子全书》(下册),浙江古籍出版社,1998 年,第 802 页。

令,可谓孝乎？"孔子答:"是何言与？当不义,则子不可以不争于父。"①大孝之孝在价值选择上提出了一个很有意思的问题,就是人们遵从父权是"有限度的"。儒家文化认为,父子孝亲关系的最高原则是道义,其中内含着传统政治文化文化崇尚的所有政治及伦理价值,与父权的根本利益相一致。当父家长个人意志与道义原则发生冲突时,大孝之孝便要求人们选择后者。荀子曾对这个问题作了详细说明。他说,孝子所以不从命有三,当服从父命则"亲危""亲辱"和陷亲于"禽兽"之时,孝子就拒绝服从,这反而合乎孝道,是忠、义和敬的表现。荀子的意思很清楚,在"不从命"的背后是对父家长之根本利益的积极维护。这是一种高水平的价值选择,"从义不从父,人之大行也"②。

上述三层境界是在孝道实践中,针对一般或特殊情况而形成的不同价值准则和具体行为要求,其间的联系与差异无非是传统政治文化辩证思维的又一精彩表现。汉末仲长统说:"不可违而违,非孝也;可违而不违,亦非孝也"③,是论正得其中三昧。

敬养之孝、不辱之孝、大孝之孝作为儒家倡导的孝道的伦理边界,实际是很宽泛,几乎覆盖了所有方面。对于任何社会成员来说,依照儒家文化的要求,应该做到敬养之孝。这种要求看似不高,实际并非都能做到。于是儒家文化提出只要不给父母带来麻烦、惹来灾祸,就是尽孝了。再有就是当父母本人有可能招灾惹祸的时候,要能补救和化解。孝道的伦理边界宽泛,提升了这一道德条目的覆盖面和解读能力,从而使之具有强劲的生命力。

(二)忠德的伦理边界

与孝道相对应,忠德也有三个层级。其一叫作"专一之忠"。这是一种绝对的忠诚,在价值认识上强调忠君的绝对性和唯一性。"忠也者,一其心之谓

---

① 《孝经·谏诤》,阮元:《十三经注疏》(下册),浙江古籍出版社,1998年,第2558页。
② 《荀子·子道》,梁启雄:《荀子简释》,中华书局,1983年,第393页。
③ 仲长统:《昌言》,孙启治:《政论校注 昌言校注》,中华书局,2012年,第386页。

也"①，"心止于一中者，谓之忠，持二中者，谓之患，患人之忠不一者也"②。儒家文化把忠君视为臣的唯一义务和生命意义的体现，专一之忠突出了忠君与生命价值的同一。三国蜀汉诸葛亮对刘备父子"鞠躬尽瘁，死而后已"，其身后形象实是传统社会忠臣的楷模。诸葛亮自身的体会十分深刻："人之忠也，犹鱼之有渊。鱼失水则死，人失忠则凶。"③

专一之忠在行为规范上的基本要求是"臣无二心"。这一认识大体上有两层含义：一是对君主的意志和命令要绝对服从，忠心耿耿，专一不二，"二心不可以事君"；二是臣对君要从一而终，"忠臣不事二君"④。"士之仕也犹女之嫁也。嫁而更二夫，不可谓贞妇；仕而更二姓，其可谓之忠臣乎？"⑤

第二层级谓之"无逆之忠"，这是一种特殊的忠君之道。传统中国的理想政治是"君明臣贤""君臣遇合"，可政治舞台上的实际主角常常是昏君暴君。面对不同品位的君主，臣将如何举措？思想家们提出了多种思路。荀子说："事圣君者，有听从无谏争；事中君者，有谏争无谄谀；事暴君者，有补削无挢拂。"如果生逢敝世，昏君当道，无所避之，臣当"崇其美，扬其善，违其恶，隐其败，言其所长，不称其所短，以为成俗"⑥。殷商末年，纣王无道，比干强谏而死，箕子因而为奴，微子披发佯狂逃匿民间。此三子在政见上与暴君有异见，具体态度和结局各不相同。但他们的最终选择都是任凭杀头囚禁，也绝不反抗。孔子因之赞许道："殷有三仁焉。"⑦由此可知无逆之忠的行为界说是，只要不公然对抗，臣对昏暴之君采取什么样的对策都符合忠君之道。

第三层级是"大忠之忠"，这是忠君之道的精华，其价值判定是"从道不从君"。儒家文化用道来概括理想的政治原则，认为圣明的君主应当循道而治。

① 《忠经·天地神明章》，《百子全书》（上册），浙江古籍出版社，1998年，第93页。
② 《春秋繁露·天道无二》，上海古籍出版社，1989年，第72页。
③ 《诸葛亮集·兵要》，中华书局，2012年，第41页。
④ 司马迁：《史记·田单列传》（第8册），中华书局，1962年，第2457页。
⑤ 乔何新：《赐宋使者家铉翁号处士遣还乡》，《椒邱文集》卷八。
⑥ 《荀子·臣道》，梁启雄：《荀子简释》，中华书局，1983年，第178~179页。
⑦ 《论语·微子》，杨伯峻：《论语译注》，中华书局，2006年，第216页。

假如君主随心所欲而背离了道,忠臣不得盲从,而是以道为据,对君主的错误言行予以匡正。如《荀子·臣道》所言:"以德覆君而化之,大忠也。"在行为规范上,大忠之忠要求臣甘冒忤旨之名,敢于犯颜强谏,"违上顺道,谓之忠臣"①。在传统中国,大忠之忠一向为统治阶级的优秀成员所信奉,他们之所以"触死亡以干主之过者"②,就是为了"以成君休,以宁社稷"③,"逆命而利君"④。这是忠君之道最上乘的表现。

与孝道相近,忠德的伦理范围也是比较宽泛的,从一般意义的忠君到消极的不对抗,或是积极的匡正佐助,在这样的伦理框架内,作为一般社会成员的忠君之德显然是被极大地发挥出来了。

(三)忠孝道德的超稳定价值

从三个层级梳理忠孝之道的伦理边界,可以清晰看出忠和孝在理论上相通互补,实际的社会政治功效亦不同寻常。

敬养之孝和专一之忠是忠孝之道的主干,具有普遍的道德约束意义。这一层级内含的价值准则为人们在社会政治生活中的实际定位和调处自身与社会政治的关系设定了基本坐标。不论人们具体身份、地位的差异如何悬殊,扮演的实际角色却是相同的,就是都要做君父的忠臣和孝子。由此形成了最基本的道德意识——忠孝意识。结果是一方面简化了复杂多样的社会政治角色,将人们个性发展的多种可能性整塑为统一的模式,使得人们在实际生活中本应具有的多种选择变得单一化了。另一方面,忠臣和孝子本是儒家文化的"期望角色",经过专一之忠和敬养之孝的定位,从而具有了"先赋角色"的性质,作为本民族政治文化固有的政治意识进入人的头脑,为建构传统中

---

① 《申鉴·杂言》,《百子全书》(上册),浙江古籍出版社,1998 年,第 269 页。
② 《盐铁论·相刺》,《百子全书》(上册),浙江古籍出版社,1998 年,第 127 页。
③ 《忠经·忠谏章》,《百子全书》(上册),浙江古籍出版社,1998 年,第 94 页。
④ 《荀子·臣道》,梁启雄:《荀子简释》,中华书局,1983 年,第 177 页。

国的顺民社会提供了必要的政治文化条件。

在任何一个政治系统中，人们对于政治权威和政府首脑的认同程度都不可能是整齐划一、毫无差别的。政治冷漠或政治否定因素的比重越高，则政治系统内在的政治离心力就越强，发生政治紊乱的可能性就越大。以儒家思想为主体的传统政治文化对于这一点有深刻的认知，从而为忠孝之道规定了可调节的下限与上限。

不辱之孝和无逆之忠是忠孝的下限。依照不辱之孝，那些不能敬养父母的人至少要做到不辱其身，在不得毁伤"先人遗体"的告诫下，使他们不敢恣意妄为。对于维护父权和社会稳定而言，这是一种最基本的约束。依照无逆之忠，人们可以不满现状，对政治权威品头评足或是指斥攻讦，但最终结果不外两途，要么伏首就刑，要么一走了之。无逆之忠排除了君权的直接反对者。这一层级是对君父权威的消极维护，直接对社会政治秩序的维护起到了稳定的作用。

大孝和大忠是忠孝之道的上限。根据这一层级的价值准则，在坚持君父根本利益的前提下，忠臣孝子具有更多的主动性，哪怕暂时违背君父的意志，或是暂时削弱君父的权威也在所不惜。这是对君父权威的主动调节和积极维护。

社会本身是一个复杂系统，人们的行为杂乱且难以预测。忠孝之道划定的伦理边界使之概括了现实生活中君臣父子关系实际存在的多种可能性，从而为社会各个阶层的人们践履忠孝之道提供了相对广泛的选择机会和某种可调节性。这不仅使忠孝之道更容易为绝大多数社会成员所接受，而且使忠孝之道的实际约束力进一步增强。作为一种为全体社会成员认同并接受的政治意识，忠孝观念具有特殊重要的超稳定价值，能够让不同层级的社会成员从中找到相应和适宜的行为规范，为社会政治的长期稳定设置了道德底线，从而为君主政治的政治统治和管理提供了宽广而坚实的政治文化底线。

二、儒家德治的特殊功效

西汉建元元年（公元前 140 年），汉武帝诏举贤良方正直言极谏之士，策问古今治道。公羊学大师董仲舒的对策得到汉武帝首肯，采纳其对策，"罢黜百家，独崇儒术"，意欲有所作为。这在中国历史上是件大事。历经汉初"百家余绪"的儒学得以从民间学术上升为汉统治者的政治指导思想，成为国家政治意识形态。

与此同时，为了统治和管理的需要，西汉统治者在全国实行"察举制"，选用人才，培育官僚。自汉武帝独崇儒术始，察举人才便以学习儒家学说者为主要，以至于当时"邹鲁谚曰：'遗子黄金满籯，不如一经。'"[1]儒家思想自此构成了中国传统政治文化的主体，延续了两千多年。政治文化与政治制度的紧密结合与互动，对于政治运作的稳定具有重大影响，将传统政治文化的特殊功效充分发挥出来，形成了两个重要的特点，对于君主政治的相对稳定发展和长期延续具有重要的作用。

（一）儒家思想培育了士人阶层，构成了官僚系统的主体

传统中国的官僚制度含有高度发达的政治理性，制度设计十分完备。其中一个重要的特点是官员的选用来源是面向全国的。除了特别规定的几种人不能入仕为官，如汉代谓之"七科谪"，即"吏有罪一，亡命二，赘婿三，贾人四，故有市籍五，父母有市籍六，大父母有籍七：凡七科"[2]，这七类人是没有资格被察举的。此外不论贫富，唯论其笃学与德行。选官面向全国意味着君主政治权力基础的宽广，据此我们可以断言，秦汉以降的官僚制与殷商时代的贵族制相较，权力基础更为牢固和坚实。

---

① 班固：《汉书·韦贤传》（第 10 册），中华书局，1962 年，第 3107 页。
② 司马迁：《史记·大宛列传》（第 10 册），中华书局，1962 年，第 3176 页。

士大夫承载着儒家一脉的政治理性、治国理念和政治知识,积淀着历代统治者的统治经验,因而当王朝出现危机的时候,总能有士大夫出谋划策,甚而实施变法,调整政策,化解危机。一代王朝覆灭,也是他们佐助在末世战乱中崛起的新兴政治集团,在前朝的废墟上重建帝国。所以中国历史上,没有文化的非贵族官宦人士也可以成就帝业,所谓"流氓可以做皇帝","人人都有皇帝梦",就是在于有士大夫阶层的辅助与维系。除元朝外,统一王朝大体可以维系三百年左右。中国古代帝制长期延续的重要原因就是以士大夫为主体并高度完善的官僚制度给予君主政治以人力资源保障和制度保障。这背后则是传统政治文化的重要功能的体现。

(二)大凡准备入仕、已经入仕和致仕的士人们形成了士大夫阶层,他们遍布全国城乡

有知识,有德行,功名在身,享有一定的特权,具有一定的社会政治地位,俨然成为民间领袖。士大夫成员的具体出身和社会定位的差异是很大的,但是士人之间是有认同感的。这个阶层对上是权力基础,对下是民间领袖,实际成了社会中坚。

中国古代社会君主政治条件下,行政手段相当落后。历代统治者正是依靠强大的政治意识形态对人们的政治观念——意识的掌控,以增强社会凝聚力和政治归属感。在这一过程中,士大夫起到了非常重要的作用。因为士大夫是以儒家思想为主体的传统政治文化的实际承载者,士人之中能够介入体制,居官为宦的毕竟是极少数。唐以前殿试中举不过数十人,北宋冗兵冗官,也不过百余人。绝大多数士人难以成为士大夫,他们遍布全国,或教书糊口,遂将忠孝仁义等道德观念传播到穷乡僻壤。

士大夫本身有功名,即享有特权,或有财力,在本土乡里具有相当的影响力。作为民间领袖,他们可以左右民意,替代官府实现管理意图。对于地方乡里的民事纷争或喜庆典礼,他们也是不可或缺的领袖人物。

正是有了士大夫阶层作为社会中坚,承上启下,从而保障了君主政治体制的长期延续,儒家思想文化和道德意识等的广泛传播,培育忠臣孝子,代代相沿。又能弥补君主政治统治行政手段的不足,从思想意识和行为规范方面维系社会政治秩序,体现了传统政治文化独到的政治功能。

三、维系稳定与政治文化传承

以儒家思想为主体的传统政治文化能够广泛传播,并作用与政治运作,主要得益于三个方面:统治者的倡导和推崇、政治录用的引领作用和学校教化。

(一)统治者积极倡导和推广

关于统治者的提倡和推崇,似不用多言。但凡了解中国历史,即知道祭孔始于汉高祖刘邦(公元前195年,汉高祖十二年),此后孔子受到历代帝王的祭拜,成为中华文化的精神领袖。帝王本身掌管思想文化大权,有的帝王通过编纂大型图书统一思想,同时突出儒家思想文化的统治地位。另外大凡帝王诏令,百官奏议,无不征引圣人之言,处处显示出对于儒家圣人的崇拜与弘扬。兹不赘述。

无论是汉代的察举还是隋唐起始的科举,入仕的官员基本都曾经由儒学训练。他们作为君主政治体制的成员,以效忠皇帝,尽忠朝廷为职守,同时也不忘弘扬儒学即圣人之道。当然并不是所有的士大夫都能做到,其中有循吏者,能推广教育,教化地方,对于弘扬儒学,讲论德行以维系社会稳定起到了无以替代的积极作用。

所谓循吏,据《汉书·循吏传·序》师古注曰:"循,顺也,上顺公法,下顺人情也。"即对上能奉公守法,遵循儒家文化的政治理想和道德要求,尊君重道;对下能体恤民瘼,关爱黎庶,教化百姓。作为君主政治治下的模范官僚,循吏是儒家文化德治传统的代表，更是君主的忠良之臣和百姓崇敬的清官，其中的主体部分是入仕的士人。他们把孔儒一脉"达则兼济天下"的社会责任感转化为德治仁政的实际政策，确乎能做到"为官一任，教化一方"。这类事例史载颇丰，可谓俯拾即是，兹仅举二例：

例一，东汉何敞"通经传"，被选派到太尉府中做事，"常引大体，多所匡正"。后来迁任汝南太守，以宽和为政，表彰孝悌有义行者。"及举冤狱，以《春秋》义断之。是以郡中无怨声，百姓化其恩礼。其出居者，皆归养其父母，追行丧服，推财相让者二百许人。"①

例二，唐代的韦景骏曾任肥乡令，有德治。若干年后调任赵州长史，"道出肥乡，民喜，争奏酒食迎犒，有小儿亦在中。景骏曰：'方儿曹未生，而吾去邑，非有旧恩，何故来？'对曰：'耆老为我言，学庐、馆舍、桥郵皆公所治，意公为古人，今幸亲见，所以来。'景骏为留终日。后迁房州刺史。州穷险，有蛮夷风，无学校，好祀淫鬼，景骏为诸生贡举，通隘道，作传舍，罢祠房无名者。景骏之治民，求所以便之，类如此"②。

可知被称为循吏者，不论官职大小，大体都能做到躬行教化。他们在莅官实践中发挥"吏"与"师"的双重功能，往往通过官府的政绩的感化，或是直接面对地方父老众庶，进行训诫劝勉，以驯化良民。特别是他们还会在力所能及的情况下为黎民百姓做些公益之事，如修桥补路、修堤筑坝、指导农桑等等，很受下层民众的拥戴。正是在这样的政治实践过程中，他们起到了独特的和颇具实效的传播作用。亦如班固所描述的，循吏行政，"所居民富，所去见思，生有荣号，死见奉祀，此廪廪庶几德让君子之遗风矣"③。

在君主政治时代，地方官员的行政权力是朝廷即君权的再分配，代表君

①　范晔：《后汉书·何敞传》（第6册），中华书局，1965年，第1487页。
②　欧阳修等：《新唐书·循吏传·韦景骏传》，《二十五史》（第6册），上海古籍出版社、上海书店，1986年，第4726页。
③　班固：《汉书·循吏传·序》（第11册），中华书局，1962年，第3624页。

主治理地方,直接面对一般社会成员。行政权力是具有一定的强制力的,由地方官府推行儒家思想文化,效果更为直接和显著,使得统治者们向往的"人识君臣父子之纲,家知违邪归正之路"①,理想局面的实现具有了可行性。以循吏为代表的地方官员积极倡导和推广,儒家政治意识得以广泛传播,驯化和培育了一代又一代的良民。

(二)政治录用的引导作用

关于政治录用的引领作用,这倒是中国传统政治文化一大特色。政治录用是现代政治学概念,中国传统文化使用的语言是"尚贤""选官"和"科举"等。

先秦时代以贵族政治为主流,在比较长的一段时期内,血缘关系和等级身份是介入体制执掌权力的主要条件。秦汉以降,伴随着官僚制中央集权君主政治的建立和官僚体制的完善,官员录用的方式渐次形成特色。汉代实行"察举制",东汉章帝"取士"分为四科②,各有所长,但是有一点是相通的,就是要"皆有孝悌廉公之行"。道德是士人介入政治体制的最重要条件。这样的录用官员方式,势必有着非常明确的引导定向作用。使得那些有志于参与政治,谋求政治前途者,能积极主动尊孔读经,演习儒家经典,在儒学宗师设定的人生道路上穿行。他们按照孔子的教导"学而优则仕",获得高官厚禄。他们成功的案例传播开来,对于全社会起到广泛的示范效应。

例如汉武帝举公孙弘为丞相,封平津侯,食户六百五十,在社会上引起极大反响。据《汉书·儒林传》载:"公孙弘以治《春秋》为丞相,封侯,天下学士靡然乡风矣。"又有韦贤,"兼通《礼》《尚书》,以《诗》教授,号称邹鲁大儒"。汉宣帝时为丞相,封扶阳侯,"食邑七百户"。再有夏侯胜"受《尚书》及《洪范五

---

① 范晔:《后汉书·儒林传》(第9册),中华书局,1965年,第2589页。
② 参见范晔:《后汉书·百官志一》注引:一曰德行高妙,志节清白。二曰学通行修,经中博士。三曰明达法令,足以决疑,能案章覆问,文中御史。四曰刚毅多略,遭事不惑,明足以决,才任三辅令。

行传》,说灾异。后事蕑卿,又从欧阳氏问。为学精孰,所问非一师也"。他"以儒显名",官居光禄大夫,"迁长信少府,赐爵关内侯"。他的名言是"士病不明经术。经术苟明,其取青紫如俯拾地芥耳。学经不明,不如归耕"①。青紫是公卿绶带之色,这里譬喻高官。这些事例足以表明政治录用在传播儒学方面的引导作用。

(三)学校教化

中国自古教育发达,历史最为悠久。据文献记载,上古三代就开始设立学校了,不过这个时期都是贵族学校,②学习的内容是"六艺"。春秋晚期始,孔子首创私学教育,同时及稍后诸子纷纷开办,从而打破了"学在官府"的传统。私人办学的传统一直得以延续,秦朝统治者焚书禁学,也没能禁止私人传授,只是由公开转入了地下。汉代政权建立后,实行"无为而治",政治氛围比较宽松,私学又开始兴盛。

汉文帝时,儒者贾山提出:"定明堂,造太学,修先王之道"③,首先提出了设立官学的建议。由于当时条件不具备,没有实行。武帝时,董仲舒在他的《举贤良对策》中再次强调设立官学的重要性,建议在中央设立太学。汉武帝接受了董仲舒的建议,于元朔五年(公元前124年)诏令丞相公孙弘等"廷议"。公孙弘等议为"可行",并议请设立博士弟子员五十人,中国古代社会的第一所中央直属的"太学"终于建立起来了。

此外,早在汉景帝末年,文翁任蜀郡守,即设立了郡国之学,④开启了兴办地方学校之先河。此后,汉武帝下诏在全国推行,汉元帝时,诏令"郡国置五经

---

① 班固:《汉书·夏侯胜列传》(第10册),中华书局,1962年,第3159页。
② 《礼记·王制》:"殷人养国老于右学,养庶老于左学。"又:"天子命之教,然后为学。小学在公宫南之左,大学在郊,天子曰辟雍,诸侯曰泮宫。"
③ 班固:《汉书·贾山传》(第8册),中华书局,1962年,第2336页。
④ 参见班固:《汉书·循吏传》(第11册),中华书局,1962年,第3626页。

百石卒史",为地方官学的教师规定了品秩。汉代学校的类型和规模直接影响着后世。至唐、宋之世,书院风行,私学益盛,从而为儒家文化在社会上的广泛传播提供了条件。总括而言,自两汉起始至以后历朝,学校教育已是门类齐全,制度完备,成为传播儒学,教化民众最主要的组织形式。

《礼记·学记》载:"建国君民,教学为先;化民成俗,其必由学。"这16个字对学校教化和传播功能的概括十分准确,事实上,学校教育也得到了历代统治者的认同和赞许,故而多所提倡和推行。如西汉公孙弘上疏说:"闻三代之道,乡里有教,夏(朝)曰校,殷(朝)曰庠,周(朝)曰序。其劝善也,显之朝廷;其惩恶也,加之刑罚。故教化之行也,建首善自京师始,由内及外。"[1]董仲舒上疏说:"太学者,贤士之所关,教化之本原也。"[2]西汉成帝的诏书则强调:"古之立太学,将以传先王之业,流化于天下也。"

古代中国的官、私学校之中,除了有极少数私人教授非儒家学说,如道家思想、律法等等,绝大部分学校的教学内容都是儒家经典。受学者所接受的主要是道德和政治教育,形成了忠君爱国、仁孝节义等道德理念和意识。受学者或考取功名,或流散民间。不论其通达困顿,大体上他们都会成为儒家思想的传布者和道德教化的承担者。传统政治文化的政治意识正是通过学校这一环节的集中培训而传布到全国各地的。

(四)传统政治文化与社会稳定

综上,我们可以清楚看出,在古代中国,在统治阶级及士大夫阶层的全体努力下,儒家思想及其道德理念、政治意识得以广泛传播,促成并铸就了亚政治文化的主体内涵。

达成这一效果的主要缘由是传统政治文化造就的士大夫阶层。他们承

---

① 班固:《汉书·儒林传》(第11册),中华书局,1962年,第3593~3594页。
② 班固:《汉书·董仲舒传》(第8册),中华书局,1962年,第2512页。

载传统政治文化的价值观念和道德理念,通过入仕为官,教化地方;或通过领袖民间,引导定向;或经由教书宣讲,将传统政治文化内涵的价值理念与政治意识传布全国,直至城镇乡里。

政治意识的传播被社会基层民众接受,耳濡目染,代代相沿。从古代和一类至今的民间习俗或语汇,即可以了解这些政治意识的广博和深入民心。譬如诸葛亮的形象在民间何其鲜明。高台教化展示的是诸葛亮的智慧,三顾茅庐、草船借箭、空城计的故事脍炙人口,诸葛亮作为智慧的化身始终活跃在戏剧舞台上。但诸葛亮之所以得到历代统治者和民间社会的敬仰,关键在于他是"可以托六尺之孤"的耿耿忠臣,"鞠躬尽瘁,死而后已"成为激励道德情怀的光辉形象,昭示后代。再如关羽,中国历史上仅有的武圣人。也是因为他的忠勇和义气而得到统治者的崇敬。在民间流为口碑,各地建有关帝庙,甚至有农历五月十三"雨节"的风俗,传说那天"关老爷磨刀",必然下雨。

再如关于孝道的崇敬,更是得到社会各个阶层的认同。舜是儒家盛传的上古三代圣王之一,他本身就是孝子,最早的孝道模范。孟子就曾称赞说:"不得乎亲,不可以为人;不顺乎亲,不可以为子。舜尽事亲之道而瞽瞍底豫,瞽瞍底豫而天下化,瞽瞍底豫而天下之为父子者定,此之谓大孝。"(《孟子·离娄上》)元代有人编辑了《二十四孝图》①,其辑录故事取材于西汉刘向编《孝子传》、宋代成书的《太平御览》和唐代类书《艺文类聚》等,说明这类故事流传已久。《二十四孝图》是宣传儒家孝道思想的通俗读物,刊行后传播甚广,对于民间孝道意识的普及起到积极的推广作用。

这些伦理道德意识的实际功效是规范人的行为,使之能够自觉地服从权威,循规蹈矩。传统政治文化的价值理念及政治意识渗透人们的思想观念,演变为思维方式,形成了人们的生活方式。传统政治文化超稳定形态终于展现

---

① 关于《二十四孝图》的作者有三说:一是元代郭居敬编录,二是其弟郭守正,三是郭居业撰,难以确定。

开来,有用中国特色的社会政治功效,为维系古代中国的政治道路构建了深厚并坚实的文化根基。

第三章

传统政治文化对中国社会主义政治发展道路的影响

　　一个国家政治发展道路的形成受到诸多因素的影响,而传统政治文化的与众不同之处在于它是一种更持久的影响因素。虽然政治文化本身也处在不断的发展变化中,但相对于政治制度的发展而言,它仍具有较明显的稳定性,对政治道路和政治制度的影响作用更为持久和深远。政治文化影响政治发展道路的关键环节,在于它对一国国民政治价值观的熏陶和养成,而这种价值体系一旦形成,就会持久存在并抵御对它的改变,正如罗纳德·英格尔哈特所说:"虽然人性具有其生物固定性和普遍性,但文化却可以后天习得,而且会因社会的不同而不同。文化中较核心的和较早习得的部分,是抵制变化的,因为改变成人的认知结构中的核心要素需要花费非常大的力气,也因为一个人最核心的价值观自身就是要实现的目标,强行放弃它会给人带来巨大的不确定性和焦虑感。"①因此,只有符合这种价值体系的政治发展道路才能够获得根深蒂固的合法性,例如与其他国家相比,自由在美国人的价值体系中处于优先位次,②因而美国政治发展道路的合法性主要建立在以自由为核心的价值观基础上。

---

　　① [美]罗纳德·英格尔哈特:《发达工业社会的文化转型》,张秀琴译,社会科学文献出版社,2013年,第17页。
　　② 参见同上,第444页。

中国传统政治文化与社会主义政治发展道路的关系,同样也具有上述特征。在"大一统""天下为公""和合"传统政治思想熏陶下,中国人通常把"国家统一""有效治理""社会和谐"等观念置于政治价值观的优先位次。中国特色社会主义政治发展道路的合法性首先在于,它能够优先满足这三种核心理念,这充分表明了传统政治文化对中国社会主义政治发展道路的深刻影响。

第一节　中国传统政治文化的核心理念

中国传统政治文化博大精深、内容丰富,但我们可从中选取几个核心理念加以剖析,探讨其与中国政治发展的密切联系。其中,"大一统"思想、"天下为公"思想、"和合"思想可以说是三个紧密相关且与中国政治发展密不可分的基本理念。按照中国儒家的传统观念,"大一统"的维持不能仅凭武力,更需通过良治来实现,"天下为公"则正是这种良治的具体体现,只有通过良治社会与国家才会"和合",并反过来巩固"大一统"秩序。

一、大一统思想

春秋战国时期,人心思定,和平与统一的价值凸显。在这种情况下,儒家、法家都表现出对于国家统一的推崇,而统一的前提是恢复秩序。在孔子那里,礼治代表着理想的社会秩序。孔子不仅指出了礼治的现实样本,即西周那种社会制度和规范:"周监于二代,郁郁乎文哉! 吾从周。"[1]同时也从人性的角度为礼治的合理性提供论证:"克己复礼为仁。"[2]孔子这样做的目的,

---

[1]　张燕婴:《论语译注》,中华书局,2006年,第32页。
[2]　同上,第171页。

就是想把礼治从贵族的小圈子推及平民,因为人性为人类所共有,并不只限于贵族。法家则提供了另一种维护秩序的方式,即法律。商君有言:"所谓壹刑者,刑无等级,自卿相、将军以至大夫、庶人,有不从王令、犯国禁、乱上制者,罪死不赦。"①韩非子也说:"故当今之时,能去私曲就公法者,民安而国治;能去私行行公法者,则兵强而敌弱。"②法家试图通过法律来破除人伦关系,让孤立的个人直面国家,从而实现对国家的有效统治。在先秦诸子百家中,道家则表现出了不同的一面,其理想秩序是"小国寡民":"使有什伯之器而不用。使民重死而不远徙。虽有舟舆无所乘之。虽有甲兵无所陈之。使民复结绳而用之。甘其食、美其服、安其居、乐其俗。邻国相望,鸡犬之声相闻。民至老死不相往来"③。道家的这种理想秩序建立在自给自足的小农经济基础之上,试图借助这种社会条件下的人口低流动性来确保社会稳定,正如孙隆基在《中国文化的深层结构》中所言:"中国文化的这种倾向,表面上看起来是与'大一统'的倾向冲突的,其实不然——二者是相辅相成的。因为大国的大一统专制主义的基础,正是一大片分散经济。"④

　　春秋战国属于世界史上的轴心期,在这个时期,诸子百家争鸣,中国政治思想并未定于一尊。秦始皇统一六国后,中国开始了中央集权化的过程,到汉武帝时中央集权达至顶峰。为巩固帝国的统治,汉朝当政者要求人心归一,经过改造的儒家学说则为此提供了思想资源,其中最重要的就是"大一统"思想。吸收了道家和法家思想后的儒家学说,为"大一统"秩序提供了强有力的论证。

　　首先,儒家推崇的礼治有了宇宙本体上的依据,即"天"。先秦儒家在论证礼治时所依据的是历史和人性,尚未将其建立在宇宙本体之上,这离汉朝

① 石磊:《商君书译注》,黑龙江人民出版社,2003 年,第 112 页。
② 王先慎:《韩非子集解》,中华书局,2013 年,第 32 页。
③ 陈鼓应:《老子注释及评介》,中华书局,1984 年,第 344 页。
④ 孙隆基:《中国文化的深层结构》,中信出版社,2015 年,第 295 页。

统治者的需求还有一定差距。"汉代建立一体化结构，只有选择儒学作为官方意识形态，但是先秦儒学同一体化结构对意识形态之要求尚有两个差距：第一，先秦儒学虽已把道德理想和社会制度等同，但孔子所说的'礼'，主要是指周朝社会制度及规范，并不直接等同于汉代建立的大一统帝国的社会制度。第二，古代建立大一统帝国，不仅要靠儒生生成的文官系统，更须凌驾于文官制度之上的皇权；而皇帝受命于天，皇权的合法性基础只能是宇宙秩序。"①由于先秦儒学当中本没有"天人合一"这一概念，因而汉代儒学中的"天人合一"概念是通过学习道家而获得的。②

其次，儒家推崇的礼治突破了侯国的限制，上升为大一统国家的秩序。中国所谓的封建指的是周天子封侯建国，即"完全建立在自然经济形式上的那种非集中化的封建政治关系"③，周朝礼治的适用范围本是侯国这样的小共同体。孔子所推崇的礼治也是以血缘为核心的关系，无法在大一统国家的范围内应用。此外，小共同体的存在通常会危及大一统秩序："孔子所梦想恢复的大一统，原不过是西周那种只在形式上表示'礼乐征伐自天子出'的贵族政治秩序，可是专制的官僚的统治，却正好需要这种'天无二日，民无二王'的学说，来支持其中央集权的政治独占局面。假使在四境之内，或在声教所及的小天地间，有一个国土或有一个民族自树一帜，不肯对那个'诞受天命'的政权表示服从，就算它安其土而子其民，治理得颇有条理秩序，也认为非挞伐用张，使其解体屈服不可。"④为解决这一难题，儒学又吸收了法家思想，因为法家的要旨是以统一的刑罚对待每一个人，从而促成个人对于国家的归附。经过改造后的儒学，为大一统秩序提供了两层防护：一层是基于血缘的关系，一层是基于法律的关系。"所谓儒家法家化大多是在制度层面讲儒家道德伦理

---

①②　金观涛、刘青峰：《中国现代思想的起源》，法律出版社，2011年，第23页。

③　王亚南：《中国官僚政治研究》，商务印书馆，2010年，第45页。

④　同上，第68页。

和大一统帝国的需求合一。例如,把法家的'刑'纳入儒家所谓的'礼治'结构,家庭中的父权制权威推广到君臣关系等。"①

由上可见,先秦时期思想资源的整合是围绕着为大一统提供合法性论证而展开的,因此大一统成为中国传统政治文化中最核心的价值。

二、天下为公思想

经过改造后的儒学,被擢升为中国官方意识形态,有助于强化大一统的政治秩序。有学者指出,中国传统政治文化是为君主专制主义服务的,"从表面上看百家相争,很有点民主气氛,但是如果分析一下每家的思想实质,就会发现绝大多数人在政治上都鼓吹君主专制,思想上都要求罢黜他说,独尊己见,争着搞自己设计的君主专制主义。因此,百家争鸣的实际结果不可能促进政治走向民主、思想走向自由,只能是汇集成一股强大的力量,促进君主专制主义的完善和强化"②。认为传统政治文化被用来为君主专制服务,这显然并不能穷尽传统政治文化的全部意义。事实上,中国传统政治文化同时还蕴含着限制君主专制的成分,而"天下为公"思想就是其中之一。

孔子推崇"天下为公"的良善政治:"大道之行也,天下为公。选贤与能,讲信修睦。故人不独亲其亲,不独子其子,使老有所终,壮有所用,幼有所长,矜寡孤独废疾者,皆有所养。男有分,女有归。货恶其弃于地也,不必藏于己;力恶其不出于身也,不必为己。是故谋闭而不兴,盗窃乱贼而不作,故外户而不闭。是谓大同。"③所谓以"天下为公"为核心的良治,包含着政治和经济两个方面。

① 金观涛、刘青峰:《中国现代思想的起源》,法律出版社,2011年,第24页。
② 刘泽华编:《中国古代政治思想史》,南开大学出版社,2001年,第28~29页。
③ 《礼记·礼运》,商务印书馆,1947年,第33页。

在政治方面主张君臣共治。天下是大家的而不是帝王一人的,因此权力承继应遵循的原则是贤能而非血缘。儒家的政治理想以帝、王、霸为序,而尧、舜二帝推行的是禅让制,"这一种理想在儒家思想里,本有一贯甚深之流衍"①。宋代士大夫在表达对现实政治的不满时,就常诉诸"天下为公"的理想秩序,渴望皇帝"与士大夫共治天下",让贤能在治国理政中发挥作用:无论他们是真心相信尧、舜、三代曾出现过完美的秩序,还是借远古为乌托邦,总之,由于对现状的极端不满,他们时时表现出彻底改造世界的冲动。这一思维倾向通两宋截然。明末清初的思想家也试图以公天下的旗帜来对抗和约束君主专权,他们所向往的"公天下"同样也是指君臣共治。黄宗羲认为:"原夫作君之意,所以治天下也。天下不能一人而治,则设官以治之。是官者,分身之君也。"②但自秦汉之后,由于君臣共治的秩序遭到颠覆性破坏,君臣关系逐渐变成了主奴关系,这其实是有悖儒家的初衷的。

在经济方面主张均贫富。"天下为公"体现在经济上,就是一种均贫富的主张,这深刻影响了传统中国社会。吕思勉认为:"中国历代,社会上的思想,都是主张均贫富的,这是其在近代所以易于接受社会主义的一个原因。"③从均贫富的主张中还可以引申出富民的主张,因为天下为公也要求天下人分享君主掌握的财富,而非君主"独富"。王夫之认为:"封建之天下,天子仅有其千里之畿,且县内之卿士大夫分以为禄田也;诸侯仅有其国也,且大夫士分以为禄田也;大夫仅有其采邑,且家臣还食其中也;士仅有代耕之禄也,则农民亦有其百亩也;皆相若也。天子不独富,农民不独贫,相仿相差而各守其畴。"④在大同理想社会中,君臣共治和均贫富是缺一不可的,但二者并不是同等的,均贫富需要通过君臣共治来实现。

---

① 钱穆:《中国文化史导论》,上海三联书店,1988 年,第 98 页。
② 黄宗羲:《明夷待访录》,中华书局,1985 年,第 5 页。
③ 吕思勉:《中国通史》,群言出版社,2016 年,第 91 页。
④ 王夫之:《读通鉴论》,中华书局,1975 年,第 125 页。

对于"天下为公"的思想，儒家内部也存在着不同的解读。例如新儒家寄希望于从内圣开出"民主"的新外王，试图从天下为公思想中阐发出民主的意蕴。牟宗三认为，孔子所说的"天下为公，选贤与能"既是从治道层面讲的，又是从政道层面讲的："政道是相应政权而言，治道是相应治权而言。"①从政道层面来看，天下为公也就意味着民主："若只限于治权方面说，而政权仍属于一家之世袭，或寄托在具体之个人上，则还不能真算是'大道之行'。以今语言之，即还不能算是真正之民主……窥孔子之言，以及其盛赞尧舜之禅让与盛德，则其所谓'天下为公，选贤与能'，似不当只限于治权方面，亦必扩及政权方面。"②钱穆等学者则将其解读为一种良性治理和权力约束机制："全国政事付之官吏，而官吏之选拔与任用，则一惟礼部之考试与吏部之铨选是问。此二者，皆有客观之法规，为公开的准绳，有皇帝所不能摇，宰相所不能动者。若于此等政制后面推寻其意义，此即《礼运》所谓'天下为公，选贤与能'之旨。"③有学者据此认为，钱穆于中国古代政治制度中发现了民主，亦将其归为新儒家。

三、和合思想

"天下为公"的"大一统"秩序所要达成的目的，就是"和合"。和合理念正是中国传统政治文化的另一重要组成部分。万物生而不同，如果放任这种不同，就会影响统一。先秦思想家或者如老子那样，在哲学层面论证万物本同出一体，因此自然倾向于"和合"："道生一，一生二，二生三，三生万物。万物负阴而抱阳，冲气以为和"。④或者如墨子那样，直言万物不能"和合"所带来

---

① 牟宗三：《政道与治道》，吉林出版集团，2010年，第3页。
② 同上，第11页。
③ 钱穆：《国史大纲》，商务印书馆，2010年，第15页。
④ 参见陈鼓应：《老子注释及评介》，中华书局，1984年，第225页。

的危害:"离散之心不能相和合。"①或者明言"和合"所能够带来的益处,即促进事物的生成和发展:"夫和实生物,同则不继。以他平他谓之和,故能丰长而物生之,若以同裨同,尽乃弃矣"②。但无论如何,"和合"的最终目的都是促成和维持"大一统"。

儒家也主张"和而不同",但儒家的特殊之处在于指出了实现"和合"的途径——中庸,主张事物要在合理的限度内运作:"中庸观念看似是静态的,实则不然,它是在动态中把握事物的度,而且是对一切变易的内在制约,变易的观念恰恰蕴含着中庸的规定"③。体现在人际关系上,"和合"就是指人的行为要适度,也就是遵循儒家的道德规范,如父慈、子孝、君仁、臣忠、夫义、妇德、兄友、弟恭,这就是礼治,是维护社会秩序的重要工具。体现在中央和地方的关系上,"和合"就是有要求各自在合理的限度内运作,中央不能压倒地方,地方不能瓦解中央:"'中央'与'地方','天下'与'乡里',明明是两种截然对立的东西,在这个'和合'的方程式底下,却可以像苦瓜与牛肉共同炒在一盘菜肴中一般,产生了一种崭新的味的组合……中国人是用中央'地方化'、地方'中央化'的配方来达成'天下大治'的"④。不仅如此,"和合"思想还消除了"地主权力和家庭组织与国家之间的对抗,使地主的乡村统治和宗法家族对村庄的管理成为大一统官僚机构的延伸。这样,社会上层结构和农村中下层组织便牢固地结合成一个整体"⑤。上述两个方面,也就是董仲舒所提出的,中庸既可以安身立命又可以治国安邦。宋代知识分子对《中庸》推崇备至,朱熹在《中庸章句》中说道:"其书始言一理,中散为万事,末复合为一理。"⑥宋元之后,《中庸》更是成为官定教科书和科举考试的必读书。冯友兰认为,《四书》

---

① 武振玉注评:《墨子》,凤凰出版传媒集团,2009年,第36页。
② 李德山注评:《国语》,凤凰出版传媒集团,2009年,第200页。
③ 何中华:《马克思主义与儒学的会通何以可能?》,《文史哲》2018年第2期,第23页。
④ 孙隆基:《中国文化的深层结构》,中信出版社,2015年,第287页。
⑤ 金观涛、刘青峰:《中国现代思想的起源》,法律出版社,2011年,第9页。
⑥ 同上,第23页。

在中国人心目中具有《圣经》在西方人心目中的那种地位，[①]由此可见和合、中庸思想对中国政治文化的深刻影响。

在魏晋南北朝时期，儒学因自身的困境而不得不吸收外来的佛教思想，但儒学本身始终是中国传统思想文化的主流。陈寅恪指出："故二千年来华夏民族所受儒家学说之影响，最深最巨者，实在制度法律公私生活之方面，而关于学说思想之方面，或转有不如佛道二教者。如六朝士大夫号称旷达，而夷考其实，往往笃孝义之行，严家讳之禁。此皆儒家之教训，固无预于佛老之玄风也。"[②]也就是说，儒学在两千年中不仅影响着中国人的思想，还影响着中国人的公私法律生活。

第二节　传统政治文化的大众化与中国人的政治价值观

一、传统政治文化的大众化

以儒学为主体的传统政治文化如果只停留在思想层面，那就难以发挥其意识形态功能，也不会促使中国社会形成一种超稳定结构。中国传统政治文化经历了一个大众化的过程，在此过程中，它走出了贵族的小圈子而扩及整个社会并深入人心，这一过程也是中国人特有的政治价值观养成的过程。以儒学为中心的传统政治文化之所以能够实现大众化，主要依赖两个因素：一是儒学自身的特点，二是士这一特殊群体。

---

① 参见冯友兰：《中国哲学简史》，岳麓书社，2018 年，第 2 页。
② 陈寅恪：《冯友兰〈中国哲学史〉审查报告》，http://wen.org.cn/modules/article/view.article.php/949。

（一）儒家伦理的特点

在诸子百家当中，儒学所以能够一枝独秀，成为整合其他思想资源的主体，这与儒学自身的特点是有密切关系的。儒家伦理来自于现实又反过来规范现实，与现实最贴近。儒家推崇的礼治是有社会根基的，主要来源于贵族阶层。孔子的祖上为贵族，他在贵族家中任职时又习得了贵族礼仪，"孔子是开始传播贵族学到民间来的第一个。孔子是开始把古代贵族宗庙里的知识来变换成人类社会共有共享的学术事业之第一个"①。这是儒学区别于其他学说的关键，儒家伦理既没有离现实太远以至于无法落实，又没有一味地顺从现实而失去引导意义，"儒家精神比较温和，可说是反对贵族的右派；墨家较激烈，可说是左派。以下战国学派，全逃不出儒、墨两家之范围"②。因此，这样一种学说易于实现大众化。

儒家重视丧葬礼，认为这是孝、忠、仁的体现。丧葬礼仪来源于贵族，儒学大众化之后，这样的礼仪就成了全社会遵循的规范。在中国传统社会，丧葬等第是有成规的，平民在这方面遭受着歧视，"坟茔自来皆有定制，官品越高，则占地愈广，坟亦愈高，成为不移之原则。汉律列侯坟高四尺，关内侯以下庶人各有差……唐、宋、元、明、清，坟地周围步数，坟高若干，皆有明文规定"③。即便有定制，为了表现孝道，平民仍甘冒风险厚葬其亲，"史实告诉我们，法律的禁制并不曾发生很大的效力，在人民日常生活方面已经如此，丧葬方面这种情形尤为显著而普遍。孝道本为朝廷所倡导，人子厚葬其亲，原为孝道的表现，丧家往往不惜以身试法，政府方面亦防不胜防，罚不胜罚之苦"④。也就是说，儒家伦理大众化之后，很多过去属于贵族的礼仪就演变成一种习俗，成为

---

① 钱穆：《国史大纲》，商务印书馆，2010年，第103页。
② 同上，第100页。
③④ 瞿同祖：《中国法律与中国社会》，商务印书馆，2010年，第215页。

民众日常生活的组成部分。古罗马谚语有云：习惯是人的第二天性。大众化之后的儒家伦理成为一种下意识的行为规范，这就使其获得了强大的生命力，作为思想的儒家伦理可能被打倒或自行消失，但是作为习俗的儒家伦理却植根于民众内心，难以抹除。以丧葬为例，时至今日，无论富人还是穷人都希望厚葬其亲。丧葬礼仪所蕴含的孝、忠、仁等价值观，以及与之相联系的"大一统""天下为公""和合"等政治文化观念，长期影响着中国人的政治价值观。

（二）士的作用

以儒学为主体的传统政治文化实现大众化，离不开士所发挥的作用。士是以宏道为己任的社会群体，孔子所谓"士志于道"便是此意："早在孔子在世时，儒家因重视教育，学生就多于墨家和道家，到秦汉之交，儒家已几乎征服了整个士阶层"①。传统政治文化中的"大一统""天下为公""和合"思想，借助士这一群体得以广泛传播。钱穆甚至认为："亦可谓中国史之演进，乃由士之阶层为之主持与领导。此为治中国史者所必当注意之一要项。"②

首先看横向的传播。在中国传统社会的四个阶层中，士是一个较特殊的阶层，其他三个阶层的界分基本是按他们从事的经济活动进行的，唯有士不带有经济属性，而带有文化属性。社会学家曼罕曾说，近代的自由知识分子不属于任何固定的经济阶级，知识和思想则成为他们唯一的凭藉，因此，他们才能坚持自己的"思想上的信念"。这个说法又几乎和孟子关于"士"的观察不谋而合："无恒产者而有恒心，惟士为能"。士不带有经济属性，这意味着其他阶层通过学习就可以成为士，这一过程也是传统政治文化向社会各阶层传播的过程。

其次看纵向的传播。士的一生是将家族、地方和中央贯穿起来，从而实

---

① 金观涛、刘青峰：《中国现代思想的起源》，法律出版社，2011 年，第 23 页。
② 钱穆：《国史大纲》，商务印书馆，2010 年，第 103 页。

现了传统政治文化的代际传播。士人在早年读书,成年入仕,晚年返乡;为官之时管理国家,去官之后教化乡里;他们"进而出仕,退而为师,其本身都系一白衣、一秀才"①。有学者指出:"两千多年来,中国在大一统帝国的巨伞底下,其实也存在着支离破碎的所谓'封建'势力。然而中央政府却设计出一套文官的选拔制度(到后来基本上是通过考试),把地方的乡绅势力'干部化'。地方势力一旦被中央文官体制'干部化'了之后,遂不期然地产生一种'天下观',使他们以治理整个帝国为己任。"②这就很清楚地揭示了士在中国传统政治文化传播以及在中国人政治价值观形成过程中的特殊重要作用。

在上述两个因素的作用下,"大一统""天下为公""和合"的传统政治思想完成了其大众化的过程,塑造着中国人的政治价值观。关于这种影响,我们从王亚南的描述中可见一斑:"在现代以前,中国人的政治辞典里,始终是'分治''联治'那一类名词"③。

二、中国人的政治价值观

政治文化区别于其他因素的地方在于,它会发挥长久的影响力,也就是说,政治文化在一定程度上能够独立于其由以产生的经济结构和政治结构,"在很大程度上,文化的变迁反映了持久性习惯和态度的社会化过程。一经确立,这些态度取向就会形成自己的动力,可能会在造就它们的情景早就不存在的情况下自动地影响政治和经济"④。随着中国传统社会的终结,与之一起终结的还有传统的经济结构和政治结构,但是传统政治文化所发挥的影响力则一直持续到现代。现代中国人的政治价值观仍明显受到传统政治文化的

---

① 钱穆:《国史大纲》,商务印书馆,2010年,第561页。
② 孙隆基:《中国文化的深层结构》,中信出版社,2015年,第288页。
③ 王亚南:《中国官僚政治研究》,商务印书馆,2010年,第68页。
④ [美]罗纳德·英格尔哈特:《发达工业社会的文化转型》,张秀琴译,社会科学文献出版社,2013年,第15页。

影响,相关的一些统计数据可为此提供证明。

世界价值观调查组织(World Values Survey Association)先后于 1990 年、1995 年、2001 年、2007 年、2012 年对中国人的政治价值观进行调查,从其公布的数据中可整理出如下两个表格:

表 3.1　问题 1:如果您不得不在下列选项中做出选择,您认为哪一个最重要?

	1990 年	1995 年	2001 年	2007 年	2012 年
维持国家统一	66.2%	69.2%	49.7%	38.4%	27.2%
让民众有较多发言权	14.0%	5.9%	10.1%	12.4%	9.4%
平抑物价	16.7%	22.0%	23.1%	26.4%	52.1%
保护言论自由	2.6%	—	4.4%	4.2%	2.5%
无回答	—	—	12.6%	0.5%	2.6%
不知道	0.5%	4.7%	0.1%	18.1%	6.2%

表 3.2　问题 2:如果您不得不在下列选项中做出选择,您认为哪一个最重要?

	1990 年	1995 年	2001 年	2007 年	2012 年
经济稳定	82.1%	65.8%	48.6%	44.7%	53.3%
更多人情味的社会	5.9%	10.2%	6.6%	8.7%	14.6%
思想比金钱重要	7.5%	9.9%	3.4%	3.6%	5.9%
打击犯罪	3.6%	10.2	31.0%	27.8%	16.1%
无回答	—	—	11.0%	0.4%	2.8%
不知道	0.9%	3.9%	—	14.9%	7.3%

从上述表格中可以看出这样两个特点:第一,中国人的政治价值观念在 22 年间基本保持了稳定,价值序列没有发生大的变动;第二,在中国人的价值体系中,"维持国家统一""保持经济稳定""平抑物价""打击犯罪""更多人情味的社会"占据优先位次。1990 年、1995 年、2001 年和 2007 年,在被问及第一个问题时大部分人选择了"维持国家统一",其中 1990 年和 1995 年选择此项的超过 60%,2001 年和 2007 年也接近 50%,只在 2012 年出现例外,"维持国家统一"被"平抑物价"所超过。在第二个问题中,"经济稳定"选项在

22 年间一直占据最重要的位置,其次是"打击犯罪"和"更有人情味的社会"。

"维持国家统一"代表着要求国家统一的政治价值取向,"保持经济稳定"和"平抑物价"代表着要求国家政府有效治理的政治价值取向,"打击犯罪"和"更多人情味的社会"则代表着要求社会和谐的政治价值取向。不难看出,在中国人的政治价值序列中,国家统一、有效治理与社会和谐占据着最重要的位置,而这些价值取向恰好与中国传统政治文化中的"大一统""天下为公""和合"思想相对应,这足以表明传统政治文化对当代中国政治发展的深刻影响。

第三节　政治价值观与中国社会主义政治发展道路

从中国共产党的很多重要文献来看，中国特色社会主义政治发展道路主要由基本原则和政治制度两部分组成。党的领导、人民当家做主、依法治国等,是社会主义政治发展道路的基本原则,这些原则又具体体现为一系列的政治制度,如人民代表大会制度、中国共产党领导的多党合作和政治协商制度、民族区域自治制度、基层民主自治制度等。此外,社会主义协商民主、党的统一战线等,也是中国特色社会主义政治发展道路的重要内容。中国特色社会主义政治发展道路始于毛泽东对新民主主义革命的思考，并在中国革命、建设、改革过程中不断发展和完善。每个国家都应探索适合本国国情的政治发展道路,而国民的价值体系特别是政治价值观就是重要国情之一。美国、英国、德国、意大利、墨西哥由于公民政治价值观念各不相同,导致这五个国家形成了各不相同的民主制度。[1]中国政治发展道路之所以不同于他

---

① 参见[美]加布里埃尔·A.阿尔蒙德、西德尼·维巴:《公民文化——五个国家的政治态度和民主制度》,张明澍译,商务印书馆,2014 年。

国,一个关键原因也在于中国人独有的价值体系和政治价值观。在中国人的价值体系中,"国家统一""有效治理"与"社会和谐"等观念居于优先位置,中国特色社会主义政治发展道路不仅适应这种价值偏好而形成,也能够优先满足这些价值观念的要求。

一、中国特色社会主义政治发展道路保障了国家统一

自鸦片战争以后,中国长期处于不统一的状态,这表现在国内和国际两个方面。在国内,发生了一系列变革运动,如太平天国运动、义和团运动和辛亥革命运动;在国际上,西方列强通过各种手段不断蚕食中国。在这种内忧外患的处境下,中国人对国家统一的渴望尤为强烈,政权的易手和更迭也以此为主要的论证依据。《清帝退位诏书》言:"南中各省,既倡义于前,北方诸将,亦主张于后。人心所向,天命可知。予亦何忍因一姓之尊荣,拂兆民之好恶。是用外观大势,内审舆情,特率皇帝将统治权公诸全国,定为共和立宪国体。近慰海内厌乱望治之心,远协古圣天下为公之义。"辛亥革命后,为支持中华民国临时政府迁址北京,民国参议员谷钟秀等人亦称:"南北经统一,即应筹全国所以统一之道。临时政府地点为全国人心所系。应设足以统驭全国之地,使中国能成完土,庶足以维系全国人心,并达我民国和五大民族而为一大中华民国之旨。"①可见,国民渴望统一的心理在中国近代史上发挥了重要作用,北洋系诸军阀相继利用民众的这种心理取得了政权,但又因为没能满足这种心理而相继丧失政权,"国民心理在民元时误认革命党喜欢闹乱子,希望把这班乱党除去,以求安居乐业,袁氏就是利用民众此种心理镇压了国民党发动的二次革命,但袁世凯镇压二次革命后,民众并未得到什么好

---

① 李剑农:《中国近百年政治史》,商务印书馆,2011 年,第 332 页。

处，官吏的削刮、军人的野蛮却更加严重，遂导致了'民心'的变化"①。以蒋介石为首的国民党统治时期同样如此，由于国民党内部派系众多，政令不畅，官僚机构无法有效运转，而且地方势力拥兵自大，到 1936 年时全国仍有 7 个省保持自治，"国家的政治统一和军事统一也极脆弱，这一点后来在战争年代变得非常明显而令人痛心"②。

在中国共产党的领导下，新民主主义革命取得彻底胜利。1949 年新中国成立后，中国共产党对外先是清除了国内的帝国主义势力，后又赢得抗美援朝战争的胜利，有力地维护了国家统一和民族尊严；对内镇压了各种反革命势力，建立起运转有效的行政体系，进而实现了由新民主主义社会向社会主义社会的过渡，积极推进社会主义建设。"文革"结束后，中国共产党顺应时代发展潮流，大力推动改革开放，长期保持了经济发展、社会稳定、国家统一的良好局面。正如习近平总书记在庆祝中国共产党成立 95 周年讲话中所总结的："这个伟大历史贡献，就是我们党团结带领中国人民进行 28 年浴血奋战，打败日本帝国主义，推翻国民党反动统治，完成新民主主义革命，建立了中华人民共和国。这一伟大历史贡献的意义在于，彻底结束了旧中国半殖民地半封建社会的历史，彻底结束了旧中国一盘散沙的局面，彻底废除了列强强加给中国的不平等条约和帝国主义在中国的一切特权，实现了中国从几千年封建专制政治向人民民主的伟大飞跃。这个伟大历史贡献，就是我们党团结带领中国人民完成社会主义革命，确立社会主义基本制度，消灭一切剥削制度，推进了社会主义建设。这一伟大历史贡献的意义在于，完成了中华民族有史以来最为广泛而深刻的社会变革，为当代中国一切发展进步奠定了根本政治前提和制度基础，为中国发展富强、中国人民生活富裕奠定了坚实基础，实现了中华民族由不断衰落到根本扭转命运、持续走向繁荣富强的伟大

① 李剑农：《中国近百年政治史》，商务印书馆，2011 年，第 670 页。
② ［美］费正清编：《剑桥中华民国史 1912—1949》（下卷），中国社会科学出版社，1994 年，第 162 页。

飞跃。这个伟大历史贡献,就是我们党团结带领中国人民进行改革开放新的伟大革命,极大激发广大人民群众的创造性,极大解放和发展社会生产力,极大增强社会发展活力,人民生活显著改善,综合国力显著增强,国际地位显著提高。这一伟大历史贡献的意义在于,开辟了中国特色社会主义道路,形成了中国特色社会主义理论体系,确立了中国特色社会主义制度,使中国赶上了时代,实现了中国人民从站起来到富起来、强起来的伟大飞跃。"①在这三大历史性贡献中,贯穿始终的是:中国共产党最大限度地满足了中国人民对于国家统一的渴求。

取得这些成就的关键,在于党的领导以及落实党的领导的各项制度。在中国共产党领导下,中国人民不仅拥有了共同遵循的价值规范,而且拥有一支保卫国家统一、为人民利益服务的人民军队。中国共产党的不断自我革新,确保了党的先进性和纯洁性,对国家机构和行政体制的不断改革,确保了人民的中心地位。因此,党的领导是中国特色社会主义最本质的特征,在构成中国特色社会主义政治发展道路的三大基本原则中,党的领导是根本,是促进和维护国家统一的根本保证。

二、中国特色社会主义政治发展道路保障了有效治理

从《礼记·礼运》关于"天下为公"的描述中可以看出,经济富足是传统社会民众的基本诉求之一;而从前文调查的问题 1 和问题 2 的答案中也可以看出,经济平稳在现代中国人的价值体系中同样占据重要位置。国民党统治后期出现了严重的通货膨胀和饥饿状况:"通货膨胀的金融政策始于抗日战争时期,当时政府与支持其财政的主要基地,即沿海和长江流域城市的联系被切断。到 1945 年,不包括银行贷款在内的政府收入,只抵得上开支的 1/3,

---

① 习近平:《在庆祝中国共产党成立 95 周年大会上的讲话》,新华网,2016 年 7 月 1 日。

财政上的亏空几乎完全依靠印发纸币来弥补。通货膨胀所造成的结果是,平均价格在 1937 年到 1945 年间上涨了 2000 倍以上。政府在收支上的缺口在整个内战时期一直存在,尽管也始终采取了一些弥合缺口的重要手段,但持续通货膨胀的结果本身终于达到了其必然的结果。"[1]与城市中通货膨胀并存的,是当时农村中的饥饿状况。当时的报纸《周报》谈道:"上海还是全国的经济中心,返顾其他各地一般人的生活状况,自然更惨不忍睹了。灾区的湖南人在吃草根树皮,湖北人更在吃土,跟上海人相比,何啻天渊!"[2]面对这种局面,国民党有心改革却回天乏术,在民众亟须有效治理的时候却不能够满足这种价值需求,成为国民党丧失民心、败退台湾的一个重要原因。

新中国成立之后,经济建设也并非一帆风顺。但自改革开放以来,中国经济保持着平稳的增长, 极大地满足了广大人民对有效治理的价值偏好。关于中国为何能够实现平稳的经济增长, 学界存在着各种各样的解释,如张五常认为是地方政府之间的竞争带动了中国经济的快速增长,林毅夫认为是政府制定的产业政策促进了经济的快速增长。不论何种原因,中国的经济发展方式有别于美国那种自由放任式的发展模式,中国政府在促进经济增长的过程中发挥着关键作用。在传统政治文化中,民众寄希望于贤能和良政,渴望包括经济增长在内的有效治理,因而"天下为公"思想在政治方面的重要表现之一就是"选贤与能"。中国特色社会主义政治发展道路表明,它不仅能够选贤与能,而且能够创造有利的经济条件吸引资本,能够借鉴发达国家的经验教训制定适合中国的产业政策,全面推动中国的经济发展和民生事业。

中国特色社会主义政治发展道路的上述优势,被一些学者归结为传统政治文化中的"尚贤制",但并不是对传统尚贤制的机械模仿,而是一种建立在

---

① ［美］费正清编:《剑桥中华民国史 1912—1949》(下卷),中国社会科学出版社,1994 年,第 738 页。

② 金冲及:《转折年代:中国·1947》,生活·读书·新知三联书店,2017 年,第 11 页。

民主基础上的新型尚贤制,即把"中央政府的贤能政治和地方政府的民主制结合起来。这个模式既没有严重偏离中国的政治现实,又能在哲学基础上得到支持"①。这种民主的尚贤制既坚持人民当家做主的基本原则,又以人民代表大会制度为根本支撑。中国的人民代表大会制度不同于西方国家的议会选举制度。西方议员的选举或采取单一选区制或采用比例代表制,但基本上都由选民直接选举产生。在中国,县及县以下的人民代表由选民选举产生,县级以上人民代表由下一级人民代表大会选举产生。人大代表候选人或者由各政党、各人民团体推荐产生,或者由选民十人以上联名推荐产生,这就既确保了人大代表有民意基础,又确保了人大代表的能力和品德。"在实践中,候选人的同事——在政治等级体系的同一级岗位上担任官职的人——通常与候选人有长时间的交往,因此在评价其道德品质方面最有发言权。同事评价分数能够,也应该成为决定候选人是否拥有提拔到政治指挥链条更高位置所需要的道德品质的最重要因素。但是,也要考虑下属和上级领导的看法。同事可能会嫉妒能干的人,考虑到这种情况,上级领导的观点应给与一定的权重。"②这一见解很有道理。

中国特色社会主义政治发展道路能够确保有效治理,能够充分满足广大人民的这一政治价值偏好,而且在制度机制上也符合中国政治文化的传统。

三、中国特色社会主义政治发展道路保障了社会和谐

中国传统政治文化视"和合"为重要价值,现代中国人视"社会和谐"为重要价值,这两者是一脉相承的。中国特色社会主义政治发展道路充分满足

---

① ［加］贝淡宁:《贤能政治:为什么尚贤制比选举民主制更适合中国》,吴万伟译,中信出版集团,2016年,第52页。

② 同上,第90页。

了广大人民对"社会和谐"的政治价值追求。

首先,中国特色社会主义政治发展道路带来的经济增长有助于生活满意度的提升。经济发达程度与生活满意度之间存在着紧密的联系。"在近期研究中(基于来自更多国家的相关数据),盖洛普发现,经济发展和生活满意度之间有着较强的关联。他因此得出结论认为这两者之间是有联系的。我们当前的数据也表明,经济发展与生活满意度之间有着较强的关联。"①经济发展能够带来更高的生活满意度,当人们对生活感到满意时,自然有助于社会和谐。

表 3.3　问题:将所有的情况考虑进来,目前您生活得愉快吗?

	1990 年	1995 年	2001 年	2007 年	2012 年
十分愉快	27.5%	22.7%	15.1%	18.8%	15.7%
比较愉快	39.1%	60.9%	66.1%	58.0%	68.8%
不算愉快	28.6%	14.1%	15.0%	19.0%	13.3%
很不愉快	2.1%	1.7%	0.9%	3.5%	1.1%
无回答	0.6%	—	2.9%	0.1%	0.5%
不知道	2.1%	0.6%	—	0.6%	0.7%

从表 3.3 可以看出,在从 1990 年至 2012 年的 22 年间,中国经济保持了平稳的增长,相应地,人民的生活满意度也有大幅度提升。1990 年时,感到生活十分愉快和比较愉快的占 66.6%,而到 2012 年时上升到 84.5%。可见,中国特色社会主义政治发展道路促进了经济增长,而经济增长又促进了社会和谐。

其次,中国特色社会主义政治发展道路中的依法治国和与之相关的制度安排,能够确保契约的执行和冲突的化解。在传统农耕社会,人口流动性低,人与人之间的关系主要依靠血缘来维持,因此礼治能够维持社会秩序。与之

---

① [美]罗纳德·英格尔哈特:《发达工业社会的文化转型》,张秀琴译,社会科学文献出版社,2013 年,第 15 页。

不同,现代社会人口流动性高,这意味着人与人之间的关系更多依靠契约来维持,而法治则能够保证契约的执行,从而维持社会基本秩序。只要人在主客观方面存在差别,人与人之间就会产生冲突。冲突是一种自然的现象,法治的功能之一就在于化解冲突。法治确立了社会共同遵循的解决冲突的程序和规则,这些程序和规则以公正为依归,能使冲突得到公正的裁决。公正的裁决令人信服,避免了引发新一轮冲突的可能性。正是因为法治的重要性,所以依法治国成为党领导人民治理国家的基本方式。

最后,中国特色社会主义政治发展道路中的协商民主和统一战线能够促进政治共识的达成。中国特色社会主义政治发展道路不仅能够化解冲突,而且能够促进不同的群体达成各种共识。达成共识是社会和谐的要求和前提,但共识的达成需要有凝心聚力的机制来保障,这种机制就是中国共产党领导下社会主义协商民主和统一战线。社会主义协商民主包括政党协商、人大协商、政府协商、政协协商、人民团体协商、基层协商以及社会组织协商,这些协商形式容纳了不同的个人、团体和阶层,使个人、团体和阶层在观念和利益方面的差别可在社会主义协商民主机制的框架中得到解决。中国共产党能够充分发挥引导作用,提供思想和组织资源,使不同的个人、团体和阶层展开协商,为共同的利益达成共识特别是政治共识,因此说"协商民主是实现党的领导的重要方式,是我国社会主义民主政治的特有形式和独特优势"[1]。此外,不同党派、民族、宗教、社会阶层之间也存在差异,统一战线为这些主体之间求同存异提供了保障,因此只有巩固和发展爱国统一战线,才能"牢牢把握大团结大联合的主题,坚持一致性和多样性统一,找到最大公约数,画出最大同心圆"[2]。

中国特色社会主义协商民主和统一战线避免了西方那种"党争民主"造

---

① 习近平:《决胜全面建成小康社会 夺取新时代中国特色社会主义伟大胜利——在中国共产党等十五次全国代表大会上的报告》,人民出版社,2017 年,第 38 页。

② 同上,第 39~40 页。

成的政治共识危机。"在'党争民主'的政治场域中,正因为上述政党的'派系'天性、'经纪人行为'和寡头政治倾向,西方式政党政治才呈现出社会分裂面向,从而出现政党竞争造就西方式政党政治共识危机的现象。"①换言之,当中国社会出现分歧时,社会主义协商民主和统一战线能够弥合分歧,导向共识,而西方那种竞争性政党则往往为了上台执政而刻意屈从一部分人的利益,从而进一步加重政治极化和社会分裂。正如福山所观察到的:"没有机制上的保障能够确保美国制度既防范暴政,又在必要时按初衷来顺利行使国家权威。后者取决于对政治目的达成共识,这恰是最近几年来美国政治生活中所缺乏的。"②

　　总之,传统政治文化塑造了现代中国人的政治价值偏好,中国特色社会主义政治发展道路的合法性依据之一就在于它能满足中国人民的这些政治价值偏好。价值偏好具有稳定性,但也会随着代际更替和客观环境变化而发生变化,这意味着中国特色社会主义政治发展也应始终与时俱进,处于不断变革与发展之中。

① 叶麒麟:《政党竞争与西方式政党政治共识危机研究》,《社会主义研究》,2018年第1期。
② [美]弗朗西斯·福山:《政治秩序的起源:从前人类时代到法国大革命》,毛俊杰译,广西师范大学出版社,2014年,第13页。

第四章

对传统君臣共治文化的扬弃

习近平总书记在中国文联十大、中国作协九大开幕式上谈道："中华文化延续着我们国家和民族的精神血脉，既需要薪火相传、代代守护，也需要与时俱进、推陈出新。要加强对中华优秀传统文化的挖掘和阐发，使中华民族最基本的文化基因同当代中国文化相适应、同现代社会相协调，把跨越时空、超越国界、富有永恒魅力、具有当代价值的文化精神弘扬起来，激活其内在的强大生命力，让中华文化同各国人民创造的多彩文化一道，为人类提供正确精神指引。"①这说明现代社会主义理论建设离不开优秀传统文化的积淀，挖掘传统文化中的积极因素，为现代社会主义政治文明提供历史的建议和警醒，从而不断创造辉煌，成就伟大的"中国梦"。而君臣共治文化便是我国古代传统政治文化的进步要素。在现代民主社会思潮的席卷下，古代君臣所依托的政治体系、组织结构以及社会基础都已经被贴上了封建主义的标签。虽然君与臣这些角色和身份已经不复存在，但传统文化的精神要义仍然流传在社会之中。现阶段的民主、共和思想以及中国共产党领导下的协商民主思想也能够在传统君臣共治文化中找到思想的渊源之处。从当今我国社情民意上来看，我国社会底层民众仍然将官员当作自己的"父母官"，上下级的协商与合作也正经受着传统思想的熏陶。可见君臣共治思想之根深蒂固。

---

① 习近平：《在中国文联十大、中国作协九大开幕式上的讲话》，新华网，2016 年 11 月 30 日。

因此,探讨传统君臣共治文化的思想内涵与精神要义能够更好地为社会主义制度服务,为社会主义文化发展提供可资镜鉴的宝贵资源,从而结合历史发展,不断开拓中国特色社会主义协商民主文化,不断推进我国社会主义政治文化建设。

在传统的阶级关系中,君臣两者可谓是社会关系的重要组成部分。从宏观上来看,君臣两者便涵盖了政治体系中的全部要义,同时其重要性也体现在儒家经典中。儒家学说中社会伦常的关系有五种,而君臣、父子、夫妻关系被列入三纲。在古代社会中,家国两者是同构的。儒家奉行以科举定出身,从而做官投身于国家建设之中。因此臣对君之忠心与在家中对长辈尽孝拥有着同样的分量。儒家倡导的修身、齐家、治国、平天下就是要从家到国实现自身的终极目标,从而光宗耀祖,成为后人所敬仰的典范。因此探索传统君臣共治文化不仅能够对古代政治文化及政治体制有着深入理解,同时也能够为传统政治文化提供新的研究视角与研究方向。从社会意义上来看,探究传统儒生的为官之路,为当今知识分子的转型发展提供建设性意见及参考。从文化的发展上来看,君臣共治文化是传统民本思想萌芽的表现形式,探究传统君臣共治文化有利于更好地发展中国特色社会主义协商民主制度。

我国历史上出现过很多君臣共治的最佳典范,例如贞观之治。其成功的因素得益于古代政治文化的发扬与其积极因素的合理运用。在治国理念上,君主与臣子均能够奉行德主刑辅、王道天命观等进步的思想因素,并将政治思想运用于实践中去。说明君与臣都能够深刻理解能够更好地把握其理念。体现了君与臣的思想一致性与价值理念的至上。通过研究传统的君臣共治的典范,能够更好地认识传统礼教思想、儒家王道思想,以及大一统的治国理念等政治思想的积极因素。王道治国理念也并非完全被历史所淘汰和遗弃,怎样运用其为社会主义文化服务,将仁义与德治理念上升为社会主义和谐文化,因此需要对历史性的思想有一个全局性的把握和考察。与此同时也将通过进步性视角对君臣共治文化进行考察来发现其历史的局限性,从而认识到实现王道政治的特殊条件和历史的阶段性。

第一节　传统君臣政治关系的概念

一、君臣关系的政治意涵

在中国古代政治体制之中,君主处于权力的核心地位,其权力来源于天的任命,具有一定的政治合法性。而君主对其政治地位的认识也决定了其对权力分配以及支配与被统治的君臣关系的处理。在中国古代,君主是政治文化的关键,君臣共治文化的形成也与集权政治体制相关联。君臣作为国家政治统治集团的主角,掌握了国家的制度命脉和社会运行的基本样貌。君臣共治就是在确保王权统一的地位之上,君臣分职管理,以法为基本准则和基本信条,利用一定的制度规范来约束权力的滥用和权力的独享,进而在制度上的表现就是宰相制度、三省六部制度等。君主不独享政治权力,而是设立官职,将职位派给臣子,成为君臣共治的政治治理模式。从字面意义上来看,君臣共治是君臣两者为了达成某种政治目标而进行合作的政治关系。在这种关系之内将会产生君主和臣子一同参政的政治行为。在不同历史时期的君臣共治也会展现出不同的特性。君主的至尊地位往往会使得臣子成为君主的依附,其君臣共治的模式带有严苛的礼法规约。而君主与臣子相互辅佐的共治现象,君臣之间能相互认识到政治的责任性并能够共同治理,共同面对家国安危。这就意味着君臣取得利益的均衡,臣有为而君为其掌控,才能达成治道为民的君臣共治。

中国古代很多兴盛的政治局面都与君臣共治有着密切的关联,国家的兴旺发达也是君臣共同努力的结果。正如唐太宗所言:"正主御邪臣,不能致理；正臣事邪主，亦不能致理，唯君臣相遇，有同鱼水，则海内可安也……朕虽不明，幸诸公数相匡救，冀凭嘉谋，致天下于太平耳。"①治理天下需要正直的君主和有才能的臣子共同努力。如果仅仅因为君主的贤明，而没有臣子的辅佐和建言献策，国家是无法长治久安的。"天下不可以力胜，神祇不可以亲恃，惟当弘俭约，薄赋敛，慎终如始，可以永固。"②君臣共治是执政实践，因而神的存在仅仅在于道的价值约束，在政治实践的过程中则需要君臣齐心协力，不能仅仅依靠神灵的庇佑。治理天下要求君臣以人胜天，"偃武修文""布德惠施"等统治理念便是君臣共治的正向政策典范。在落实政策的同时，也需要君臣之间秉承一定的执政理念，遵守礼的道德约束，从而实现儒家思想中的王道政治理想。

传统政治关系是通过道、利、礼、势来实现其政治内涵的。统治者通过道的理念来给君臣共治的治理方式提供一个理论的基础，这个道是天和人的结合，是万事万物存在的依据和证明，也是君主拥有权威统治的来源。利则强调的是君臣之间对利益的博弈，这其中需要君臣之间相互配合，才能朝着正向的方向去发展，不然"君臣异心"而导致的"君臣异利"将会有损于政治统治的效率。"正直之道可以得利，则臣尽力以事主"的方式能够使得君臣之间相互公开透明，体现规则的正直，这样君主和臣子才会在合理范围之内寻求利益的平衡。而礼则是通过道德和伦理的手段来制约君臣关系，儒家善用礼来转化君臣关系，将君臣比作父子，这样更能体现国家之大义，将君臣之礼内化于人性之中，体现出道义的准则要求。君臣在治理天下之时仍要遵守一定的制度规矩，遵循礼所要求的君上臣下的刚性等级制度。而势则是与传统王权主义政治结构相关联，君主在中央集权的政治统治下，必须要掌握权势和威信。这是政治制度的要求，同时也是等级设计的牵绊。君主要合理利用好势的作用，明确臣的作用和价值，从而使得君臣之间关系和睦，发挥君臣共治的积

---

① 《旧唐书·王珪列传》，《二十五史》（第 5 册），上海古籍出版社、上海书店，1986 年，第 3779 页。
② 《旧唐书·张玄素列传》，《二十五史》（第 5 册），上海古籍出版社、上海书店，1986 年，第 3793 页。

极作用。

二、治理实践中的君臣关系

中国古代理想的政治制度就是君相共治，能够做到君臣分职、君臣分化政治权力才能够使得政治制度得以完善，健康运行。在历史的不断发展过程中，这一制度的天平却很难把握。权力倾向于君主又或者倾向于相权，都是一种相对极端的状态。这也是中国古代政治体制较之于现代的落后之处。秦统一六国以来，君主掌握权力的主体，使得君主集权制度成为中国古代政治体制的基本常态，但综观历史制度的发展来看，历史上的君臣共治政治模式都能够在很大程度上发挥政治制度的最大效应，这种以君主权威为主导的，君臣分职管理的共治模式也给古代政治治理带来了优势化的效果。

在唐朝的政治制度之中就已经设立了君相分职共治的制度模式，"政事堂者，自武德以来，常于门下省议事，即以议事之所，谓之政事堂。故长孙无忌起复授司空，房玄龄起复授左仆射，魏徵授太子太师，皆知门下省事。至高宗光宅元年，裴炎自侍中除中书令执事宰相笔，乃移政事堂于中书省。记曰：政事堂者，君不可以枉道于天，反道于地，覆道于社稷，无道于黎元，此堂得以议之。臣不可悖道于君，逆道于仁，黩道于货，乱道于刑，蔑一方之命，变王者之制，此堂得以易之……故曰：庙堂之上，尊俎之前，有兵，有刑，有梃，有刃，有斧钺，有鸩毒，有夷族，有破家，登此堂者，得以行之。故伊尹放太甲之不嗣，周公逐管蔡之不义，霍光废昌邑之乱，梁公正庐陵之位。"[1]

在大宋年间，根据政治制度所确立的宰辅关系，皇帝发布的诏书需要经过宰相的审核，但凡出现有违反这一制度的诏令，或者不经过中书省和门下省审核的诏令都被认为是君主的"墨敕""内批"，即便君主的权威性至高无

---

[1]　李华：《中书政事堂记》，《全唐文》（卷三百十六），中华书局影印嘉庆刻本。

上，仍然被制度的刚性条例所制约，被认为是"墨敕""内批"的诏令将被判定为是非制度化的命令，不具有权威说服力。在南宋时期，朱熹因得罪圣上而被宁宗单方面要求驱逐出临安，但因为缺乏制度的规约和保障，当时的监察御史就立刻指出了这其中的不正之处："陛下临御未数月，今日出一纸去一宰相，明日出一纸去一谏臣；其他令由中出，不知其几。昨日又闻侍讲朱熹，遽以御札畀之祠禄。中外相顾惶骇，谓事不出于中书，是谓乱政。熹当世老儒，善类攸归，清议所出。陛下毋谓天下为一人私有，而用舍之间，为是轻易快意之举！"①

但到了明清时期，君臣共治的政治理想逐渐淡化。朱元璋虽然认为臣对君的制衡能力非常重要，但同时也束缚于中书省的制度规约，是无法高效率进行管理的。因此即使在意识上认识到了这一职能的重要性，但在实际政治运作中还是把中书省的职位削弱了。"夫元氏之有天下，固由世祖之雄武；而其亡也，由委任权臣上下蒙蔽故也。今礼所言不得隔越中书奏事，此正元之大弊。人君不能躬览庶政，故大臣得以专权自恣。今创业之初，正当使下情通达于上，而犹欲效之，可乎？"②钱穆认为，朱元璋的这一行为无疑加深了集权主义，使得历史形态开始逐渐退步："明祖崛起草泽，惩元政废弛，罢宰相，尊君权，不知善为药疗，而转益其病。清人入关，盗憎主人，钳束猜防，无所不用其极，仍袭明制而加厉。故中国政制之废宰相，统'政府'于'王室'之下，真不免为独夫专制之黑暗所笼罩者，其事乃起于明而完成于清，则相沿亦已六百年之久。"③

清朝年间继承了明代的君主集权思想，虽然推崇理学思想，但对儒学之中的君臣共治思想已经逐渐淡化。"尹嘉铨所著各书内称大学士、协办大学士为相国，夫宰相之名自明洪武时已废而不设，其后置大学士，我朝亦相沿不

---

① 魏了翁：《鹤山全集》（卷八十九），四库全书本。
② 《明太祖实录》（卷五十九），上海书店，1982年。
③ 钱穆：《国史大纲》，商务印书馆，2010年，第26页。

改,然其职仅票拟承旨,非如古所谓秉钧执政之宰相也……昔程子云'天下之治乱系宰相',此只可就彼时朝政阘冗者而言,若以国家治乱专倚宰相,则为之君者不几如木偶旒缀乎? 且用宰相者,非人君其谁为之? 使为人君者深居高处,以天下之治乱付之宰相,大不可;使为宰相者居然以天下之治乱为己任,而目无其君,尤大不可也。至协办大学士职本尚书,不过如御史里行、学士里行之类,献谀者亦称之为相国。献谀者已可深鄙,而自为协办者亦俨然以相国自居,不更可嗤乎? ……乃尹嘉铨概称为相国,意在谀媚而阴邀称誉,其心实不可问。"①清朝皇帝认为,宰相与君主共治天下的想法是不切实际的,宰相不会拥有公天下的大无畏精神,宰相只会将天下带入乱世的状态。因此这种行为是极其不尊君的,如果无法做到像君主一样心系天下,那么君臣共治的思想依然是上尊下卑的等级奴役关系的缩影。君臣共治这一政治模式的存在是被历史证明的,同时可以看到君臣共治对于治理国家的巨大影响,并且存在着正面和负面的不同影响。

第二节　君臣共治关系下的执政理念

一、君臣互信

诚实守信原则不仅是个人修身的重要准则, 同时也是治国理政的基本理念。在古代,一个繁荣昌盛的朝代里,必然会出现君臣互信的政治生态。君与臣都秉持着互信的原则,在政治心理上相互理解和包容,真正能够践行国家大义,从政治公共性出发,更好地实现王道政治的天下治理。政治关系和

---

① 清高宗:《明辟尹嘉铨标榜之罪谕》,转引自李若晖:《中国古代对君主专制的批判》,《文史哲》,2016 年第 5 期。

谐从而社会井然有序,君臣互信之诚也影响着民众以诚为德,实现国家的长治久安。君臣互信包括君臣以诚心治国,同时也包含了君臣之间的相互信任,彼此坦诚为公。

在中国历史上依然存在君臣互信却最终没能治理好国家的例子。法家甚至认为君臣之间不存在坦诚的信任关系。臣子知道了君主的喜好和要求,就会投机取巧,以君主的喜好来衡量两者之间的关系,这样君主就被蒙在了未知里。这样的信任关系就存在着利用和投机的色彩。法家甚至主张君主要运用权谋,不能听信于人,君主还需要制定一系列的惩罚措施,来对那些工于心计的臣民施加刑罚。这样才能保证自身的权威地位。"人主之患在于信人,信人,则制于人。人臣之于其君,非有骨肉之亲也,缚于势而不得不事也。故为人臣者,窥觇其君心也,无须臾之休,而人主怠傲处上,此世所以有劫君杀主也。"①

即便是这样的思想一直都有被历代帝王所沿用的成例,但综观中国古代传统政治思想中,这一思想还是被排斥的。历代明君都认为这样的做法是行小计谋,也许在短时间内有所优势。但只有臣与君之间的相互信任才能在长远上发展一个国家的实力。一个国家的兴旺发达也并不是君臣之间的小心计就能够达到的。但至于为什么一些君臣互信没有得到很好的结果,其原因在于互信之基础和动机的方向存在问题。正如秦二世和赵高之间的关系,就不是以国家社稷的发展为前提,而是昏君与奸臣的私下交好,这一互信的关系于国家与社会进步没有任何帮助,反而使得私情和主观之情混淆了政治环境。使得君臣之间政治心态走向了扭曲,君只为了一己私利,而臣也只为了讨好君主,依附君主,却失去了推进政治发展的为公之心。

此外,君臣互信的主要推动力还在于君主的力量。综观中国古代政治结构和政治体制,权威主义的作用力是占据主导地位的。只有君主以身作则,

---

① 《韩非子·备内》,王先慎:《韩非子集解》,中华书局,2013年,第115页。

以诚待臣,才能产生互信的第一推动力。不然君臣互信只能停留在表面,而无法被推行下去。君主作为权力的聚集者,要以身作则,勇于踏出艰难的一步。这些要求君主在德性学识以及治理方式上都有着超前的意识和进步的思想。历史上的明君就能把君臣互信做得很好,如果是一位不知变通,一味守旧的君主,集权主义思想的根深蒂固便只能带领国家原地踏步或者走向深渊。历史上的隋炀帝和唐太宗对待其臣子裴矩就是一个很好的对比。隋炀帝时期,裴矩深知其心,用尽手段笼络其私心,并施以贿赂,从不主动积极谏言反对君主。因而被隋炀帝极其赏识。到了唐太宗时期,因为太宗主张积极谏言,主张清正廉洁,反对行贿之举,违者没收财物甚至面临杀人之罪。裴矩审时度势,积极谏言:"此人受赂,诚合重诛。但陛下以物试之,即行极法,所谓陷人以罪,恐非导德齐礼之义。"[1]裴矩的谏言被唐太宗所采纳,从而推进唐初年间的社会风气好转,人心整顿,政治环境肃清。裴矩最终也被唐太宗所信任。可见君臣互信的理念中,君主要发挥着积极正确的导向,也是君主内在道德的表现,政治心态是政治道德的最直观反映。君主拥有一个正确的执政理念和政治心理,才能为臣子找到正确的政治方向,才能达到君臣互信的基本状态,才能以诚治国,并不断推进国家的治理能力提升。正所谓:"诚者,天之道也,人之心也。天之道,其敢欺也乎哉! 于是而知不敢之心大矣。天有所不敢,故冬不雷而夏不雪;地有所不敢,故山不流而水不止;圣人有所不敢,故禹、汤不以天下与人,孔子述而不作。"[2]

二、政治规谏

"古之明君,必有辅德之臣,规谏之官,下至器物,铭书成败,以防遗失。

---

[1] 《旧唐书·裴矩列传》,《二十五史》(第 5 册),上海古籍出版社、上海书店,1986 年,第 3765 页。
[2] 王夫之:《读通鉴论·梁武帝四》,中华书局,1975 年,第 179 页。

故君有正道,臣有正路,从之如升堂,违之如赴壑。"①君臣之治的执政理念还包括君臣治权分享,这就要求臣在政治上对君进行一定的规谏。君臣共治并不是君与臣在执政时履行相同的政治职能,而包括在君臣共治的前提之上实现君臣分职的形态。君主可以作为权威的象征体对臣子的职能进行委任,并履行最终的确定权和审查权。君臣分职的理想状态要以政治制度的保证为前提,保障君主的最根本权力和权威,而臣子则需要亲力亲为去处理具体事务。君主的职责虽然看似虚无,但实则有其主掌全局的必要性。正如老子的"无为而治"思想,君主的无为不是对无的解释,而是对为的放大。无为本身就是一种为。君主的治国理念上就是"自为""自成""自管"。在古代政治系统中,君主的责任是管理官员,但不能过分要求臣子的行为,官的责任包含管理吏,而不是以自身的意志来控制吏的工作与行为。吏也是这样,在宏观层面上管控着民,但又不能压制民、欺压民。"无为而治"的最大意义就在于各司其职,任行发展。不越俎代庖,不以自己的意志来代替别人的想法。老子强调圣人要多行善,内心也要向善,"圣人常无心,以百姓心为心"②,不去干预和束缚每个人的真正自主权,君主也应该充分信任臣子,也即君臣互信,这样君主才会有充分的精力去治理国家,去客观地评判臣的职能。反之则会陷入无尽的猜忌和混乱之中,违背了法律秩序的准则,君臣的权责将不再明晰,国家的政治体系也不能真正发挥其作用。

君臣分享治权要求君主和臣子各司其职,君主有自身的职责和责任,臣子也有自身需要履行的任务,两者之间不能够相互交换。君主的责任在于选择有贤能的臣子,用最优的办法让合适的人在合适的岗位上发挥其最大化的优势。而臣子的职能在于做好自己分内的事情,并能够时时刻刻帮助君主,辅佐君主进行统治。发扬君臣共治的最大效益,将坏的行为遏制在摇篮中。

---

① 《后汉书·朱乐何列传》,《二十五史》(第 2 册),上海古籍出版社、上海书店,1986 年,第 932 页。
② 《老子·第四十九章》,陈鼓应:《老子注译及评介》,中华书局,1984 年,第 253 页。

这也从另一方面反映出臣子的忠德之心，将这一政治品德合理地运用到政治关系中去，来更好地发挥政治效能和治理成效。"夫为人臣，当进思尽忠，退思补过，将顺其美，匡救其恶，所以共为治也。"①因此臣子尽忠的最佳途径就是对君主进行建言献策，通过臣子的谏言，君主方能够以之为治理的标准，也能够从谏言中体恤民情，或能知晓臣子之心，也方便底层消息的直接传递。贤明的君主都将臣子进谏作为治理国家的一项重要条件。通过谏言，臣子可以将国家建设中所需要的要事直接传递至君主。例如唐太宗在面对百官的谏言时，均能够保持和颜悦色，从而保障谏言的顺利进行，也极大地鼓舞了臣之心。君臣共治的理念能够更好地深入臣子之心，臣子也将以社会公道为己任，尽职尽责，恪守本分。在政治制度的设计中，贤明的君主也将君臣共治作为己任，为建言献策的官员提供一条畅通的道路，这样便于皇帝能够及时完整地听到来自四面八方的谏言。在中国历史上，从春秋年间一直到宋代，政治体制内均设有谏官制度。谏官作为一种官职，从制度上更加保障了谏言对君臣共治以及政治治理的重要性。另外，在谏官的历史发展上来看，谏官的作用虽然是辅佐君主，警醒集权主义的弊端，但在诸多层面上，谏官的产生也体现了我国古代政治参与的"民主化"、扩大化。在春秋齐国之时，谏官处于一个十分"显赫"的地位，统领其他五个职能部门。"早入宴出，犯君颜色，进谏必忠，不辟死亡，不重富贵，臣不若东郭，请置以为大谏。"②

治权分享不仅要求君主和臣子各司其职，在各自的职责范围内发挥其能力的最大化。还要求君与臣之间能够做到权力的监督、相互制约。在制度设计上，唐初年间实行的三省制就很好地体现了制约的特性。三个部门互相牵制，能够很好地为王道政治所服务，并且能够及时纠偏，避免大过失的出现。唐太宗认为一官独大的局面很容易形成个人的判断失误，甚至以私人之情处理政事，这就耽误了公共事务的处理，也会面临政策上的失误。"当时皆谓祸不

① 《贞观政要·君道》，陈生玺：《政书集成》（第二辑），中州古籍出版社，1996年，第320~321页。
② 《吕氏春秋·勿躬篇》，《百子全书》（下册），浙江古籍出版社，1998年，第812页。

及身,面从背言,不以为患。后至大乱一起,虽有脱身之人,特须灭私询公,坚守直道,纵不遭刑戮,庶事相启沃,皆辛苦仅免,甚为时论所贬黜。卿等勿上下雷同也。"①所以唐太宗作为一名有着深谋远虑的皇帝,能够时时刻刻提醒自己要善于接受群臣的谏言,也要求臣子不要畏惧权威,完全顺应君主之私意,而将国家的真实情况与社会的实际需求抛之脑后。在君臣相互监督的基础之上,君主也需要保持一个严明的态度,即不随意干预臣子的行为。君主是把握政治局势的主体,能够充分给予臣子以职权运用的自由。"以无为为道,以不私为宝。"另外,由于中国古代政治体制和政治体系的局限性,君臣分职而治,并非是在一个平等的话语体系中展开的。君臣之间有明显的等级之分,古代君王拥有独揽大权的政治地位。因此,传统政治文化中的君臣分职,也是在臣子遵守这一政治体系的大框架内,对君王的政治事务进行一定程度的分担和执行。贤明的君主能够将君臣的关系落实到现实的政治实践中,并以制度保障来确保臣子分职的合法性。这样,君臣分职才能够发挥其本应有的价值和作用,从而使得君臣共治的政治理想得到更好地发挥,并适应历史的发展趋势不断演进和变迁。

三、以诚治国

君臣以诚治国的要求并不是要求君与臣在治理国家的时候完全透明,甚至将国家公事泄露在外。国家连最广大人民群众的利益都无法确保,这样的执政群体并不能够被民众所信服。君臣以诚治国的主要目标在于要求统治集团能够吸取历史昏庸统治的教训,不再骄奢淫逸,不再过分关注一己私利。统治阶层能够以诚心取信于民,不以自身好恶来判定赏罚,任何决定都有切实依据,这样的统治才能够得到民众的支持,这样的公权力运用才是值

---

① 《贞观政要·政体》,陈生玺:《政书集成》(第二辑),中州古籍出版社,1996年,第328页。

得推崇和学习的。

　　君臣以诚治国的目的是要从思想认同的层面获得执政的合法性。思想的认同便包括被统治者的思想认同以及意识归属。因此,以诚治国的首要方式就是要切实满足人民最根本的生活要求。这就需要统治者切实进入到民众的生活中去,了解人民的生活状态,通过考察和体验,真正把握民众的价值需求。无论是国之君主还是各地方官员都要以真诚的心态待民,体会民之所想,要站在民的角度思考和解决问题,而不是以统治者的身份去建设政治。与民生息息相关的政策才是民众所需要的,在制定政策的同时也要充分体现治理之诚,让人民充分意识到这一政策能够真正带给他们所想要的生活和秩序。此外,以诚治国就要开诚布公,就要有一套可以依靠的法律法规。即便是在中国古代的人治社会,也需要依法来履行各项决定。综观历史上的盛世王朝,其统治集团无一不主张修订法律,以诚立法。这就需要建设一个相对客观、公平的法律系统。用以规范君臣以及社会大众的行为和需求。立法之诚也体现在依法处理相关事务,不带个人私情和主观喜好,以法律为准则,是诚信而又有事实原则的。立法之诚在民众身上的体现便是以客观事实为判断依据,来规定民众的道德判断以及物质需求。让民众对真善美有一个具体的评价标准,这样也有利于把握民众的真实需求和现实境况。最后,正如魏徵所言:"臣闻为国之基,必资于德礼;君之所保,惟在于诚信。诚信立则下无二心,德礼形则远人斯格。然则德礼、诚信,国之大纲,在于君臣父子,不可斯须而废也……然而言而不行,言无信也;令而不从,令无诚也。不信之言,无诚之令,为上则败德,为下则危身,虽在颠沛之中,君子所不为也。"①以诚治国的目的在于统治者更好地管理民众,更好地稳定社会形态,让民众听命于君主统治,相信国之君主,这样君主才能保障国家的安全,保障民众的需求。以诚治国是为政之源,也代表着权威性的治理原则,失去了诚心的治

---

① 《贞观政要·诚信》,陈生玺:《政书集成》(第二辑),中州古籍出版社,1996年,第699页。

理，同样也会导致社会动荡，民不信任统治者，从而产生政治动荡，威胁集权政体的根基。

　　君臣以诚治国的前提需要君臣之间的以诚相待。没有君臣互信的基础，国家的诚也无法被人民所认可。这里的"诚"是人与人之间的坦诚和真实，而不是相互的利用和相互之间的利益关系。正如唐太宗对待其群臣，都能够以诚相待，其臣很多都是他的亲属，唐太宗因其功德等原因立他们为臣，甚至推举他们为自己的左膀右臂。太宗以诚相待，经常将群臣召集至身边询问意见，完全没有任何顾忌之心。可见君臣互信不是简单地相信彼此，还在于君主以真诚之心待人，从而取得臣子的信任，能够将臣子的意见听之信之，并反映在其治国之策中。这才真正达到君臣互信的最终目的。不然忠诚的臣子也会感觉失信于君，从而无法达到君臣互信的理想状态。

第三节　传统君臣关系的理论基础

一、天命观与人事观

　　"命"，在中国古代人民心中，被认为是天神所赋予万物的恩赐，给予人类"命"也意味着人终有生老病死，百转千回。古代的天命观也主宰着人类的行为，使得人们对于天神的信念以及对祖先的祭拜行为，都代表了对天命的认定。皇帝对天祭祀，希望自己的江山社稷能够屹立不倒，希望国家的子民能够安居乐业。普通百姓对天的祭祀是希望家族兴盛，希望风调雨顺，祈祷家庭和谐幸福。在古代君主政治体制下，对天命观的深层理解便是能够从政治结构上理解，发现君主对社会子民的统治权力来源是天的授予。这也是君主对于自身统治地位合法性的权威建构。君主只有依照天命的要求统治人民,人民才有依附其政治力量的权威性根据。统治者对天命的宣传也是希望能够稳定人心,赢得人民的信任,从而能够更好地管理国家与社会的政治秩序。在君臣共治的政治模式下,良好并贤明的君臣在不否认天命的巨大作用的基础之上,更加倡导的是人的主观能动性。只有一个将天命与人事结合起来的君臣治理理论,才能够更好地发挥统治的效果。因为他们相信天命,顺从神的旨意的同时,也积极发挥人的作用,通过吸收天命观中的优良因素而努力投身于国家与政治的建设之中。魏徵认为:"前王……沐雨栉风,拯其溺而救其焚,信赏必罚,安而利之,既与共其存亡,故得同其生死。后主则不然,以人从欲,损物益己。"①培养君臣之间良好的天命观,是政治治理理论的一个重要环节。

孔子认为,人在五十岁的时候就要知晓天命,②这就意味着一个人在五十岁的时候就明确了自己的人生轨迹和走向,这也意味着他完成了天命所赋予其人生的意义。从君王角度上来看,君主的职责便是接受天的任命来管理和治理国家,这是天赋予君主的权威荣耀,也是给予君主的一项重大责任和考验。天作为神灵看似是虚无缥缈、并不存在的,但在现实政治生活中仍然可以寻觅其踪影。因为被天命赋予君主权威的人,必将拥有一套文韬武略,是个具有非凡才智的人才,"自古受命之君,非有德不王。自夏后氏以来,始传以世,而有贤有不肖,故其为世,数亦或短或长"③。因此,天命观也在一定程度上约束着君主的行为,统治者无法以身作则那就得不到民众的信任和支持,权威性政治认同就将不复存在。另外,在中国古代,自然灾害的形成也代表着君主是否尊天命,行人事,也是考验君主、监督君主权力的一个理论基础。虽然天的存在现在看来极其虚幻,甚至被认为是帝王维护自身统治所设下的理论庇护。但在当时的人民来看,是极其信奉天的旨意的,因而天在维

---

① 《北齐书·后主帝纪》,《二十五史》(第3册),上海古籍出版社、上海书店,1986年,第2522页。
② 参见《论语·为政》,杨伯峻:《论语译注》,中华书局,2006年,第13页。
③ 《新唐书·高祖本纪》,《二十五史》(第6册),上海古籍出版社、上海书店,1986年,第4137页。

持政治秩序、制约君主、稳定社会行为中起到了巨大的作用。"夫天地之大德曰生，圣人之大宝曰位。非其人而处其位者，其祸必速，在其位而忘其德者，其殃必至。"①"古先帝王之兴也，非夫至德深仁格于天地，有丰功博利，然则其道无由矣。其祸必速弘济艰难，不然，则其道无由矣。"②听天命的君主也需要后天的努力才配得上天所赐予的王位，因此只有天的授予，而没有尽人事的君主是无法治道于民的，只有经过尽人事，达到德才兼备，懂得协商共治，懂得为民所想的君主才能够创立一番伟业。这样的统治模式与治理思想也才是值得探讨和研究的。

从天命观中抽象出来的价值和意义就是天道，是天在发挥其真正作用之时展现出来的哲学蕴含和意义。天道是一切秩序和制度的基础。在天道的基础之上才形成王道和人道。"其一曰，君治以道，臣辅克忠，万物咸遂其性，则和气应，休征效国以安。二曰，君违其道，小人在位，众庶失常，则乖气应，咎征效，国以亡。三曰，人君大臣见灾异，退而自省，责躬修德，共御补过，则消祸而福至。"③统治集团遵循阴阳秩序的安排，顺应阴阳来践行君与臣之间的道德规范，顺应天道来调解君臣关系，实现君臣的和谐共处。从而实践了天之命，达到天与人的和谐共生。对于君主来说，因为天道以德为天，所以在位的君主就要以德为基本准则。"为政而任刑，谓之逆天，非王道也。"肆意滥用刑罚的君主，是违背了王道的行为，违背了王道的价值也意味着背离了天道的要求。只会运用刑罚来治理国家的君主必然不是天道所要求的，天道主张以刑配德，适当采取刑之手段来辅佐治理，其最终目的依然是以德治天下。其最终目的也是实行仁政。另外王道要遵循天道所要求的大公无私，在君主制度下实现最大的公平确实难能可贵，这需要君主有着极高的政治素养和个人道德水平。"天无私覆，地无私载。日月无私烛，四时无私为。忍所私而行大

————————

①　《晋书·吕光载记》，《二十五史》（第 2 册），上海古籍出版社、上海书店，1986 年，第 1604 页。
②　《隋书·杨玄感列传》，《二十五史》（第 5 册），上海古籍出版社、上海书店，1986 年，第 3444 页。
③　《晋书·五行志序》，《二十五史》（第 2 册），上海古籍出版社、上海书店，1986 年，第 1335 页。

义,可谓公矣。"①在人道秩序上来看,天道所展现的价值标准,也是人们遵照天道的内涵所建立的各种社会秩序以及制度结构。统治者根据天道之命,建立起一套完备的祭祀制度。根据天之变化与自然秩序的准则来制定不同社会制度。另外,赏罚礼法制度的建立也需要遵循天道,以德配天,以德劝善。"圣王仰视法星,旁观习坎,弥缝五气,取则四时,莫不先春风以播恩,后秋霜而动宪。是以宣慈惠爱,导其萌芽,刑罚威怒,随其肃杀。"②

天命观所建立的一套君臣关系、治国理念让君主的合法性得到了确认,使得君与臣都能够在各自的位置上发挥天命所赋予的价值作用,践行君德和臣德的重要作用,同时也是维护权威统治的一件外衣。但缺乏对天命观真正认识的统治集团也会将政治权力收为己有,进而压榨人民,从而失去了君臣共治的意义,更谈不上治道为民的治理路径。这时的天就不再是一个神级的权威了,已经建构的政治秩序也将不断出现价值的崩塌。

二、大一统理论

"大一统"这一说法最早源自于"何言乎王正月?大一统也"③。这里的"大"不是规模庞大、主体宏观的意思,而是将"大"放置于政治体系中来解释,认为其中之意具有强调其重要性的意义。这里包括了统一,并集中于一体的具体运作模式。这里"大"的含义是尊敬崇尚,带有着权威意义的统一,是动态意义上的统一。大一统在历史的发展中逐渐被认为是国家对政治文化等方面的统一,而一指的是在分的基础之上进行整合,将不同的要素进行聚合,在哲学意义上便形成了超然的状态,因此达到一的状态就达到了万物的本质所求。大一统相当于一个力量和体系,将本来散成不同形态的要素集

---

① 《臣轨·公正》,续修四库全书本。
② 《隋书·刑法志》,《二十五史》(第5册),上海古籍出版社、上海书店,1986年,第3340页。
③ 《公羊传·隐公元年》,《十三经注疏》(下册),浙江古籍出版社,1998年,第2196页。

合起来形成一股集中的力量，这便是其基本要义。

董仲舒的《春秋繁露》中，形成了一套完整的大一统思想。"三代改正，必以三统天下，曰三统五端，化四方之本也。天始废始施，地必待中，是故三代必居中国，法天奉本，执端要以统天下、朝诸侯也。是以朝正之义，天子纯统色衣，诸侯统衣缠缘纽，大夫士以冠，参近夷以绥，遐方各衣其服而朝，所以明乎天统之义也。"[①]他将王朝的更替贯穿于地理的统一，从而被历代君主认为是正统学说，均以正统思想武装自己的政治地位，从而希望形成统一的政治局面。大一统作为一种实践性的目标在历史上产生了巨大的影响和作用。大一统理论在政治上的实践之一就是对思想的统一，而思想的统一来自于集权君主制言。君主是外圣内王的体现，将思想统一于君主的需要，也是为集权体制所服务。希望臣能从政治意识上依附于君主集权，在思想上认同当下的君主的政治举措。在中国古代，为了皇帝权威的集权主义，在位的君主在取得权威统治的地位之时，也需要对政治思想进行统一。因为"一人则一义，二人则二义，十人则十义"[②]，不同的义将会产生不同的社会影响，只有将多种义集合于一个义，才能保障政治统治的权威性，思想的大一统也是一种思想的一元化表现。直至汉武帝的罢黜百家独尊儒术，才将历代皇帝想要的思想统一事业完成。

自汉武帝以来，在政治思想和官学之中，儒家思想占据了主流的主导地位，而其他的学说也只能依附于儒学之下。虽然在统治体系中有外儒内法的治理思想，在思想界有儒释道并存的多元局面，但在主体政治思想之中，儒家学说是取得了正统的统治地位，也成了存实于现代文明的中华政治文化的精髓。以儒家学说为一体的学术经典和著作典范也成为传统社会中思想文化学习的规范性内容，而儒家思想中家国同构、忠君重德的思想也为传统君主政治体制提供了相应的文化基础。从中国历史的发展主体来看，以孔孟为代

---

① 董仲舒：《春秋繁露·三代改制质文》，上海古籍出版社，1989年，第42页。
② 《墨子·尚同》，《百子全书》（上册），浙江古籍出版社，1998年，第718页。

表的儒家学说建构了中华文明的道统文化体系,占据着思想的主导地位,是人们行动与行为的规范性根据,同时也是国家前进和统一的思想基础。

大一统理论归根结底还是要为君主统治服务,因此政治的统一是大一统思想的基本要求,而儒家政治哲学所追求的也是一元化的圣王体系。圣王是一人独大的,奉上天的旨意来执行政治秩序的管理和国家的治理,因此社会和国家的子民都要依照王的统治来进行政治活动。所以大一统也代表着政治权力的统一、王权的集中。君主具有至高无上的权力,而这种权力的享有只能是一人。而不能将权力与其他势力所共享。"六合之内,皇帝之土","人迹所至,无不臣者"。[①]君主将权力统一起来,将天下统一起来方能形成"事在四方,要在中央。圣人执要,四方来效"[②]的稳定局面。

在这种政治制度安排下,君主对国家的人员,对官员的配置,对土地的管理,对秩序的调配都有绝对的话语权和决定权,并占有着国家的一切资源和权力,而君主拥有对国家治理和政治管理决策的最终话语权。因此一个国家的兴衰与否,是否能够形成君臣共治的良好政治格局,是否能够将治道为民作为决策对象,都考验着一个君主的大局意识、自我意识和管理意识。因为在大一统的政治格局中,君主的地位是确定的并且至高无上的,即便是臣子拥有再多的话语权或者对秩序有着特殊的意见,也都在权力的分配上从属于君主,在政治地位上依附于君主。这是大一统政治格局所确立的,也是历史格局所确定的。即便在探讨君臣共治的问题上,也无可厚非地要确定的是古代君主集权是权力独大的,因此君臣共治与治道为民都是确保皇权的一元化的制度确保下谈及的。"隆一而治,二而乱,自古及今,未有二隆争重而能长久者。"[③]因此只有在确保政治统一、皇权的一元化的前提下,谈及治道为民才符合历史秩序的本原,因而也符合古代皇权专制统一体系的实质。

---

① 参见《史记·秦始皇本纪》,《二十五史》(第1册),上海古籍出版社、上海书店,1986年,第30页。
② 《韩非子·扬权》,王先慎:《韩非子集解》,中华书局,2013年,第44页。
③ 《荀子·致士》,梁启雄:《荀子简释》,中华书局,1983年,第187页。

　　大一统思想不仅仅有伪君主正统地位包装的作用，同时也表现了集体协作的意蕴，是一种传统的群体性思想的渊源，也是中国古代集体主义思想的内核。在中国古代漫长的历史长河中，所出现的一些典型盛世朝代中，诸如文景之治、贞观之治、开元盛世等都主张治道为民，也能够在政治体系的共享中探索到君臣共治的模式。探究古代政治体制的相似性，无一不体现了国家的统一性的重要性。统一的国家才能带来封建王朝的繁荣昌盛，也能够带来一定的政治文明进步。国家统一也是现代政治发展的主要基础，也是国家生生不息的重要标志。历史上所出现的国家分裂的朝代，诸如魏晋南北朝、五代十国等，国家出现了诸侯分峙，相互独立来维持国家的现状。但在政治认同和文化归属中，依然认为华夏的民族文化是政治意识的主心骨，甚至在少数民族统治中原的时候，依然用儒家学说的思想来治理国家。忽必烈等少数民族统治者为了国家共同体的统一和政治地位的稳定因而也选择了大一统的政治文化。因此可以看出，国家的分裂是内部暂时的分离，而统一才是历史恒久的主流。传统的大一统思想所倡导的求本与从一而终，放在历史上任何一个时期都能够说明统一才是一个国家的根本，一旦失去了统一的追求，那么国家必然陷入混乱。

三、政治调节思想：君道与官德之"礼"

　　中国古代政治理论中，礼是一种理论规约，管理着社会和制度的各个层面。同时也是一套教化的手段，规定了长幼尊卑，秩序有别。统治者通过礼来规范自己的行为，同时也运用礼教来调节社会中的复杂矛盾。人作为一种区别于动物的生物体，其存在是为了证明自己的规范性和约束性。礼使得人类懂得秩序的层次，对待不同的事物需要运用不同的礼。从而使得社会形成礼治社会，礼教会人们遵照人与人之间的差别，在自身能力范围内行使一定的权力，这样才会尊卑有序，进退有度。古代社会资源是稀缺的，运用礼的教化能够一定程度上合理分配资源。以名分来分配资源也是国家的资源配置方式和治国之理。从人性的层面上来看，礼能够发挥人性的最大优点，使得人际关系和睦，将君臣之道放在首位，重情重义。节制人性的恶，发挥其长处，让人谦卑有礼，政治心态的变化也是国家治理能力的一种体现。孔子认为在位的君主首要的事情就是要做好正名的工作，"名不正，则言不顺；言不顺，则事不成；事不成，则礼乐不兴；礼乐不兴，则刑罚不中；刑罚不中，则民无所措手足"①。以规范的手段来治理国家，将人的行为约定在秩序的范围之内，从而才是合理合法的行为。在这尊尊、亲亲的等级秩序之中，统治者同时也获得了最大的控制权力，并掌握了合法的权益来约束人的行为和资源的获得。臣作为公职人员，因其官职的重要性而获得相应的资源，依照这样的名分安排，合理合法地享受一些权力，同时也要为国家为人民尽心尽力，去尽力地维护国家的子民。因为礼的秩序规约了君主享有最大的权力，臣次之，但享有权力的同时也要治理国家，爱护子民。这样国之民才会遵守君主集权下的政治秩序与纲常礼教。

君臣之间关系的调节依靠的便是"礼"。君主在高位之上应该尊重臣子，以礼服人。这样臣子才能尽心尽力为皇帝效忠，臣子才能尽全力辅佐皇帝的治理事业。对待臣子以礼，说的就是用道德和礼节的方式与臣子相处，而不是肆意辱骂和惩罚，君主要按照情理来处理君臣关系，才能真正挖掘出有勇的臣子、有智慧的臣子以及有才能的臣子。如果只是一味的打压和压制，反而无法发挥共治和谐局面的真正价值。礼为君臣之间的地位正名，君主以诚治国的表现之一就是以礼待臣。礼的规范之处在于各司其职，无论是君主还是臣子都应该遵守礼所要求的准则和秩序。在礼的范围之内，君臣都有了自己的正当名分，也需要尽一定的义务去履行其职责。礼也在这个程度之上对君臣有了一定的约束力，个人都要通过自己后天的努力和自我管理能力去成

---

① 《论语·子路》，杨伯峻：《论语译注》，中华书局，2006年，第150页。

就一定的功德、伟业和名分。统治集团只有明确了礼对于自身的价值和任务,才能引导下层民众遵礼、守礼、知礼。"名正分明,则民不惑于道。道也者,上之所以导民也。"①在礼的要求之下,君臣都有了治理于民的规范性保障。君主对待臣子以礼,臣子才会给予君主忠心,这是礼所宣扬的,也是礼的规范价值中所包含的逻辑路径。对臣子告知礼的内涵,臣子将会将效力于君主作为自己的义务来遵守。因此,在君臣关系的模式之中,礼作为一种意识准则和心理要求,可以调节君臣关系,使得君主守德,臣子效忠,君臣之间和谐共治,方能齐肩治理天下。"居上能礼其臣,臣始能尽力以奉其上……人君之御臣下也,礼义以导之,惠泽以驱之,使其负戴玄天,馨输臣节,犹恐德礼不加,人不自励。若无故忽略,使其羞惭,郁结于怀,衷心靡乐,责其伏节死义,其可得乎?"②

君主权力一统天下的表象自秦代以来一直根深蒂固。君臣关系遂成为君主主导的,臣子依附型的上下关系。而礼作为制度性规范无论是在观念层面还是行为层面都对君主的约束有限。"君臣、父子、兄弟、夫妇,始则终,终则始,与天地同理,与万世同久,夫是之谓大本。"③臣子对君主尽忠的是礼所规定并要求的价值规范,臣子只有尽职尽责,恪守这个规则才能更好地践行礼之大义。在中国古代政治格局中,臣之所以为臣的目的是为了彰显自身的价值,从而为了家族和宗族的兴盛,为了获取更多的认可和更高的名分配给。另外一个目的就是受到儒家思想的熏陶,参加科举考试,为了践行治道于民的价值理念,以身作则,成为国家管理的参与者,更好地辅佐皇帝,发扬自身的价值理想。臣子的目的都体现了礼所宣扬的君臣道合之观念。"君臣之义,生于性者也,性不随物以迁,君一而已,犹父之不可有二也。"④君臣道合的最高表现形态就是君臣共治。在唐朝,君臣共治更多的是君道与官德的相互结合,

---

① 《管子·君臣上》,《百子全书》(上册),浙江古籍出版社,1998 年,第 396 页。
② 《旧唐书·张玄素列传》,《二十五史》(第 5 册),上海古籍出版社、上海书店,1986 年,第 3794 页。
③ 《荀子·王制》,梁启雄:《荀子简释》,中华书局,1983 年,第 109 页。
④ 王夫之:《读通鉴论·唐高祖十二》,中华书局,1975 年,第 586 页。

君主以先王和贤明的君主为目标,借鉴历史,吸取教训,寻找一条治理天下的新路径。而臣子为了履行忠心,看到了现实政治的需要,懂得将道与事实相互结合,最终形成为道于心的治理理念。而到了宋朝,宋朝士大夫更侧重于理学所发扬的君臣之义,更加强调君臣相互肩负治理的责任。宋朝的治理思想更侧重于臣之主动性,更加宣扬臣子的弘道的精神,也更加看重于臣子的以礼治国的主动性。

相比宋朝,唐朝的君主更加具有主动性,践行王道政治,宣扬共治精神,以民为国之根本,从而体现了君臣之间礼的相互关联和君臣之道的价值意义。但礼在君臣关系以及在治道于民的过程中并不是万能的规范,也并不是因为有了礼,国家、君臣、子民就能够安定和谐。由于礼的天然被动性,往往会带来民的秩序失衡和民之权利无法落实。从而出现了暴君和集权君主的非正常手段的治理,一旦治理的手段出现问题,国家也会瞬间分崩离析。"朕看古来帝王以仁义为治者,国祚延长,任法御人者,虽救弊于一时,败亡亦促……今欲专以仁义诚信为治。"①因此,唐太宗在唐初年间极力倡导以仁治国,也是希望将礼治的负面效应最小化。

第四节　君臣共治关系的思想内涵

一、君臣和合为治

和合一词的提法,最早出现在《国语》,"商契能和合五教,以保于百姓者也"②。这里所用的"和合"之意是认为商契能够充分发挥自身道德品质于父、

---

① 《贞观政要·仁义》,陈生玺:《政书集成》(第二辑),中州古籍出版社,1996年,第631页。
② 《国语·郑语》,黄永堂:《国语全译》,贵州人民出版社,1995年,第584页。

母、兄、弟、子之中，并将对待五者之关系充分融合，形成多重道德要素的融汇，并将之发扬于社会之中。在历史的长期演变过程中，和合思想也逐渐形成中国古代传统政治思想中最基本的理论要素。和合的要义是动态的是变化的，和合思想要求着人们对世间万物拥有着审时度势的思维方式，人类文明、价值、思想都会伴随着发展而不断产生冲突和碰撞，在这一变迁的过程之中便会逐渐产生新的事物和新的思想、新的事物、新的体系，这些新老之间的交替过程可以看作是和合的表现方式。那么怎样从旧转向新呢？人们普遍认为世间万物都是相互联系和相互辅佐的，无论是人还是物，思想还是结构，都存在于一个社会体之中。通过彼此之间相互融合，通过融会贯通的方式来取长补短，这样才会形成真正有价值的新事物，也即和合思想的优势之处。和合能够推进社会文明的进步，推动生命以及个体的逐渐演化和蜕变。因此和合思想中最主要的研究对象包括天人关系和人与人之间的关系。

第一是天人合一思想。天人合一思想主要体现的是人与天的互动关系。人类所处的世界是一个相互联系的有机体，在这个整体的范围之中，人与自然是同时存在于这一体系之内。因此为了世界的和平发展，人与自然应该和谐相处，相互包容。因此在中国古代，天人合一思想被认为是具有指导性意义的世界观。中国古代社会中，人的思维模式以家族和宗族为标准，因而具有集体主义行为模式。判断事物所运用的思维方式也往往是整体性思维模式。在中国古代思想观中，宇宙和世界都是一个整体，在这个有机的统一体中，才孕育了生命体。"天地合而万物生，阴阳接而变化起。"①在这一整体之中，天地万物要形成一种和谐共生的模式，在阴阳相互调和的基础之上，方能形成动态模式中的平衡形态。另外，由于"有天地然后有万物，有万物然后有男女"的生命逻辑，人类对于自然应该是依存并且加以保护的。没有自然就不会存在人类，这种现在的秩序性，决定了自然对于人类的支配性，也要求着

---

① 《荀子·礼论》，梁启雄：《荀子简释》，中华书局，1983 年，第 267 页。

人类对于天地的敬仰和对自然秩序的维护。在日常生活中,人类可以凭借自身优势和其强大的作用能力,使得自身不完全受制于自然状态的支配。但是一定会通过特殊的方式明确天与人的区分,实现人与自然的和谐相处的模式,从而达到天人合一的状态。

　　传统和合思想主张以发展的眼光,承认事物的多样性和差异性,并在此基础之上能够相互协调,合作共赢。这一思想也是传统君臣共治模式的价值渊源。"和实生物,同则不继"的说法就很明确地表明了万事万物都需要有不同的方面来体现其深入的价值,如果一味要求同一性那么无论是在治理还是秩序等方面都无法遵循自然的和谐发展。正如世间万物都是由金木水火土所构成,单一的元素是无法构成一个完整的事物主体的。差异性的存在才构成了和谐的社会模式。"若以水济水,谁能食之? 若琴瑟之专一,谁能听之? 同之不可也如是。"①治道为民的政治理想状态是无法由君主一个人完成的,即使在中国古代集权君主体制下,政治治理的决策和过程也是皇帝与诸大臣共同努力的结果。接受不同属性事物的存在,并将其整合归一,形成和谐共生的局面才是和合思想的最大的意义。综观历史上的名臣与君子,无一不把和合思想完美运用于政治运作过程之中,承认差异性的存在并将矛盾的多样体统一起来,这样才能更好地实现社会发展。

二、君臣中庸之道

　　中庸思想源自于儒家学说中的伦理思想,但其真正意义又并非局限于儒家思想。中庸所体现的权衡、中和精神在古代君臣关系以及治理民众的实践及理论中有着深刻的影响和寄托。孔子认为在运用周礼的时候,做得过分与做得少都是不可取的,这便是中庸思想。中庸思想中包含着丰富的辩证理

---

① 《左传·昭公二十年》,《十三经注疏》(下册),浙江古籍出版社,1998 年,第 2094 页。

论。将中庸思想运用到各种方面,在追求"大道"的过程中,"知者过之,愚者不及",会造成"道之不行"的后果,"贤者过之,不肖者不及",则会造成"道之不明"的结果。所以孔子提倡要懂得权衡利弊,时刻避免极端现象的发生。在学习的过程中,要懂得思考,"尽信《书》,则不如无《书》"①,孟子认为即使是《尚书》这样的规范典籍都不可以将其奉做一成不变的标准,知识的宝库固然珍贵,但作为有独立思想的个人主体,应该懂得权衡和取舍,集大家之言,不能盲从一种思想。无论是为人处世还是个人道德的培养,抑或是对自然人类的探索,都必不可少地要建立起一个标准,这就是"中"的辩证理论。中庸的哲学意义在于对事物的整体认知。世上任何事物都是从量变开始发展,达不到一定的量是无法形成一个具体的生命,但过量的存在也会使得物达到质变,从而不利于其生存和发展。因此量的多少的把握是门极其重要的学问。任何过度或缺失都会使得物体的统一性得到破坏。只有保障了量和质的中庸状态,事物才能够达到"万物并育而不相害,道并行而不相悖"②的理想状态。孟子进一步完善了孔子的中庸思想。孟子认为"执中无权,犹执一也"③,即僵化的中庸思想也是不可取的。中庸思想并不是规规矩矩地在限定的范围内做该做的事情,而不用思考任何突变事件的发生。孟子认为,中庸思想不是保守的规矩主义,而是要懂得权衡利弊,懂得通万事、明道理,这样才能够使得国家有信心有毅力来面对各种冲突和意外的发生。真正将中庸思想运用到治国理念中,做到因事而动,才是中庸思想的真谛所在。

　　中庸在君臣共治思想中最主要的意义就在于强调以和平的方式解决矛盾和冲突,以协商的方式来进行政治秩序的协调。中庸要求政治系统之内的各个要素能够相互沟通,以和平的方式化解不同意见的矛盾,然后在其中寻找到一个中间领域。可以说中庸思想是一种治国的方法论,而中和思想是一

---

　　① 《孟子·尽心下》,《十三经注疏》(下册),浙江古籍出版社,1998年,第2773页。
　　② 《礼记·中庸》,《十三经注疏》(下册),浙江古籍出版社,1998年,第1634页。
　　③ 《孟子·尽心上》,《十三经注疏》(下册),浙江古籍出版社,1998年,第2768页。

种治国的理想状态。中庸的处事方法最终达到和的政治秩序。在道德上，无论是臣子还是君主，都要对自己的欲望和行为有所约束，能够找到感情的平衡点和中间地带。中庸思想鼓励着君臣关系向和平的方向发展，鼓励着在矛盾产生之时去寻找双方共同的接纳点。在冲突之中寻找通融之处，从而使得君臣关系不断得到调整，最大限度地使得君臣两者存在于一个和平的共同体之内，这样才有便于治道于民。同时，君主在纳谏的同时，也是一个不断吸取各方利益的过程，在这一政治行为中，贤明的君主始终相信中庸的政治思想所带来的巨大潜力，那就是通过理性思维来听取不同意见、去思考这些意见所存在的价值合理性，以及问题的导向是否可以解决国家问题。君主要权衡个人掌权的利益与公共利益两者之间动态的平衡，贤明的君主通过不断的尝试和努力才找到一个最佳的中庸平衡点。在这个平衡的范围之内，君臣关系得到和谐发展，国家治理也取得一定成效。而缺乏治理能力的君主往往无法寻找到最适宜的"度"，从而陷入了两种极端的现象：一种是皇帝的极权主义使得国家治理成为一个人的暴政形态，另一种是软弱无能的皇权失去了君主的支撑而随时面临国家衰亡的可能。因此，中庸思想在古代治国理论中有着巨大的指导作用，它不仅可以协调统治集团内部的矛盾冲突，同时也可以让集权的君主多顾及并思考社会公共利益的要求。从而使统治者真正治道为民，避免社会矛盾的激发而产生无谓的牺牲。

三、治道为民思想

在中国古代的政治思想中，原本是没有"民本"概念的。即便在一些古籍文献中所出现的"民""本"二字，也并非现代政治思想研究者所界定的政治意义。古代并没有"民本"的说法，而只有"民为邦本"的含义，因此现代学者才将民本思想用来表述与民为邦本相关的研究领域。梁启超对民本思想的认识有着根本性的认知："民本思想不具有'民治'理念，而有'民有''民享'

的内容。"①梁启超对民本思想本质的深刻认知也得到了萧公权、萨梦武等学者的一致认可。中国古代社会的民本思想强调一种集体主义的精神，认为人民是国家的根本，要将整体利益放在个人利益之上，正所谓："天下，非一人之天下，天下之天下也。"②

　　所谓民为邦本，其根本含义在于要首先满足民之利益。既然上天选择了在位的这位君主来治理国家，那么君主就要肩负起立国的使命，将国家中的民作为一国之根本，使国家中的民有生存能力，这是一个国家中君主的根本职能，即"政在养民"思想对民本思想外延的延伸和扩展。因此，君主所提出的爱民、护民、保民等思想和措施都是"政在养民"思想的原则和规范。既然要养民，那么首先要满足民众的基本生活来源，满足民之物质需求。"闻小人之劳"，"知稼墙之艰难"③，在经济上采取一些缓和政策来辅助人民的生产和生活。"轻田野之税，平关市之征，省商贾之数，罕兴力役，无夺农时"④，减除一些不必要的苛捐杂税，让民众有财力养儿养老。政在养民的民本思想就是与民休息，对待弱势群体要多加关照，对待劳苦的百姓大众要多加了解和帮助。这样国家才能够安定和谐，才有民之基础来走向富强发展的道路。当然，养民也不仅仅是在经济和生活上给予民众一些帮助，在思想和道德上也要不断约束和教化民众，使得人民在政治价值观上有着提高，在政治意识上更加认可君主的统治。"故其言政治也，惟务养成多数人之政治道德、政治能力及政治习惯。"⑤

　　治道为民思想的深刻意蕴也为中国古代君臣共治提供了治道为民的指导思想。民本思想所意蕴的文化精神为中国古代"政治协商"传递了宝贵的思想渊源。自尧舜时期，君臣就会针对政治现状进行协商和探讨，其目的是

①　梁启超：《先秦政治思想史》，东方出版社，1996年，第35~38页。
②　《吕氏春秋·孟春纪第一》，《百子全书》（下册），浙江古籍出版社，1998年，第783页。
③　《尚书·无逸》，《十三经注疏》（上册），浙江古籍出版社，1998年，第221页。
④　《荀子·富国》，梁启雄：《荀子简释》，中华书局，1983年，第121页。
⑤　梁启超：《梁启超全集》（第6册），北京出版社，1999年，第3644页。

解决重大事项,其形式是召集四岳或"十二有牧"等进行会议。《尚书》记载了盘庚"命众悉至于庭",这表现了在古文明形成初期便有民本思想指导下的协商形式。在历史的不断发展中,中国的政治思想家们充分认识到要形成民本的治理路径,进行一定程度上的君臣相互协商是必要的。通过政治协商也能更加快捷地解决民生问题,从而更好地贯彻君为民本的治理理念。

民本思想的另一重要内涵也体现在政治监督上。在政治体系之内,君臣共治的治理模式就是以一种权力对另一独大的权力进行监督,谏议制度在民本思想的意义上也体现了政治监督的意蕴。正如战国时期郑国子产所认为,臣子为了治道为民,对君主进行的适当监督是符合民本思想主旨的,也是一种国家发展和政治秩序健康存在的必要途径。如果不允许君臣共治的意义存在,那么民的意见无法被转达,臣的实际作用也将被削弱,那么民之积怨将会越发深重。在适当的时机听取一定的建议,让臣子在合适的位置上发挥一定的监督作用,从而能够及时调整国家的针对性政策,为民谋福利。明末的黄宗羲则提出监督天子的谏议制度的必要性:"每朔日,天子临幸太学,宰相、六卿、谏议皆从之,祭酒南面讲学,天子亦就弟子之列。政有缺失,祭酒直言无讳"[1]。

在中国传统政治思想"民本"的影响下,中国数千年的政治体制虽然是集权君主制,但深究其中的思想文化与政治价值,仍然可以发现我国传统政治体制绝不是绝对的个人极权主义,甚至在一些朝代中所出现的君臣共治政治治理模式下可以看出中国古代深厚的民本思想对政治及君主的治理方式产生了巨大的推进作用,这同时使得我国传统的政治思想有了现代进步思想的精髓和渊源。因此,君臣共治治理模式下的政治治理是以民本思想为基础,在共治思想的指引下,君主与臣子对国家政治方略的协商、探讨、辩论,就具有一定的现实政治意义。君主接受谏言谏议的批评和监督,使得古代朝廷中

---

[1]　黄宗羲:《明夷待访录·学校》,岳麓书社,2011年,第32页。

出台一些政策的同时也伴随着一系列的政治协商的运作。这些带有萌芽性质的协商过程，其中支撑这一形式的政治思想与文化资源就成为我们现在需要研究和汲取的宝贵遗产。

四、道高于君观念

尽管在中国古代一直都有君权至高无上的权威性地位，"天子居天下之尊，率土之滨，莫非王臣……凡土地之富，人民之众，皆王者之有也，此理之正也"①。君权的绝对性使得中国古代政治系统运作以及政治治理有了基本的依托点。但同时，在君权至上的前提之下，一般性的道义政治要求也在约束着君主的言行。道在约束着整个社会的同时，也约束着君主。由于儒家思想中包含着较多的道德规范以及道义制约思想，这些思想不仅仅贯穿于整个社会之中，贯穿于国家之上，同时也使得君主不得不遵守其文化精神，而儒家文化是在认可君主的执政权威。但为了避免君主在执政的过程中偏离公天下的正常轨道，为了使国家的利益不受到君主滥权的侵害，儒家文化对君主提出了多方道义诉求，正所谓"道高于君"。这种道高于君的理念并不完全是将道德标准的要求传递给君主，让君主自觉遵守；而是通过臣子对君主进行政治权力的共享，达到在道义上对君主的制约，从而维护君主政治权威体系的有效运行。

群臣为了让君主尊道，最根本的方式就是提出谏言，在君主与群臣相互交流的过程之中，政治治理得到完善，从而也体现出君臣共治的共通性表现。"夫事君者，谏过而赏善，荐可而替否，献能而进贤，择材而荐之，朝夕诵善败而纳之。"②可见，臣子的职责所在就是与君主共同治道于天下，要不断劝诫君主，以下对上而提出不同的意见，使得君主在政治行为中能够遵循道

---

① 《周易程氏传·大有》，《二程集》，中华书局，2004年，第770页。
② 《国语·晋语九》，黄永堂：《国语全译》，贵州人民出版社，1995年，第568页。

的要求。由于君臣之间的不对等关系,使得臣子进谏的过程显得并不顺利,因此儒家思想中要求臣子需要掌握一些进谏的技巧和方法,使得君权至上的君主能够被说服和制约。例如,"信而后谏;未信,则以为谤己也"①。这就要求臣子在达致与君共治的状态之前便要充分获得君主的信任,如果没有得到君主的信任就贸然进谏,君主将会认为所言皆是"谤",从而根本无法达到制约君主的要求。当然在道义面前,臣子也要死守家国天下的安危而选择进谏,即便冒着生命危险,也要使君主认识到道高于君的政治使命。"主暴不谏,非忠也。畏死不言,非勇也。见过即谏,不用即死,忠之至也。"②甚至在君主严重偏离政治治理的正确路途之时,臣下要直接与君主之令相违抗,"有能抗君之命,窃君之重,反君之事,以安国之危,除君之辱,功伐足以成国之大利"③。道高于君的制约思想,即使在实践过程中存在着一定风险和特殊性,但其根本目的是为了家国平安这一终极目标。因此,这样的臣子是值得相信的,《荀子》便提倡君主应该重视能够对君主进行道义制约的臣子,君主与这样的臣子实现共治,才可以使得天下富贵、国家安定。"谏、争、辅之人,社稷之臣也,国君之宝也,明君所尊厚也,而暗主惑君以为己贼也。故明君之所赏,暗君之所罚也;暗君之所赏,明君之所杀也。"④

这种以政治原则的道义要求制约君主的观念,在政治参与的过程中认可了臣子的一部分权力,认为臣子享有与君主共同治理天下的权力,臣子同时也可以对政策制定和政治举措提出自身的看法和见解。但在现代政治秩序的框架下,臣子对君主的进谏行为又并非是制度化的法定要求,而促使臣子行使这一权力的动力也是道义的压制。在道德规范的前提之下,臣子为了尽忠心,为了表明自身的政治归属,从而对君主进行道义制约和规劝。因此古

① 《论语·子张》,杨伯峻:《论语译注》,中华书局,2006 年,第 227 页。
② 《韩诗外传》(卷四),许维遹:《韩诗外传集释》,中华书局,1980 年,第 129 页。
③ 《荀子·臣道》,梁启雄:《荀子简释》,中华书局,1983 年,第 177 页。
④ 同上,第 177~178 页。

代君臣共治中的道义制约的真正意涵并不是一个制度化的政治原则,而是取决于各种主观性影响。例如,道义制约的成功与否与君主个人的品行和学识有着密不可分的关系,同时也要求臣子有着一定的政治涵养。另外,政事的重要程度也直接决定着是否要施行君臣共治的治理模式。但是无论臣子如何展现才略对君主施行怎样的道义制衡举措,都无法改变的事实就是君主赖以生存的集权体制。而道高于君的制约观念也更好地帮助着君主在政治实际运作中能够与政治制度之间保持着一种合适的张力,甚至在很多时候,道作为一种软性的价值理念可以被很好地利用起来,从而用来弥补君主集权政治体制的现实性缺陷。

第五节　君臣共治的文化特征

一、君上臣下的固化特性

君臣双方在建立了共治关系之后,经过天、礼、道等规范性约束之后,依然无法摆脱封建制度特有的文化特性。这一特性在地位尊卑上的主要表现就是君上臣下的永恒特性,而这一名分的位置是不会随着制度和文化的变迁而随意更改的,因为这一关系模式是效仿了天地之间的关系,天上地下的规范性模式也影响了君臣之间的地位关系,也只有遵循自然的变化和自然的要求才能创建和谐的政治统治关系。朱熹将君臣的关系与父子的关系相类比,认为这两种关系都存在着上下等级差别。统治管理阶层和依附阶层相互影响,是中国古代特有的君臣关系,而这种关系的形成内在于人的本源和人性的根本。圣王只存在于国家的最高首领,因此臣子应发挥自己本职的最大特性来尽职尽忠,这不仅符合礼的秩序原则,同时也符合自然伦常的延续发展。"目掩掩兮其凝其盲,耳肃肃兮听不闻声。朝不日出兮夜不见月与星,有知无知兮为死为生。呜呼! 臣罪当诛兮天王圣明。"①这表达了对集权制度下士人地位的不满和对君臣等级固化的批判。

在中国古代政治关系中,君臣之地位来自于天的认定,这也说明了君臣都互相认定了彼此的身份和地位,对自我的位置有了认可,这一判断具有永恒性和不可变性。在封建制度下,这样的关系模式有着他存在的必要性和合理性。因为在群体政治中,需要一个具有权威性的首领来主导中国这样一个庞大的国家,在管理上君主的巨大权威能够更好更有效地及时治理国之大事。君主能够在短时间内召集大量的人力物力和资源,最大限度地保障政治治理的有效进行。臣子虽然是辅佐地位,但在治理理念上却秉持着和君主一样的政治思想。君上臣下的这种固化的阶级模式来源于中国古代的官僚阶级的普遍弱化,无法形成一股强大的势力来对抗王权。即使是存在少数能够形成力量的集团,在夺权之后依然会选择一条集权的道路继续王权主义政治体制,这在本质上也并没有跳出君上臣下的治理模式。

中国的官僚系统相比于西方政治体系内的官僚,可以明显地发现中国古代的官僚体系没有一定的财力支撑,而西方发达国家自产生之初就具有一定影响势力的贵族集团,能够抗衡并制裁君主,而在位的君主往往并没有独大的权力和至上的权威地位。而在中国古代,君权在膨胀和顶峰之时只会如吸水的海绵一般不断地扩大自身的权力地位,根本不会从君权的高处分散出其他的权力。这就是权力独大体系的特有性质。再加上官僚体制的依附性特征,缺乏相匹配的固定身份特征,因此君权主宰中央集团是古代政治体制的特征,也是中华文明几千年延续的专制独断特性。即使在汉唐宋等朝代,皇权与相权有所分离,但君臣共治的政治模式下君臣的政治地位是固定的,这是无可厚非也无法质疑的。另外从臣的个体政治意义上来看,在中国古代的

---

① 《琴曲歌辞·拘幽操》,《乐府诗集琴曲歌辞》,上海古籍出版社,2016年,第75页。

臣是被认为以集体主义的身份存在于政治体系之中的。君臣共治的臣在现实意义上来看也是一个偏向于理想意义的存在，因为君享有着至高无上的政治地位，而臣所需要完成的历史使命是庞大而繁杂的，即便是朝廷上商榷国家之重大方针以及司法制度，都是需要皇帝的认同和首肯的。因此，臣的个体性微乎其微，更多的是作为君之附庸的臣之整体性的存在。这样的臣子更倾向于成为君主的筹码，而非具有独立人格和独立能动性的活动主体。

　　君主为了维护其王权地位的永恒性，在官僚政治体系中选择建立庞杂而巨大的官僚系统来辅佐自己的固有地位。选拔德才兼备的优秀官员，让他们来辅佐自己治理天下。因此君上臣下的关系模式也使得臣子的存在完全是为了弥补君主的个人能力不足以及精力有限的缺陷。君主至高无上的地位，也能通过其监察的手段反映出臣民均是在其控制范围之内的。臣民的地位都是由君主赋予的，因此臣民也是完全服从于君主的政治统治。将地方的权力聚集于中央，收复多边叛乱等基本措施都在很大程度上维护了君主的权威统治和政治地位，从而也奠定了君上臣下的固有模式。从此可见，在中国古代社会中，君上臣下的政治格局不仅是政治地位的反映，也是社会所认可的主要基本制度。在古代大多数思想家的政治思想中不难发现，为了淡化这一阶级的永恒性，因而试图用君臣合谋相互为道，以治天下的理念来提倡君臣共治。但无论思想家从人性哲学还是民本思想入手来解释君臣关系，在当今政治视角下审视古代政治关系的逻辑还是逃脱不了尊卑依附的上下等级关系。因为集权政治的基本特性使得君主的存在是必要的，而且极其神圣和尊贵，因此治道于民的手段和方法均是通过调节君臣关系，从而影响社会关系的运作。古代士大夫批判君主，"原夫作君之意，所以治天下也。天下不能一人而治，则设官以治之。是官者，分身之君也"①，并且赞扬民本主义"天下为主，君为客"，却始终无法逃脱君主的集权统治，因而在君臣共治的逻辑之下寻找

---

① 黄宗羲：《明夷待访录·置相》，岳麓书社，2011 年，第 21~22 页。

一定的创新性。"己与天下,相因而成者也。今以一己而专制天下,则天下塞矣,己岂通哉! 故一身既不成,而万方有余丧矣。"①因此,在既定的君主集权的弊端之中,要想治理好国家就要限制君主权力,实现君臣共治,这样才能真正实现治道为民的政治理想。"天下非一人之天下也,天下之天下也。"②秉承了这一周礼的政治原则,政治秩序的构建才逐渐趋向于分职,但君臣分职的背后依然逃脱不了君尊臣卑的历史命运。

二、家国同构的政治伦理化

国家的产生是由氏族社会而来的,而氏族社会的基本特征就是以家庭为单位,先有家后有国。在中国古代礼的秩序之中,人被放置在五伦的关系之中,使得人们首先在家族亲情的血缘关系之中寻找自身价值定位。拥有巨大能力能够统领整个氏族的人也就同时成为一国之君。从商周时期的分封制来看,君主把土地分封给其兄和子,形成诸侯,各诸侯再分封于其子形成各大夫。从政权结构上考量,家与国的结构相互影响、相互渗透。在郡县制形成之后,皇位继承原则仍然由皇帝的兄弟与子侄继承,因此可以看出宗法关系贯穿了整个古代政治体系,也影响着社会的秩序演进,家是社会中最基本的单元形态。因此,不仅仅在社会之中注重对个人道德伦理的培养,在政治上层依然注重政治伦理化,并将其作为政治治理的重要内容之一。在中国古代政治秩序之中,对家族的看重影响着政治秩序的维护。"如有径赴呈词者,即为目无尊长,先与议处而后评其是非。"③每个家族都有着掌管自己家族事务的家长和族长,出了事情首先与家族内的族长汇报,而不是与上层政治阶层汇报, 更不能直接与皇帝商议, 因此家长的作用是接替了传统礼法的规

---

① 郭象:《庄子注·在宥》,四库全书本。
② 《吕氏春秋·贵公》,《百子全书》(下册),浙江古籍出版社,1998 年,第 783 页。
③ 王玉波:《历史上的家长制》,人民出版社,1984 年,第 68 页。

定,掌管着整个宗族社会内的秩序稳定。因此,效忠于君主的政治特性与在家族里尽孝于家长的意义是完全等同的,在一些历史时期,豪门家族拥有着自己的政治势力,能够与敌对朝廷的反对势力抗衡。

在家庭基础之上发展而来的伦理常态可以说是私德的一种表现,私德是内化于个人心中、体现于其对家庭行为和言语的个人道义,而与私德相对应的就是公德,公德是个人在社会行为中与公共事业相关的行为规范。一个人在社会中对待他人的良好行为使得国家得以按正常的秩序运转。私德用来调节家庭伦常,依据亲情的原则来调节家庭事务,对待长辈要尊敬,对待兄长要友爱,对待子女要关心,这属于私德的范畴。而公德,是指个人在上层政治治理过程中所表现出的天下为公的道义情怀。根据公平和正义的原则来进行政治治理与政治协商,这便属于公德的价值范畴。"公德是主要借助人的理性反思和控制以及外在力量来维系的规则。"①中国古代社会所强调的是将私德与公德混为一谈,从而导致了政治伦理化的现象。

古代政治秩序之中,大力强调个体的私人情感,注重对私德的培养,家国同构的社会政治结构使得人们相信家之私德与国之公德是完全可以转化并相互影响的。但在实际政治生活中,政治秩序的构建和政治关系的处理之中的公德更多强调的是统治集团相互之间彼此信任,并以天下为己任,心系民情,实现天下苍生的大道。这里的公德与个人的私德完全是两个不同的概念。私德中强调谨小慎微、安于名分、谨言慎行的伦理品质与治理天下所表现出的豁达明理、大智大谋的表现是完全不同的,因此中国古代政治治理中所需要的公德是无法从私德的培养中获取的。但历史上的家国同构政治结构和公私不分的德性要求,使得政治伦理化的特性严重,强调家庭伦理之根本对社会和国家的至高无上的积极作用。孝是公德形成的一个小的方面,但公德的形成不能完全被孝所覆盖,正因为古代严苛的礼教规约,使得孝之德性成

① 李春成:《孝行与官德:公德与私德间关系的案例分析》,《复旦学报》,2010年第3期。

为压抑公德形成的反面体。因此君臣的公德之心完全被私德所覆盖,从而也无法谈及仁政治国的根本要求。社会环境和个体的价值培养使得政治伦理化严重,国家不再是一个治理的机器所在,而是拥有着复杂个人伦常束缚的伦理场所,因此公德与私德的相互对立使得统治阶级只能顾忌私德伦常,不能将家庭层面外推并发展至政治层面,从而君臣之间都无法真正做到治道于民。

三、政治秩序的缺失

在中国古代政治体系之中,虽然经过考察确实存在着君臣共治的政治合作现象。但在秩序的构建和机制体制上来看,其规范化程度还远远不够。相对比于现代政治生活之中的程序性民主系统,中国古代的政治秩序显得十分薄弱,而历代政治家们所背负的也都是儒家思想的信念和价值的支撑。因此,臣的价值主要体现在对个人道德的贯彻之上,而不是经过一定程序的认定去与君主进行协商。在中国古代政治体制内,君主为民着想、积极理政,是天意的要求。在中国古代政治思想之中,君主为民积极做一个贤明的君主是君主个人的道德体现,无关于政治秩序之中的程序正义,也无关乎法律规范的要求。君主治理天下是君主的德性激发,君主置天下于不顾是丧失了道德约束的行为,而非丧失程序制约的行为。因此,德性的约束对君臣共治的政治模式的维持完全缺乏一定秩序的刚性要求,从而成为松散于内在道德表现的政治主张。另外,由于礼治的道德约束使得君主天生在道德上就比臣子要高尚,这是天道所赋予的至上价值。虽然君臣共治的思想在很多思想家的价值主张中不断被提起,但其真正的秩序与制度落实却并没有被明确立。因此,也就缺乏一种强制性制度规范来要求君主必须参考和听取臣子的一些建议。君主纳谏也是道德层面上的要求,这对君臣共治治理方式的约束显得少之又少。另外,对于臣子对君主的监察行为,臣子要如何保障自己对君主的公平公正的监察？而不至于有失偏颇？臣子对君主的考量标准又在哪里也无从可知。同时，君臣共治也无法确保将所有的臣子意见完全吸纳，对于一些建设性意见，由于君主的能力有限和时间有限却无法得到吸纳。因此，君主依然处在制度的顶端，对于规范化和正常化的制度规约是无法建立起来的。

当然，针对一些谏言确实能够被提出，被皇帝所知晓，但又如何确保在其真正实施政治决策的时候确实考虑这些谏言。甚至在重大决策之时，君主所最终确立的决定性断言也完全决定于其自身的价值喜好和判断。在很多君主看来，臣与君共同决策的同时也是对君个体能力的否定。很多君主为了避免被认为是无道的君主，往往选择不完全接纳臣子的意见，从而彰显其王位的价值性。因此，缺乏刚性的机制规约，对君臣共治的政治模式的构建带来了极大的不确定性和随意性。

四、君臣地位的冲突性

在君臣关系之中，君臣要相互联合，共治为民，而君臣之间的冲突也应运而生。因为臣子的作用是辅佐君主进行政治统治，因此需要设计一套相适应的臣子官僚体制，但自从这套制度产生之时，它就天然地与君主的政治地位产生了一定的冲突。官僚体制有着自己规范化的运行机制，使得臣子的一切政治行为都有体制保障。但君主的集权制度使得其没有确定性的机制保障，从而皇权的天生性和随意性与官僚机制的客观性和程序性难免发生一定的冲突和碰撞。君臣之间虽然和谐共治是治理天下的最优途径，但共治的背后仍然存在制度缺陷的隐患，使得君主需要臣子的辅助治理，同时也需要对其加以防范和控制。在这些现象的背后，往往是更加激烈的权力争夺和利益冲突，因此在中国古代君臣共治不能够时时刻刻发挥其应有的积极作用的主要原因就是君臣之间的冲突性大于了共治的价值优势。君臣相互猜忌往往是朝中一大现象,因为制度的缺失和不规范,导致在相互冲突之下荒废了一定的能力,使得为官之臣与帝王之君都不能很好地诠释出公天下的治理之道。另外,由于君主的独尊地位,使得君臣之间拥有着身份和地位的巨大差异,臣子在整个政治运作过程中缺乏个体的独立性,因而产生对差异无能为力,甚至对差异的对抗和反对。这种差异所带来的不平等的冲突也使得君臣共治始终成为一种理论上的幻想。

(一)制度的冲突性

君主集权制度的形成和稳定发展,其背后所赖以存在的巨大动力不是因为王者自身的道德约束,也不是天命的要求,而是强大的官僚政治制度的支撑。官僚制度是用来进行社会管理、履行治理机制的一套政治制度,官僚制度是集权君主体制的附加和辅助。中国古代官僚体制就存在着权力分化的缩影,体现了政治制度的刚性原则,官僚制度在历代君主制度中产生了或多或少的影响。因为君主集权制使得君主拥有了至高无上的权威性,君主的个人意愿可以超越一切制度束缚, 这使得君主的权力拥有着自主化和不确定性,而君主也可以完全越过制度障碍走到官僚制度的顶峰,对官僚制度进行自我改造。例如,设定一些适合自己统治的官僚机构,贬黜一些具有权力影响的臣子,而君主对官僚制度的影响是为了其能够更加便捷地治理国家。强化官僚制度对君主的依附性和臣服性,从而能够在一定程度上保障古代官僚体制的稳定运行。但这一体制的存在在有些时代也存在着君主无法控制的一面,因为制度的刚性和原则的不可变性,使得一些制度设计的同时也规约了君主的权力,从而展现出来相互冲突的一面。例如唐朝时期的三省制度,中书省草拟诏令,门下省进行复审和商榷,一旦出现未经中书省和门下省批准的诏令,即便是皇帝的旨意也被当时的政治体制所认为是不符合制度规约的诏令,被称之为"斜袋封印",其不具有严格的权威性。"唐睿宗景云元年八月,以中宗时官爵逾滥,因依妃主墨敕而受官者,时谓斜封,禁之。"①

因此,官僚制度因其自主的规范化使得其与君主的主观性有着一定的冲突和不一致。但在政治体系之中,君主仍然能够凭借自己的意愿对官僚体制进行改革,往往会逐渐按照君主意愿的方向不断改变和创新。这对于君主自身的管理素质有着很大的要求。具有雄才大略的君主能够控制官僚制度的整体走向,提高其制度的效率并对官僚队伍进行规范化处理,使其能够在规范化和相互包容的前提下与君主权威不相冲突,因而能够更好地治理天下。而昏庸的君主往往只看到私利,而不能够规范化政治官僚队伍。不以天下治理为前提的君主往往会荒废政治事业,权力地位将受到各方面的威胁。因此,君主的中央集权地位的维护需要一定的官僚体制的辅佐,君主需要将自身的权力分化出一部分,而分化的制度原则又是以君主权威为主要目的的。这两者之间的关系较为难以把握,一旦处理不好就出现君主集权、相权为虚,或者君主对制度的规约不够完善,使得君权弱化,统治权力面临瓦解。一旦君主的个人能力出现偏差,以及制度的管理不够完善的时候,君臣之间就会顺延着制度的不协调而爆发冲突。因为官僚体制一旦掌握权力,没有很好的监督约束机制往往很快就会产生官为私利所惑的弊端。正如一些苛捐杂税的收取使得部分官僚暗中私通、剥削百姓、收获私利,这时官僚制度的设立就与君主所希望的治道为民之初衷完全背道相离。

(二)利益的冲突性

中国历代政治史上总会出现君主之位被篡夺,君臣之间斗争激烈,而这一现象的发生无一不源自于君臣之间对利益的争夺和矛盾。地方官员因为自身权力的优势在政治和社会层面上获得了大量的资源,使得其成为具有与一定影响力的政治势力,在政治关系上也与君主保持着若即若离的关系。皇

---

① 李上交:《近事会元·斜封》,兵部侍郎纪昀家藏本。

帝政治权威的维护也依靠着一定的政治势力的左右。但不同时期的政治势力集团也会对皇权形成一定程度的威胁,因为利益的相互冲突,使得政治势力将扩张之手伸向了君主的权力范围。魏晋时期的贵族门阀垄断了大部分的政治资源,在中央朝政之上覆盖了控制网,其地方割据势力也控制了整个国家的命脉,这些都形成了与皇权相冲突的利益存在。在这种君臣关系之中,君主将时时刻刻担心利益冲突导致的臣子叛变,同时也担忧自身的政治合法性的丧失,担心无法治道于民,失去了民众的支持。而官员的利益获取主要是依靠皇权给予的地位权力来谋取私人利益。"官僚大族们由于受到特权的庇护,他们更多的是关心家族利益,忙于占夺土地人口和权力之争,而不以国事为重,成为一个无比贪婪和腐朽的阶层。"①

　　在法家看来,君臣之间的利益冲突无非就是君主之间的信任博弈。法家认为,君主若要保障其权力的稳定和确定,则必须要学会给予臣子一定的利益的同时懂得防范对方的心思。因为在法家看来,人性之恶使得每个人都会有不安于现状的心态,因此在获得了权力的同时,也会追求更多的私利。君臣之间的关系缺乏一定的价值保障,臣子因君主给予的利益而为君主尽忠,因此臣子的内心是想摆脱这层支配与被支配的关系。因此,君主不可以完全信任任何一个臣子,要与臣子保持一定的等级之别,不能过多地将国之大权给予臣子,以免自身政治地位受到奸臣和不怀好意之人的暗中窥探。"人主之患在于信人,信人则制于人。人臣之于其君,非有骨肉之亲也,缚于势而不得不事也。故为人臣者,窥规其君心也,无须臾之休,而人主怠傲处上,此世所以有劫君杀主也。"②在中国古代的很多时期,君臣均有一套道德标准来制约着彼此,但仍然不乏利益冲突的存在,一方面君希望臣子能够尽忠心一心一意辅佐君主,另一方面君主又防范着臣子以免自身的权力地位被臣子篡夺。因此,

---

　　①　刘爱玲:《魏晋时期的门阀世族》,《前沿》,2004 年第 1 期。
　　②　《韩非子·备内》,王先慎:《韩非子集解》,中华书局,2013 年,第 115 页。

君主通过非制度化的手段来控制臣子的行为反而并不利于统治的顺利进行，而臣子的缺乏个体价值的依附性人格的展现也助长了君主的集权独裁的权威,使得君主失去了共治的理想,助长了其个人的盲目性政治作风。在这种不对称的君臣关系之中,臣子与君主之间仅为利益而争夺,无法构成君臣同心与君臣互信的价值原则,即便是在这样状态下形成的君臣共治,也无法形成王道的价值理想,更无法谈及治道于民的忠信理想。因为统治阶级都无法克服私心,无法做到公天下,又谈何形成正确治理社会的政治能力与政治意识。

五、"民有"之社会基础的缺失

君臣共治的政治治理模式仍然无法逃脱王权主义政治体系，王权主义意识并不仅仅存在于政治体系中，还表现在君主借助于一套专制文化对民众的意识形态进行控制,从而使得每个民众都能成为君主的忠民和顺民。这种意识形态的形成就是中国古代的政治文化，这种政治文化在个人心理上的思想表现就是臣民意识。正如张凤阳所总结的:"中央集权的统治者一方面依靠庞大的暴力机器对臣民实行全方位的行为控制,还会借以一整套等级制度严苛的伦理纲常对下级臣民进行政治意识教化。经过长期而持续的政治统治,臣民失去了独立性和自主性。逐渐丧失自我意识,因此形成了奴隶式顺从的依附型人格。"[1]

这种个人主体意识的缺乏主要表现在普通民众对自我价值定位的失衡,导致权力体系成为集权型政治体系。因而个人在正常的政治话语体系中缺乏主动权,不能够参与政治体系运作,无法获得社会有效性的安全保障。中国古代社会合法政权的建立具有稳固与集权性。通过儒家政治思想的灌

---

[1]　张凤阳等:《政治哲学关键词》,江苏人民出版社,2006年,第137页。

输与臣民意识形态的形成,政治合法性的建立具有十分有效的成效。但在树立政治有效性的时候,却面临着很大困难。国家虽然能够控制社会进行公共管理,但社会整体的福利水平和个人的主体价值与社会权力却没有能够得到保障。因此,即使是具有万众一心的圣人君主,也不能保证每个族群的成员获得其应有的政治地位。在政治生活的上层建筑中,王权发挥着主要作用,主宰着每一个社会成员的主体地位。在宗族中即使其拥有再多的个人才华或做出再多历史性的贡献,其主体地位的低下,也将导致其缺失基本的社会回馈。

因此,权力崇拜成为整个社会内部的价值皈依,每一个民众都缺乏自身的价值追求和对权力的无限崇拜。从而使得国家牢牢掌握在君主手中,而民不享有治理国家的权力。这种权力崇拜也表现在对权威人格的崇拜,而权威人格指的是主张权威和专制主义的政治思想,主张反对开放性政治社会,倡导建设人民的依附性臣民意识,限制人民的自由权力和主体地位。因而这种权威型人格主宰了中华几千年的政治文化,也从社会基础中逐渐形成了具有社会性的臣民意识,从而培养了中华民族深层的政治结构与人格特性。权威观念主宰着中国传统的政治文化,其关键特性主要表现在由君权、父权、夫权组成的三位一体的权威观念。通过将上层建筑中的政治意识在宗族的社会基础中内化为具有社会性的政治价值观,即社会性的臣民意识。其外在表现为宗法制和皇权专制,其合法性基础是臣民对等级制度与权威人格的认同,在这种认同的价值构建中,个人的政治主体地位便从意识中逐渐消失了。因而在实际政治运作中,针对上层权威体系对下层个体政治地位的侵袭,社会中的个人不仅无力做出任何反抗,更没有文化与思想价值依托对此进行质疑,而是从个人观念与意识上对依附性政治状态的不断妥协与认同。

第六节 社会主义协商民主
对君臣共治内核的传承与发展

　　综观我国现代社会主义民主的发展道路，可以说是一条曲折而又漫长的道路。现代民主又无不展现着历史的精髓和传统的积极影响。而传统君臣共治的政治文化变为一种政治协商精神，不断进行着历史的反思，不断进行着现实价值的创新，又不断结合着我国特殊的国情，使得协商民主在我国政治体制发展中起到了巨大作用。中国民主的发展进程中，是先有协商民主，到后来才出现社会主义选举民主。我国协商民主道路的确立是由1949年9月中国人民政治协商会议的召开而开启的，而还未召开的全国人民代表大会也被政治协商会议所全权受责，政治协商会议确认并昭告中华人民共和国的成立。在1954年全国人民代表大会召开之前，政治协商会议履行着全国人民代表大会的职责权力。政协的功能一直保留至今，全国人大以选举的方式进行治理，而政协依然延续着协商民主的治理模式。我国社会主义协商民主立足于人民政协的机构组织，确保自身的治理模式符合了中国国情和政治现状。习近平总书记在庆祝人民政协成立65周年大会上的重要讲话，就发展社会主义协商民主作出战略部署，对发展社会主义民主政治、建设社会主义政治文明具有重大而深远的意义。人民政协要认真贯彻中共中央要求，坚持改革创新，加强制度建设，提升履职能力，更好发挥作为协商民主重要渠道和专门协商机构作用，推进协商民主广泛多层制度化发展，推进国家治理体系和治理能力现代化。[①]我国社会主义协商民主的建设，是历史的进步，是时代的发展，同时也是对传统文化的传承和超越。我国社会主义协商

---

　　① 参见中共中央文献研究室编：《十八大以来重要文献选编》(中)，中央文献出版社，2016年，第364页。

民主根植于近代国家社会现实，在制度的实践中逐渐展现出实际的正向效果。相比于大多停留在理论价值的传统君臣共治文化，现代社会主义协商民主无论是在理论还是实践中，都更加深入而具有一定的科学意义。但对于古代文化，我们在学习和思考的同时也需要不断创新和不断正视历史，正如习近平总书记所强调的：“中国人民的理想和奋斗，中国人民的价值观和精神世界，是始终深深植根于中国优秀传统文化沃土之中的，同时又是随着历史和时代前进而不断与日俱新、与时俱进的。”①

一、社会主义协商民主对君臣共治理念的传承

如今，中国传统政治体制降下了帷幕，我们迎来的是崭新的社会主义制度。君主集权制度下的王者已经完全消失，民众改变了原先依附性的地位，开始拥有了自主权和各项人身权利。社会主义协商民主制度作为一项基本的政治制度，其基本原则就是人民当家做主。我国协商民主的基本价值取向就是社会主义和人民民主。共产党的领导和人民代表大会制度作为制度保障为人民当家做主提供了制度支撑。将人民当家做主这一理论性的展望提升到现实层面则需要依托对当下中国社会现状进行一个很好的容纳。由于当前中国社会形态复杂，几千年来留存的传统文化仍然具有巨大的影响力，而本土的传统文化与外来的文化又存在矛盾、冲突，并伴随着人们对自身权利、利益等价值的深刻认识和追求。在这样背景之下，我国社会主义协商民主所要面临的形势是多元的，一方面要继续传承传统文化中精华的部分，吸收古代君臣共治的积极因素，另一方面要超越残余的故步自封的思想，与社会中复杂的人群进行协商，在协商中达成一致，增进共识，同时也是实现人民民主的一项重要渠道。

---

① 习近平：《在纪念孔子诞辰2565周年国际学术研讨会上的讲话》，新华网，2014年9月24日。

　　传统的君臣共治思想在其目的上有着现代协商民主理论可以借鉴的内涵。传统君臣共治的主要目的是为了治道于民,将民众的总体利益放在第一位,这与现代协商民主中的公共性和以公共利益为目标的制度模式有着传承之处。协商民主的价值内涵就在于:"它是一种具有巨大潜能的民主治理形式……它尤其强调对于公共利益的责任、促进政治话语的相互理解、辨别所有政治意愿,以及支持那些重视所有人需求与利益的具有集体约束力的政策。"①由此可认识到,协商民主的根本责任在于维护最广大人民的根本利益,这也是协商民主理论的基础性思想原则。传统的君臣共治思想在这一目的上与社会主义协商民主有着一致性。在传统的君臣共治思想中,君主的权力获得是由天授权的,而一旦发现君主没有履行为人民谋利益、没有尽到天下为公的职责,那么将会被天所惩罚,因而也是违背了天意将不会获得民众的支持,自身权力的合法性将受到威胁。古代反映上天的要求和现代民主思想有着异曲同工之处,那就是为了民众的公共利益而服务。

　　可以说,协商民主继承了君臣共治的义务性要求,履行为人民利益做保障的机制原则。在中国古代,君臣共治的治理模式是为了君主能够更好地管理统治阶级,能够更好地实现治理机制的多元化。"群之可聚也,相与利之也。利之出于群也,君道立也。故君道立则利出于群,而人备可完矣。"②说的就是君主为天下的职责所在。而综观现代协商民主理论,在协商的基础之上,在共产党的领导之下,其思想无不包含着为社会公共利益服务的内涵,可见我国社会主义协商民主继承了中国古代"唯能一同天下之义,是以天下治也"③的公共性目的。

　　另外,社会主义协商民主理论传承了中国古代君臣共治治理模式中的商议、合作的思想。协商民主思想的内核就是为达成统一意见并在充分考虑民

①　陈家刚:《协商民主:概念、要素与价值》,《中共天津市委党校学报》,2005 年第 3 期。
②　《吕氏春秋·恃君览》,《百子全书》(下册),浙江古籍出版社,1998 年,第 820 页。
③　《墨子·尚同上》,《百子全书》(上册),浙江古籍出版社,1998 年,第 718 页。

意的情况之下,将公共事务交给每一个相关的决策者进行探讨,确保每个决策者能够参与到治理的过程之中, 能够就该事项提出自身建议并愿意倾听其他观点的过程就是协商。在传统的君臣共治文化中,君主是奉天命进行治理的, 国家之大事交由君臣之间相互协商是天的旨意,可以为了不违背天意,君主在作出决策前要与各臣子共同商讨国事。因此,现代社会主义协商民主的理论价值是吸取了中国古代进步思想中的商议主张, 将一个人的决策和统治转变为多数人决策和探讨的民主形式。我国社会主义协商民主是将人民主权放在协商的首位,更好的政治制度将是为了人民获得更多的权力和利益,保障最广大人民的切实利益。此外,协商代表了一种价值模式,就是通过广泛的政治参与,达致政治意见的一致性,更广泛地开展了民主的治理模式。从而能够获得民众的支持,从根本利益层面得到其合法性支持。

二、社会主义协商民主对层级制的发展

我国社会主义协商民主突破了传统君臣共治的等级制束缚和礼教的规范性约束,将限制官僚主义等级制观念紧紧地扼杀在摇篮之中,从而更好地限制权力并对旧思想的蔓延进行了控制。"控制官僚自由裁量权的恰当途径是施行协商民主,实行协商的民主立法模式。"[①]在传统君臣共治思想中,君臣虽有相互商议的制度保障, 但无法从根本上体现对君主的制约和监督机制。因为传统的等级礼法制度使得君臣之间的关系被固化,即使存在一定的共治和贤明的思想, 那也是在权力等级制度下所产生的, 具有一定的局限性。君臣共治下的制约要想存在往往仍然依靠的是君主的自身监督,尽管古有天道和天谴的束缚, 但上天作为一个假象的意向是无法被现实制度所确保的,因此在政治治理的过程之中,对君主行为的监督是基本不存在的,君

---

① 陈家刚:《协商民主:概念、要素与价值》,《中共天津市委党校学报》,2005 年第 3 期。

主仍然站在等级制度的最顶端，拥有着特殊的独享权力。另外君主还可以通过这种假象的意向来为自己所用，通过将自己比作天的化身来为自己服务，同时取得民众的信任以及广泛的合法性。这种等级制度的极权主义模式在我国社会主义协商民主制度的理路中被超越为双向支持的政治思想。一方面党和政府相互协商相互支持、达成一致，从而全心全意地为人民服务，使得人民大众真切感知中国特色社会主义协商民主所带来的实质性优益。另一方面，社会大众对党和政府有着基本的信任和支持，摆正了相互之间的位置，从而消除中国古代的固化等级制思想。在双向相互支持和沟通的过程之中，取得的政治治理的认同，党和政府以及民众都履行着自己应尽的职责，这种相互监督、相互影响的政治思想，才是我国社会主义协商民主的前进性政治超越。

三、社会主义协商民主对"集权"的发展

周恩来曾经总结协商民主的现代价值，包括"会前经过多方协商和酝酿，使大家都对要讨论决定的东西事先有个认识和了解，然后再拿到会议上去讨论决定，达成共同的协议"①。因此，社会主义协商民主在实践决策中，最终的决定权落到了多数人手中，而在君主集权制度下，即使君臣共治的治理模式在理论上存在，其现实制度的局限性也使得君主不得不行使特权，君臣共治也大多停留在商议的阶段，而最终的决定权还是在君主手中。在君主集权制度之下，君主以一"人"之下万人之上的权力来控制其所统治的臣民，从而确保君主集权制度的完整性，而君臣共治作为君主制度下的治理模式，其制度及文化本质依然内嵌在专制主义的基本架构之中。因而，专制主义的权

---

① 中共中央统一战线工作部、中共中央文献研究室编：《周恩来统一战线文选》，人民出版社，1991年，第129页。

力是独享的,并且是用来控制和管理人民的。但在社会主义协商民主理论之中,其对君臣共治文化的超越就在于对基本政治制度的超越,是对于专制内涵本身的超越。协商民主所倡导的以公民为主导的社会结构,在合理运用公共权力的同时,政府需要转变其执政理念,因为中国古代的政治制度决定了权力主宰于君主手中,而现代社会国家的权力完全掌握在人民大众手中,党和政府进行领导层面的协商,同时也主张与公民大众进行协商,真正落实到将权力归还给人民群众,将一切公共事务的安排和管理的理念归还给广大人民群众,而不是君臣共治模式下目的为了控制人民使其服从皇帝的统治。

　　基本政治制度的转变使得统治者由古代的天神授予,转变为现代民主社会中由人民拥有所有权力。政府的权力是由人民所授予的,另外政府部门的工作人员也受到来自民众的监督和制约。因此,权力来自于人民的政府应该将保障人民的根本生活作为最主要的目标,同时也应该提高人民的生活福祉。"所谓公共权力,是指在公共管理的过程中,由政府官员及相关部门掌握并行使的,用以处理公共事务、维护公共秩序、增进公共利益的权力。"①而区分现代协商民主与古代专制主义制度就是专制与民主的区别,而现代民主代表着对君臣共治的治理理念的进一步的超越。我国协商民主的制度特征就表现在公共权力的由社会中大多数民众所掌握,并且权力为公所用。另外,人民的权力受到法律的保障,而行使人民权力的管理者将受到法律的监督。"如何能够在众说纷纭、各自期待的紧张对立中继续维系社会的稳定、繁荣,就势必成为执政当局、思想者和普通大众共同关注的话题。由于现代民主政治架构已经排除了用赤裸裸的独裁来解决分歧的可能,那么可能的办法无非就是三种:竞争、非竞争合作和协商。"②

---

① 邱小玲:《论公共权力视阈下的官德建设》,《道德与文明》,2010 年第 4 期。
② 张凤阳等:《政治哲学关键词》,江苏人民出版社,2014 年,第 239 页。

四、社会主义协商民主对治道思想的发展

中国古代君主取得政治权力的来源多半是源自于世袭，另外自古以来就有天授王位的传说，从这个方面来看，君主得到王位的合法性是传统型的，而传统型的合法性来源与政道之要求毫无关系。因此，中国古代的君主只有治道于民的责任，而没有政道的合法性支持。其政权的取得没有得到大多数民众的认可和支持，而是沿袭了古代传统制度的继承模式，是固定的，并且没有协商和改变的余地。但中国古代的治道范畴就显得更加具有先进性色彩，君臣共治就是政道不可逆的前提之下，更好地发扬治道的先锋主义精神。随之而形成的一些选官、任官制度也无一不是通过一种合理的制度方式来更好地进行君臣共治，合理治理天下。因此，在中国古代是一个不问政权来源的时代，在很长一段历史时期，政权的来源都是神圣不可侵犯的，普通大众只有接受这位皇天在上的君主，而不会追问和质疑君主权威的来源，也不会表达选择君主的权利的要求。因此，中国古代在公共治理层面上的先进性精神，君臣共治以及君臣相互协商的治理理念被逐渐发扬，而社会主义协商民主不仅做到了治道层面的治理先进性，同时也将政道的权力归还给人民。

在治理层面上，我国协商民主更加侧重于治理的直接性和透明性，在制度设计上选择各种咨询委员会，通过层层设立，使得民众与政府之间沟通顺畅。政府作为治理的主导者，也将各种听证会、协商会议普及到社会各个方面，从而更好地发扬治道于民的公共性特色。在中国古代传统治道于民的精神之上，更多地发扬民主精神，体恤民情并主张和谐共生。另外，我国社会主义协商民主对传统治道思想也有所超越，更是将传统政治层面上的政权的合法性来源交给广大人民，当前我国社会主义协商民主若要继续发扬下去，仅仅依靠传统文化的继承是远远不够的。我国社会主义协商民主将选举民

主的思想合理地融合进来,配合选举民主,政府官员将更加有动力进行协商,公民也将会因为有权力参与政道民主而更加愿意配合治道民主的协商模式。因此,我国社会主义协商民主在制度上确保了公民参与政权来源的合法性,"至哉坤元,万物资生,乃顺承天。坤厚载物,德合无疆。含弘光大,品物咸亨。牝马地类,行地无疆,柔顺利贞。君子攸行,先迷失道,后顺得常。西南得朋,乃与类行;东北丧朋,乃终有庆。安贞之吉,应地无疆"①。可见,中国古代政治秩序蕴含着传统的理想情操,而现代社会主义协商民主就是将理想主义思想转变为具有制度保障的现实民主形式。

①　《易传·坤》,《十三经注疏》(上册),浙江古籍出版社,1998年,第18页。

第五章

中国传统廉政文化的精神要义及其历史传承

习近平指出:"中华民族具有五千多年连绵不断的文明历史,创造了博大精深的中华文化,为人类文明进步作出了不可磨灭的贡献。"①中华民族所创造的优秀文化传统,蕴含着中华文明的精髓,"积淀着中华民族最深沉的精神追求,包含着中华民族最根本的精神基因,代表着中华民族独特的精神标识,是中华民族生生不息、发展壮大的丰厚滋养"②。中华文明是四大文明古国之中唯一未中断的文明,这和中华民族的强大生命力是分不开的。经历了五千多年历史的中华文明,创造了人类文明史上的奇迹,并一直保持着强盛的生命力。老祖宗给我们留下了一笔宝贵的精神财富,我们应该倍加珍惜,总结经验,取其精华,去其糟粕,把中华文明的优势基因挖掘出来,继续创造更辉煌的明天。

中国传统文化博大精深,可以让我们借鉴的文明财富丰富多彩,任何历史都是当代史,我们要做到以古鉴今。廉政文化就是中国古代政治思想发展中不可缺少的一部分。中国传统廉政文化贯穿于中国悠久的历史长河中,被历代思想家和政治家所重视和倡导,虽然很少见到古代文人集中论述廉政文化的著作,其思想大都分散布于诸多文献和史籍之中,廉政作为治国理政必

---

① 《十八大以来重要文献选编》(上),中央文献出版社,2014年,第234页。

② 中共中央宣传部:《习近平总书记系列重要讲话读本》,学习出版社、人民出版社,2016年,第201页。

不可少的一部分,可以这么说,中国的历史是一部廉洁和腐败作斗争的历史,以廉政为主线,政风廉则国运昌,官员腐则社稷亡。为政者是否廉洁勤政,决定了国家的兴衰,事关王朝的更替变迁。周文王顺应历史发展潮流灭掉奢淫腐败的商,其建立的王朝延续了八百年之久。周王朝国运长久是与文王、武王等人廉政治国思想及廉明的为政实践密不可分的。唐朝开启"贞观之治""开元盛世"等为当代人称颂的伟大盛世也离不开唐太宗李世民等为政者的廉明统治。而历数历史上大多数朝代的灭亡,几乎均与腐败相关。有远见卓识的政治家和思想家为了维护统治者本身的利益,不仅会考虑什么样的执政理念有利于统治,也会选择合理的执政方式维护政权稳定并付诸实践,廉政就是解决国家长治久安、政权健康运转、百姓安居乐业的最佳方法。要想探索中国传统廉政文化,就必须遵循研究中国古代政治思想文化的方法,朱日耀先生提出:"就中国古代思想史的基本内容来看,至少要包括以下三个层次,即政治哲学,国家与法的学说以及历代思想家、政治家的治国方略。"①下文将以这三个层次的内容为依据,在梳理基本概念和历史溯源的基础上,尝试从两个维度对中国传统廉政文化进行阐释,即精神要义和历史传承。

第一节　传统廉政文化的历史溯源

　　所谓廉政文化是指:"人们关于廉洁从政的思想观念、行为规范和与之相适应的生活方式、社会评价的总和。廉政文化主要由理论、价值、制度和心理四个要素构成。"②而把廉政文化放在悠久的中国传统文化中去看,"廉政"二字就显得更加厚重。东汉文字学家许慎在《说文解字》中释义:"廉,仄也。从

---

① 朱日耀主编:《中国古代政治思想史》,吉林大学出版社,1988 年,导言第 2 页。
② 廖明:《廉政文化的内涵及其价值意蕴》,《新东方》,2009 年 7 月 28 日。

广，兼声。"①可以看出，"廉"字是与"广"字相对的，解释为狭窄。儒家经典《仪礼·乡饮酒礼》也肯定了这个意思，提出："设席于堂廉，东上"②，"廉"字解释为侧面。总之，"廉"提倡的是小而俭的理念，收敛而不奢华。古人云："廉，敛也"③，即此之谓也。

　　"廉"本意是指物体的棱角。《周礼》中"廉"表示制造车舆之棱角，"望其毂，欲其眼也，进而视之，欲其帱之廉也。无所取之，取诸急也"④。有棱，即不容易弯曲的意思，刚直方正。后来，"廉"字更多地用来喻人之端正不苟的品行。荀子曰："君子宽而不僈，廉而不刿，辨而不争，察而不激，直立而不胜，坚强而不暴。柔从而不流，恭敬谨慎而容，夫是谓至文。"⑤这里的"廉"即指人品行严厉，原则性强。在古代，"廉"不仅作为一种人为的道德行为准则，更代表一种政治思想主张。先秦诸子的文献中，"廉"多用来表示为政的基本要求。齐相晏婴是历史上第一个提出"廉政"概念的人，晏婴曰："廉者，政之本也。"⑥孔子也提出："政者，正也。子帅以正，孰敢不正？"⑦在这些思想家看来，廉政是执政的根本，告诫统治者为政要秉持正直公道的原则。

　　中国传统廉政文化是中国古代政治思想史的重要内容，刘泽华先生认为："治国的方略和政策也应是政治思想史的研究内容"，"关于政治实施理论以及政治权术理论也应是政治思想史的研究内容。进行政治决策以及如何把政策、政治规定和各种行政措施付诸实践，这是思想家们经常讨论的一个问题，比如关于进谏、纳谏、庭议、兼听、独断、考课、监察，等等"。⑧要想对中国传统廉政文化做一个比较详尽的解读，必须按照研究中国古代政治思想史的方

①　许慎撰，段玉裁注：《说文解字注》，中州古籍出版社，2006年，第444页。
②　李学勤：《周礼注疏》，北京大学出版社，1999年，第145页。
③　王国珍：《释名语源疏证》，上海辞书出版社，2009年，第137页。
④　《周礼·考工记·轮人》，《十三经注疏》（上册），浙江古籍出版社，1998年，第907页。
⑤　《荀子·不苟》，梁启雄：《荀子简释》，中华书局，1983年，第26页。
⑥　《晏子春秋·内篇杂下第六》，上海古籍出版社，1989年，第45页。
⑦　《论语·颜渊》，杨伯峻：《论语译注》，中华书局，2006年，第145页。
⑧　参见刘泽华：《先秦政治思想史》，南开大学出版社，1984年，"前言"第5页、第6页。

法,从三个方面进行着手,即中国传统廉政文化的思想、制度和物质。

一、思想维度

(一)上古三代的廉政思想

原始社会末期,中国廉政思想开始萌芽。中国是人类文明起源地之一,由于生产工具落后和生产力水平低下,人们结群而居,只有通过共同劳动,共分食物,才能维持基本的生存。一般通过血缘关系形成氏族,财产共有,依靠集体力量共同生活,有食物就一起吃,平均分配,没有阶级之分,更谈不上私有制,氏族发展的唯一目标就是生存。氏族首领通过原始的选举产生,谁能带领氏族老少吃饱饭,谁就是首领,道德考量是选举首领过程中比较重要的因素,首领普遍具有原始公仆意识。黄帝是五帝之首,是中华民族共同的文化始祖,已经开始有了朦胧的廉政意识,表现在他的廉政行为和措施上。《吕氏春秋·去私》中说黄帝"省禁重,色禁重,衣禁重,香禁重,味禁重,室禁重"[1],说明黄帝已经意识到了廉政、节俭、爱民的重要性。黄帝的继承者们也奉行为民公仆、勤政爱民的廉政行为。黄帝的曾孙帝喾高辛氏认为"德莫高于博爱人,而政莫高于博利人"[2],主张"取地之财而节用之","抚教万民而利诲之","历日月而迎送之"[3],这些政策深得民心。贾谊在《新书·修政语》中说帝尧(帝喾的儿子):"吾存心于千古,加志于穷民,痛万姓之罹罪,忧众生之不遂也。故一民或饥,曰:此我饥之也;一民或寒,曰:此我寒之也;一民有罪,曰:此我陷之也",表现了尧对人民疾苦的关心。原始社会末期,氏族首领的廉政思想进一步表现在"戒言""铭言"上,他们不仅严于律己、注重个人道德

---

①　《吕氏春秋·去私》,《百子全书》(下册),浙江古籍出版社,1998 年,第 783 页。
②　贾谊:《新书·修政语上》,《百子全书》(上册),浙江古籍出版社,1998 年,第 114 页。
③　《史记·五帝本纪》(卷一),《二十五史》(第 1 册),上海古籍出版社、上海书店,1986 年,第 9 页。

修养，也告诫他人要廉政勤政。黄帝告诫儿子："爰有大圜在上，大矩在下，汝能法之，为民父母"①，教诲儿子为人君主的职责。虞舜德行高尚，告诫伯夷"夙夜惟寅，直哉惟清"②，又告诫夏禹，"克勤于邦，克俭于家"③，形成"龙主宾客，远人至……四海之内，咸戴帝舜之功……天下明德皆自虞帝始"④之势。大禹廉政爱民，《尚书·皋陶谟》中记载了皋陶对禹的告诫："宽而栗，柔而立，愿而恭，乱而敬，扰而毅，直而温，简而廉，刚而塞，强而义"⑤，其中的"简而廉"体现了原始社会氏族首领的廉政意识。这些原始的廉政意识和行为虽然更加注重道德的教化，但是可以证明中国传统廉政文化已经开始出现，并且为以后的廉政思想发展打下了坚实的基础。

夏商周时期，是中国廉政思想的正式开端。从夏朝开始，国家取代了氏族部落开始出现，中国从原始社会进入奴隶社会，并且随着国家各方面不断发展，原始的公有制变为私有制，统治者和思想家在总结王朝更替的基础上，推动了廉政思想逐渐形成。大禹算是中国原始社会最后一个部落首领，标志着以道德为准绳的禅让制结束，从此以后，夏朝"家天下"的格局正式确立，意味着中国古代王权开始父子世袭。父子世袭制比起传贤制，虽然有利于王权的稳定，但是面对越来越庞大的国家机器，国家机构不断增多，官员种类和数量也不断增加的局面，官员素质大不如前，选官不再是选举道德高尚者，而是君王册封的贵族功臣，导致腐败现象开始出现，玩忽职守屡见不鲜，也就引起了因为奢侈贪淫而夏初太康失国以及后来的夏朝的衰亡。

夏商时期，由于社会生产力水平低下和人们认识能力不足，面对大自然不可预测的神奇力量，人们往往祈求上天的庇护。统治者依靠祭祀、占卜的方

---

① 严可均：《全上古三代秦汉三国六朝文》（卷一），中华书局，1965 年。
② 《尚书·舜典》，《十三经注疏》（上册），浙江古籍出版社，1998 年，第 131 页。
③ 《尚书·大禹谟》，《十三经注疏》（上册），浙江古籍出版社，1998 年，第 136 页。
④ 《史记·五帝本纪》，《二十五史》（第 1 册），上海古籍出版社、上海书店，1986 年，第 6~10 页。
⑤ 《尚书·皋陶谟》，《十三经注疏》（上册），浙江古籍出版社，1998 年，第 138 页。

式行使监察权,体现了"恭行天之罚"①的理念。夏王、商王自诩"天赋神权",任凭自己的好恶对国家进行统治和管理,如果自我约束,自然朝政稳定,而一旦碰上暴君施政,则无法无天,对国家和人民来说就是灾难。商纣王奢淫腐败,奸臣接受周人贿赂,释放囚禁于监狱的周文王,导致最后被其灭国。夏商的廉政实践体现了浓厚的宗教神权色彩。到了周朝,周人吸取商朝灭亡的教训,虽然也带有一定程度的神灵迷信,但是已经开始意识到仅仅依靠虔诚的祈祷是无济于事的。想要王朝存世,关键在于宜民宜人。从而提出了"德"的观念,"皇天无亲,惟德是辅"②,要求统治者注意个人道德的修养,即"敬德"。"敬德"又与"保民"相辅相成,所以"敬德保民"成为周初的廉政主张,包括明德慎刑、任贤和勤政三个方面。周公还提出了"廉"的观念,《周礼·天官·小宰》有过记载:"以听官府之六计,弊群吏之治,一曰廉善,二曰廉能,三曰廉敬,四曰廉正,五曰廉法,六曰廉辨。"③官员的评价标准要从这六个方面进行考察,可以看到,六个方面都带有"廉"字,说明了周人对廉洁为政的重视程度。中国廉政思想自夏商周开始,对春秋战国诸子百家的廉政思想发展起到了重要的导向作用。

(二)春秋战国时期的廉政思想

春秋战国时期,中国廉政思想成形。东周时期,以周天子为首的王室衰微,各诸侯掀起了轰轰烈烈的争霸战争,这是中国历史上持续时间最长的一次社会大动荡、大变革、大改组,也引起了一次史无前例的学术大繁荣,诸子百家纷纷提出自己的政治见解,形成了百家争鸣的局面。与此同时,先秦诸子顺应夏商周廉政思想意识的觉醒,也或多或少地提出了各自的廉政主张,作为诸子百家思想论战的一部分,中国廉政思想在春秋战国时期开始形成。

---

① 《尚书·甘誓》,《十三经注疏》(上册),浙江古籍出版社,1998年,第155页。
② 《尚书·蔡仲之命》,《十三经注疏》(上册),浙江古籍出版社,1998年,第227页。
③ 《周礼·天官·小宰》,《十三经注疏》(上册),浙江古籍出版社,1998年,第654页。

春秋初期,管仲十分重视"廉"在国家命运中的作用,提出了"国之四维"的概念,"国有四维,一维绝则倾,二维绝则危,三维绝则覆,四维绝则灭","四维不张,国乃灭亡"。所谓"四维",指的是礼、义、廉、耻,"礼不愈节,义不自进,廉不蔽恶,耻不从枉"。①晏子认为,廉政保证了国家政权的顺利运行,并且正式提出了"廉政"这一命题,"廉者,政之本也"②,"廉政可以长久"就好比"其行水也,美哉水乎清清,其浊无不雩途,其清无不洒除,是以长久也"③。晏婴做齐国相国三年时间里,政治清廉平和,百姓安居乐业。有一次,梁丘据见晏子午饭肉食不足,便告知齐景公。次日景公划出一块土地,要封给晏子。晏子推辞不受,说:"富而不奢者,未尝闻之。贫而不恨者,晏是也。所以贫而不恨者,以苦为师也。今封,易婴之师。师已轻。封已重矣。敢辞。"④晏婴认为,贫穷是自己的老师,用赐予的土地和老师互易,虽然封赏加重了,却败坏了善德,因此不能接受奖赏。这不仅显示了作为相国洁身自好的气节,也为齐国官员为政做出了榜样,维护了廉政风气。总体来说,春秋时期的廉政思想得到了极大丰富,诸子百家各有特点,下面详细论之:

1.儒家的廉政思想

儒家是诸子百家中产生最早、影响最大的思想学派,一直被奉为中国封建王朝的正统思想。儒家学派的代表人物包括孔子、孟子和荀子,他们的思想中纷纷闪现着廉政的光芒。

孔子虽然没有专门关于"廉政"的论述,但是在他的思想中到处可见"廉政"意识。可以将孔子的廉政思想概括为以下三个方面:一是以仁以德。孔子的"德"主要是"教民""富民""宽猛相济"。二是修己修身。孔子向往尊卑有等、贵贱有序、长幼有亲、男女有别的社会秩序,严格遵守"君君、臣臣、父父、

---

① 参见《管子·牧民》,《百子全书》(上册),浙江古籍出版社,1998年,第372页。
② 《晏子春秋·内篇杂下第六》,上海古籍出版社,1989年,第45页。
③ 《晏子春秋·内篇问下第四》,《百子全书》(上册),浙江古籍出版社,1998年,第477页。
④ 《晏子春秋·内篇杂下第六》,上海古籍出版社,1989年,第46页。

子子"的等级秩序,认为为政者要端正自身,"政者,正也。子帅以正,孰敢不正?"①"苟正其身矣,于从政乎何有? 不能正其身,如正人何?""其身正,不令而行;其身不正,虽令不从。"②三是以义为绳。"君子义以为上"③,孔子认为,应该把义当作立身之本。

孟子继承了孔子的"仁政"学说,提出"施仁政于民","老吾老,以及人之老;幼吾幼,以及人之幼。天下可运于掌"。④孟子的廉政主张表现在以下三个方面:一是爱民。孟子提出"民贵君轻"的民本思想,"民为贵,社稷次之,君为轻"⑤。二是举贤。孟子提出:"唯仁者宜在高位,不仁而在高位,是播其恶于众矣。"⑥三是廉本。孟子认为"廉"是为官之根本,"伯夷,目不视恶色,耳不闻恶声;非其君不事,非其民不使;治则进,乱则退;横政之所出,横民之所止,不忍居也;思与乡人处,如以朝衣朝冠坐于涂炭也。当纣之时,居北海之滨,以待天下之清也。故闻伯夷之风者,顽夫廉,懦夫有立志"⑦。

荀子的廉政思想也表现为三个方面:一是民本。荀子把君民比作舟与水的关系,"君者,舟也;庶人者,水也;水则载舟,亦则覆舟"⑧。二是隆礼重法。荀子提出"性恶论",认为礼法相辅惩治"性恶","不教而诛,则刑罚繁而邪不胜;教而不诛,则奸民不惩"⑨。三是选贤。荀子提出廉政的关键在于用人,"尚贤使能之为长功也"⑩。

总而言之,儒家思想中"德主刑辅"和"选贤举能"的廉政主张,对我国传统廉政思想发展起到了深远影响。

---

① 《论语·颜渊》,杨伯峻:《论语译注》,中华书局,2006 年,第 145 页。
② 《论语·子路》,杨伯峻:《论语译注》,中华书局,2006 年,第 152 页。
③ 《论语·阳货》,杨伯峻:《论语译注》,中华书局,2006 年,第 214 页。
④ 参见《孟子·梁惠王上》,《十三经注疏》(下册),浙江古籍出版社,1998 年,第 2670 页。
⑤ 《孟子·尽心下》,《十三经注疏》(下册),浙江古籍出版社,1998 年,第 2774 页。
⑥ 《孟子·离娄上》,《十三经注疏》(下册),浙江古籍出版社,1998 年,第 2717 页。
⑦ 《孟子·万章下》,《十三经注疏》(下册),浙江古籍出版社,1998 年,第 2740 页。
⑧ 《荀子·王制》,梁启雄:《荀子简释》,中华书局,1983 年,第 102 页。
⑨ 《荀子·富国》,梁启雄:《荀子简释》,中华书局,1983 年,第 130 页。
⑩ 《荀子·君道》,梁启雄:《荀子简释》,中华书局,1983 年,第 173 页。

2.法家的廉政思想

法家的廉政思想主张是以法治国，强调法治在为政过程中的重要作用。主要代表人物是管仲、商鞅和韩非。

管子辅佐齐桓公，提出了一系列变革方案，把廉政作为治国之纲，提出了国之四维的理念。其廉政思想主要表现在：一是顺民。管子继承了西周以来宜人宜民的思想，认为顺应民意是治国的关键，"夫霸王之所以始也，以人为本，本理则国固"，"政之所兴，在顺民心；政之所废，在逆民心"①。二是治吏。管子认为："夫生法者君也，守法者臣也，法于法者民也"，"而求上之毋为，下之毋乱，不可得也"②，官员守法是廉政的根本。三是选贤。管子注重贤能政治，"闻贤而不举，殆；闻善而不索，殆；见能而不使，殆"③，反映了管子对人才的求之若渴，珍惜贤才。重视法治，推行廉政，在管子的一系列大变革之下，齐国确立了东周列国的霸主地位，也为后世治国思想提供了借鉴，廉政思想被广为效仿。

商鞅以"法"著称，他提出："法者，国之权衡也"④，虽然他最后惨死在自己宣扬的重法之上，车裂而死，但是他十分重视法在治国理政中的地位和作用，为秦国制定了霸道强国之策，使之国富民强，确立了秦统一六国的坚实基础。商鞅廉政思想的核心是"以廉治吏"，体现在四个方面，即赏罚、考核、选拔和监督。

韩非是先秦法家集大成者，他的廉政思想体现在法、术、势相结合上，一是以法兴廉。韩非认为法是国家统治的根本，"国无常强，无常弱。奉法者强，则国强；奉法者弱，则国弱"⑤。二是以术促廉。通过防范腐败措施促进为政廉

---

① 《管子·牧民》，《百子全书》（上册），浙江古籍出版社，1998年，第372页。
② 《管子·任法》，《百子全书》（上册），浙江古籍出版社，1998年，第405页。
③ 《管子·法法》，《百子全书》（上册），浙江古籍出版社，1998年，第384页。
④ 《商君书·修权》，石磊：《商君书》，中华书局，2011年，第107页。
⑤ 《韩非子·有度》，王先慎：《韩非子集解》，中华书局，2013年，第31页。

洁,比如:明确法令,查奸治贪、高薪养廉、杀鸡儆猴。韩非认为:"上之所以立廉耻者,所以属下也"①,"赏莫如厚,使民利之;誉莫如美,使民荣之;诛莫如重,使民畏之;毁莫如恶,使民耻之"②,树立廉耻的标杆,让官吏们效仿,促进廉政效能。法家不像儒家那样劝善,主张以冷冰冰的法度治理国家,虽然有其历史局限性,但为我国廉政文化的发展在法治的角度添上了一笔浓墨。

3.道家的廉政思想

道家的代表人物是老子和庄子。老子的《道德经》广为流传,虽是一部哲学著作,主张道法自然,无为而治,但里面也含有丰富的廉政思想。他认为:"是以圣人方而不割,廉而不刿,直而不肆,光而不耀"③,提倡在无为之中做到廉德。老子不主张为了廉政而廉政的做法,只要顺应道而加以克制就可以,提出"去甚、去奢、去泰"的"三去"原则,"不尚贤,使民不争。不贵难得之货,使民不为盗。不见可欲,使民心不乱"④。

庄子继承了老子的无为而治并进一步发展了他的思想,提出更极端的"无为",甚至反对一切制度。他对通过不道德的行为获益感到深恶痛绝,"夫孝悌仁义,忠信贞廉,此皆自勉以役其德者也,不足多也"⑤。批评社会的混乱状态,即"大道不称,大辨不言,大仁不仁,大廉不廉,大勇不忮"⑥。他认为,"廉"的行为是为了保证自己的利益不受侵犯。道家的代表人物基本出身于没落贵族,对政治纷争感到失望透顶,所以主张无为的态度,明哲保身。虽然思想上有些消极态度,但是对稳定社会发展、缓和社会矛盾起到了一定积极的作用,使我国的廉政思想和实践更加柔和,利于人民所接受。

①　《韩非子·诡使》,王先慎:《韩非子集解》,中华书局,2013年,第410页。
②　《韩非子·八经》,王先慎:《韩非子集解》,中华书局,2013年,第428页。
③　《老子》(第五十八章),陈鼓应:《老子注译及评介》,中华书局,1984年,第289页。
④　《老子》(第三章),陈鼓应:《老子注译及评介》,中华书局,1984年,第71页。
⑤　《庄子·天运》,杨柳桥:《庄子译诂》,上海古籍出版社,1991年,第271页。
⑥　《庄子·齐物论》,杨柳桥:《庄子译诂》,上海古籍出版社,1991年,第43页。

4.墨家的廉政思想

墨家的代表人物是墨子,主张兼爱、非攻、尚贤、尚同、天志、明鬼、节用、节葬、非乐、非命,是下层人民的代表。在《墨子》中可以看到一些廉政思想:他主张选拔人才应该平等,不只是在贵族功臣中任命官员,无论贵贱,只要贤能就可以做官,"故古者圣王之为政,列德而尚贤。虽在农与工肆之人,有能则举之。高予之爵,重予之禄,任之以事,断予之令。曰:爵位不高,则民弗敬;蓄禄不厚,则民不信;政令不断,则民不畏。举三者授之贤者,非为贤赐也,欲其事之成。故当是时,以德就列,以官服事,以劳殿赏,量功而分禄。故官无常贵而民无终贱。有能则举之,无能则下之。举公义,辟私怨,此若言之谓也"①。墨子给出了贤人的评价标准,即:廉、义、爱、哀,把廉放在第一位,可以看出对廉政的特别推崇。另外,墨子还提出了"俭节则昌,淫佚则亡"②的理念,主张惩治奢淫贪腐。虽然墨家代表了社会平民的诉求,一时成为显学,但是后来与统治阶级思想发生冲突,慢慢在历史中销声匿迹,其廉政思想也随之影响越来越小。

(三)秦汉时期的廉政思想

秦汉时期,中国廉政思想得到发展。秦统一六国,建立了中国历史上第一个大一统国家,政治上的统一,造成思想上的统一,法家思想成为当时的主流思想。秦灭六国以前通过以法治国的方式富国强兵,从一个不占优势的诸侯国提升为七国霸主,以至后来灭六国统一中国。秦始皇十分认可法治的作用,法家思想早已成为秦国的统治思想,所以统一后的秦国一直遵循法家的主张,在政治生活中强调"事皆决于法"③的理念,并且按照韩非法、术、势

---

① 《墨子·尚贤上》,《百子全书》(上册),浙江古籍出版社,1998年,第716页。
② 《墨子·辞过》,《百子全书》(上册),浙江古籍出版社,1998年,第715页。
③ 《史记·秦始皇本纪》,《二十五史》(第1册),上海古籍出版社、上海书店,1986年,第29页。

相结合的思想建立了统一的中央集权国家。廉政思想也随着法家思想的兴盛，表现出了严苛的特点，形成了专任刑罚的廉政思想体系，"乐以刑杀为威，天下畏罪持禄，莫敢尽忠。上不闻过而日骄，下慑伏谩欺以取容"①，体现了秦始皇提倡严刑峻法的主张，期望以此方式保证王朝传万世。可是严苛的峻法导致民不聊生，官员为政懈怠，致使秦朝成了短命王朝。

　　汉朝初期处于百废待兴的局面，实行休养生息的政策，统治者吸取秦朝灭亡的教训，批判法家严刑峻法的思想，树立了"无为而治"的黄老之学思想。廉政思想在无为清净、与民休息思想的指导下，也表现出了宽松的特点。在选官任能上，只求遵守规矩就可以，"是时，循吏如河南守吴公、蜀守文翁之属，皆谨身帅先，居以廉平，不至于严，而民从化"②。另外，提倡节俭的为政方式，"天下既定，民亡盖藏。自天子不能具醇驷，而将相或乘牛车"③，树立了为政清廉的形象。到了西汉汉武帝统治时期，社会已经实现了大发展，积累了大量的财富，宽松懒散的政治环境导致腐败现象层出不穷，到了必须治理的地步。统治者认识到黄老之学不再适合国家发展的需要，要重新树立一种主流思想。儒家公羊学派的董仲舒认为："《春秋》大一统者，天地之常经，古今之通谊也。今师异道，人异论，百家殊方，指意不同，是以上亡以持一统；法制数变，下不知所守。臣愚以为诸不在六艺之科孔子之术者，皆绝其道，勿使并进。邪辟之说灭息，然后统纪可一而法度可明，民知所从矣"④，提出了"罢黜百家，独尊儒术"的观点，被汉武帝欣然接受，儒家思想从此成为维护封建统治的正统思想，并一直延续了两千多年。董仲舒的儒家思想集合了仁政和法家思想，提倡儒法并用，形成了德本法用的廉政思想。主要包括以下两个方面：一是选贤任能，以德为本。实现廉政的关键在于选举德才兼备的人才，

① 《史记·秦始皇本纪》，《二十五史》（第1册），上海古籍出版社、上海书店，1986年，第31页。
② 《汉书·循吏传》，《二十五史》（第1册），上海古籍出版社、上海书店，1986年，第336页。
③ 《汉书·食货志》，《二十五史》（第1册），上海古籍出版社、上海书店，1986年，第112页。
④ 《汉书·董仲舒传》，《二十五史》（第1册），上海古籍出版社、上海书店，1986年，第237页。

"廉"是选官任官标准的重要因素,"贪吏安可为也! 念为廉吏,奉法守职,竟死不敢为非。廉吏安可为也!"①二是德法并用,先教后罚。"'国有道,虽加刑,无刑也;国无道,虽杀之,不可胜也。'其所谓有道无道者,示之以显德行与不示尔"②,刑罚是被动的,只能惩罚犯错误者,不能起到教化人为善的功能,所以主张先德治,后法治。

总之,秦汉时期廉政思想得到发展,形成了"德本法用"和"德主刑辅"的廉政思想体系。

(四)魏晋隋唐时期的廉政思想

隋唐时期,中国廉政思想得到极大丰富。自汉朝以后,中国进入了魏晋南北朝的历史阶段,大分裂、大动荡是这一时期的标志,廉政思想在继承汉制的基础上也得到了些许发展,但是战争和动荡的环境制约了廉政的发挥,导致在这一时期廉政思想发展缓慢。儒家思想的统治地位受到冲击,法家思想重新兴盛,佛、道宗教思想开始对社会产生影响,体现出大融合的特点。虽然统治集团奢靡腐化趋于严重,政治上反映出更强烈的清明廉洁的诉求,产生了一大批廉政官员,比如诸葛亮。"鞠躬尽瘁、死而后已"是诸葛亮一生的政治追求,也体现了其廉政勤政的廉政思想。

隋唐时期是中国历史上极为兴盛的时期,可以说是中国封建社会的顶峰,廉政思想也得到了极大发展,成为当时中华灿烂文明中的极为闪耀的一颗星。在隋朝初期,隋文帝极为重视廉政建设,改革官制、创立科举;赏罚分明、惩治腐败;减轻赋税、提倡节俭,创造出"恭节俭,平徭赋,仓廪实,法令行,君子咸乐其生,小人各安其业,强无凌弱,众不暴寡,人物殷阜,朝野欢娱"③的盛景。之后隋炀帝杨广继承了帝位,虽然建立了如开挖大运河的诸多功业,

---

①　《史记·滑稽列传》,《二十五史》(第1册),上海古籍出版社、上海书店,1986年,第349页。

②　董仲舒:《春秋繁露·身之养重于义》,上海古籍出版社,1989年,第55页。

③　《隋书·高祖纪》,《二十五史》(第5册),上海古籍出版社、上海书店,1986年,第3257~3258页。

但是大兴土木,增加了人民的负担,加上其奢靡享乐的生活方式,最终葬送了大隋王朝的统治。隋朝在廉政方面的成败得失对唐朝的建立起到极大的借鉴作用,统治者吸取隋王朝腐败亡国的教训,使唐朝初期廉政建设取得了良好的效果,开启了唐朝盛世。

唐太宗认为廉政的对象不应仅仅局限在官员,皇帝本人更应该注重廉洁修养,"纵禁苑所养鹰犬,并停诸方所贡珍异,政尚简肃,天下大悦"[1],体现了其以身作则,崇尚节俭的廉政思想。唐太宗还吸取纵欲亡国的历史教训,提出:"伤其身者不在外物,皆欲嗜欲以成其祸。若耽嗜滋味,玩悦声色,所遇既多,所损亦大。既妨政事,又扰生人。且复出一非理之言,万姓为之解体,怨言既生,离叛亦兴。"[2]贤妃徐惠上疏谏言太宗廉政要以一而终,指出:"守初保末,圣哲罕兼。是知业大者易骄,愿陛下难之;善始者难终,愿陛下易之"[3],体现了贞观之君臣善始善终的廉政意识,就因为统治者自身重视廉政,才促成了唐王朝的盛世景象。

总之,隋唐时期统治者对廉政思想的重视,极大丰富了廉政思想的发展,建立了一套崇尚节俭的廉政思想体系,为后世树立了廉政榜样。

(五)宋元时期的廉政思想

宋元时期,中国廉政思想逐渐走向成熟。唐朝中期发生安史之乱,之后形成了五代十国的割据纷争局面。宋朝开祖皇帝赵匡胤通过武力吞并了中国大部分地区,又一次实现了国家的统一。宋朝建立之初,实行重文抑武的政策,夺取兵权,把权力收归中央,并掌握在皇帝一人手中,重视文官的发展,这样极大地促进了宋代文化的繁荣。儒、释、道三教合一,促成了理学的兴起,理学在程颢、程颐这些宋代思想家的构建下已经初具规模,至南宋时期,朱熹

①　《旧唐书·太宗本纪》,《二十五史》(第5册),上海古籍出版社、上海书店,1986年,第12页。
②　《贞观政要·君道》(卷一),陈生玺:《政书集成》(第二辑),贵州人民出版社,1996年,第304页。
③　《旧唐书·后妃传》,《二十五史》(第5册),上海古籍出版社、上海书店,1986年,第259页。

对其进行完善,以至理论成熟,俗称为"程朱理学"。理学从此成为后期中国封建王朝的正统思想,将中国传统文化中注重伦理道德的精神发挥到极致,建立了以伦常秩序为核心的儒学体系,此时的廉政思想也有了新的变化。理学主张"存天理,灭人欲"的理念,朱熹更明确地指出:"天理存则人欲亡,人欲胜则天理灭。"①这样看来,"天理"和"人欲"是绝对对立的。理学家又提出了"克己复礼"的概念,认为礼是天理对道德的最高要求,让人克制自己的欲望,程颐说过:"克己则私心去,自然能复礼,虽不学文,而礼意已得。"②毋庸置疑,在重构"礼"的秩序过程中,使人的个性完全被约束,尤其在当时来看,极大地摧残了妇女的身心健康。但是,"存天理、灭人欲"的理念为廉政思想提供了哲学依据,提倡官员自觉克制私欲,廉洁为政。"义利之辨"是中国传统文化中一直在争辩的命题,在宋明理学的影响下,也成为廉政的评判标准,根据义和利划分君子和小人,限制统治者的贪欲,使官员注意道德自律,争做君子。理学还讲究"内圣",进一步强化了重义轻利的精神,宋代以前对优秀官员的认定倾向于功绩和道德的双重标准,而在"内圣"的要求下,则更强调官员清廉的德行。简单来看,以理学为代表的新儒学成为宋元时期的主流思想,推动了中国廉政思想逐渐走向成熟。

(六)明清时期的廉政思想

明清时期,中国廉政思想趋于完善。明朝是中国历史上君主专制走向极权的朝代,清朝是最后一个封建专制王朝,标志着封建制度下的中央集权制度发展到了最高阶段。相应地,中国古代廉政思想也发展到了顶峰,涵盖了重民、官德、民主、任贤、养廉等廉政思想。中国古代的廉政主张一般都是自上而下的意识,民间对廉政的看法基本不成系统,直到明清时期,清官文化开始在平民社会兴起,成为廉政思想的重要组成部分。清官的评判标准一般可以概

---

① 黎德靖编:《朱子语类》(卷一三),中华书局,1986 年,第 224 页。
② 《河南程氏遗书》(卷二),《二程集》,中华书局,2004 年,第 18 页。

括成清、正、廉、明四个字,也反映了民众反腐倡廉的贪廉观,清官文化极大丰富了传统廉政思想的内容。在明清之际,出现了一股推动改革的新思潮,代表人物是顾炎武、黄宗羲和王夫之,他们的思想标志着中央集权开始走向衰败,也为廉政思想的发展提供了新的思路。首先,他们反对君主专制,黄宗羲对处于腐败源头的君主专制制度进行了猛烈批判,在《明夷待访录》中有记载:"为天下之大害者君而已矣"①,说明了主权在民的思想。其次,他们提出了"分权而治"的构想,顾炎武说:"以天下之权,寄天下之人"②,认为应该把集中皇权分给人民。他们的廉政反腐思想达到了封建社会的顶峰,虽然略显稚嫩,但是也代表了一种古代中国人的政治启蒙。总而言之,明清时期的廉政思想已经趋于完善,但是始终摆脱不了封建专制的束缚,它始终是为了君主专制服务的,摆脱不了"人治"的局限性。也就是说,中国封建社会的君主专制制度已经走向穷途末路,传统廉政思想也完成了其历史使命。

二、制度维度

严格来说,中国传统廉政制度自秦朝大一统之后才正式出现,之前先秦时代虽然有廉政思想和廉政实践,但是没有形成规范化的制度。下面就从监察机构设置、选官制度和官员管理制度三个角度按照历史脉络梳理我国的传统廉政制度。

(一)监察机构设置

秦汉中央监察机构设置了三个系统:御史大夫有考课、监察、弹劾百官的权力,其属官是御史中丞;丞相有监察之责,其属官中司直专掌监察;司隶校尉主要职责是纠察京师百官。另外还设有主管刑罚的廷尉和主管皇族与

① 黄宗羲:《明夷待访录·原君》,中华书局,1981 年,第 2 页。
② 顾炎武:《日知录》卷九《守令》,黄汝成:《日知录集释》,岳麓书社,1994 年,第 327 页。

外戚事务的宗正。地方监察机构有以下四种:郡监,监察地方官吏;刺史,监督州郡;督邮,监察郡内所辖各县的长吏;廷掾,监察乡里基层官吏。

魏晋南北朝时期,中央方面,御史台成为最高监察机构,直接受控于皇帝,其核心官员是御史中丞,打破了不纠三公的限制,其下属设治书侍御史二人,负责监察官吏,奏劾不法;创立了散骑常侍为首的谏官系统。地方上,南北朝时期,增设典签一职,负责监督各地刺史。

隋唐时期,中央方面,隋朝御史成为相对独立的监察官,不再是皇帝旁边的侍臣;门下省增设封驳职能;监察法规"六条问事"强调对中央官吏的监察,增设对为政能力的考核。唐朝形成了御史、谏官、封驳官各谋其政的职能体系;御史台实行"三院制",即台院、殿院和察院。地方上,隋朝设立司隶台,专门负责郡县监察;设立谒者台,与司隶台、御史台合称为"三台"。唐朝设置巡按、巡院和出使郎官。

宋元时期,中央方面,宋朝御史台三院合并,设置六察司;谏官正式负责监察职能。元朝御史台地位提升,取消台院,并将其职能并入察院,殿院改为殿中司;取消专设的谏官,促成"台谏合一"。地方上,宋朝设立监司、通判两级监察体制。元朝设立行御史台,实行大区监察机制;设立提刑按察司,负责处理地方冤假错案和纠察地方官吏违法言行;设立肃政廉访司,其职能之一是监督地方科举。

明清时期,中央方面,明朝废除御史台,设立中央最高监察机关——都察院;创立六科给事中,加强对六部的监督。清朝都察院改承政为左都御史,参政为左副都御史,另设右都御史、右都副御史若干人,改理事官为监察御史,并废除一些冗汰人员;军机处设置"稽查钦奉上谕事件处",宗人府设置"稽查内务府衙门";制定了中国监察制度史上第一部以皇帝名义颁布的、极为完整的监察法典——《钦定台规》。地方上,明朝建立了包括提刑按察使司及其属官、巡按御史、总督和巡抚三大监察体系。清朝成立十五道监察体系、巡抚监察体系、提刑按察使司监察体系、道员监察体系以及五城察院监察体系。

(二)选官制度

秦汉时期,实行察举制为主体的官吏选拔制度,所谓"察举",就是由中央高级官吏和地方郡国按照指定的科目举荐人才,被举荐者经考核合格,即可被任以一定的官职。为了保证官员来源的公平,扩大官吏选拔的地区分布,减少官吏选拔来源的身份限制。在选拔官员的过程中采取选举责任制,举荐选任者需对被举荐选任者负有连带责任,选举得人者奖,选举不实者罚,并且限制官僚贵族荫庇特权。在官吏任用上,实行"试守"的规定,官员在任新职前需经过一年的试用期,并且实行籍贯回避的制度,防止地方官员结党营私。

魏晋南北朝时期,选官制度主要是九品中正制。推行"唯才是举"的原则,实行较为严密的审查制度,即从考察到任官,大致要经过郡议、州评、司徒审和尚书决四个过程,以保证品第的准确和任官的恰当。另外,初步形成了黜落之制,在《晋书·魏舒传》有记载:"于是自课,百日习一经,因而对策升第。"[①]

隋唐时期,选官制度主要是科举举士和铨选举官两种。在科举举士过程中,为了防止官吏的营私舞弊,采取了结款通保、别头考试、搜索夹带、糊名暗考、分铺考试、誊录问义、上请制度、试卷盖印、公举通榜、覆试重考等廉政措施。在铨选举官过程中,采取了南曹驳放、联保官保、锁闭考官、搜索夹带、糊名暗考、对照笔迹、注格拟官、审查覆试的廉政措施。

宋代选官主要有六种途径,即科举、学校、保任、补荫、铨法和考课,其中最重要的是科举制,同时创立了殿试制度。锁厅试和别头试是宋代科举的两项廉政制度。元朝选官重视回避制度,"有父兄居宪台、察院之职,子侄为按察司官者,或父兄为按察司官,子侄于别道为官。有似其类,理宜回避"[②]。

---

① 《晋书·魏舒传》,《二十五史》(第2册),上海古籍出版社、上海书店,1986年,第1381页。
② 《元典章》(卷八),民国沈刻本。

明清时期，选拔官吏有三种途径，即进士、举贡和吏员。清代以进士和举贡为正道，吏员视为杂道。在这一时期科举过程中有三种廉政措施：一是对主考官员的严格限制，防其营私；二是对应考士子严格防范，杜其舞弊；三是对录取范围不断调整，俾其廉政。

（三）官员管理制度

秦汉时期，为了强化监察效能，统治者对监察官员的职权地位做了一些特殊的规定，表现在秩轻而任重，即品秩较低的监察官员，可以监临品秩较高的行政官员；赏厚而升迁迅速，即监察官员在仕途中蒙受优待；官卑而位尊，即监察官员不仅具有可以监临官秩高于自己者的威权，而且还享有其他方面的一些尊荣；数权并监，即监察官员在执行公务时，除专司监察之权外，同时拥有一定的弹劾权、考课权、举荐权和司法权。

魏晋南北朝时期，考课制度中一项重要内容是上计制度，上计的程序一般可分为郡县上计、督邮上计、考功上计、御史核计和皇帝主计五个过程。从县上计到考功受计，都要受到监察官员——御史的监视，如有发现虚假不实之处，可随时弹劾。

隋唐时期，官吏制度中的考课、监察、致仕等制度得到日益完善，在考课过程中实行颁定考格、计课初考、考功复审、较考监考、对注注定等廉政措施，使考课制度真正起到了选拔优秀、剔除劣等的作用。

宋元时期，特别注重加强对官吏的监察。监察官员不仅可以弹劾，而且可以言事，使监察官可以介入并干预行政事务，参与政务决策。同时，各级政府官员的主旨由推行政务转向监督所属，层层分割行政权力以互相制衡。

明清时期，对官吏的处罚，首当其冲的是贪赃枉法和失守纵盗行为，如果官吏的行为虽违反制度，但对治理地方、促进廉政、安抚百姓确实有益者，可以酌情予以减免处分。清代还禁止官员之间的不正当结交，朝官不得与宦官来往，现任地方官不得与回籍官员来往，科道官不得与三品以上大员来往。

三、物质维度

中国传统廉政文化博大精深，表现在物质层面的廉政资源多种多样，包括监察机构、廉政建筑、廉政书籍、带有廉政意识的歌谣和戏曲等民间艺术，以及其他廉政实物等。这些物质资源反映了古代人民对廉政的诉求，是中国优秀传统文化的重要组成部分，极大地推动了中国古代封建社会的发展。具体如下：

一是监察机构。我国廉政制度建设开端于秦朝，在隋唐时期得到极大发展，成熟于明清。成立了形式多样的监察机构，一般分别设立中央和地方两套监察体系，对官员形成了有效的制约和监督作用。在上文廉政制度维度的监察机构设置一节中已对中国古代监察机构做了详细的梳理，在此就不再进行相关叙述。

二是廉政建筑。中国古建筑在世界建筑史上独具特色，有很大的影响力，体现了古代人民的智慧，更反映了中国传统文化的意涵，因为廉政文化建立起来的古建筑数不胜数。比如：在现今温州乐清市有一座南宋建立的窑庐，名曰"孝廉洞"，是专门纪念孝廉钱尧卿的古代遗址，被当代人所传颂。廉政建筑不仅对古代官员起警示作用，也为我们挖掘传统廉政文化提供了借鉴。

三是廉政书籍。中国在五千多年的历史传承中，许多宝贵的典籍被保留下来，既记录了中国历史的发展脉络，也传承了中国智慧。其中有许多记载廉政文化的书籍，比如："硕鼠，刺重敛也。国人刺其君重敛，蚕食于民，不修其政，贪而畏人，若大鼠也。"①诗人将奢淫腐败的官员比作满肚肥油的硕鼠，表明了当时人们对统治者残暴贪婪的憎恨。另外，反映廉政文化的书籍还有

---

① 《诗经·国风·魏风》，《十三经注疏》（上册），浙江古籍出版社，1998年，第359页。

《周礼》《晏子春秋》《官箴》等。

四是民间艺术。中国传统民间艺术形式多样，包括诗赋、民歌、民谣、小说、戏剧、绘画、雕塑等样式，其中包含了大量具有廉政意识的作品，大多以脍炙人口的方式传承下来。比如清代小说《官场现形记》向人们展示了一幅官员贪污腐化的百丑图，极力讽刺了晚清官场腐败。另外，中国古代其他廉政实物也反映了中国传统廉政文化的丰富内容，如廉对等名言警句。

第二节　中国传统廉政文化的精神要义

通过以上对中国传统廉政文化的历史溯源进行思想维度、制度维度和物质维度三方面的详细梳理，我们对中国传统廉政文化有了初步的了解。廉政文化作为中国古代政治文化的一部分，伴随着政治实践和封建社会的发展，其内容也不断更新和完善，每个时期都有各自的时代特点，反映了中国传统廉政文化的丰富内涵。虽然展现出了时代差异性，但是我们依然可以看到其中的共性，也就是每个时代所共有的一些基本廉政意蕴，即中国传统廉政文化的精神要义。

一、以民为本

在中国古代政治实践中，非常重视"民"的作用，一切政治活动基本都是围绕处理君民关系产生的，民本思想对古代政治、经济和社会发展起到了至关重要的作用。可以看出，"以民为本"思想是中国古代政治思想的哲学基础，也是中国传统廉政文化的理论价值基础。

在人类社会的初期阶段，人们无法解释超自然现象的发生，认为神灵不仅可以决定普通百姓生活，也可以决定一个王朝的兴衰，人力太过渺小，只能被动接受上天的安排,人们为了国泰民安,开始有了祭祀神灵,祈求上天的活动。帝王权力来自于上天的赋予,统治万民,商王盘庚说过:"予迓续乃命于天,予岂汝威,用奉畜汝众。"①此时,统治者并没有意识到人民的力量。西周时期是民本思想的开端,统治者吸取商朝灭亡的教训,逐渐意识到仅凭祈求上天保佑,是无法做到王朝永固的,奢淫腐败的统治照样被人民推翻,要想保证王朝的长治久安,还需要看人民的脸色,这才开始有了重视民众的意识,提出了"敬德保民"的主张,将民意当作上天的指示来看,认识到照顾民意也就是顺应天意,这样就把民本思想和原始的宗教思想相统一起来。从此以后,历代统治者更加看重人民的作用,为了维护其统治,开始思考如何处理君民关系的问题,进一步提出了"君为民立"的思想。先秦儒者荀子认为:"君者,舟也;庶人者,水也;水则载舟,亦则覆舟"②,告诫统治者为政只有建立在人民认可的基础上,王朝才能长久。唐朝名臣魏征劝诫唐太宗在日常生活中要保民倡廉,他说:"陛下为人父母,抚爱百姓,当忧其所忧,乐其所乐。自古有道之主,以百姓之心为心,故君处台榭,则欲民有栋宇之安;食膏粱,则欲民无饥寒之患;顾嫔御,则欲民有室家之欢"③,意思是君主要注意百姓的平常生活,反映了唐朝统治者注重民众疾苦的廉政意识。

　　总之,以民为本的思想贯彻于中国古代政治思想发展过程中,被历代先进的政治家和思想家所推崇,提出了一系列的民本廉政思想。要想评价一个朝代统治者是否廉政,最明显的辨识标准就是看人民是否生活幸福、安居乐业,这说明了以民为本是中国传统廉政文化的根本价值标准。

---

　　①　《尚书·盘庚》,《十三经注疏》(上册),浙江古籍出版社,1998年,第171页。
　　②　《荀子·王制》,梁启雄:《荀子简释》,中华书局,1983年,第102页。
　　③　《贞观政要·纳谏》,陈生玺:《政书集成》(第2辑),中州古籍出版社,1996年,第451~452页。

二、崇俭抑奢

廉洁和贪腐是相对立的,造成这种对立的原因在于人的欲望,贪腐是纵容欲望的结果, 而节制欲望才能保证廉洁。崇俭抑奢是中华民族的传统美德,无论在生产力水平低下的先秦时期,还是在物质极大丰富的唐宋时期,统治者和思想家都有提倡节俭、反对奢靡的廉政主张,主要表现在两个方面:

(一)以俭养廉

官员应当培养勤俭的为政方式,严于律己,树立正确的价值观念,不为奢华的物质享受所动,克制自己的欲望,踏实做好为官之职,满足于基本的物质性需求, 追求更高尚的精神价值享受。孟子有言:"天将降大任于斯人也,必先苦其心志,劳其筋骨,饿其体肤,空乏其身,行拂乱其所为,所以动心忍性,曾益其所不能"①。孟子认为,成大事之人必先经过磨炼,只有忍受住寂寞和清贫才能成就其高尚的品格。古代讲求中庸原则,树立了量入为出的家风,《颜氏家训·治家》说:"俭者,节约为礼之谓也;吝者,穷急不恤之谓也。今有施则奢,俭则吝;如能施而不奢,俭而不吝,可矣"②,要求根据收入的多寡来安排支出,既不显浪费,也不至寒酸。以俭养廉的本意是在源头上遏制腐败,腐败的根源在于人,官员自身勤俭节约,不追求奢靡的物质需求,就使腐败无处生根。

(二)政在节用

政廉则国昌,官腐则国亡,但凡古代盛世王朝都提倡节俭从政,在政治实践过程中贯彻勤俭的思想,开源节流,不铺张浪费,减少执政成本。在《商

① 《孟子·告子下》,《十三经注疏》(下册),浙江古籍出版社,1998年,第2762页。
② 《颜氏家训·治家》,《百子全书》(上册),浙江古籍出版社,1998年,第936页。

君书·去强》中有记载："国富而贫治,曰重富,重富者强;国贫而富治,曰重贫,重贫者弱"①,意思是节俭为政可以富国,相反,奢侈为政则导致国衰。唐太宗李世民具有极强的政在节用意识,告诫为官者要借鉴尧舜与桀纣的经验和教训,避免"亡国之恨"再起,曾专门著有《帝范·崇俭篇》,其中记载:"夫圣代之君,存乎节俭。富贵广大,守之以约;睿智聪明,守之以愚。不以身尊而骄人,不以德厚而矜物。茅茨不剪,采椽不斫,舟车不饰,衣服无文,土阶不崇,大羹不和。非憎荣而恶味,乃处薄而行俭。故风淳俗朴,比屋可封,此节俭之德也。斯二者荣辱之端,奢俭由人,安危在己。五官近闭,则令德远盈;千欲内攻,则凶源外发。是以丹桂抱蠹,终摧曜日之芳;朱火含烟,遂郁凌云之焰。故知骄出于志,不节则志倾;欲生于身,不遏则身丧。故桀纣肆情而祸结,尧舜约己而福延。可不务乎!"②已然将节俭定为一项国策。崇俭抑奢的廉政思想不仅造就了中国古代的诸多繁荣盛世,也成为一种喜闻乐见的家训,被百姓传世,千古流芳。

三、以德养廉

"以德养廉"的廉政思想,顾名思义是指通过规范官员的行为,促进官员自身道德素质的提高,以达到政治清廉的目的。"欲影正者端其表,欲下廉者先之身"③,就是为了说明"以德养廉",通过规范自身的道德修养,廉洁为政。儒家有"内圣外王"之说,"内圣"是指修身正己,而修身又是齐家、治国、平天下的政治逻辑起点,甚至成为历代开明政治家的一生为政道德追求。在中国古代政治思想中,"德"思想在殷商之际就已经出现,最初强调"德治"的作用,推行为政以德的理念。到了先秦时期,法家提出了"法治"思想,形成了

① 《商君书·去强》,中华书局,2011 年,第 37 页。
② 张艳国:《家训辑览》,武汉大学出版社,2007 年,第 315 页。
③ 《盐铁论·疾贪》,《百子全书》(上册),浙江古籍出版社,1998 年,第 132 页。

"德主刑辅"的为政方式,对中国封建社会两千多年的历史产生了巨大影响。

在君权主导型的政治实践中,无论"德治"与"法治"都是以君主的意识为转移的,其本质在于"人治",任何为政方式都是君主管理王朝政事的手段,显而易见的是,统治者的道德修养如何,对古代社会和王朝发展起到了关键性作用。"德"主要受到两种思想的影响:第一,义利之辨的讨论引发出以义制利的思想。孔子认为义是人立身之根本,"子路曰:君子尚勇乎?子曰:君子义以为上,君子有勇而无义为乱,小人有勇而无义为盗"①。孟子比起孔子更崇尚义,他说:"生亦我所欲也,义亦我所欲也;二者不可得兼,舍生而取义者也"②,说明了把义看作比生命都宝贵的品质。汉朝的董仲舒对重义轻利思想进行了发展,认为可以取义之下的利,他说:"古之圣人,见天意之厚于人也,故南面而君天下,必以兼利之"③,虽然主张义利都可以取,但是兼顾利的前提是先有义,还是说明了义的重要性。第二,公私之辩的讨论引发出为公去私的思想。管仲认为:"天公平而无私,故美恶莫不覆;地公平而无私,故小大莫不载。无弃之言,公平而无私,故贤不肖莫不用。故无弃之言者,参伍于天地之无私也"④,在自然之道中找到为公去私的依据。"君子小人趋向不同,公私之间而已"⑤,朱熹以公私之异分辨君子和小人,也说明了他重视公的思想。"修身正己、以德养廉"是中国传统廉政文化中的重要部分,本质是"人治",它有自身的局限性,仅靠道德约束很难保证廉政从一而终。

四、以法促廉

中国古代意义上的法和现代法的释义完全不一样,可以说古代法是刑

①《论语·阳货》,杨伯峻:《论语译注》,中华书局,2006年,第214页。
②《孟子·告子上》,《十三经注疏》(下册),浙江古籍出版社,1998年,第2774页。
③ 董仲舒:《春秋繁露·诸侯》,上海古籍出版社,1989年,第6页。
④《管子·形势解》,《百子全书》(上册),浙江古籍出版社,1998年,第416页。
⑤ 朱熹:《四书章句集注·论语集注》(卷二),中华书局,1985年,第71页。

罚,只是一种统治手段。早在先秦时期就出现了"以法治国"的思想,在廉政方面,主要从两个方面来探讨以法促廉:

(一)法强则国强

法的本身,即"奉法强则国强,奉法弱则国弱"。先秦法家是"以法治国"的最早鼓吹者,其精神主旨是:利益是永恒的,人们都在追求利益,怎样通过强制性的方法合理分配好利益,需要制定一个规则,就是"法治"。他们主张"民一于君,事断于法",认为法是帮助统治者治理好国家的最有效的方式。商鞅认为利益归属于谁必须由法来界定,"法者,国之权衡也"[1],并且重申法的重要性,"法令者,民之命也,为治之本也,所以备民也。为治而去法令,犹欲无饥而去食也,欲无寒而去衣也,欲东而西行也,其不几亦明矣"[2]。儒家虽然主要提倡"德治",但是没有否认"法治",只是把法放到了辅助的位置。

(二)法之要义在治吏

法的施行,即以重刑治贪吏。最早的因贪污被惩罚的记载是《尚书·尧典》,它记录了"鞭作官刑",此时还没有"法"的概念,仅仅记作一次惩罚,说明早期社会已经有了"法"的意识和实践。西周时期,制定《吕刑》就有关于腐败的认定,即"五过",包括惟官、惟反、惟内、惟货、惟来五种过错。战国时期李悝制定了我国历史上第一部成文法典——《法经》。唐朝的《唐律疏议》对惩贪立法逐渐完善,当作国家一项基本大法。明朝朱元璋时期重典治吏,制定《大明律》,设立惩治贪腐的"六赃",并把"六赃"放在律首的位置。虽然古代的法是一种"术",为君主服务,但是它的客观性毕竟比君主以主观好恶来评判违规行为要更可靠,所以被统治者和思想家接受。

---

① 《商君书·修权》,中华书局,2011年,第107页。
② 《商君书·定分》,中华书局,2011年,第178页。

第三节　中国传统廉政文化的历史传承

　　中国传统廉政文化是中华民族在长期的社会实践过程中，对于治国理政之道、从政为官之道探索总结的智慧结晶，它对于传统社会政治的进步发展和民族道德精神的丰富完善，产生了深远的历史影响作用，具有重要的文化价值。积极借鉴历史上优秀的廉政文化，对于今天进行廉政建设具有重要意义。那么如何看待中国传统廉政文化，如何利用好其优秀的文化基因，指导现代廉政文化建设，是摆在我们面前的现实问题。不难发现，中国传统廉政文化是与现代廉政建设一脉相承的，我们如今反腐败的做法都可以在中国古代廉政建设中找到文化根源。但是不可否认的是，传统廉政文化带有自身的局限性，它是为封建专制社会服务的，不可避免地带有当时的时代烙印。在建设新时代中国特色社会主义的今天，我们应该汲取中国传统文化中的优秀基因，取其精华，去其糟粕。在廉政建设问题上，立足于传统廉政文化的现代转型，结合新的问题和实践，引发一些思考，对我国的社会主义现代化廉政建设具有重要意义。

一、从以民为本到主权在民的转变

　　"以民为本"思想是中国古代政治思想的哲学基础，也是中国传统廉政文化的理论价值基础，由此产生出任人唯贤、崇俭抑奢、以德养廉和以法促廉的廉政思想。古代具有先进治国理念的统治者和思想家都能意识到"水能载舟，亦能覆舟"的道理。先秦诸子就有许多关于"民本"和"重民"的论述。孟子认为："民为贵，社稷次之，君为轻"①，把人民摆在了最重要的位置，要求国君们爱护百姓，"得其民，斯得天下矣"②。荀子有立君为民的思想，认为："天之生民，非为君也；天之立君，以为民也"③，告诫君主生而为民。管仲认为："夫霸王之所以始也，以人为本，本理则国固"，"政之所兴，在顺民心；政之所废，在逆民心"，④指出争取民心是固本宁邦的关键。

在民本思想引领下的廉政措施对稳定政权起到了至关重要的作用，但是民本仅仅是作为统治者维护统治的一种工具，目的是保证普通百姓的基本生活，让他们服从管理，满足于现状，防止闹事。历代君主重视民本思想，并不代表把人民放在与自己同等的位置，相反，更证明了官民之间的管理者和被管理者的关系，君权是至高无上的，人民处于社会的最底层，手中没有权力，天下都归君主所有，一切都是君主的私人财产，所谓"普天之下莫非王土，率土之滨莫非王臣"⑤就是这个道理。

民本的政治合法性来源于君权神授，上天赋予君主权力，君主再把权力交给百官，让百官管理人民，统治者的行为不用对人民负责，所以民本思想和忠君思想殊途同归，就算官员廉洁从政，推行利民惠民的政策，也是为了维护君权。一旦碰上残暴贪腐的统治者，在人民不反抗的前提下，民本思想就会被抛之脑后，主动的廉政措施更是不可能出现，如何执政全凭君主的好恶。

在现代社会，我们实行民主制度，积极汲取了民本思想的积极因素，虽然表面上还是采取利民的措施，但是已经不再把它当作统治的工具，而是站在广大人民的立场上，真心实意地为人民着想，为人民谋利益。民主制度下的权力来源是人民，官员代表人民行使权力，并向人民负责，接受人民监督。官民地位平等，各自的角色可以在选举与被选举的政治过程中任意切换，真正

---

①　《孟子·尽心下》，《十三经注疏》（下册），浙江古籍出版社，1998 年，第 2774 页。
②　《孟子·离娄上》，《十三经注疏》（下册），浙江古籍出版社，1998 年，第 2721 页。
③　《荀子·大略》，梁启雄：《荀子简释》，中华书局，1983 年，第 376 页。
④　《管子·牧民》《百子全书》（上册），浙江古籍出版社，1998 年，第 372 页。
⑤　《诗经·小雅·谷风之什·北山》，《十三经注疏》（上册），浙江古籍出版社，1998 年，第 463 页。

实现了主权在民。

　　由此可以看出,从传统的民本思想到社会主义民主政治的现代化转型是廉政文化的根本变化,赋予了人民当家做主的地位。

二、从为政以德到依法治国的转变

　　中国传统廉政文化强调"德治"的作用,要求统治者修身律己,以达到齐家、治国、平天下的目标。

　　儒家思想是古代封建社会的主流思想,对中国自古形成的家国同构的伦理型政治有"内圣外王"①的要求,表现在廉政建设方面,讲求"为政以德"的模式。孔子认为:"政者,正也。子帅以正,孰敢不正",要求统治者只有端正自己的行为,下层官员才能仿照君主的做法,以达到上行下效的廉政目的。孔子又进一步说明了"德"的重要性,说:"其身正,不令而行,其身不正,虽令不从"②,可以看出统治者自身的德行决定了命令是否可以执行。"内圣外王"作为执政的最高行为准则,要求官员先修身律己,先"内圣",后"外王"。在实行"德治"的同时,还需辅助于"法治",不仅法家宣传"法"的作用,儒家也主张"先教后刑"的廉政思想。法家韩非子认为:"明主之治国也,众其守而重其罪,使民以法禁而不以廉止"③,强调了法治在廉政建设中的重要作用。孔子曰:"道之以政,齐之以刑,民免而无耻;道之以德,齐之以礼,有耻且格。"④这些廉政思想充分说明了古代政治文化中"德治"和"法治"的关系,促成了对传统廉政文化建设影响颇深的"德主刑辅"的廉政模式。

　　当然,无论实行"德治",还是推行"法治",这两种做法都是在"人治"基

---

①　《庄子·天下》,杨柳桥:《庄子译诂》,上海古籍出版社,1991年,第694页。
②　《论语·子路》,杨伯峻:《论语译注》,中华书局,2006年,第152页。
③　《韩非子·六反》,王先慎:《韩非子集解》,中华书局,2013年,第415页。
④　《论语·为政》,杨伯峻:《论语译注》,中华书局,2006年,第12页。

础上的统治手段,最后还是要落脚到统治者个人德行的问题上,统治者的德行好恶决定了是否廉洁为政。到了现代社会,我们积极汲取中国古代"德主刑辅"思想的积极因素,在依然注重道德作用的基础上,更加强调法律在政治实践中的作用,推行依法治国的基本国策,建立了一整套惩治腐败的法律制度体系。

由此看出,从古代的"德主刑辅"到现代的"法主德辅"是廉政文化在治理方面的最大转型。古代的"法"和现代意义上的"法"的含义完全不同,古代的"法"是指刑罚,是一种惩治腐败的措施;而现代意义上的"法"强调法制,把人们的行为规范在法律的框架之内,以法的名义强制规范廉政行为或者对腐败做出严厉打击。也就是说,如今制度规范取代了修身自律,让原来的不愿腐变成了现在的不能腐,官员因惧怕法律的制裁而不敢腐,从法律制度层面建立起了廉政保障。

三、从清官文化到公民意识的转变

中国传统廉政文化中很早就有关于清官的记载,一般将清官称作良吏、循吏和廉吏等,当时的清官概念并不具体指向廉政,是对所有优秀官员的一般称呼。直到南宋时期,清官才被确立为对为政清廉的官员的特指,"能吏寻常见,公廉第一难,只从明府到,人信有清官"①。这里的"清官"释义为公平、清廉的官员。

在中国古代政治实践中,具有很浓厚的清官情结,主要来自于两个方向的廉政诉求。首先,统治者为了维护自己的利益,需要树立一些廉政典型,改善官场风气,营造一种向清官学习的社会氛围。康熙称赞廉吏于成龙时说:"朕读周官六计廉吏,曰'廉善、廉能、廉敬、廉正、廉法、廉辨',吏道厥唯廉重

---

① 元好问:《遗山先生文集》,商务印书馆,1929 年,第 277 页。

哉。朕用是观臣廉，有真能廉者，则委以重寄，赐以殊恩，所以示人臣之标准也"①，以塑造于成龙的清官形象，达成维护家天下的目的。其次，普通百姓渴望遇到为政清廉的官员，为他们主持公道，伸张正义。这种政治诉求反映了当时人民的无权地位，只能把希望寄托在官员身上，祈求自己所属地方的官员是个清官。人民无法参与到政治生活中去，不能决定自己的命运，只能接受"人为刀俎，我为鱼肉"的现实。这是一种奴性文化，深受封建君主专制制度的影响，受制于君民关系的制约，人民是君主的财产，官员被君主赋予权力可以任意处置人民，体现了在清官文化影射下中国传统廉政文化的阴暗面。在人民主体意识缺失的情况下，无法对官员起到有效的监督作用，廉政、勤政和能政仅仅依靠清官文化环境下统治者的一定自觉，在这种状态下很难实现真正的廉政。

到了现代社会，我们实行社会主义民主制度，官员的身份从封建制度下高高在上的管理者转变成了为人民服务的公仆，人民再也不用以低人一等的姿态渴求官员公正廉洁，而是开始对其权力的行使进行监督，翻身成为权力的主人。毛泽东说过："只有让人民来监督政府，政府才不敢松懈；只有人人起来负责，才不会人亡政息"②，鼓励人民参与到政治生活中来，为廉政建设注入永续不断的活力。

综上所述，中国古代传统的政治理念是君权神授、主权在君，政治廉洁完全依靠君主和统治者的自觉，甚至可以这么说，官员廉洁与否，普通老百姓完全无能为力。而现如今，中国共产党领导的新型民主，使民主政治发展不仅成为可能，更是照进了现实。从政治实践上来看，主权的实际拥有者全体人民很难有效地、全面地行使权力，因为受到外部条件的制约，即国家幅员辽阔，人口众多，交通、通信不健全的限制，还有部分公民素质达不到自觉行使民主权利的标准和制度上的约束的原因，使得直接民主不太可能实现。在目

①　李小红、张如安：《中国古代廉政思想简史》，中国方正出版社，2011 年，第 114 页。
②　《十六大以来重要文献选编》（上册），中央文献出版社，2005 年，第 144 页。

前的条件下,实行间接民主制成为实现民主政治的最可行的方式,世界上大多数国家都在实行代议制的间接民主方式。中国也采用代议制,实行人民代表大会制度,人民选举代表组成人民代表大会统一行使国家权力。人民不直接行使主权在民赋予的权利,而是把这项权利交给自己所信任的和选举出来的代表代替人民行使管理国家和社会事务的权利,这样就出现了民主政治生活中的委托-代理关系,人民是所有者和委托人,通过选举出来的代表以及所组成的政府和其他国家行政机构是代理人,代理人民决定国家大事。最理想的委托-代理关系是人民拥有国家主权,是国家毋庸置疑的主人,委托政府对国家和社会事务进行专业管理,代表们作为人民的公仆,为国家和社会更好、更快地发展提供助益,使人民更多地享有公共利益。

值得注意的是,各级政府官员是代表人民利益的,工作宗旨是为人民服务,并不享有特权,他们手中掌握的权力是人民赋予的,行使管理国家和社会的权力是为了履行向人民承担的义务。然而政治实践上选取代议制民主的方式本身就是迫不得已的选择,虽然委托-代理的模式可以减少政治成本,缩小公民直接参与的范围,更容易集中民意,具有更强的操作性,但是它也存在一些不足之处,在代议民主政治实践过程中肯定会出现一些不可避免的弊端,比如腐败。代议制下委托-代理的对象是权力,人民交给代表或者政府的权力是至高无上的、不可侵犯的,如果监管不到位,某些权力的行使就会出现偏差。在代议制民主的政治实践过程中,人民只掌握选举权,代理人才是真正行使管理国家和社会事务的决策者和执行者,一旦权力被滥用,以权谋私,就会滋生腐败,损害到人民的利益,增加了政治成本。之所以会出现腐败问题,是因为官员和人民的政治信息不对称,某些官员在掌握管理国家和社会事务的权力的同时,潜意识上夸大了自己的能力,忘记了手中的权力是人民赋予的,把国家的资源当成自己的,丢了初心。而在此过程中,人民也渐渐忘记了手中握有的权利,政治参与热情不足,把权利拱手让给了当权者。所以必须加强权力监管,建立有效的激励机制;搭建沟通桥梁,增强公民素质和政治参与热情；不断探索更有效的宪政体制。促进我国的廉政文化建设，推动中华民族伟大复兴，实现中国梦。

第六章

传统法治文化的精神要义及其传承

中国传统社会所说的"法治"与当今提倡的现代法治存在语义差别,古代法治是指依法而治。在汉朝罢黜百家之前,最能代表传统法治文化的是法家之治,而在汉朝罢黜百家以后到清末之间,进入礼法合流时期。传统的"法治"不再是法家的一家之言,而是与儒家思想理论相融合,从外分走向内合,相互共融发展,法律逐渐儒家化,这也就意味着汉朝罢黜百家之后最能代表传统法治文化的是儒家。法、儒两家的管仲、慎到、韩非、董仲舒、朱熹等代表人物,始终围绕着"君""臣""民"三者,在公义与私利之间、德礼与刑罚之间、人性善恶之间等方面深度探讨,以期在维持传统封建统治秩序的同时,实现国家社会的繁荣稳定。

儒家所提倡的"礼""德"之治,用"君君、臣臣、父父、子子"的宗法血亲关系构建尊卑有别的社会秩序。在"修身齐家治国平天下"的思想逻辑下,君王通过高度的道德自律辅以法律强制,教化人民树立崇高的礼义信念,而先秦法家与之相对提出的"以法治国",突出体现法治作为一种治国安邦的理论方法,企图借以律治刑罚的强力威慑"以法相治"来规范人们的思想行为。"法治的本质,不唯与人治(立法者、执法者)不冲突,而且必以人治为先决条件"[1],传统的中国社会中无论是"儒"与"法"两家的治国争论都没有偏袒"德"

---

① 贺麟:《文化与人生》,商务印书馆,1988 年,第 46 页。

与"法"治任何一方，而其争论的焦点在于法律与德礼何者为"主治"。

法治与人治互相冲突的背后更是法律权威与个人意志的对立。法治作为一种政治思想通过理性思维杜绝偶然臆断的传统思考模式，人们借以遵守法律、利用法律通过正当合理的方式程序改善政治生活的质量和水平，实现社会良性运转并借以维持国家统治秩序，这也是以法律客观存在性和执行有效性的统一为前提。当制定的法律足以涵盖国家机构与公民个人等社会政治参与各类主体时，任何一方在适用执行中享有对等的权利和义务，受到平等的保护与制裁，没有人拥有逃避法律规制的特权，在法律制度的设计和运行中就已经程序性地避免了个人凌驾于法律之上这种主观意志的渗透。"法治应当优于一人之治。"法治是具有平等自由、崇尚人权等具有特定价值立场的法制，最大程度上平衡国家整体与公民个体背后的公权力和私权利，宪法和法律成为衡量是非曲直，罪与非罪的最终标尺，从而走向现代法治。虽然古代这种"法治"的目的是在维护君主的集权统治，但是"欲使上下皆以法律为衡"，凡事由法所断，刑罚不区分等级的思想在当时的历史时期具有鲜明的进步性，其精神要义对于现代法治社会建设极具借鉴意义。

第一节　儒术独尊之前的法治文化

春秋战国群雄纷争不断，统一的国家成为民心所向。孔子所提出以"仁"为核心的"礼""德"之治，即是"为国以礼"，以"礼"订立身份高低等级的统治秩序，借此构建国家；"为政以德"，以"德"治教化引导百姓自然归从，"德主刑辅"实现天下大治。孟子也同样遵循"仁政"的思想，更发展出"民贵君轻"的新思想。而后来的荀子吸取法家的思想主张隆礼重法，倡导礼法的合治。然而这种"德""礼"治国的思想并非所有人都认同，在见到当时由战乱所引发的动荡的社会政治秩序时，管仲、商鞅为代表的法家人物认为，治理国家不仅需要贤能的治世之臣,更主要的是在治理过程中以"法"为据。

一、管仲:法治要义在公正

君主的贤明是任法而治,单纯依靠计策智谋舍法而治,往往会招致百姓投机取巧追名逐利,而依照法律治理社会则会实现天下太平。自上而下的君王、官吏、百姓三个层次分别作为立法、执法和守法的主体。在这样一个金字塔结构的治理模式中,对于君王来说,订立的法律不仅要求赏罚度量有章可循,更要求有其内在的合理性,"必令于民之所好,而禁于民之所恶也"①。法律度量的标准符合社会主流的价值取向,依理立法,反映民心所向,民众自然会自发认同,这样官吏在执法的时候通过"断事以理,虚气平心,乃去怒喜"②,平心静气地审理案件,理性判决,百姓才能服从处理结果。

(一)公正的社会价值

"法者,天下之程式也,万事之仪表也。"③法律是制度的基础,而之所以能够成为度量善恶是非的标尺, 关键在于法自身的公正。法成为一种"公法",以"公"去"私",去的是君王、官吏、民众的私心、私利,为的是避免社会动荡,危及统治秩序的稳定。"舍公法而行私惠,则是利奸邪而长暴乱也"④,倘若徇私枉法将会招致犯上作乱者乘虚而入,祸国殃民。

(二)君吏民

"夫生法者,君也;守法者,臣也;法于法者,民也。君臣上下贱贵皆从法。"⑤法治是一种"大治","大"之处在于适用主体范围广。"法治"的对象不

---

① 国学整理社:《诸子集成》第五册《管子校正》,中华书局,2006 年,第 325 页。
②③ 同上,第 340 页。
④ 同上,第 345 页。
⑤ 同上,第 257 页。

仅是治"民众",也是治"官吏",更是治"君王"。法作为统御天下的"规矩绳墨",将天下人尽皆网罗进"法网",是民、吏、君共同遵行的行为准则,没有任何法外之人。法在这里作为天下最高的标准,法律面前不区分高下贵贱,而只是考量君、臣、民所有社会成员是否守法,倘若得到所有人的一致遵守,那天下便实现了"大治"。君王虽然制定法律,但法律颁行后就有其相对独立性,法家主张法律不是君王用来谋求私利放纵私欲的工具,"不为君欲变其令,令尊于君"①,法制高于君王的私欲,避免君王独断专行才能维护法的尊严。

二、慎到:依势凭法以治政

(一)"道""法"兼容

赵国的慎到结合道法自然的思想,巧妙地解释法家法治思想。他认为人本性自私,人性是"恶"的,人人为谋求私利而生,各种社会关系背后都有一种攸关利益的阴暗关系。如果不依靠"法"这种遵循自然规律的客观规则,人治很难保证长久稳定。趋利避害作为人的天性特质,他认为不能忽视或者放任这种本性,相反要在正视这种本性的基础上,利用"法"因势利导,使之"趋"向社会公义,避免遭受刑罚,进而规制每个社会成员的思想行为,实现天下太平。

而法之所以能够成为整个社会统一的标准,更是在于其关乎人情阐明事理,"法非从天下,非从地出,发于人间,合乎人心而已"②。法源于人性,因人之情才有自内而外的心悦诚服,思想上能够接纳,行为上就自然能够遵守。法的产生并不是为了消灭私心、泯灭人性,而是从社会公义的角度将个人的私心私欲最大限度地调和,尽可能地避免因为个人私益的膨胀冲击社

---

① 国学整理社:《诸子集成》第五册《管子校正》,中华书局,2006年,第94页。
② 国学整理社:《诸子集成》第五册《慎子》,中华书局,2006年,第12页。

会整体利益。当人人都能尊崇法律,恪守法律规则与法令,以公义去私心时,法治的最高境界便是无为而治。尽管法不能够兼顾每一个社会成员的个人私利,其自身也有不够完善之处,但要远胜于单纯人治,这种是非功过的唯一标准更能统一人心,这就如同说"法虽不善,犹愈于无法,所以一人心也"①。

在慎到一派思想家眼中,儒家所谓的贤德圣者治国本质是一种重视"私智"的人治,而在人本恶的基础上,贤善智者也并非完人。法家的主张是遵循天道人心,顺应自然本性,而儒家推崇圣贤的思想与人的本性相违,也与"因任自然"的主张相抵触,治政不会被所谓的贤智所左右时,作出的裁断才是客观公正的,所以法律优于圣贤,法治优于人治。虽然这里将人性绝对"恶"化,难免有失偏颇,但无法否认人本性中确实存在自私的一面。

(二)顺势

管仲虽然主张重视法律,但这种尊重的程度并没有超于君王。尊重君王是践行法治的前提,但治国的关键在于法律。君王维系着国家形式上的完整,而法治才有了实质上的统一。然而在慎到所倡导的法治思想中,他认为君王的能力智慧并不绝对高于他人,之所以能够令贤能臣服,关键在于其君王所拥有的权势地位。在这种地位上君王运用法令就如同驾雾的飞龙,能够号令众人,而不论其自身是否贤善智慧;倘若没有这种权势的地位,那就算德行再高也不会有人听从。法治是王权顺势而行法的结果,这样才能体现出法治的权威。

慎到对于君王的尊重是因势而尊,但尊并不等同于忠,也并非认同君王的专断统治,而且尊的目的不是为君王的私利,而是为了社会公义天下太平。虽然君王的地位崇高,但国家兴衰发展和法治的推行并非是他的个人私事,"亡国之君非一人之罪也,治国之君非一人之力也"②。君王独享创制法律的权

---

① 国学整理社:《诸子集成》第五册《慎子》,中华书局,2006年,第2页。
② 同上,第4页。

力,而法之治更需要官吏的执法和君王、官吏、民众一体守法。君王虽处于高位但创制法律也要体察人情,通达事理,随着社会的发展而乘时变化,不然"守法而不变则衰"①;官吏执法时恪尽职守,严格按照法律的要求裁量是非,不分亲疏贵贱一视同仁;而守法的主体是所有的社会成员,没有人能够逃避这种义务,民众和官吏遵守法律是理所当然,而君王更应尊重法律,如果自身恣意妄为、赏罚不公,那就自然会令官吏在执行时因多重标准而无所适从,民众本身处于被剥削的低位,功过度量的标尺都因人而异,难免会民怨沸腾。尊君不是盲目崇拜,更不是愚忠,而是在忠于职守遵行法律基础上。官吏和民众是因法而尊、因势而尊,而不是单单只尊重君王本人。

三、商鞅:忠法施治

商鞅作为秦国变法者锐意改革,在治理国家的时候主张"法古则后于时,修今则塞于势"②,传统的"礼""德"之治并不适合当时的秦国,法政才是能令秦国强大的关键。"战国诸雄并亡于秦,秦为开化最晚的一个新民族,但法治精神却远在各国之上,这不能不归功于商鞅的变法和其民族性与环境的特殊。"③他的思想主张围绕法、信、权展开,依法而治,讲求信义,尊重权力。

(一)法"公"治"私"

法律蕴含正义公平的价值取向,依照法律治理国家才能保证社会长治久安。法律本身的价值属性就表明法律是立公去私的重要手段。君王虽然拥有掌权优势,但依然要依法行使权力,避免以权谋私。君王创制的法律在社

---

① 国学整理社:《诸子集成》第五册《慎子》,中华书局,2006年,第9页。
② 同上,第16页。
③ 刘新:《中国法律思想史》,中国政法大学出版社,2004年,第8~9页。

会中起到"尺"与"秤"般的度量作用,倘若听信私议放弃法治、不依法评判往往会成为动乱的根源。历史上不依法评判善恶贤良的大抵只有尧才能做到,有所作为的君王往往依照法律治理国家,力求赏罚分明,维护统治,即"立法明分,中程者赏之,毁公者诛之"①。所以在一国之内的所有社会成员中,君王崇尚法治最为重要。"君好法,则端直之士在前;君好言,则毁誉之臣在侧。"②君王对于法律或是私言的取舍将会直接影响到群臣官吏,在一个良好的法治气氛中自然会吸引"端直"之士积极纳谏。在这里,"法"的公义和国家、社会的整体利益联系在一起,与群臣的"私"议对立起来。倘若君王对种种"私议"听之任之,治理国家不再适用具体的法度,人言私议大于法理,那国家管理将会缺乏刚性统一的管理,社会也将会处在动乱的边缘。

法治是治国核心,它不只存在于立法者所创制的条文规则上,更体现在执行中。立法得不到执行与不立法无异,都会导致社会动荡,空谈法律无异于纸上谈兵,得不到适用的法律便丧失了应有的生命力。法治针对人而展开,法治的理念随着法律的教化逐渐内化到人的思想中,体现外化在具体的言行上。"言不中法者,不听也;行不中法者,不高也;事不中法者,不为也。"③但凡不符合法律的言行都不值得推崇,举止符合法理才有其正当合理性,才会被称为高尚。

(二)法治权威

商鞅主张,"法"权威的树立在于"明"法,"圣王者不贵义而贵法,法必明,令必行,则已矣"④。严明的法纪明确指引何者当为何者不为,官吏百姓通晓法理自然能够分清是非对错,不敢为非作歹。

---

① ② 国学整理社:《诸子集成》第五册《商君书》,中华书局,2006 年,第 25 页。
③ 同上,第 39 页。
④ 同上,第 33 页。

　　"明"与"信"直接相关,法的"信"在于赏罚必行。所有社会成员都知晓法律后,虽然大家都知道立功就会得到封赏,犯罪将会招致惩罚,但这都是在"法"理论的层面。法律能否树立威信的关键在于,法律是否赏罚分明并能在实际生活中得到兑现。赏罚分明的法律是立信的基石,无论行赏还是制裁,法律不应因权势地位高低而在适用执行上有差别, 不能无端加害守法之人,亦不能对达官显贵一味加官晋爵。倘若最基本的善恶都不分,法存在又有何意义。再者,法律作为统治秩序最后一道强力保障措施,解决社会问题的最终手段,如果自身规定的内容都不能实现,那法律的有无又有何差别。这就如同君王颁行制裁犯罪的法律虽然极其严苛,但只是流于形式得不到执行,人民自然会无视法律继续做违法之事;相反,一旦有人胆敢做法令禁行之事就有刑罚处断,人人就不敢以身试法。

　　由于立法是君王独有的专权,法的威"信"与君王的"权"威相伴相连。一方面,君王要用赏罚分明的法律治理国家社会赢得民众支持,而那种违背社会道德的恶法百姓自然不会认同, 并由对法的不认同延伸成对君王的不信任,统治的合法性丧失也就很难存续下去,这就如同说:"处君位令不行,则危……法制不明,而求民之行令也,不可得也"①;另一方面,法律也需要仰仗君王的权威推行下去。正所谓"权制独断于君则威"②,这也就意味着君王要集权于自身,如果有名无实不能执掌政权,法治也就无从谈起。

(三)"壹"法

　　商鞅的法治主张不仅注重法律"赏"与"罚"的功能,更强调"教"的作用。"壹赏、壹刑、壹教"即是依法一统三者,"壹"民而治。

　　所谓"壹赏",就是整个国家赏赐都由军功所产生,所有的官位都通过这种方式获得,激发民众作战的积极性,这也就自然瓦解了传统分封制所承袭

---

① 国学整理社:《诸子集成》第五册《商君书》,中华书局,2006年,第38页。
② 同上,第24页。

的贵族特权,君王可以在更大范围中选任官吏,君权自然渗透到地方各级,变相削弱臣僚与君相抗的能力。

"壹刑"是针对儒家"刑""礼"对大夫、庶人差别对待的主张所提出的,即是对所有人适用统一的刑罚,没有官吏和民众的差别对待。法律绝不偏袒权贵,依仗权势地位也不能逃避法律制裁。虽然这种壹刑并不包含君王,但能在尊享特权的封建时代提出这样的主张也是很有价值的。

"壹教"即是依照法家的思想主张一统国家的言论,一切与法不相契合的思想都被禁止。商鞅主张,法律不能太过艰涩难懂,无论贤圣还是民众都能理解法义。为了更好地帮助民众透彻理解法律,在国家各级设置"法官"以法为教,普及法律知识,增长民智。"为置法官,置主法之吏,以为天下师。"①这样,法律不再被束之高阁,而是走入民众的生活当中,提高百姓的法律素养,避免走上违法的道路。以法的思想统御整个社会,这确实能够维护法的权威,但是这却发展为另一个极端——"焚诗书",抑制礼文化的正常发展。

乱世当用重法。在秦国当时动荡的社会背景下,严刑峻法是治国安民最为重要的方式。在这三个"壹"中,"刑"是核心,"赏"和"教"次之。对于刑罚的重视不仅是程度上还是数量上,"刑"都要重于、多于"赏"。民众畏苦而趋乐,重刑以示威慑,赏赐以显恩德,目的是为劝诫民众莫要以身试法,毕竟刑罚不会无端加害无辜民众,只要安心守法,无论刑罚再重也与其无关。刑与赏的数量比例悬殊。商鞅认为,"王者刑九而赏一"②,赏赐越少越能体现其珍贵性,越能激励民众。而商鞅之所以对轻罪用重刑,主要是为了"以刑去刑"。图谋不轨的人会再三权衡犯罪的成本和期待的利益,已经犯过一次的人会再三考虑能否承受再犯的惩处。法家的这种用刑罚遏制刑罚的主张是针对儒家"以德去刑"的。儒家所推崇的贤智、礼乐、仁义等,在法家眼中无异于过失和动乱的根源。在乱世中德治和轻刑显然不能强力匡扶正义,但也正是这种"重刑"

①　国学整理社:《诸子集成》第五册《商君书》,中华书局,2006 年,第 43 页。
②　同上,第 17 页。

理论指导下的秦王朝也因自己的残暴统治而覆灭。

四、韩非:融合法术势

韩非作为荀子的学生,在人性问题上虽然都认为人性是"恶",但韩非认为人性本身的"恶"是不可能通过后天的努力改变的。而自私自利才是人性本来的面目,人与人之间的关系建立在于对己有利的利益关系上。这一点,无论是君臣还是父母子女之间都是这样的关系,没有不存在利害关系的纯粹仁义,就算是"圣人"也不可能没有一点私心私利。正是这种私心所引发的对私欲的追求,成为天下祸乱的根源。如果说人的私欲是普遍存在无法消除的话,那么只能最大限度地约制这种本性。想要抑制人性的自私,就需要代表社会整体公义的规则强力调整人与人之间的各种社会关系,维持正常的社会秩序。这种强制规则就是法律,在刑罚这样强大的威慑力下,公私的范围更加明确,形成了分明的界限。在法的指引下,私欲膨胀到影响国家安危的时候就自然会受到制裁。虽然人们内心不会断绝私欲,但自己会用一种合法的方式表达自己的诉求。所以法治是在正视人性的基础上规制人性,以公去私,赏罚分立,维护统治,只有通过法治才能实现社会稳定国家富强的目的。

(一)法、术、势

韩非作为法家代表,他的治国理论并非是完全开创新的观点,而是博采众长将法家里最具代表性的三个观点"法""术""势"相结合,独创一套系统化的法治理论,积极倡导法治。

1.顺势行法

君王的权势和法律的权威息息相关,"权"来自于国家权力集于君王,位高权重就会形成高低落差,由此自然产生"势",自上而下颁布推行法律也就顺理成章,令行禁止。在君王的高位上,他自身的贤智并不是令他人臣服的主要原因,最为重要的是权势。"主之所以尊者,权也。"①有了权势就像桀纣一样的昏君也能将法令推行下去,没有权势就算尧舜也不会有所作为。这种权势是君主独享的,不能与群臣分享,如果权臣的权力能与君王相抗衡,那自然没有人会听从。

君王居高临下的"势"用以推进"法",虽然不同的朝代君王的德行不一样,但基本上没有超越尧舜,低于桀纣者。君王凭借高位懂得借势行法,就算再平庸也会将国家治理妥当。

2.法为核心

虽然治国离不开权势,但权势本身并不能代替法律。法也是统治利益的集中体现,而法律本身的合理性维护权势的稳定性。对法的重视程度等同于对国家整体利益的维护程度。国家利益体现出法治的"公"义属性,与民众个人"私"利截然对立。一国的法作为国家客观度量的工具,避免君王、官吏、民众个人为了谋取一己私利一意孤行,打乱统治秩序,从而实现国家的长治久安。所以说,"治强生于法,弱乱生于阿,君明于此,则正赏罚而非仁下也"②。国家的安定来源于法纪的严明,枉法袒护私益必然招致国家的动荡衰弱,君王懂得这种道理自然就会对臣下严正赏罚,而不是施行仁治。

法之所以能够去"私"在于本身的无私,没有任何偏袒。"法不阿贵,绳不挠曲。"③智者、勇者都不能与法相抗衡,社会所有成员在法面前都应一视同仁,一旦犯罪,君王与群臣,甚至和庶民都同样地科处刑罚。韩非所倡导的法治体现出的平等性,在封建专制的时代显得弥足珍贵。

法治能更好地避免人治权力的滥用。在没有监督制约的情况下,无论是君王和官吏,一旦掌握权力就难免会滥用权力。君王与臣子、官吏与民众之

---

① 国学整理社:《诸子集成》第五册《韩非子集解》,中华书局,2006 年,第 365 页。
② 同上,第 249 页。
③ 同上,第 26 页。

间本来就有地位的高下差别，往往臣民只有服从的义务，没有反抗甚至拒绝的权利，君王与官吏个人的好恶往往成为评判的终极标准。在这样的环境中，如果其自身德行不够高，就极易造成君、臣、官、民的紧张关系，致使臣民怨气沸腾。法的出现为臣民提供明确的标准，不用再去揣测统治者的好恶喜怒，避免被无故迫害，缓解统治者与被统治者之间的矛盾。而法律如果能得到贯彻，那君王和官吏就不会滥施淫威、为所欲为，就算他们想要欺压臣民也会有法律的规制而无从下手；臣民依照这种易知易行的标准谨言慎行，就不用畏惧统治者，便可安心进谏、耕作，这样就不会"积怨"而是"恩结"。

法治内在的运行机制能够极大程度促进行政运转的效能。法律制定之后，必然要公之于众使人"明"，既是令百姓明，也是令官吏明。"设之于官府，而布之于百姓者也。"①官吏通晓法令自知之明应当如何执法，百姓通晓后就知道何法应守，也就自然不敢枉法为私。这样君主就不需要亲自到全国各地逐一审查审理案件。法律由君制定，自产生之时就带有君王的威严。这样，无论地方远近，只要官府将法律公示出来，就代表君王的威严辐射至此，官吏就可以依法决断。法律具有重复适用性，如此君王不必事必躬亲，官吏不需逐级请示。有了法律在事前的告示与指引，事中的判断与协调，官府处理行政事项的效率自然提高，最终不稳定的社会关系重新恢复稳定，王业自会兴盛。

3.术为利器

法治的核心在于"法"。法网覆盖君王、官吏和民众，而君王依靠权"势"将拉开官吏和民众差距，形成自上而下金字塔般的三级结构，借以推行法令。然而想要维持这个结构的稳定，关键在于君王和官吏之间的关系，更具体的是指与身边群臣的关系，在这里就要用到"术"作为法治稳定的补充。

韩非的"术"承袭自申不害的学说，他认为，君王想要管理承侍在身边的文武百官，就要采取必要的手段，使其不敢有犯上作乱的想法，令其安心臣

---

① 国学整理社：《诸子集成》第五册《韩非子集解》，中华书局，2006年，第290页。

服。人的本性是"恶"的,人心总会变化不定,君王身边的近臣也毫不例外。他们难免也会为了自己谋取私利,也有可能包藏祸心,故而为了检验他们是否真心实意辅佐君王,皇帝就会采用"参验之术"分析考察群臣,测试他们的忠心、德行、智慧、才能、功绩等方面,区分贤劣,明辨忠奸。

考核之术的目的是为了能够驾驭左右近臣。君臣之间虽然没有血缘关系,但是暗含一种利益关系,"臣尽死力以与君市,君垂爵禄以与臣市,君臣之际,非父子之亲也,计数之所出也"①。臣子竭尽全力效忠君王,君王用爵位和俸禄奖赏群臣,君臣之间并非父子般亲近,更像是与商人交易。君王想要在这种关系中占据主动驾驭群臣,规避潜在的风险,那就要时时通过考量百官,确保自己周围都是由忠臣把持国政,借以维持自己的高"势"。

在"法"和"术"之间,"法"虽然是根本,但是也要结合"术"同时适用,不可偏废。在韩非眼中,商鞅单单只用"法"来治国,注重用法强力调整社会关系,并没用"术"来处理君臣关系。如果不能区分忠邪,那就算国家如何强盛也只是增加群臣的权力。秦国虽然国力雄厚,但几十年都没能一统中国,大臣的封地反而越来越多,正是因为君王只注重整顿法令而没有用"术"辨别忠奸。而申不害过于注重用"术"考验驾驭百官,忽视了韩国新法和晋国旧法两部"法"的统一。虽然君王频繁用"术"治百官,但是由于两部法律同时并行,群臣可以选择对自己有利的韩法或晋法对抗君王,韩国虽然有强大的兵力,但历经十七年的努力仍然没有成就霸业,也正是因为只是注重"术"而没有整顿"法"令。

韩非的法治已经将法家法治的精华"法""术""势"有机结合起来,形成系统的治国理论。法治的运行是三者的联动,不能割裂开来单独使用。君王的意志外化为具体的政策"法"令,凭借君王自身的高位乘"势"推开,从君到臣再到民全面覆盖,并辅之以各种奖惩任免考察的"术",维持君王与臣民"势"的

---

① 国学整理社:《诸子集成》第五册《韩非子集解》,中华书局,2006年,第267页。

稳定,确保"法"运行更新的通畅。毋庸置疑,"法"是法治的根本如同大脑,"势"是法治的框架如同骨骼,"术"是手段恰如皮肉,三者齐备始具人形。

(二)刑德"二柄"

韩非吸纳慎到"赏罚"观点。"二柄者,刑、德也。何谓刑德? 曰:杀戮之谓刑,庆赏之谓德。"[1]刑罚至重夺人性命,赏赐为德以利为诱。赏刑二者"赏必厚""罚必重"[2],这两者作为以法治国的具体措施,引导民众在私"利"和公"义"之间谨慎权衡,从而做出正确的选择。

以"刑"为重,但不"过刑"。通过深入洞察趋利避害的人性,韩非推崇严刑峻法,他认为"严刑者,民之所畏也;重罚者,民之所恶也"[3]。君王设置严酷的刑种令臣民心生怖畏,施加深重的处罚避免百姓再犯。这样就算是轻罪也难免遭受沉重的刑罚,人民不敢轻易以身试法,也就达到了"以刑去刑"的目的。刑罚不能滥用,并非越重越令人畏惧,倘若所有罪行都是死罪,此罪与彼罪没有区分,民众内心就不再顾及,刑罚也就失去意义。刑罚不仅要合理设置刑种,还应考虑罪行轻重。用刑合理罚当其罪,用刑无度秦朝灭亡。

赏罚设置符合实际,即"立可为之赏,设可避之罚"[4]。所以法律应当设置合理的赏罚,也就是说奖赏应当让人能够通过自身努力争取到,而不是遥不可及无人可得;同样,刑罚也应当是有所罚有所不罚,不能让无辜的人蒙冤受罚。如果奖赏永远要求难以做到的事,刑罚永远不能规避,那赏与罚也就形同虚设,反而会在民众心中埋下怨恨的种子,一旦积累成熟,国家也将难逃灭亡的苦果。

赏罚应当依法施行。相比于商鞅的"刑九赏一",韩非主张重赏,将赏赐作

---

① 国学整理社:《诸子集成》第五册《韩非子集解》,中华书局,2006年,第26页。
② 同上,第321页。
③ 同上,第74页。
④ 同上,第152页。

为一种正向激励,但是这种赏赐并非无故恩赐;同样,重罚也应针对确有过错的罪犯,赏罚同属于法治的两种手段,但其标准只能是法律,而不是统治者个人的意志。这种赏赐并不区分亲疏贵贱,只要有功一律有赏,无功有过一律惩处。倘若赏赐无功之人,惩罚无过之人,放纵犯罪之人,那这种不公平的状况直接导致民众丧失对于法律的信任,赏赐也失去应有的价值,刑罚无法发挥作用,反而助长罪犯继续为非作歹,整个社会没有正确的价值取向,国家也将处于危亡之中。

五、儒术独尊前法治文化的理论特点

(一)人性"利""害"

法家认为,"见利莫能勿就,见害莫能勿避"①。正因为喜好功名利禄、厌恶刑罚制裁是人的天性。尧舜的禅让也是因为自己做帝王的时候虽然很辛劳,但却得不到利益。所以仁义恩爱在利害面前也是靠不住的,只有赏罚才是统治的最有效的手段。韩非在《外储说左上》讲到"自为心",当父母产下男孩的时候会庆贺,而生下女孩的时候会把她杀掉,这么亲近的血缘关系都尚且如此,更何况没有血缘关系的君王、臣子和民众之间那更是无法想象。"人情者有好恶,故赏罚可用",也正是因为人非完人,无不具有趋利避害的自然属性,进而可以依此管理人民。所以想要让臣民不敢犯上作乱的方法不是靠君王"德厚",而是要依仗法治的"威势"。

(二)因时而异

在法家眼中,历史是向前推进的,法律制度不能因循守旧,应当顺应时

---

① 国学整理社:《诸子集成》第五册《管子校正》,中华书局,2006年,第291页。

代发展，避免自身僵化。"不法古，不修今"①，"时移而治不易者乱"②。战国时代各方混战不已的形势下，弱国随时都有可能被强国兼并，在"强国事兼并，弱国务力守"③这样的情况下，需要一种强有力的方式治理国家。很显然，德礼之治不会在短时间迅速带来军事力量与农业生产的跃升，而法治则代表了历史的必然，让百姓"喜农而乐战"。如果一味故步自封，"以先王之政，治当今之民"，显然治理的手段与所治的对象不相适应，那就如同守株待兔般很难发挥实际的功效。

（三）立公去私

法代表着社会整体的公义，而礼却是一己私利。实行礼治会使主上地位卑下，臣民地位尊贵；国家土地缩减，私人家里富贵；认同公义的人少，而谋取私利的人多。所以想要在社会中形成追求公义的风尚，那就要在施行法治的时候不分亲疏远近，一断于法。

（四）依法而治

法律不能是一纸空文，既然已经制定法律，法律只有被使用才能体现出它本来的价值，如果舍弃法律，君王言出法随，这种恣意专断的权力就像脱缰野马，本为巩固自身权威却难免断送自己的统治。正所谓"君舍法，而以心裁轻重，则同功殊赏，同罪殊罚矣，怨之所由生也"④，如果君王把自己制定的法律束之高阁，而是按照个人自心好恶裁断是非，分立赏罚，必然招致同功同罪而异赏异罚，民怨由此产生。

---

①③ 国学整理社：《诸子集成》第五册《商君书》，中华书局，2006年，第16页。
② 国学整理社：《诸子集成》第五册《韩非子集解》，中华书局，2006年，第366页。
④ 国学整理社：《诸子集成》第五册《慎子》，中华书局，2006年，第6页。

（五）适法平等

法家主张上至显贵君王，下至贫贱庶民，在适用法律上一律平等，公正不阿。"不知亲疏、远近、贵贱、美恶，以度量断之。"①不论社会地位高低还是贡献大小，但凡触及法律底线，势必绳之以法。"法不阿贵，绳不挠曲。"②法所具有的最高权威无差别适用于任何社会成员，"刑过不辟大臣，赏善不遗匹夫"。法作为度量的标准时，卿相犯法必受制裁，百姓立功定得嘉奖。虽然所有人都要受到法律的约束，没有法外之人，但具体应用何种法律的确有层次差别。

（六）当权者守法

国君作为立法者虽有订立、变更和废止法律的权力，但不能朝令夕改，令百姓无所适从，而且更应遵守法律，而不是践踏法律；官吏作为执法与司法者，更应自觉守法，而非徇私枉法。"置法以自治，立仪以自正也。"③国君也要受到法律的制约。尽管法家主张君王受法约束，但在封建政治体制实际运行过程中，所谓"法治"更多是一种统治百姓的工具，意欲君王恪守法律规范，完全听凭法家法治学说也是不现实的，显然在当时缺少客观的制约条件，这就如同审理自己案件的法官，公正与否完全取决于自己的好恶。当权者守法在现实政治中实际上是很难实现的。但是这种规制君权、规制公权的思想确实在当时是难能可贵的。

（七）赏刑结合

法家基于人性恶和趋利避害的特点，主张用刑罚和赏赐作为诱饵，鼓励战争和耕作。无论自身出身贵贱都可以通过杀敌、生产粮食等方式获得封赏，

---

① 国学整理社：《诸子集成》第五册《管子校正》，中华书局，2006年，第258页。
② 国学整理社：《诸子集成》第五册《韩非子集解》，中华书局，2006年，第249页。
③ 国学整理社：《诸子集成》第五册《管子校正》，中华书局，2006年，第92页。

而犯罪之人即使犯轻罪也会受到重刑的制裁，所以社会成员的积极性就被调动起来了，国家也就自然强盛起来。

第二节　儒术独尊后的法治文化

秦王朝采纳法家的思想建立的中央集权国家非常重视法治建设。在秦始皇时代，国家社会各方面皆有"法式"。但在思想上单独推崇法家，要求"以法为教"钳制了其他思想的发展，同时施行严刑峻法将专制推向极端，苛刻的刑罚终究逼迫陈胜吴广起义，不可一世的秦王朝从此灭亡。

汉初采用约法省刑的黄老思想，虽然这种思想兼有道法两家的优点，但毕竟在治理社会巩固集权时略显消极。"黄老之学无为、因循的弊端开始显现，分封的诸侯王实力强大，各怀异志，尾大不掉，对中央政权造成极大威胁。"[1]道家和法家思想如同两个极端，一者刚猛一者消极。而董仲舒的出现为统治者找到了一条中道，进而汉武帝罢黜百家、独尊儒术。此时，儒家和法家不再是全然对立，而是儒法结合，各家并融。儒家思想已经融合法家等其他各家思想长处，并由此产生"君为臣纲、父为子纲、夫为妻纲"的三纲，并以"受命于天"的天人合一、天命神权等理论来佐证，并且认为"德主刑辅"也是顺应上天"任阳不任阴，好德不好刑"[2]的天意。儒法从外分走向内合，传统的法治也逐渐有了新的内涵。

秦汉之后封建社会的思想正统归为儒家，"三纲"理论自然也就成为治国立法决断的指导原则，君王利用德与刑两种手段统治臣民，维护自身的集权统治。在这样的社会环境中，法理学的发展不再像原本春秋战国时百家争鸣，"礼"成为社会秩序的第一道防线，若是跨过这道线就必然受到刑罚的制

---

①　王成：《董仲舒"忠"思想研究》，《山东社会科学》，2005 年第 3 期。

②　苏舆撰；钟哲点校：《春秋繁露义证》，中华书局，1992 年，第 338 页。

裁。"礼之所去,刑之所取,失礼则入刑,相为表里者也。"①虽然儒法已经合流,但也并非完全消除矛盾。不仅是重德还是重刑,人治与法治这种礼法之辨,而且还体现在亲戚之间株连相隐等民刑具体原则问题上。但这种种争论并没有超出儒法之间传统等思想范围,偶现异端也并没突破前人理论。

立法司法引用儒家经典。历史上曾出现张斐注《晋律》,而唐代的《唐律疏议》是律学的集大成之作,也标志着经义法典化的正式确立。此后既有《宋刑统》《大清律集解附例》等官方的注律,也有沈家本《历代刑法考》、薛允升《唐明律合编》等私家注律。自董仲舒"春秋决狱"以来,儒家经典《春秋》作为法律的补充,出现法律没有规定的情况时,经义也就成为解决问题的准则,而法律和经义之间的关系是法律从属于经义,这样难免会出现擅断罪刑的情况,而这一做法直到法治相对完备的隋唐时期才逐渐消失。无论是引用儒家经典"断狱"还是"注律",这都是一个法律儒家化的过程。

从经学到理学,儒释道三者相融。产生于两汉的律学属于儒家的经学范畴,其理论基础在于"天人感应"的神权思想。这种思想体系在隋唐之前并没有发展变化,直到佛家和道家的思想强势壮大,儒家在法律上的正统地位受到强烈冲击,才在宋代吸取佛道的长处变得更具哲理和思辨性。这样,原来经学中的"三纲"在新的理学体系中演变为"天理",不符合"三纲"的皆是"人欲",儒家的道统便是"存天理,灭人欲"。这种思想直到清末仍被认为是传承千年的"国粹",立法的根基。

一、董仲舒:天人感应以适法

董仲舒在西汉时期结合法家君主集权的思想鼓吹大一统的理论,抬高君王的君权,主张由天子实现一统。而集权一统的关键在于思想上的一统,

---

① 范晔:《后汉书·郭陈列传》,《二十五史》(第2册),上海古籍出版社、上海书店,1986年,第179页。

其他的诸如法律制度等都能随之统一，上下臣民之间也就自然会遵同。"邪辟之说灭息，然后统纪可一而法度可明，民知所从矣。"①汉武帝采纳了他"罢黜百家，独尊儒术"的思想，此后儒家学说成为封建专制的统治思想。不过此时的"儒术"已经不同于先秦的儒家，虽然还是以孔孟思想为主，但着重吸收了法家重法与集权思想，以及阴阳家等诸学说。当时，汉代经过吴楚七国之乱以后，接连的削藩伐匈，国力逐渐增强，社会空前繁荣，汉朝走向鼎盛时期。但随着中央集权加强，封建制度日益发展，农民备受地主阶级的压迫。而董仲舒当时提出的思想正好能够缓解社会矛盾，应对繁荣背后的社会危机。

（一）天人感应与三纲五常

董仲舒继承原有儒家君、臣、父、子的道德伦理说教，进一步结合"天人感应"的理论发展为君臣、父子、夫妻之间的三纲和"仁、义、礼、智、信"的五常。"王道之三纲，可求于天。"②君、父、夫三者为阳占据主导，臣、子、妻为阴居于从属，这都是天意。君王作为人间的主宰，顺应上天的意志制定道德礼制与法律典章，如果胆敢反抗，那便是违反天意挑战君威，难逃刑罚，甚至难逃一死。而"天""君""父""夫"四者分别对应"神""政""族""夫"权这四种权力，贯穿整个宗法制度压迫束缚广大民众。"三纲"成为"纲常名教"的核心，随着儒法合流也进一步在立法和司法中发挥理论原则的作用。

（二）德主刑辅

董仲舒从秦国灭亡中吸取经验教训，注重教化的作用，并结合刑罚手段减少犯罪。在《董仲舒传》中，他指出秦国"师申商之法，行韩非之说，憎帝王之道，以贪狼为俗，非有文德以教训于下也"③。秦王认同法家的思想施行重

---

① 《汉书·董仲舒传》，《二十五史》（第1册），上海古籍出版社、上海书店，1986年，第237页。
② 《春秋繁露义证》，中华书局，1992年，第351页。
③ 《汉书·董仲舒传》，《二十五史》（第1册），上海古籍出版社、上海书店，1986年，第236页。

法不重贤德,结果导致民不聊生,被逼起义造反。"汉得天下以来,常欲善治而至今不可善治者,失之于当更化而不更化也。"①汉代如果不做改变也将会重蹈覆辙,主张用仁德教化民众。"故圣王已没,而子孙长久安宁数百岁,此皆礼乐教化之功也。"②相反,如果失去礼乐教化,即使刑罚也很难奏效。当然,对于那些反抗统治的奸邪臣民,用刑也不失为一种行之有效的手段,"不顺如叛,则命司徒诛其率正矣"③。当然,在刑罚与德教二者之间,还是以德为主,以德为先,明德慎刑,这就如同说"教,政之本也;狱,政之末也"④。所以想要预防犯罪,单靠严刑峻法是不够的,秦国的灭亡已经印证了这一点,还要靠德治减轻税负,加强民众教化,得以实现大治。

当然这种"德主刑辅"的思想虽然先秦就有,但董仲舒将阴阳五行、天人感应和人性论糅合在一起。"天道之大者在阴阳。阳为德,阴为刑;刑主杀而德主生。"⑤君王教化百姓应当以德为主,天道应当是"大德而小刑"。天地的阴阳二气与人品性的贪仁直接挂钩,每个人阳气和阴气的构成比例不同,人性也就千差万别。这种品性主要可以分为三种——"圣人""斗筲"和"中民"的善、恶以及可善可恶,其中前两者是品性,是绝对不会改变的,只有中民可以像卵茧经过加工成为雏丝般受到教化而转为善性。正是因为大多数人都是中民,经过礼仪教化基本上就可以去恶,而对那些冥顽不化的人才用刑罚法度强力规化。虽然董仲舒用上天的意志解释德主刑辅的理论,但也难掩封建刑罚的阶级本质。不过这种思想显然被历朝历代的封建君王采纳,成为治国治民的基本路径。

---

① ② ⑤　《汉书·董仲舒传》,《二十五史》(第 1 册),上海古籍出版社、上海书店,1986 年,第 235 页。
③　苏舆:《春秋繁露义证》,中华书局,1992 年,第 367 页。
④　同上,第 94 页。

(三)"春秋决狱"与原心定罪

《春秋》作为儒家经典,深度影响着古代政治法律制度的发展走向。这部书的文字内容虽然简单,但可以引申出不同的含义,进而凭借经义指导立法和司法活动,以"尊尊""亲亲"的原则维护宗法等级社会。董仲舒引经注律,首先将《春秋》与汉律结合起来,"作《春秋决狱》二百三十二事"①,以此定罪处罚。而对于犯罪分子的审查不仅要厘清犯罪的事实动机,更要按照《春秋》的经义标准判断犯罪者的主观恶性。如果是符合春秋的道义取向,那便是可以免除处罚的"善",否则就是无罪也要定罪的"恶"。由于《春秋》可以对同一件事做出不同的解释,这也就成为司法者自由裁量的理论依据。赏罚虽然形式上依法裁断,但其本质还是由当权者按照自己的主观想法任意解释法律,借以打压平民百姓,进而维护封建特权制度。

"春秋决狱"的出现有其历史必然性。汉代的儒家经典和法律典章虽然联系密切,但这两者仍然是相互分离的,而正是这种决狱的方式促进二者逐渐融合。萧何当初制定法律时仅有九篇,可是到了汉武帝时期法律陡增到了三百五十余章,刑罚内容庞杂却没能减少犯罪的发生,相反却出现了"法出而奸生,令下而诈起"②的尴尬境况。定罪量刑的官吏根据贿赂多少草率地适用法律,致使重罪轻判和轻罪重判的现象时有发生。而董仲舒改善了这种情况,亲自用《春秋》断狱合理审判案件,最大程度地实现罚当其罪。

董仲舒的这套博采众长的理论体系,利弊优劣不可一概而论。大一统的思想客观上确实起到了加强中央集权,促进国家统一的作用;主张德主刑辅,限民名田,削减徭役赋税的做法调动了农民的积极性,刺激着农业的迅速发展;天人感应的思想显然是一种唯心主义;三纲五常的法律思想成为流

---

① 《后汉书·杨李翟应霍爰徐列传·应国附传》,《二十五史》(第2册),上海古籍出版社、上海书店,1986年,第185页。

② 《汉书·董仲舒传》,《二十五史》(第1册),上海古籍出版社、上海书店,1986年,第236页。

传千年的正统思想,其道德价值不能一概而论;原心定罪注重犯罪动机,不仅给裁断的官员带来任意裁量的漏洞,更是给犯罪之人留下可乘之机。

二、朱熹:法为天下理

朱熹是中国历史上两宋理学的集大成者。他集合前贤之论,吸纳佛、道思想为理学建构了精致理论体系。

(一)法为天下理

"未有天地之先,毕竟也只是理。"[1]天理是世间绝对的真理,是万物的本原。这个理可以转化为所有具体的事物,同时也普遍存在于自然和社会中。"其张之为三纲,其纪之为五常,盖此理之流行无所适而不在。"封建道德体制和等级差别自此有了真理规则般的绝对性,这种权威超乎历史发展,不随着世间任何事物而变化,君王臣民都要遵从三纲五常的真理法则。

这种"理"不只是停留在理论上,也会在实际中得到检验。人是天"理"道德人伦理念与欲望情感之"气"相互结合的产物。每个人的理与气都不尽相同,君王圣人往往是正理精英之气,而贫贱则是衰颓浊气,所以人与人之间地位尊卑不平等是合理的,君王利用封建伦常是顺应天理。

而气性是可以通过"存天理,灭人欲"的方式改变自身的浊气,实现人性的复归。"饮食者,天理也,要求美味,人欲也。"人欲与天理相互对立,是一种非必需的欲望。这就如同吃饭是人所必需,是"天理",但是想要美味佳肴就成为不必要的奢望,也就是"人欲"。放纵自己的欲望往往意味着会违背礼仪规范,而人的价值在于克制自己的欲望实现道德的超越。在理学体系当中,礼法均是天理的体现。"礼者,天理之节文","法者,天下之理",[2]天理赋予封

---

① 黎靖德编:《朱子语类》(第 1 册),中华书局,1986 年,第 1 页。
② 同上,第 101 页。

建礼法统治的合理性。在封建专制的社会中,服从道德礼制也就意味着服从君王的专制统治。

(二)德治重刑

朱熹继承孔孟的德治,从德到礼、政再到刑,由里及表,相互结合共同维护社会秩序的稳定。在他的理论中,认为德礼是治国的根本,而"德"包含君臣父子夫妻之间的亲义、别序等道德观念,而"礼"作为外在的规范成为"德"的保障,协调三纲所涉及的社会关系;而"政"与"刑"也是必要手段,它们之间的关系是"政者,为治之具。刑者,辅治之法"[①],理政是刑罚的目的,如果没有法作为支持,那么政令也得不到有效执行,相比于政,刑的工具性作用,居于次要的地位,而政刑结合可以减少犯罪数量,"此其相为终始,虽不可以偏废,然政刑能使民远罪而已"[②]。虽然治国确实要用"刑"罚,但实行刑罚处理社会矛盾是为了实现刑罚的不用,朱熹这种主张与法家"以刑去刑"的思想极其相合,甚至主张用重刑并恢复肉刑的思想,一反儒家的常态,"古人为政,一本于宽,今必须反之以严"[③]。这是因为当时南宋的社会阶级矛盾尖锐,他主张刑罚也是仁义的体现,其最终目的在于维持儒家倡导的伦常秩序。

(三)变法人治

在朱熹看来,从尧舜禹到商汤、周公,所贯穿的君仁臣忠和父慈子孝等道德常理在天地间万古不变,而夏商周之后世风日下,人欲胜于天理,随着时代变化,国家的法度不能一味故步自封,也应变革具体的法律,革除法制中的弊端,适应时代发展。而变革的指导思想就是儒家所推崇的纲常名教这种天理,遵循这种天理治国的关键在于君王依靠自身贤德的表率作用感召臣民。君王

---

①②　《四书章句集注》,中华书局,2016 年,第 54 页。
③　黎靖德:《朱子语类》(第 7 册),中华书局,1986 年,第 2689 页。

秉持内心的公正选任贤能的宰相,宰相选择百官,这样从中央到地方层层选拔出的官吏如果都是贤良之人的话,国家也就自然能够治理得当。

(四)义理决狱

朱熹认为法律顺应的是天理,要以三纲五常作为判罪量刑的原则。在判案断狱时先分析犯罪当事人之间的尊卑亲疏等伦理关系,然后再听其供述作出裁决。显然在断案的实际过程中还是依照伦常亲疏定罪处罚,其本质是用礼的精神作为指导原则,实现礼法合一。当然刑讼牢狱关乎民众性命,官吏在断案时不能按照伦常道德作出判断,而是在明察犯罪者的动机手段、犯罪事实等各方面的基础上,依照确凿的证据和清楚的事实慎重地作出合情合理的裁量刑罚。如果审理的过程中存在疑问就应及时上报,尽量避免留狱拖延,提高司法工作的效率。

(五)减税救民

南宋既要维持国家官府、军队等各项开支,又要给金国岁贡,只得对百姓课以重税,而朱熹对此针锋相对地提出"天下国家之大务,莫大于恤民,而恤民之实在省赋"①。他认为,省赋的关键在于治理官吏和限制土地兼并。一方面,贪官污吏不体恤民情徇私枉法,导致农民破产,逼民造反;另一方面,地主官僚才有能力兼并土地,而土地本身应当是"民得耕种,不得买卖"②,按照田地数额多少纳税,而不是按人交税,施行社仓制救济百姓,避免出现贫富之间无田有税或是有田无税这种不合理收税的局面,杜绝赋税过重或者不均的情况,更好地实现减轻税负的目的。虽然这种减轻税负体恤民众的主张对于稳定社会经济确有好处,但在当时却遭到地主和官吏的反对,最终没有实现。

---

① 《朱子大全·庚子应诏封事》,《四部备要》(第 57 册),中华书局,1989 年,第 165 页。
② 《朱子大全·井田类说》,《四部备要》(第 58 册),中华书局,1989 年,第 1226 页。

第三节　传统法治文化的传承与超越

　　传统法治文化的发展围绕传统法治资源展开，涵盖一国法律活动长期积淀的知识经验和理念风俗,这既包含历朝历代所创造传承的法律条文、制度等具体意义上的法律规则,也包含法律订立和运行过程中的观念、习惯等精神层面的法律传统。法律规则虽然是既定的法律事实,但通过剖析某一类法律的发展脉络和法律整体的特征变迁可以推测出其法律理念传统的变化;法律传统虽也是历史沉积的产物,但并不会随着某一朝代的法律制度的废止立即消亡,这种观念上的认知普遍存在于社会民众心理中,并在新的法治环境中再一次生长变化。由于各国各民族的具体国情和法治发展情况各异,不同国家的法律规则及其法律传统独具民族文化特色并呈现出地域性差异。随着立法技术日臻成熟,法典日益完备,观念不断革新,传统法治文化发展也经历了一个不断面向现代化的过程。

一、传统法治文化的总体性特点

(一)历史稳定性

　　传统的产生并非一蹴而就,是历经历史淬炼世代相传的文化积累。传统法治根源于礼法合一、刑法为主的封建旧社会,行政权和司法权往往纠集在一起,本质上为巩固王权、维护统治秩序服务,突出体现其法的形式价值。尽管传统法治文化是历史积淀的结果，但这并非意味着一旦形成就会一成不变,而是随着时代发展不断变化。当然,在法治发展的过程中,基于法律自身发展传承的特性,这种变化更多的是制度表层形式上的改变,较少涉及法治深层理念上的革新,所以在不同朝代有着异曲同工的法律表述,传统法治文化发展在整体上呈现一种稳定性。这种法治发展稳定性与法律自身的权威性密切相连,通过长期是非善恶的确定性指引,实现社会秩序的良性规制,这也在潜移默化中引导社会民众建构固定的行为模式,民众对于法律的心理从陌生到熟悉,从畏惧到认同,当社会中尚法理念形成,法律权威性也就不言而喻。

传统虽不一定意味着落后,但也并不一定就是先进完全没有糟粕的。官本位、权大于法、子女婚姻由家长决定等思想并未销声匿迹,这并不能契合当下自由、平等、公正的社会价值取向。而且,目前大量移植国外法治资源到国内,外来和传统法领域相互交融难免会产生冲突和矛盾。这样法治发展难免面临对传统法治文化的去粗取精,对国外文化的兼容并蓄的问题,势必将在新的时代背景下,冲击原本相对稳定的传统法治文化,在融合新的法治因素后复归新的稳定,实现传统法治文化的传承与超越。

(二)传统法治文化的现代性

传统法治随着历史的演进、随着东西方法律文化交融和国家社会性质变化而发展,这种现代性并不割裂其历史性,而是随着时间的线性发展融入新法因素,是其内在"去其糟粕,取其精华"自我更新的过程。当下对于"传统"的把握,虽确实是要回顾总结"历史",但不能总沉湎于过去,不可避免地要走向"现代",与世情国情紧密衔接。从鸦片战争开始中国沦为半殖民地半封建性质的社会,传统礼法结合的法治思想受到西学东渐的冲击;而新中国成立后历经改革开放,社会主义的法治建设具有了"中国特色"。法治思想在多元碰撞中演进和发展,传统法治文化也随之被赋予了新的时代意义,体现出"历史"与"现代"的交互融合。

(三)地域特色

不同的社会地理环境会孕育出迥异的生活习惯和民众心理。西方人独立自由的个性、富有探险精神的品性与其所处的沿海位置和航海探索不无关系,在市场经济中更加注重自由平等市场竞争和追求个人利益的最大化,促使调整民事主体之间的民商法等私法日渐完善发达。反观中国自身,华夏文明发源于内陆地区,自给自足的小农经济占据主导地位,相较于西方市场经济的激烈竞争,东方社会竞争相对缓和,人与人之间更加注重合作,突显出集体主义的价值取向,而在集体内部法律的作用更多体现在首领君王惩戒自谋私利犯上作乱的"异己",这显然调整的是权力者和服从者不平等的主体关系,这也间接促进以刑法为主的公法的日益发达。当然不论是东方还是西方,民众对于法律的认同方式有其相通之处。法治并不是压服强制民众对于法律认同,法律可以约束每个人的外在行为,但却无法强行渗透到每个人心中,民众对于法治的认同是基于良善法律的肯定,是自然生发自内而外的心悦诚服。

二、传统法治文化的积极因素

(一)一重于法

国家政权的稳定和社会秩序的形成都离不开法的保障。管仲曾说,法如同"尺寸也,绳墨也"①,用以决断是非善恶的基础标准。商鞅的变法让秦国崛起的关键,在于君王认同法律在治理国家时的重要作用,而且此后由皇帝牢牢把握立法权,维护自己的专制统治。虽然在当时推行法的主要目

---

① 国学整理社:《诸子集成》第五册《管子校正》,中华书局,2006 年,第 28 页。

的不是为了维护臣民百姓的私人权利,但这种崇尚法治的思想在当今社会也毫不为过。

(二)同等适用

先秦法家管仲、商鞅、韩非等,他们认为:"自卿相、将军以至大夫、庶人,有不从王令、犯国禁、乱上制者,罪死不赦。"①文武百官,贵贱臣民,但凡不听从法的治,那就一律处斩没有例外;"君臣上下贵贱皆从法"②,全体社会成员都属于法律规制的对象;"刑过不辟大臣,赏善不遗匹夫"③,身居高位的达官犯罪后也不可能逃避刑罚的制裁,身处低位的庶民立功后必然会得到嘉奖。这一系列的法家思想代表一致认为,赏赐和刑罚方面都应当不因社会地位的差别一视同仁,虽然是从维护统治秩序的角度出发,但客观上促进统治秩序的稳定高效,体现出现代法治平等性的萌芽。

(三)重罚执行体现法的威严

"明主峭其法而严其刑",统治者利用严刑峻法保障法律的权威。法律权威建立在能够直接制裁冲击法律所保护的利益和构建的秩序的罪犯,以刑去刑,不敢再轻易僭越底线,挑战法律的权威。一方面,民众在一般情况下自己会权衡犯罪的成本以及自己的收益,显然法律刑种的设置越是严苛也就意味着违法成本越大,这样民众才能对"刑"有敬畏之心,不敢轻易犯"罪";另一方面,法律的处罚如果没有得到执行,虽然已经判定有罪,但没有遭受任何损失,人人自然不会畏惧更不会遵守,反而会轻视法律。所以无论是从"刑"还是从"罚"的角度,刑罚所预设犯罪所带来的不利高于收益让人心生敬畏,刑法执行上任何人都没有凌驾于法律之上的特权以逃避制裁,对于法所保护的利

---

① 国学整理社:《诸子集成》第五册《商君书》,中华书局,2006 年,第 29 页。
② 国学整理社:《诸子集成》第五册《管子校正》,中华书局,2006 年,第 257 页。
③ 国学整理社:《诸子集成》第五册《韩非子集解》,中华书局,2006 年,第 26 页。

益一分不让,漏失一分也会让人付出惨痛代价。王法刚性的执行力生发出强大的威慑力,臣民百姓莫敢不从。而现代法治社会中,人民对于法的认识存在偏差,目前还有人认为在中国这种人情社会中,人情世故大于法理,就算犯法也可以通过私人关系逃脱法律制裁,挑战法的权威。同时也存在"执行难"问题,原本生效的法律裁判得不到行政机关及时有效的执行,而且本身正确合理的裁判遭到当事人恶意纠缠,甚至不惜煽动舆论以期做出更有利于己的改判。所以传统法律注重刑罚对于今天维护法治的威严仍然值得借鉴。

(四)独立的监督体制

自从汉代以来,在国家机关的构成当中监察机构独立于其他行政部门,在中央到地方的监察系统与地方上官吏的任免隔绝开来, 其人事制度由检察系统内部垂直领导决定。由于监察系统和地方行政系统的分离,监察权和行政权两者不存在依附隶属关系, 也正是这种权力上的相对独立性也保证了监察的客观性,相较于行政机关的自身监督,监察机构能够更为公正地监督行政,有效遏制腐败的发生、泛滥。同时在古代除了监察系统以外还有谏官,专门负责直言正谏,敢于与君相诤,自下而上提醒君王理智处理国政。在这样的政治环境中,既有监察对百官的监督,也有谏官对皇帝的监督。监督的体制覆盖君王与官吏,促进社会形成清正廉洁的官场氛围。

(五)萃取传统义利观的时代精华

对于公义和私利之间的关系一直是传统法治过程中所要关注的对象,特别是法家主张立公去私,儒家中也主张取利有义,"君子爱财取之有道"。法律要求人民追求正当利益,否则将会受到法律严惩。市场经济飞速发展的过程中,在追求个人利益最大化的同时,出现了一系列以权谋私、权钱交易等腐败现象,这些现象与法治精神明显相违背。这也说明现在社会人民并未完全形成遵循正当程序获取利益的思想意识。正是需要弘扬传统法治中的义利观,完善规制市场经济的法律,形成在不违背道德的前提下追求正当利益的价值判断。

三、传统法治文化的负面影响

相比于几千年的传统法治,现代法治存续时间较短,传统中的一些陋习依然在潜移默化中左右着人的思想,间接影响到人的言行,这将会阻碍现代法治建设的长远发展,因而在当下剖析传统法治文化中的糟粕并将其剔除,在传承中超越,有助于避免重蹈覆辙,保障法治的稳定和社会的长治久安。

(一)特权意识泛滥

自从秦王嬴政称帝以来,延续两千年的集权政治传统中,皇帝享有无上的高位,同时享有立法和司法权,凌驾于整个法制体系之上。虽然在传统的法治文化中有君王犯法和庶民同罪的思想,但很显然在传统的法治实践中却鲜有真正的治君之法。而且在历史上曾经出现的"官当"与"八议"制度,这也成为官吏得受正当庇护逃避制裁的合法通道。儒家认为"人存政举,人亡政息",当权者是否贤能关乎国家的兴旺,只有贤善的人治理国家才会兴旺发达,这就为君王个人凌驾于法律之上提供了思想基础。君王完全凌驾于法之上,官吏有限度地超越法,只有平民百姓,别无他法,只得安心被法所治。法完全沦为治民的工具,丧失了法本身普遍适用的基本特性,为现代法治所不容。当今社会集权君主制度早已冰消瓦解,但这并不意味着人的思想中这种观念也随之消失。相反,执掌权力的官员更容易为所欲为,在思想上产生一种自己的权力不受法律约束,犯罪行为不被法律追究的错觉,潜意识中仍然以为违法犯罪可以动用自己的关系找门路,给自己和亲戚开脱,继而心安理得地谋取非法利益。

（二）义务本位

传统法治的本质在于维持帝王统治秩序，以儒家思想为主导的君主集权政体下，德与礼的教化塑造出人民"重义轻利"的价值观。在当时构建的等级森严的社会中，官吏民众都必须要服从君王一人的统治，履行君王要求的各项义务。囿于旧社会的礼制，以德为主、以刑为辅的治理模式，道德所附加的仁义要求被儒家思想过度阐释，而且儒家学者通过注律等方式将其主张融入法律中，体现在具体的条文上，这种道德义务也就有了合法性与强制性。而君王听信儒家的学说维持统治稳定，自然也就一再集权于自身，转而给臣民施加义务，虽然这些义务是否具备合理性有待考证，但至少有其合法性。这样，无论是臣民的法律义务还是道德义务都被过度扩大了，而民众的权利也随之彼涨此消，整个社会以义务为本位。当下法治中往往出现国家机关的公权力膨胀得不到有效限制，而公民权利限制过多缺乏更为强力的保障。所以在执法或是司法时，面对公权力的强大，私权利的弱小，考量的首要标准是公民个人是否履行自身应尽的义务，极易忽视公民权利的保障。

（三）司法行政不分

传统的行政体系中，除了中央层面，行政和司法权两者分属于不同机构的长官，但在地方而言，行政和司法两种权力都同属于地方行政长官一人。虽然在中央层面形式上存在两者的差别，但司法首长的地位要低于行政首长，在实质上这种司法依附于行政，而且最高的司法权还不在司法长官的手中，而是由皇帝把持。无论中央还是地方司法和行政之间存在着一种依附甚至混同的关系。司法不具有独立性，这也就直接导致了无法对行政权加以制衡，无法对行政案件做出正确裁断。行政的高位权力形成一种政治高压，在现实中上级有绝对的权力领导下级，下级听从甚至盲从于上级的安排。而司法权的虚设导致民众对于诉讼心生恐惧，认为官场上官官相护，自己民告官不会有好结果,反而会招致牢狱之灾,更加不信任司法。所以皇帝对于臣民,达官较于芝麻官,官吏之于民众之间更是一种单向的行政管理,缺乏司法有效的反向监督。

(四)实体程序发展不协调

法治历史上存在大量的实体法规定,而程序性制度偏少。"厌讼""恐讼"是社会民众对于司法的普遍心态,严重制约了程序法的发展。西周以来实行"五听"制,对于案件的当事人通过"耳"的听觉反应、"目"的眼神状况、"辞"的语言表达、"色"的面部表情、"气"的呼吸节奏这五种方式观察理直还是理屈;对于重大疑难案件实行"三司会审",《商君书·定分》中说:"天子置三法官,殿中置一法官,御史置一法官及吏,丞相置一法官"①,也就是三个中央司法机关联合审议集体裁判。虽然存在一定意义上的程序性法制,但显然制度规则数量上相对较少,没有引起统治者足够的重视,重实体轻程序是传统法治的一大独特现象。淡薄的程序意识依然影响着今天的社会生活,行政人员特别是"城管"在执法时并没有严格按照程序执法,与百姓引发激烈的肢体冲突;公安司法人员在侦查审理时,刑讯逼供情况时有发生,特权批示左右案件裁判……一方面法律存在程序性漏洞,并没有规定具体行政司法运作流程;另一方面虽有规定却得不到切实的贯彻执行,致使法律形同虚设,阻碍法治实体程序的协同发展。现代法治的应有之义在于社会公平正义不仅要实现,更要以一种看得见的形式实现。

(五)法效力位阶冲突

在传统的封建社会,法的渊源不只是成文的令、律、条等刚性法律,也有包括皇帝随性而立的诏"谕"。这样制定的法没有系统一致的准则,多重标准

① 国学整理社:《诸子集成》第五册《商君书》,中华书局,2006年,第42页。

致使法律适用上前后矛盾，给执法者和司法者带来选择上的困难，同一个问题往往有不同的赏罚方式。君王官吏适用上没有定则，更不用说民众不知道选择何法遵守了。社会秩序的形成少不了统一标准，法无定法也将会导致社会秩序的动荡。现代法治社会虽然在整体上由宪法统领法律，形成了统一明确的效力位阶，但在具体的法律规定上仍然不乏规则间的相互冲突。在传统法治影响下，现代法治依然存在这样的问题。主要表现为执法者在没有明确法律规定的情况下可以比照其他规定适用或者临时自行创制具体规则，具有一定的变相立法权，这就难免与立法机关的立法权相冲突。立法者从法的应然价值考虑，而执法者是从法的实际意义出发，价值取向的差别难免使得法律出现分歧。同时，法官作为司法者拥有一定的自由裁量权是无可厚非的，然而，自由裁量一旦过度，超越了合理范围，甚至可能突破现有法律规定，形成事实上的法律变更，就会导致一定程度的执法混乱。可知无论是创制还是变更，都有可能造成法律上存在多重标准，这显然不利于法治的稳定。

四、传统法治文化的超越

虽然法的作用都是以其强力维持社会秩序，但从古代走向现代，随着时代变化，法所维护的社会主体也从原本的帝王转为人民，法治理念随之从义务本位走向权利本位。尽管不同历史时期法所包含的具体法律规则大多不能适应当今社会，但其精神原则与价值理念并未与现代社会全面脱节。传统法治文化继承和超越是对传统批判吸收，去其糟粕、取其精华的过程，这对于建设现代中国特色法治文化极富借鉴意义。

(一)国法至上,尊重法治

建设当代法治文化，无可避免要面对究竟是个人意志还是宪法至上的问题。在这一点上早已形成普遍的社会共识，现在我国法律维护着人民的利益,维护法律的权威也就意味着维护人民自身的利益,法的本质在于人民的利益和意志。

法治围绕"法"所展开,法自身真善美的价值取向与其至上性密切相关。首先法治中的法不能是一种恶法,而是合乎于情、合乎于理的"善"法。法治不是恶法横行,而是一种良善法的实施,即是在善法产生后,人民自然会产生一种要求这种良法得以实现的基本诉求,而不是将法律束之高阁,不能在实际生活发挥作用,从"善"治走向"真"治。在实现这两种法治的同时也在潜移默化中提升公民的法律素养,培育公民自主的法治意识,进而能够理解法治本身的"美"感,法治在人民心中也就成为"真""善""美"的协同表达。同时"善"始于正义的道德表达,体现在法律的明文规定上,在追求立法和司法过程中以及程序和实体法间实现最基本的公义。倘如丧失了善法的立法理念,无疑如同没有底线的恶人,越是善法越是能够将自由、平等、公正等各种价值冲突降低到最小限度,而对于恶法的辨识和抵制程度恰恰反映出人民法律意识的强弱,当把握法治之善的最基础标准的时候,法治就有了内在的生命力。当法治在人民心中生长成熟,宪法和法律的至上性也就不言而喻。

(二)废除特权思想,保障民权

现代社会以权利为本位,义务的履行是为了更好地行使权利。相比于民众的私权,公权力居于次要地位。而特权背后与国家的公权力直接相连,如果不加以约束限制公权,其自身极易膨胀越界。维护公民的合法权利自然意味着规范权力运行,"把权力关进制度的笼子里",维护人民的利益,避免非法侵害民众的合法权益,产生凌驾于法律的特权。

在权力设置上划清公与私、力与利的法律界限。公权直接与民众的私权相对,权力集中于一人之身无疑会重蹈封建君王的覆辙。对于国家公权力来说,法没有规定即是禁止;对于民众私权来说,法没有禁止即是自由,而权利是权力的边界。国家公权力的具体规定应当公之于众,以法律明文保障公民的知情权,预设获得救济的方式,保障公民的权利。

在权力运行上符合规范要求。国家公权力由民众从自身的私权中让渡,虽然来源于私权,但分离出来以后就自成一体相对独立,各自有着不同的运行模式。法律成为权力规范行使的导引,权力行使的主体、方式、内容应当由法而定,依法行之,依法治之,不能随心所欲,他人也无权代行。行政机关依法行政,司法机关依法裁决,执法和司法中贯彻法律,以法为准不得僭越法律。

(三)重视程序

法治并不等同于实体正义,忽视程序正义,法治会畸形发展。法律实体公正固然重要,但也需要程序的保障。无论是行政官员执法,还是法官司法裁量,不能为了追求公正不择手段,采用不正义方式追求正义,结果这种行为本身就不合理,失去了法治应有的价值。相反正当合法的程序是现代法治应有的理念,也是实体正义的前提。秉持程序正当合法的原则执法,即是程序本身合法公开,在当事人平等参与的基础上听取当事人陈述自己的意见,表达其诉求,保障行政权力行使的正当理性,遵循诚实信用的原则。司法上程序正义在于程序本身合法独立,平等地保护当事人双方参与诉讼,程序一旦全部结束自然导出法定的结果,具有不可变更的终局性。不论执法还是司法,当事人平等地参与其中,法律尽最大的努力分清是非,裁断罪法,就算是最终的结果不能同时令双方满意,至少也能达成最大的和解,尊重裁断的结果,程序上的公正性也是法治的权威性所在。

(四)法律监督

我国现在的立法权、检察权和司法权分属人大、检察院和法院,权力之间的法律监督也是围绕这三者展开的,人大对于司法行政、检察院的专门监督,以及行政机关内部的监察部门对于自身的监督,具体体现在对于国家机关与其组成的公务人员立法、司法和行政公务活动的监督。切实有效的监督机制离不开整合国家机关法治资源，避免职能冲突出现或监或督不能兼顾的局面：理顺监督关系健全监督机制，实现制度创新；切断利益关联，彼此之间相互独立，避免产生监督虚置以权谋私的现象。这样权力之间相互制衡，从中央到地方形成环环相扣的监督网络，杜绝权力的滥用，消除特权现象，提高监督的效能。

（五）法律实施

传统法治文化中强调"公生明，廉生威""明法律令"的思想对于现代法治建设中做到更为严格公正的司法执法、保证宪法和法律得到正确的适用与执行等方面具有现实意义。行政机关在处理行政案件时遵循有法必依、执法必严的原则提升自身的公信力。而司法机关秉公处理案件，坚守底线而不是突破底线，在司法活动中树立起宪法法律的权威，推动形成尚法尊法的法律信仰。

（六）深挖传统法治的思想资源

当今中国特色社会主义事业飞速发展，而当代的法治建设也将会随着国内国外的形势变化而持续发展。一方面现代法治需要随着经济社会发展创制新法、变更废除不合适的旧法，通过立法和司法解释释明法律，形成系统一致内部协调的法律体系；另一方面需要从传统法治思想资源中总结立法经验，吸取养分。古代设立成文典章和判例指导、任职回避、罪责追究制度等对构建现代法律体系、完善具体法律规则仍具有积极价值。

（七）构建现代法治国家

法律具有民族地域性的特性。虽然西方法治发展迅速且相对成熟，但近代以来的历史一再表明，中国社会法治建设要想完全照搬西方法治体系是很难成功的。中国社会几千年的法治文化传统价值也不能以西方社会的标准作为裁量标准,而应立足于本国具体国情,对于传统法治思想进行梳理分析,批判性继承,把传统法治文化中优秀的一面和当下社会主义法治国家建设有机结合起来,为以德治国与依法治国相结合提供丰富的思想资源。

第七章

传统政治文化认同与现代政治价值观

　　本章主要是通过实证数据，来考察当代中国公民对传统文化的认同状况、对传统文化认同的差异性以及这种认同对现代政治价值观的影响。目的在于考察作为中国文化精神内核的儒家文化在现代社会当中的遗存状态，其在当下民众的认知与价值体系中扮演什么样的作用，以及民众对于传统文化的评价是如何的。数据来自 2015 年 1—2 月课题组在山东省境内进行的《社会各阶层政治价值观调查》的部分测题。本调查是由在山东大学 2014 级本科生中随机抽取的 200 个学生利用寒假返乡的机会完成的，每个学生都按照性别和年龄均衡分布的原则确定 8 个被访对象。调查共发放问卷 1600 份，回收 1500 份，总体有效问卷 1210 份。[①]基于对多样本的分析，本部分对于传统政治文化认同类型的结论值得重视，但因系非科学抽样，有关各类型比重及群体差异性比重的结论不能推论到各阶层的整体。

　　在讨论上述问题之前，我们将首先考证 11 个常规变量，即性别、年龄、职业类型、收入水平、受教育水平、户口、宗教信仰、出国经历、主观阶层、生活满意度及政治面貌等因素对传统传统文化遗存的作用，以对当代中国社会中传统文化遗存及观念所存在的差异性，从而为后续的分析提供一定的参照标准和依据。

---

　　① 本调查由楚成亚主持，徐玉娟、刘艳艳等参与了问卷设计和调查的组织工作，韦繁林进行了数据整理并起草了本报告。

一、传统文化认同的描述性统计

当代中国公民究竟在多大程度上仍然认同中国传统政治文化？按照阿尔蒙德和维巴的界定,政治文化包括认知、情感和价值三个维度。我们对政治文化社会文化的精髓,在于其文化流传过程中所秉持的理论与精神核心,社会制度和道德伦理基础是基于这种精髓基础之上而得以构建的，这种核心文化在这里我们称为(特定社会)传统文化(狭义上来说)。此外,中国传统观念体系里,权威主义与民本主义是两个重要的组成部分。传统文化遗存包括四个部分,即我们为被访者设置的如下问题:

第一,"作为一个中国人,您是否为中国的传统文化感到自豪？"被访者要求在"非常自豪""自豪""说不清楚""不自豪""根本不自豪"5个选项中作出选择。在所抽取的1205个样本中,选择"非常自豪"和"自豪"的分别有608人、501人,分别占有效百分比50.6%、41.7%;选择"说不清楚""不自豪"及"根本不自豪"的总人数仅仅占7.7%,其中选择对传统文化持极端否定态度的"根本不自豪"只有5个人,有效百分比为0.4%。从这个角度而言,所调查对象总体上对于中国传统文话具有较高的认同感(见表7.1)。

第二,"您了解《论语》吗？"包含"非常了解""基本了解""有点了解""不太了解""没听说过"5个选项。

第三,"假如征求您对'《论语》进中小学课堂'的意见,您的态度是？""完全支持""基本支持""不确定""反对""坚决反对"。

第四,"我国古代有一些为官治政之道,其中一些说法的大体意思列在了下表中。您对这些说法的态度分别是？"该题包含四个不同文化观念的变量,即"国家最高统治者的权力应当不受任何限制,就像古代的皇帝那样"(君权至上)、"无论什么社会，上下级之间的尊卑关系都不能乱"(伦常神圣)、"政府应当轻刑薄赋，爱惜老百姓"(民本)、"道德对政治生活起决定作用,应当把道德教化作为治国的原则"(为政以德)。其中,前两项意在于考察传统观念中的权威主义观念,后两项是传统民本主义观念的相关变量。四个选题的统计量如表 7.1 所示。

表 7.1　统计量

	作为一个中国人,您是否为中国的传统文化感到自豪?	您了解《论语》吗?	假如征求您对"《论语》进中小学课堂"的意见,您的态度是:	国家最高统治者的权力应当不受任何限制,就像古代的皇帝那样	无论什么社会,上下级之间的尊卑关系都不能乱	政府应当轻刑薄赋,爱惜老百姓	道德对政治生活起决定作用,应当把道德教化作为治国的原则	传统观念的总体水平
有效	1202	1197	1192	1196	1200	1195	1196	1203
缺失	3	8	13	9	5	10	9	2

为考察人们对于传统文化遗存的了解程度,研究设置的题目是"作为一个中国人,您是否为中国的传统文化感到自豪?"各选项的样本频率是:非常自豪 608 个;自豪 501 个;说不清楚 69 个;不自豪 19 个;根本不自豪 5 个(见表 7.2)。

表 7.2　作为一个中国人,您是否为中国的传统文化感到自豪?

		频率	百分比(%)	有效百分比(%)	累积百分比(%)
有效	非常自豪	608	50.5	50.6	50.6
	自豪	501	41.6	41.7	92.3
	说不清楚	69	5.7	5.7	98.0
	不自豪	19	1.6	1.6	99.6
	根本不自豪	5	0.4	0.4	100.0
	合计	1202	99.8	100.0	
缺失	系统	3	0.2		
合计		1205	100.0		

对于传统文化的了解程度,我们选择其中具有代表性的《论语》作为考量指标。根据数据分析结果,选择非常了解的样本有 72 个,基本了解或者有

点了解的样本分别是 442 个和 426 个，不太了解与没听说过的样本频率分别是 236 个、21 个（见表 7.3）。

表 7.3　您了解《论语》吗？

		频率	百分比（%）	有效百分比（%）	累积百分比（%）
有效	非常了解	72	6.0	6.0	6.0
	基本了解	442	36.7	36.9	42.9
	有点了解	426	35.4	35.6	78.5
	不太了解	236	19.6	19.7	98.2
	没听说过	21	1.7	1.8	100.0
	合计	1197	99.3	100.0	
缺失	系统	8	0.7		
合计		1205	100.0		

"假如征求您对'《论语》进中学课题'的意见，您的态度是"这一问题的回答上，1192 个有效样本中，选择完全支持的样本有 505 个，有效百分比为 42.4%；基本支持的有 492 个，有效百分比为 41.3%；持支持态度的样本数累计百分比为 83.6%。选择不确定的人数为 181 个，占 15.2；持反对和坚决反对态度的样本数仅为 11 个和 3 个，累计百分比为 1.2%（见表 7.4）。

表 7.4　假如征求您对"《论语》进中小学课堂"的意见，您的态度是：

		频率	百分比（%）	有效百分比（%）	累积百分比（%）
有效	完全支持	505	41.9	42.4	42.4
	基本支持	492	40.8	41.3	83.6
	不确定	181	15.0	15.2	98.8
	反对	11	0.9	0.9	99.7
	坚决反对	3	0.2	0.3	100.0
	合计	1192	98.9	100.0	
缺失	系统	13	1.1		
合计		1205	100.0		

对"我国古代有一些为官治政之道，其中一些说法的大体意思列在了下表中。您对这些说法的态度分别是"的回答上，选择"国家最高统治者的权力应当不受任何限制，就像古代皇帝那样"以及"无论什么社会，上下级之间的

尊卑关系都不能乱"的被访者只有 23 人和 93 人,百分比为 2.3% 和 9.2%;而选择"政府应当轻刑薄赋,爱惜老百姓"及认为"道德对政治生活起决定作用,应当把道德教化作为治国的原则"的则分别占到 59.7% 和 28.8,即 607 人和 293 人,两者累计百分比 88.5%(见表 7.5)。

表 7.5　传统文化观念频率

		响应		个案百分比
		N	百分比	
传统观念的水平	国家最高统治者的权力应当不受任何限制,就像古代的皇帝那样。	23	2.3%	3.2%
	无论什么社会,上下级之间的尊卑关系都不能乱。	93	9.2%	12.8%
	政府应当轻刑薄赋,爱惜老百姓。	607	59.7%	83.8%
	道德对政治生活起决定作用,应当把道德教化作为治国的原则。	293	28.8%	40.5%
总计		1016	100.0%	140.3%

对于表 1-5,对前两个选项持赞同态度则被认为是传统观念当中的强权威主义,而后两者则为传统观念中的强民本主义,通过加总编码后分析的出:持有强权威主义传统观念的人数是 42 人,占比 6%,持有强民本主义观念的则是 662 人,占据百分比 94.0%(见表 7.6)。

表 7.6　传统文化观念频率

		响应		个案百分比
		N	百分比	
传统观念的总体水平	传统文化中的强权威主义	42	6.0%	6.2%
	传统文化中的强民本主义	662	94.0%	98.4%
总计		704	100.0%	104.6%

二、规变量对于传统文化遗存的影响分析

本节考察的是性别、年龄、户籍、政治面貌、文化程度、职业类别、收入水

平、宗教信仰、社会阶层、出国与否、生活满意度等常规变量对于传统文化遗存的影响。本节中,传统文化遗存的主要变量主要对传统文化的自豪感、对传统文化遗存的了解程度、对传统文化遗存的态度及对于传统文化观念的选择,传统文化观念涉及强权威主义和强民本主义两个方面的内容。

(一)对传统文化的自豪感与常规变量的交叉分析

针对样本对传统文化的自豪感,问卷中设置的问题是:"作为一个中国人,您是否为中国的传统文化感到自豪?"对应的五个选项为"非常自豪""自豪""说不清楚""不自豪"和"根本不自豪"。"非常自豪"和"自豪"表示对传统文化的肯定选项,"说不清楚"表示对于传统文化的含混不清态度,而"根本不自豪"与"不自豪"两项则表示一种否定的态度。

在对于传统文化的自豪感上,1190 个有效样本中,性别分布情况为:男性样本 594 个;女性 596 个。男性样本中,对中国传统文化持有自豪或非常自豪认可态度的比例是 92.1%,说不清楚的是 5.7%,不自豪或根本不自豪的比例是 2.2%。女性样本中,表示自豪和非常自豪的比例是 92.5%,说不清楚的是 5.9%,有不认可倾向的比例是 1.6%。数据分析显示,两种性别对于中国传统文化的态度没有显著区别,人们对于传统文化自豪与否,与性别无关,性别不是传统文化态度的影响因素(见表 7.7)。

表 7.7　对传统文化的自豪感与性别交叉分析

			性别		总计
			男	女	
作为一个中国人,您是否为中国的传统文化感到自豪?	非常自豪	计数	311	289	600
		行百分比	51.8%	48.2%	
		列百分比	52.4%	48.5%	
		总百分比	26.1%	24.3%	50.4%
	自豪	计数	236	262	498
		行百分比	47.4%	52.6%	

续表

			性别		总计
			男	女	
作为一个中国人,您是否为中国的传统文化感到自豪?		列百分比	39.7%	44.0%	
		总百分比	19.8%	22.0%	41.8%
	说不清楚	计数	34	35	69
		行百分比	49.3%	50.7%	
		列百分比	5.7%	5.9%	
		总百分比	2.9%	2.9%	5.8%
	不自豪	计数	10	8	18
		行百分比	55.6%	44.4%	
		列百分比	1.7%	1.3%	
		总百分比	0.8%	0.7%	1.5%
	根本不自豪	计数	3	2	5
		行百分比	60.0%	40.0%	
		列百分比	0.5%	0.3%	
		总百分比	0.3%	0.2%	0.4%
总计		计数	594	596	1190
		总百分比	49.9%	50.1%	100.0%

　　在年龄与对传统文化遗存态度的关系上,本研究将年龄划分为三个阶段对抽样对象进行考察,即"29岁及以下""30~49岁"和"50岁及以上"三个阶。根据数据分析结果我们得出,对于传统文化的态度,29岁至49岁这个区间的受调查者与50岁以上年龄段样本的分布情况是(1193个有效样本):29岁及以下554个;30至49岁509个;50岁及以上130个。在29岁及以下的年龄段样本中,92.7%的样本对于中国传统文化表示自豪或非常自豪,保留态度的是5.2%,有否认倾向的比例是1.9%。30至49岁的样本中,对中国传统文化持有认可态度即感到自豪的比例是91.4%,保留态度的比例是6.5%,不自豪或根本不自豪的比例则为2.2%。50岁及以上这个年龄段的样本中,自豪或非常自豪的比例是93.1%,说不清楚的是5.4%,没有样本表示否认态度。总体而言,所考察的样本中,对传统文化持认可态度的比例较高,其中50

岁及以上这个年龄段的比例最高，中年群体表现出较高比例的保留态度和
否认倾向。从数据的分析结果可以看出，随着年龄的增长，尤其是 50 岁及以
上年龄段的人，对传统文化表现出强烈的认同感。卡方检验的概率值是
0.017，大大小于 0.05，说明年龄对于人们的传统文化态度具有一定的影响，
不同年龄段的人对传统文化表现出差异性的判断(见表 7.8)。

表 7.8　对传统文化的自豪感与年龄交叉分析

			年龄			总计
			29 岁及以下	30~49 岁	50 岁及以上	
作为一个中国人,您是否为中国的传统文化感到自豪?	非常自豪	计数	275	239	87	601
		行百分比	45.8%	39.8%	14.5%	
		列百分比	49.6%	47.0%	66.9%	
		总百分比	23.1%	20.0%	7.3%	50.4%
	自豪	计数	239	226	34	499
		行百分比	47.9%	45.3%	6.8%	
		列百分比	43.1%	44.4%	26.2%	
		总百分比	20.0%	18.9%	2.8%	41.8%
	说不清楚	计数	29	33	7	69
		行百分比	42.0%	47.8%	10.1%	
		列百分比	5.2%	6.5%	5.4%	
		总百分比	2.4%	2.8%	0.6%	5.8%
	不自豪	计数	8	9	2	19
		行百分比	42.1%	47.4%	10.5%	
		列百分比	1.4%	1.8%	1.5%	
		总百分比	0.7%	0.8%	0.2%	1.6%
	根本不自豪	计数	3	2	0	5
		行百分比	60.0%	40.0%	0.0%	
		列百分比	0.5%	0.4%	0.0%	
		总百分比	0.3%	0.2%	0.0%	0.4%
总计		计数	554	509	130	1193
		总百分比	46.4%	42.7%	10.9%	100.0%

本研究中,我们将户口划分为"农村户口"和"非农业户口",以及"其他"

这个选项,1170 个有效样本的具体分布情况是:农业户口 524 个;非农业户口 635 个;其他 11 个。农业户口中,92.7%的样本对传统文化表示自豪或非常自豪,5.9%表示说不清楚,有否认倾向的样本比例是 1.4%。非农业户口中,对中国传统文化表示自豪或非常自豪的比例是 92.3%,持有保留或说不清楚态度的比例是 5.2%,表示不自豪或根本不自豪的比例是 2.5%。总体而言,两者不存在显著差异,Pearson 检验的结果显示,样本的概率值为 0.777,远远高于 0.05,户口对人们的传统文化观念不存在明显影响(见表 7.9)。

表 7.9　对传统文化的自豪感与户口交叉分析

			户口			总计
			农业户口	非农业户口	其他	
作为一个中国人,您是否为中国的传统文化感到自豪?	非常自豪	计数	273	310	6	589
		行百分比	46.3%	52.6%	1.0%	
		列百分比	52.1%	48.8%	54.5%	
		总百分比	23.3%	26.5%	0.5%	50.3%
	自豪	计数	213	276	4	493
		行百分比	43.2%	56.0%	0.8%	
		列百分比	40.6%	43.5%	36.4%	
		总百分比	18.2%	23.6%	0.3%	42.1%
	说不清楚	计数	31	33	1	65
		行百分比	47.7%	50.8%	1.5%	
		列百分比	5.9%	5.2%	9.1%	
		总百分比	2.6%	2.8%	0.1%	5.6%
	不自豪	计数	5	14	0	19
		行百分比	26.3%	73.7%	0.0%	
		列百分比	1.0%	2.2%	0.0%	
		总百分比	0.4%	1.2%	0.0%	1.6%
	根本不自豪	计数	2	2	0	4
		行百分比	50.0%	50.0%	0.0%	
		列百分比	0.4%	0.3%	0.0%	
		总百分比	0.2%	0.2%	0.0%	0.3%
总计		计数	524	635	11	1170
		总百分比	44.8%	54.3%	0.9%	100.0%

在政治面貌这一常规变量中，我们将考察对象划分为"中共党员""共青团员""民主党派"和"无党派（群众）"四个次变量。政治面貌的1168个样本分布情况为：中共党员268个、共青团员406个、民主党派14个、无党派（群众）480个。中共党员中，对中国传统文化表示自豪的比例为93.6%、说不清的比例为4.1%、不自豪的比例为2.3%；共青团员中表示自豪的比例为93.1%、不清楚的为4.7%、不自豪即否定的为2.2%；民主党派由于样本量过小，在此忽略不计；无党派（群众）中，对中国传统文化表示有自豪感的比例为91.1%、不清楚的比例为7.5%、表示不自豪的有2.5%。三种政治面貌的样本之间在对于传统文化的态度上没有明显区别，均显示出较高程度的自豪感，其中无党派（群众）的自豪感比例最低，且显示较高比例的模棱两可态度，这或许与无党派（群众）的知识文化水平有关（见表7.10）。

表7.10　对传统文化的自豪感与政治面貌交叉分析

			政治面貌				总计
			中共党员	共青团员	民主党派	无党派（群众）	
作为一个中国人，您是否为中国的传统文化感到自豪？	非常自豪	计数	144	199	8	238	589
		行百分比	24.4%	33.8%	1.4%	40.4%	
		列百分比	53.7%	49.0%	57.1%	49.6%	
		总百分比	12.3%	17.0%	0.7%	20.4%	50.4%
	自豪	计数	107	179	5	199	490
		行百分比	21.8%	36.5%	1.0%	40.6%	
		列百分比	39.9%	44.1%	35.7%	41.5%	
		总百分比	9.2%	15.3%	0.4%	17.0%	42.0%
	说不清楚	计数	11	19	0	36	66
		行百分比	16.7%	28.8%	0.0%	54.5%	
		列百分比	4.1%	4.7%	0.0%	7.5%	
		总百分比	0.9%	1.6%	0.0%	3.1%	5.7%
	不自豪	计数	5	7	1	6	19
		行百分比	26.3%	36.8%	5.3%	31.6%	

续表

			政治面貌				总计
			中共党员	共青团员	民主党派	无党派（群众）	
作为一个中国人，您是否为中国的传统文化感到自豪？	不自豪	列百分比	1.9%	1.7%	7.1%	1.3%	
		总百分比	0.4%	0.6%	0.1%	0.5%	1.6%
	根本不自豪	计数	1	2	0	1	4
		行百分比	25.0%	50.0%	0.0%	25.0%	
		列百分比	0.4%	0.5%	0.0%	0.2%	
		总百分比	0.1%	0.2%	0.0%	0.1%	0.3%
总计		计数	268	406	14	480	1168
		总百分比	22.9%	34.8%	1.2%	41.1%	100.0%

受教育水平，即文化程度在 1166 个有效样本中的分布情况是：低文化程度（小学及以下）44 个，中等文化水平（初中、高中及中专）461 个，高等文化（大专、本科及研究生）661 个。低文化程度的样本中，对传统文化感到自豪的比例是 84.1%、说不清楚的比例是 15.9%、持有否定倾向的比例是 0；在中等教育水平的样本中，感到自豪的比例是 92.4%、说不清楚的是 6.7%、不自豪或根本不自豪的占比是 0.9%；高等教育部分，92.9% 的样本对中国传统文化感到自豪、表示说不清楚的比例是 4.4%，而对传统文化持有否定倾向的则占比 2.8%。根据数据分析结果，随着受教育水平的提高，人们对本国传统文化的认可度越提高，且对于传统文化所持的模棱两可态度也随之减少。然而随着文化水平的提升，人们对传统文化持有批判态度的比重也会增加。从这个意义来说，对于传统文化的态度和看法，取决于我们自身的文化水平和认知深度，而这种态度的转变也同时难以两全其美（见表 7.11）。

表 7.11　对传统文化的自豪感与受教育水平交叉分析

			受教育水平			合计
			低	中	高	
作为一个中国人,您是否为中国的传统文化感到自豪?	非常自豪	计数	25	234	328	587
		行百分比	4.3%	39.9%	55.9%	100.0%
		列百分比	56.8%	50.8%	49.6%	50.3%
		总百分比	2.1%	20.1%	28.1%	50.3%
	自豪	计数	12	192	286	490
		行百分比	2.4%	39.2%	58.4%	100.0%
		列百分比	27.3%	41.6%	43.3%	42.0%
		总百分比	1.0%	16.5%	24.5%	42.0%
	说不清楚	计数	7	31	29	67
		行百分比	10.4%	46.3%	43.3%	100.0%
		列百分比	15.9%	6.7%	4.4%	5.7%
		总百分比	0.6%	2.7%	2.5%	5.7%
	不自豪	计数	0	3	15	18
		行百分比	0.0%	16.7%	83.3%	100.0%
		列百分比	0.0%	0.7%	2.3%	1.5%
		总百分比	0.0%	0.3%	1.3%	1.5%
	根本不自豪	计数	0	1	3	4
		行百分比	0.0%	25.0%	75.0%	100.0%
		列百分比	0.0%	0.2%	0.5%	0.3%
		总百分比	0.0%	0.1%	0.3%	0.3%
合计		计数	44	461	661	1166
		总百分比	3.8%	39.5%	56.7%	100.0%

　　1163 个有效样本中,国有企业经理样本是 10 个,私营企业主或经理样本是 35 个,企事业单位专业技术人员样本是 119 个,事业单位管理人员样本是 45 个, 企业单位办公室工作人员样本是 85 个, 工头或领班样本是 19 个,餐饮酒店娱乐业服务员的样本是 10 个,工厂熟练工样本是 47 个,建筑环卫等体力劳动者样本是 35 个,个体工商业样本是 66 个,农业生产者样本是 78 个,军/警人员样本是 22 个,党政机关干部样本是样本是 69 个,退休人员的样本是 37 个,城市无业、失业、半失业人员的样本是 18 个,其他(家庭妇女、学生、自由职业者等)的样本是 213 个,在校大学生样本是 255 个。在

17 个职业类别样本的内部,对传统文化有自豪倾向的各自占比为:国有企业经理 90%,私营企业主或经理 94.3%,企事业单位专业技术人员 89.9%,事业单位管理人员 88.9%,企业单位办公室工作人员 95.3%,工头或领班 94.7%,餐饮酒店娱乐业服务员 90%,工厂熟练工 93.6%,建筑环卫等体力劳动者 88.6%,个体工商业 92.4%,农业生产者 92.3%,军/警人员 95.5%,党政机关干部87%,退休人员 90%,城市无业、失业、半失业人员 88.9%,其他(家庭妇女、学生、自由职业者等)90.6%,在校大学生 94.5%。17 种职业类别中,对于传统文化自豪感的比例差别不大,其中党政机关干部、建筑环卫等体力劳动者、事业单位管理人员和城市无业、失业、半失业人员的比例最低,其他类型的职业对于传统文化的自豪感而言,比例大致相当,总体而言,没有显著差异(见表 7.12)。

表 7.12 对传统文化自豪感与职业交叉分析

			作为一个中国人,您是否为中国的传统文化感到自豪?					总计
			非常自豪	自豪	说不清楚	不自豪	根本不自豪	
职业分类	1	计数	6	3	1	0	0	10
		行百分比	60.0%	30.0%	10.0%	0.0%	0.0%	100.0%
		列百分比	1.0%	0.6%	1.5%	0.0%	0.0%	0.9%
		总百分比	0.5%	0.3%	0.1%	0.0%	0.0%	0.9%
	2	计数	16	17	2	0	0	35
		行百分比	45.7%	48.6%	5.7%	0.0%	0.0%	100.0%
		列百分比	2.7%	3.5%	3.0%	0.0%	0.0%	3.0%
		总百分比	1.4%	1.5%	0.2%	0.0%	0.0%	3.0%
	3	计数	55	52	10	2	0	119
		行百分比	46.2%	43.7%	8.4%	1.7%	0.0%	100.0%
		列百分比	9.4%	10.7%	14.9%	11.1%	0.0%	10.2%
		总百分比	4.7%	4.5%	0.9%	0.2%	0.0%	10.2%
	4	计数	26	14	3	2	0	45
		行百分比	57.8%	31.1%	6.7%	4.4%	0.0%	100.0%
		列百分比	4.4%	2.9%	4.5%	11.1%	0.0%	3.9%
		总百分比	2.2%	1.2%	0.3%	0.2%	0.0%	3.9%

续表

			作为一个中国人,您是否为中国的传统文化感到自豪?					总计
			非常自豪	自豪	说不清楚	不自豪	根本不自豪	
职业分类	5	计数	34	47	2	2	0	85
		行百分比	40.0%	55.3%	2.4%	2.4%	0.0%	100.0%
		列百分比	5.8%	9.7%	3.0%	11.1%	0.0%	7.3%
		总百分比	2.9%	4.0%	0.2%	0.2%	0.0%	7.3%
	6	计数	11	7	1	0	0	19
		行百分比	57.9%	36.8%	5.3%	0.0%	0.0%	100.0%
		列百分比	1.9%	1.4%	1.5%	0.0%	0.0%	1.6%
		总百分比	0.9%	0.6%	0.1%	0.0%	0.0%	1.6%
	7	计数	6	3	1	0	0	10
		行百分比	60.0%	30.0%	10.0%	0.0%	0.0%	100.0%
		列百分比	1.0%	0.6%	1.5%	0.0%	0.0%	0.9%
		总百分比	0.5%	0.3%	0.1%	0.0%	0.0%	0.9%
	8	计数	25	19	3	0	0	47
		行百分比	53.2%	40.4%	6.4%	0.0%	0.0%	100.0%
		列百分比	4.3%	3.9%	4.5%	0.0%	0.0%	4.0%
		总百分比	2.1%	1.6%	0.3%	0.0%	0.0%	4.0%
	9	计数	13	18	3	0	1	35
		行百分比	37.1%	51.4%	8.6%	0.0%	2.9%	100.0%
		列百分比	2.2%	3.7%	4.5%	0.0%	20.0%	3.0%
		总百分比	1.1%	1.5%	0.3%	0.0%	0.1%	3.0%
	10	计数	32	29	5	0	0	66
		行百分比	48.5%	43.9%	7.6%	0.0%	0.0%	100.0%
		列百分比	5.5%	6.0%	7.5%	0.0%	0.0%	5.7%
		总百分比	2.8%	2.5%	0.4%	0.0%	0.0%	5.7%
	11	计数	45	27	6	0	0	78
		行百分比	57.7%	34.6%	7.7%	0.0%	0.0%	100.0%
		列百分比	7.7%	5.6%	9.0%	0.0%	0.0%	6.7%
		总百分比	3.9%	2.3%	0.5%	0.0%	0.0%	6.7%
	12	计数	14	7	1	0	0	22
		行百分比	63.6%	31.8%	4.5%	0.0%	0.0%	100.0%

续表

			作为一个中国人,您是否为中国的传统文化感到自豪?					总计
			非常自豪	自豪	说不清楚	不自豪	根本不自豪	
职业分类		列百分比	2.4%	1.4%	1.5%	0.0%	0.0%	1.9%
		总百分比	1.2%	0.6%	0.1%	0.0%	0.0%	1.9%
	13	计数	36	24	3	5	1	69
		行百分比	52.2%	34.8%	4.3%	7.2%	1.4%	100.0%
		列百分比	6.1%	4.9%	4.5%	27.8%	20.0%	5.9%
		总百分比	3.1%	2.1%	0.3%	0.4%	0.1%	5.9%
	14	计数	30	7	0	0	0	37
		行百分比	81.1%	18.9%	0.0%	0.0%	0.0%	100.0%
		列百分比	5.1%	1.4%	0.0%	0.0%	0.0%	3.2%
		总百分比	2.6%	0.6%	0.0%	0.0%	0.0%	3.2%
	15	计数	10	6	2	0	0	18
		行百分比	55.6%	33.3%	11.1%	0.0%	0.0%	100.0%
		列百分比	1.7%	1.2%	3.0%	0.0%	0.0%	1.5%
		总百分比	0.9%	0.5%	0.2%	0.0%	0.0%	1.5%
	16	计数	105	88	15	4	1	213
		行百分比	49.3%	41.3%	7.0%	1.9%	0.5%	100.0%
		列百分比	17.9%	18.1%	22.4%	22.2%	20.0%	18.3%
		总百分比	9.0%	7.6%	1.3%	0.3%	0.1%	18.3%
	17	计数	123	118	9	3	2	255
		行百分比	48.2%	46.3%	3.5%	1.2%	0.8%	100.0%
		列百分比	21.0%	24.3%	13.4%	16.7%	40.0%	21.9%
		总百分比	10.6%	10.1%	0.8%	0.3%	0.2%	21.9%
合计		计数	587	486	67	18	5	1163
		总百分比	50.5%	41.8%	5.8%	1.5%	0.4%	100.0%

注:表中 1 至 17 分别代表的职业是:1 为国有企业经理,2 为私营企业主或经理,3 为企事业单位专业技术人员,4 为事业单位管理人员,5 为企业单位办公室工作人员,6 为工头或领班,7 为餐饮酒店娱乐业服务员,8 为工厂熟练工,9 为建筑环卫等体力劳动者,10 为个体工商业,11 为农业生产者,12 为军/警人员,13 为党政机关干部,14 为退休人员;15 为城市无业、失业、半失业人员,16 为其他(家庭妇女、学生、自由职业者等),17 为在校大学生。

经济条件是考察文化态度和价值观念的重要因素，按照通常的认识，不同经济条件和收入水平的人群，在政治、文化与社会认识上存在着差异性，因此，我们根据低、中、高三类标准对 1157 个有效样本进行分析。其中，年收入一万以下的人群被编为"低"；两万至九万这个区间编为"中"；十万以上则编为"高"收入群体，三类样本的分布情况是：低收入样本 554 个；中等收入 540 个；高收入 63 个。各类样本中对中国传统文化感到自豪和非常自豪的比例情况是：低收入水平 92.8%、中等收入 91.6%、高等收入 87.3%。表示不清楚的比例情况是：低收入样本中为 5.4%、中等收入样本中为 5.9%、高收入样本内是 11.1%。持有否定判断的情况是：低收入样本内部比例为 1.8%、中等收入中比例为 2.5%、高收入样本内的比例为 1.6%。三者中，高收入层次的自豪感比例最低，且其表示不了解的比例最高。尽管数据上显示随着收入的减少对传统文化的自豪感越高，且模棱两可及否定的判断越少，但综合起来看，并没有太大的差异，收入对于人们文化传统的态度有一定影响，若考虑到诸多要素，这种影响并不明显（见表 7.13）。

表 7.13　对传统文化的自豪感与收入水平交叉分析

			收入水平			合计
			低	中	高	
作为一个中国人，您是否为中国的传统文化感到自豪？	非常自豪	计数	299	254	25	578
		行百分比	51.7%	43.9%	4.3%	
		列百分比	54.0%	47.0%	39.7%	
		总百分比	25.8%	22.0%	2.2%	50.0%
	自豪	计数	215	241	30	486
		行百分比	44.2%	49.6%	6.2%	
		列百分比	38.8%	44.6%	47.6%	
		总百分比	18.6%	20.8%	2.6%	42.0%
	说不清楚	计数	30	32	7	69
		行百分比	43.5%	46.4%	10.1%	
		列百分比	5.4%	5.9%	11.1%	
		总百分比	2.6%	2.8%	0.6%	6.0%

续表

			收入水平			合计
			低	中	高	
作为一个中国人,您是否为中国的传统文化感到自豪?	不自豪	计数	9	10	0	19
		行百分比	47.4%	52.6%	0.0%	
		列百分比	1.6%	1.9%	0.0%	
		总百分比	0.8%	0.9%	0.0%	1.6%
	根本不自豪	计数	1	3	1	5
		行百分比	20.0%	60.0%	20.0%	
		列百分比	0.2%	0.6%	1.6%	
		总百分比	0.1%	0.3%	0.1%	0.4%
合计		计数	554	540	63	1157
		总百分比	47.9%	46.7%	5.4%	100.0%

宗教信仰体系历来是政治文化不可忽略的要素，为了分析宗教信仰与人们对于传统文化态度的相关性,研究中我们考察"伊斯兰教""基督教""天主教""佛教""其他宗教"和"不信教"人群的传统文化观念,并且进一步将其分为"信教"和"不信教"两个大类做考察。1187个总体有效样本中,有宗教信仰的样本为235个,没有宗教信仰的样本为952个。有宗教信仰的各类样本分布情况为:伊斯兰教22个、基督教40个、天主教6个(由于样本量太小,分析中忽略不计)、佛教146个、其他宗教21个。有宗教信仰的样本对传统文化看法的比例分布为:感到自豪及非常自豪占比87.7%、说不清楚的样本占比是7.2%、表示不自豪和根本不自豪的比例是5.2%。在没有宗教信仰的样本集合里,各种选择各种态度的样本比例是:非常自豪和自豪占比93.3%、说不清楚的占比是5.4%、不自豪和根本不自豪占比1.2%。数据显示,有宗教信仰和没有宗教信仰的两类样本在传统文化观念上存在一定的差异,总体上来说,没有宗教信仰的样本比有宗教信仰的样本对传统文化持有更高的自豪感,且持有否定态度的比例明显小于有宗教信仰的样本。此外,对于传统文化持有含混态度的比例上,有宗教信仰的样本显然也高于没有宗教信仰的样本,其中基督教的样本最高,而基督教样本持有的自豪感比例也是最

低的。这说明,对于传统文化的看法很大程度上取决于人们的宗教信仰,以及有没有宗教信仰。因为不同的宗教信仰与中国传统文化本身存在着不同的关系,作为儒释道传统占据主流的传统中国文化与西方基督教的信仰体系存在一定的差异性,这也影响到具有基督教信仰和观念的人对待中国传统文化的态度(见表 7.14、表 7.15)。

表 7.14　对传统文化的自豪感与有无宗教信仰交叉分析

			有无宗教信仰		总计
			有宗教信仰	没有宗教信仰	
作为一个中国人,您是否为中国的传统文化感到自豪?	非常自豪	计数	116	483	599
		行百分比	19.4%	80.6%	
		列百分比	49.4%	50.7%	
		总百分比	9.8%	40.7%	50.5%
	自豪	计数	90	406	496
		行百分比	18.1%	81.9%	
		列百分比	38.3%	42.6%	
		总百分比	7.6%	34.2%	41.8%
	说不清楚	计数	17	51	68
		行百分比	25.0%	75.0%	
		列百分比	7.2%	5.4%	
		总百分比	1.4%	4.3%	5.7%
	不自豪	计数	10	9	19
		行百分比	52.6%	47.4%	
		列百分比	4.3%	0.9%	
		总百分比	0.8%	0.8%	1.6%
	根本不自豪	计数	2	3	5
		行百分比	40.0%	60.0%	
		列百分比	0.9%	0.3%	
		总百分比	0.2%	0.3%	0.4%
总计		计数	235	952	1187
		总百分比	19.8%	80.2%	100.0%

表 7.15　对传统文化的自豪感与宗教信仰交叉分析

| | | | 您的宗教信仰 | | | | | | 总计 |
			伊斯兰教	基督教	天主教	佛教	其他宗教	不信教	
作为一个中国人,您是否为中国的传统文化感到自豪?	非常自豪	计数	10	20	2	72	12	483	599
		行百分比	1.7%	3.3%	0.3%	12.0%	2.0%	80.6%	
		列百分比	45.5%	50.0%	33.3%	49.3%	57.1%	50.7%	
		总百分比	0.8%	1.7%	0.2%	6.1%	1.0%	40.7%	50.5%
	自豪	计数	11	11	4	58	6	406	496
		行百分比	2.2%	2.2%	0.8%	11.7%	1.2%	81.9%	
		列百分比	50.0%	27.5%	66.7%	39.7%	28.6%	42.6%	
		总百分比	0.9%	0.9%	0.3%	4.9%	0.5%	34.2%	41.8%
	说不清楚	计数	0	6	0	10	1	51	68
		行百分比	0.0%	8.8%	0.0%	14.7%	1.5%	75.0%	
		列百分比	0.0%	15.0%	0.0%	6.8%	4.8%	5.4%	
		总百分比	0.0%	0.5%	0.0%	0.8%	0.1%	4.3%	5.7%
	不自豪	计数	1	3	0	5	1	9	19
		行百分比	5.3%	15.8%	0.0%	26.3%	5.3%	47.4%	
		列百分比	4.5%	7.5%	0.0%	3.4%	4.8%	0.9%	
		总百分比	0.1%	0.3%	0.0%	0.4%	0.1%	0.8%	1.6%
	根本不自豪	计数	0	0	0	1	1	3	5
		行百分比	0.0%	0.0%	0.0%	20.0%	20.0%	60.0%	
		列百分比	0.0%	0.0%	0.0%	0.7%	4.8%	0.3%	
		总百分比	0.0%	0.0%	0.0%	0.1%	0.1%	0.3%	0.4%
合计		计数	22	40	6	146	21	952	1187
		总百分比	1.9%	3.4%	0.5%	12.3%	1.8%	80.2%	100.0%

"阶层"是中西方社会科学研究的核心概念之一,不同阶层的政治价值和文化观念则更是政治研究的重要依据和对象。在本研究当中,我们依据"高层"(样本量过少,分析中忽略不计)、"中高层""中层""中低层""低层"及"不知道"六个具体亚变量对 1190 个"主观阶层"有效样本的文化观念进行分析。各个主观阶层样本的分布情况是:中高层 46 个、中层 338 个、中低层 459 个、低层 252 个、不知道 89 个。主观阶层的中高层、中层、中低层、低层样

本中对于中国传统文化持有自豪态度的比例分别是97.8%、93.2%、93.9%及88.5%；说不清楚方面，四个主观阶层的比例分别是2.2%、4.4%、3.9%及10.3%；持有否定倾向的比例分别是2.4%、2.1%、1.2%及3.3%。在低层阶层中由于认知及经济、文化等方面的原因，人们对于中国传统文化存在较高比例的含混不清状况，但从总体上来看，四个主观阶层之间没有显著差异，阶层差异并不是传统文化观念的影响因素(见表7.16)。

表7.16 对传统文化的自豪感与主观阶层交叉分析

			主观阶层						总计
			高层	中高层	中层	中低层	低层	不知道	
作为一个中国人,您是否为中国的传统文化感到自豪?	非常自豪	计数	4	23	163	250	119	41	600
		行百分比	0.7%	3.8%	27.2%	41.7%	19.8%	6.8%	
		列百分比	66.7%	50.0%	48.2%	54.5%	47.2%	46.1%	
		总百分比	0.3%	1.9%	13.7%	21.0%	10.0%	3.4%	50.4%
	自豪	计数	2	22	152	181	104	37	498
		行百分比	0.4%	4.4%	30.5%	36.3%	20.9%	7.4%	
		列百分比	33.3%	47.8%	45.0%	39.4%	41.3%	41.6%	
		总百分比	0.2%	1.8%	12.8%	15.2%	8.7%	3.1%	41.8%
	说不清楚	计数	0	1	15	18	26	8	68
		行百分比	0.0%	1.5%	22.1%	26.5%	38.2%	11.8%	
		列百分比	0.0%	2.2%	4.4%	3.9%	10.3%	9.0%	
		总百分比	0.0%	0.1%	1.3%	1.5%	2.2%	0.7%	5.7%
	不自豪	计数	0	0	8	8	1	2	19
		行百分比	0.0%	0.0%	42.1%	42.1%	5.3%	10.5%	
		列百分比	0.0%	0.0%	2.4%	1.7%	0.4%	2.2%	
		总百分比	0.0%	0.0%	0.7%	0.7%	0.1%	0.2%	1.6%
	根本不自豪	计数	0	0	0	2	2	1	5
		行百分比	0.0%	0.0%	0.0%	40.0%	40.0%	20.0%	
		列百分比	0.0%	0.0%	0.0%	0.4%	0.8%	1.1%	
		总百分比	0.0%	0.0%	0.0%	0.2%	0.2%	0.1%	0.4%
合计		计数	6	46	338	459	252	89	1190
		总百分比	0.5%	3.9%	28.4%	38.6%	21.2%	7.5%	100.0%

个体经历形成独特的社会和文化经验，从而影响其对于特定传统文化的多样性认识。根据"境外旅游过""到境外考察过""在境外学习过""在境外工作过""到境外探过亲"和"没有任何出国出境经历"这些亚变量,研究考察了有经历和没有出国经历人群对于传统文化的态度。在 1181 个有效样本中,有无出国经历样本的分布情况是:有出国经历的样本 183 个(其中到境外旅游过的是 113 个、到境外考察过的是 26 个、到境外学习过的是 20 个、到境外工作过的是 12 个、到境外探过亲的是 12 个)、没有出国经历的样本是 998 个。对于中国传统文化感到自豪和非常自豪上,有出国经历的样本中的比例是 90.7%,没有出国经历样本中的比例是 92.4%。选择说不清楚的含混态度上,有出国经历样本中的比例是 6.6%,没有出国经历样本中的比例是 5.7%。最后,在有出国经历和没有出国经历的样本中,选择根本不自豪和不自豪这种否定态度的比例分别是 2.7% 和 1.9%。从数据分析结果上来看,两者的态度和看法没有显著差异,有出国经历和没有出国经历对于传统文化的自豪感并未产生很大的影响。同样,不同的出国出境目的和方式的人群在传统文化的自豪感上也未有明显的区别(见表 7.17、表 7.18)。

表 7.17　对传统文化的自豪感与有无出国(出境)经历交叉分析

			您有出国(出境)的经历吗?		总计
			有	没有	
作为一个中国人,您是否为中国的传统文化感到自豪?	非常自豪	计数	89	505	594
		行百分比	15.0%	85.0%	
		列百分比	48.6%	50.6%	
		总百分比	7.5%	42.8%	50.3%
	自豪	计数	77	417	494
		行百分比	15.6%	84.4%	
		列百分比	42.1%	41.8%	
		总百分比	6.5%	35.3%	41.8%

			您有出国(出境)的经历吗？		总计
			有	没有	
作为一个中国人,您是否为中国的传统文化感到自豪？	说不清楚	计数	12	57	69
		行百分比	17.4%	82.6%	
		列百分比	6.6%	5.7%	
		总百分比	1.0%	4.8%	5.8%
	不自豪	计数	5	14	19
		行百分比	26.3%	73.7%	
		列百分比	2.7%	1.4%	
		总百分比	0.4%	1.2%	1.6%
	根本不自豪	计数	0	5	5
		行百分比	0.0%	100.0%	
		列百分比	0.0%	0.5%	
		总百分比	0.0%	0.4%	0.4%
总计		计数	183	998	1181
		总百分比	15.5%	84.5%	100.0%

表 7.18　对传统文化的自豪感与出国(出境)经历交叉分析

			您有出国(出境)的经历吗？						总计
			到境外旅游过	到境外考察过	在境外学习过	在境外工作过	到境外探过亲	没有任何出国出境	
作为一个中国人,您是否为中国的传统文化感到自豪？	非常自豪	计数	57	12	7	7	6	505	594
		行百分比	9.6%	2.0%	1.2%	1.2%	1.0%	85.0%	
		列百分比	50.4%	46.2%	35.0%	58.3%	50.0%	50.6%	
		总百分比	4.8%	1.0%	0.6%	0.6%	0.5%	42.8%	50.3%
	自豪	计数	50	10	10	3	4	417	494
		行百分比	10.1%	2.0%	2.0%	0.6%	0.8%	84.4%	
		列百分比	44.2%	38.5%	50.0%	25.0%	33.3%	41.8%	
		总百分比	4.2%	0.8%	0.8%	0.3%	0.3%	35.3%	41.8%
	说不清楚	计数	3	4	2	2	1	57	69
		行百分比	4.3%	5.8%	2.9%	2.9%	1.4%	82.6%	
		列百分比	2.7%	15.4%	10.0%	16.7%	8.3%	5.7%	
		总百分比	0.3%	0.3%	0.2%	0.2%	0.1%	4.8%	5.8%

续表

			您有出国(出境)的经历吗?						总计
			到境外旅游过	到境外考察过	在境外学习过	在境外工作过	到境外探过亲	没有任何出国出境	
作为一个中国人,您是否为中国的传统文化感到自豪?	不自豪	计数	3	0	1	0	1	14	19
		行百分比	15.8%	0.0%	5.3%	0.0%	5.3%	73.7%	
		列百分比	2.7%	0.0%	5.0%	0.0%	8.3%	1.4%	
		总百分比	0.3%	0.0%	0.1%	0.0%	0.1%	1.2%	1.6%
	根本不自豪	计数	0	0	0	0	0	5	5
		行百分比	0.0%	0.0%	0.0%	0.0%	0.0%	100.0%	
		列百分比	0.0%	0.0%	0.0%	0.0%	0.0%	0.5%	
		总百分比	0.0%	0.0%	0.0%	0.0%	0.0%	0.4%	0.4%
合计		计数	113	26	20	12	12	998	1181
		总百分比	9.6%	2.2%	1.7%	1.0%	1.0%	84.5%	100.0%

对生活状况的主观判断从某种程度上来说,是个体文化态度的重要依据。此处,我们以"满意""不满意"和"不确定"三个选项作为受访者生活满意度亚变量,1180 个总体样本中,生活满意度的分布情况是:满意 792 个、不确定 160 个、不满意 228 个。满意的样本中,对中国传统文化自豪感的态度是:自豪倾向占比 93.8%、说不清楚占比 4.4%、不认可倾向的占比是1.8%。不确定的样本中:感到自豪和非常自豪的比例是 90%、说不清楚的比例是8.1%、有否定倾向的比例是 1.9%。不满意的样本中:非常自豪和自豪的比例是 88.1%、说不清楚的是 9.2%、不自豪或根本不自豪否定态度的比例是2.7%。有数据可知,随着对自我生活状态的由肯定至否定判断,对中国传统文化的自豪感会随之降低,对传统文化的否定也随之增加,生活状态直接影响到人们对于传统文化的看法。生活满意度是传统文化自豪感的直接影响因素(表 7.19)。

表 7.19　对传统文化的自豪感与生活满意度交叉分析

			简化			合计
			满意	不确定	不满意	
作为一个中国人,您是否为中国的传统文化感到自豪?	非常自豪	计数	423	79	94	596
		行百分比	71.0%	13.3%	15.8%	
		列百分比	53.4%	49.4%	41.2%	
		总百分比	35.8%	6.7%	8.0%	50.5%
	自豪	计数	320	65	107	492
		行百分比	65.0%	13.2%	21.7%	
		列百分比	40.4%	40.6%	46.9%	
		总百分比	27.1%	5.5%	9.1%	41.7%
	说不清楚	计数	35	13	21	69
		行百分比	50.7%	18.8%	30.4%	
		列百分比	4.4%	8.1%	9.2%	
		总百分比	3.0%	1.1%	1.8%	5.8%
	不自豪	计数	11	3	4	18
		行百分比	61.1%	16.7%	22.2%	
		列百分比	1.4%	1.9%	1.8%	
		总百分比	0.9%	0.3%	0.3%	1.5%
	根本不自豪	计数	3	0	2	5
		行百分比	60.0%	0.0%	40.0%	
		列百分比	0.4%	0.0%	0.9%	
		总百分比	0.3%	0.0%	0.2%	0.4%
合计		计数	792	160	228	1180
		总百分比	67.1%	13.6%	19.3%	100.0%

(二)对传统文化遗存的了解程度与常规变量的相关分析

对传统文化遗存的了解程度依据的是人们对于儒家代表作品《论语》的了解情况,问卷中设置的问题是"您了解《论语》吗?"按照了解的程度,对应的选项分别是"非常了解""基本了解""有点了解""不太了解"和"没听说过",了解程度依次递减。

首先,在性别对于传统文化遗存了解程度的影响上,人们通常认为不同的性别对于人的认识具有一定的影响作用。1187 个有效样本中,男性和女性样本分别是 594 个和 593 个,两者基本各占半数。男性样本中,对于传统文化遗存的了解程度比例分别是:非常了解 7.7%、基本了解 36.5%、有点了解 34.8%、不太了解 19.5%、没听说过 1.3%、女性样本中,在各个了解程度的比例分别是非常了解 4.2%、基本了解 37.6、有点了解 36.3%、不太了解 19.9%、没听说过 2%。由此可看出,男性和女性对于传统文化遗存的了解没有显著差别,其中男性稍高出,但性别对于人们了解传统文化遗存并没有决定性影响(见表 7.20)。

表 7.20　对传统文化遗存的了解程度与性别交叉分析

			性别		总计
			男	女	
您了解《论语》吗?	非常了解	计数	46	25	71
		行百分比	64.8%	35.2%	
		列百分比	7.7%	4.2%	
		总百分比	3.9%	2.1%	6.0%
	基本了解	计数	217	223	440
		行百分比	49.3%	50.7%	
		列百分比	36.5%	37.6%	
		总百分比	18.3%	18.8%	37.1%
	有点了解	计数	207	215	422
		行百分比	49.1%	50.9%	
		列百分比	34.8%	36.3%	
		总百分比	17.4%	18.1%	35.6%
	不太了解	计数	116	118	234
		总百分比	49.6%	50.4%	
		计数	19.5%	19.9%	
		总百分比	9.8%	9.9%	19.7%
	没听说过	计数	8	12	20
		总百分比	40.0%	60.0%	
		计数	1.3%	2.0%	
		总百分比	0.7%	1.0%	1.7%
总计		计数	594	593	1187
		总百分比	50.0%	50.0%	100.0%

　　1188 个有效样本中，样本年龄的分布情况是:29 岁及以下 552 个、30 至 49 岁 507 个、50 岁及以上 129 个。在 29 岁及以下的样本中,对传统文化遗存的各个程度的比例分别是:非常了解 5.4%、基本了解 46.7%、有点了解 33.2%、不太了解 14.7%、没听说过的为 0。30 至 49 岁样本中的情况是:非常了解的比例是 5.9%、基本了解 28%、有点了解的比例是 40%、不太了解中的样本占比是 24.1%、没听说过的占比是 2%。50 岁及以上样本中的了解情况是:非常了解的样本占比是 7.8%、基本了解的是 29.5%、有点了解的是 29.5%、不太了解的占比是 25.6%、没听说过 7.8%。总体来说,三个年龄段的样本对于传统文化遗存的了解程度上存在一定的差异性,三个年龄段的差值分别是−18.5、−15.9 和−3.9,呈现年龄越大对《论语》(传统文化遗存)了解程度越低的趋势,年龄差异是人们对传统文化遗存认知差异的重要影响因素(见表 7.21)。

表 7.21　对传统文化遗存的了解程度与年龄交叉分析

			年龄			总计
			29 岁及以下	30~49 岁	50 岁及以上	
您了解《论语》吗?	非常了解	计数	30	30	10	70
		行百分比	42.9%	42.9%	14.3%	
		列百分比	5.4%	5.9%	7.8%	
		总百分比	2.5%	2.5%	.8%	5.9%
	基本了解	计数	258	142	38	438
		行百分比	58.9%	32.4%	8.7%	
		列百分比	46.7%	28.0%	29.5%	
		总百分比	21.7%	12.0%	3.2%	36.9%
	有点了解	计数	183	203	38	424
		行百分比	43.2%	47.9%	9.0%	
		列百分比	33.2%	40.0%	29.5%	
		总百分比	15.4%	17.1%	3.2%	35.7%

			年龄			总计
			29 岁及以下	30~49 岁	50 岁及以上	
您了解《论语》吗？	不太了解	计数	81	122	33	236
		行百分比	34.3%	51.7%	14.0%	
		列百分比	14.7%	24.1%	25.6%	
		总百分比	6.8%	10.3%	2.8%	19.9%
	没听说过	计数	0	10	10	20
		行百分比	0	50.0%	50.0%	
		列百分比	0	2.0%	7.8%	
		总百分比	0	0.8%	0.8%	1.7%
总计		计数	552	507	129	1188
		总百分比	46.5%	42.7%	10.9%	100.0%

　　农业户口样本和非农业户口样本在对《论语》的了解程度上，1165 个样本中，两者分别为 519 个和 635 个，此外是"其他"这一选项的样本量。选择"非常了解"这一选项的样本中，农业户口样本中的比例为 5.2%，非农业户口样本中的比例为 6.6%；"基本了解"选项中，农业户口样本中占比为 35.6%，非农业户口中占比为 38.3%；"有点了解"选项上，农业户口样本中比例为 33.7%，非农业户口中样本的比例是 37.5%；"不太了解"这一选项的选择上，农业户口和非农业户口样本里的占比分别是 22.4% 和 17.2%；"没听说过"选项上，农业户口样本中的比例是 3.1%，非农业户口中样本的比例是 0.5。数据显示，非农业户口样本对于《论语》的了解程度显然高于农业户口的样本，农业户口中没听说过《论语》人数的比例显然高于非农业户口样本，也就是说，由于户籍差异导致的政治、经济、文化差异影响到人们对于文化的认知水平。户口差异是人们对传统文化了解程度的影响因素（见表 7.22）。

表 7.22　对传统文化遗存的了解程度与户口交叉分析

			户口			总计
			农业户口	非农业户口	其他	
您了解《论语》吗?	非常了解	计数	27	42	1	70
		行百分比	38.6%	60.0%	1.4%	
		列百分比	5.2%	6.6%	9.1%	
		总百分比	2.3%	3.6%	0.1%	6.0%
	基本了解	计数	185	243	5	433
		行百分比	42.7%	56.1%	1.2%	
		列百分比	35.6%	38.3%	45.5%	
		总百分比	15.9%	20.9%	0.4%	37.2%
	有点了解	计数	175	238	3	416
		行百分比	42.1%	57.2%	0.7%	
		列百分比	33.7%	37.5%	27.3%	
		总百分比	15.0%	20.4%	0.3%	35.7%
	不太了解	计数	116	109	2	227
		行百分比	51.1%	48.0%	0.9%	
		列百分比	22.4%	17.2%	18.2%	
		总百分比	10.0%	9.4%	0.2%	19.5%
	没听说过	计数	16	3	0	19
		行百分比	84.2%	15.8%	0	
		列百分比	3.1%	0.5%	0	
		总百分比	1.4%	0.3%	0	1.6%
总计		计数	519	635	11	1165
		总百分比	44.5%	54.5%	0.9%	100.0%

　　政治面貌对于民众对传统文化遗存认识的影响分析上，1163 个有效样本中，67 个受访者表示"非常了解"，"中共党员"中有 6.7%、"共青团员"4.5%、"民主党派"7.1%、"无党派（群众）"6.3%，四类政治面貌的人群中选择"非常了解"的人数比重较低，而其中"共青团员"所占的比重最低。"非常了解"的总百分比样本总量中仅仅占据 5.8%。选择"基本了解"和"有点了解"的人数中，"民主党派"有 85.7%的人选择，而"中共党员""共青团员""无党派（群

众)"分别是 78.7%、78.6%和64.2%,"中共党员"与"共青团员"无明显区别,而"无党派(群众)"对传统文化遗传的认识较之于前三者来说则比较低。相反,在"不太了解"和"没听说过"这两个选项的选择上,"无党派(群众)"人群的比例则较高,行百分比分别达到53.7%和90%,其次是"中共党员"与"共青团员",两者无明显区别,但相对于最低的"民主党派"来说,仍有明显差异。综上,对于《论语》的了解调查中,四类人群从认知程度的从高到低的顺序大致为:"民主党派""中共党员""共青团员""无党派(群众)"。显然,对于传统文化遗存了解的程度取决于分析样本的文化程度,而"民主党派"群体中,高级知识分子所占的比重事实上高于其他三者,而"无党派(群众)"当中,文化层次较低的人群所占的比重大,这决定了数据当中的差异(见表 7.23)。

表 7.23　对传统文化遗存的了解程度与政治面貌交叉分析

			政治面貌				总计
			中共党员	共青团员	民主党派	无党派(群众)	
您了解《论语》吗?	非常了解	计数	18	18	1	30	67
		行百分比	26.9%	26.9%	1.5%	44.8%	
		列百分比	6.7%	4.5%	7.1%	6.3%	
		总百分比	1.5%	1.5%	0.1%	2.6%	5.8%
	基本了解	计数	95	190	7	140	432
		行百分比	22.0%	44.0%	1.6%	32.4%	
		列百分比	35.4%	47.1%	50.0%	29.3%	
		总百分比	8.2%	16.3%	0.6%	12.0%	37.1%
	有点了解	计数	116	127	5	167	415
		行百分比	28.0%	30.6%	1.2%	40.2%	
		列百分比	43.3%	31.5%	35.7%	34.9%	
		总百分比	10.0%	10.9%	0.4%	14.4%	35.7%
	不太了解	计数	38	67	1	123	229
		行百分比	16.6%	29.3%	0.4%	53.7%	
		列百分比	14.2%	16.6%	7.1%	25.7%	
		总百分比	3.3%	5.8%	0.1%	10.6%	19.7%

			政治面貌				总计
			中共党员	共青团员	民主党派	无党派（群众）	
您了解《论语》吗？	没听说过	计数	1	1	0	18	20
		行百分比	5.0%	5.0%	0	90.0%	
		列百分比	0.4%	0.2%	0	3.8%	
		总百分比	0.1%	0.1%	0	1.5%	1.7%
总计		计数	268	403	14	478	1163
		总百分比	23.0%	34.7%	1.2%	41.1%	100.0%

"文化程度"在 1161 个有效样本中的分布情况为：小学及以下 43 个，占比 3.7%；初中 210 个，占比 18.1%；高中或中专 247 个，占比 21.3%；大专 162 个，占比 14%；本科 462 个，占比 39.8%；研究生则是 37 个，占据总样本量 3.2%。根据总体的划分，本研究将小学及以下文化程度低样本划分为低受教育水平，有 43 个样本；初中、高中及中专为中等受教育水平，共 457 个样本；大专、本科及研究生统一归类为高受教育水平，共 661 个样本。根据数据交叉分析结果，对于传统文化遗存，即《论语》的认知总体上是随着文化程度的增加而呈现递增趋势的，这恰恰吻合研究的预设。小学以下及初中文化程度的样本中，选择"不太了解"与"没听说过"的分别达到 69.8%和 36.2%。研究生对《论语》表示非常了解、基本了解或有点了解的人数最多，总数达到 37 人的 97.3%，其次是本科生，达到该类人群的 88.4%，高中或中专与大专的区别不大，但大专稍微高出。从低、中、高受教育水平而言，低受教育水平的样本中，非常了解或基本了解的比例是 18.7%，中和高受教育水平样本在同项中的比例分别是 34.1%和 50.3%，与此相反，在有点了解和没听说过两方面，低受教育水平样本中的比例是 69.8%，而中和高受教育水平的比例分别是 30%和 12.3%。由此可知，三者中，随着受教育程度即文化水平的提高，人们对传统文化遗存的了解程度逐步加深，文化程度（受教育水平）是对传统文化遗存了解程度的直接决定因素（见表 7.24、表 7.25）。

表 7.24 对传统文化遗存的了解程度与文化程度交叉分析

			文化程度						总计
			小学及以下	初中	高中或中专	大专	本科	研究生	
您了解《论语》吗？	非常了解	计数	2	15	13	6	28	4	68
		行百分比	2.9%	22.1%	19.1%	8.8%	41.2%	5.9%	
		列百分比	4.7%	7.1%	5.3%	3.7%	6.1%	10.8%	
		总百分比	0.2%	1.3%	1.1%	0.5%	2.4%	0.3%	5.9%
	基本了解	计数	6	48	80	52	230	13	429
		行百分比	1.4%	11.2%	18.6%	12.1%	53.6%	3.0%	
		列百分比	14.0%	22.9%	32.4%	32.1%	49.8%	35.1%	
		总百分比	0.5%	4.1%	6.9%	4.5%	19.8%	1.1%	37.0%
	有点了解	计数	5	71	93	78	150	19	416
		行百分比	1.2%	17.1%	22.4%	18.8%	36.1%	4.6%	
		列百分比	11.6%	33.8%	37.7%	48.1%	32.5%	51.4%	
		总百分比	0.4%	6.1%	8.0%	6.7%	12.9%	1.6%	35.8%
	不太了解	计数	16	70	61	26	54	1	228
		行百分比	7.0%	30.7%	26.8%	11.4%	23.7%	0.4%	
		列百分比	37.2%	33.3%	24.7%	16.0%	11.7%	2.7%	
		总百分比	1.4%	6.0%	5.3%	2.2%	4.7%	0.1%	19.6%
	没听说过	计数	14	6	0	0	0	0	20
		行百分比	70.0%	30.0%	0	0	0	0	
		列百分比	32.6%	2.9%	0	0	0	0	
		总百分比	1.2%	0.5%	0	0	0	0	1.7%
合计		计数	43	210	247	162	462	37	1161
		总百分比	3.7%	18.1%	21.3%	14.0%	39.8%	3.2%	100.0%

表 7.25 对传统文化遗存的了解程度与受教育水平交叉分析

			受教育水平			合计
			低	中	高	
您了解《论语》吗？	非常了解	计数	2	28	38	68
		行百分比	2.9%	41.2%	55.9%	100.0%
		列百分比	4.7%	6.1%	5.7%	5.9%
		总百分比	0.2%	2.4%	3.3%	5.9%

续表

			受教育水平			合计
			低	中	高	
您了解《论语》吗?	基本了解	计数	6	128	295	429
		行百分比	1.4%	29.8%	68.8%	100.0%
		列百分比	14.0%	28.0%	44.6%	37.0%
		总百分比	0.5%	11.0%	25.4%	37.0%
	有点了解	计数	5	164	247	416
		行百分比	1.2%	39.4%	59.4%	100.0%
		列百分比	11.6%	35.9%	37.4%	35.8%
		总百分比	0.4%	14.1%	21.3%	35.8%
	不太了解	计数	16	131	81	228
		行百分比	7.0%	57.5%	35.5%	100.0%
		列百分比	37.2%	28.7%	12.3%	19.6%
		总百分比	1.4%	11.3%	7.0%	19.6%
	没听说过	计数	14	6	0	20
		行百分比	70.0%	30.0%	0	100.0%
		列百分比	32.6%	1.3%	0	1.7%
		总百分比	1.2%	0.5%	0	1.7%
合计		计数	43	457	661	1161
		总百分比	3.7%	39.4%	56.9%	100.0%

1158 个有效样本中,国有企业经理样本是 10 个,私营企业主或经理样本是 35 个,企事业单位专业技术人员样本是 119 个,事业单位管理人员样本是 45 个,企业单位办公室工作人员样本是 85 个,工头或领班样本是 19 个,餐饮酒店娱乐业服务员的样本是 10 个,工厂熟练工样本是 47 个,建筑环卫等体力劳动者样本是 34 个,个体工商业样本是 66 个,农业生产者样本是 77 个,军/警人员样本是 22 个,党政机关干部样本是样本是 69 个,退休人员的样本是 36 个,城市无业、失业、半失业人员的样本是 18 个,其他(家庭妇女、学生、自由职业者等)的样本是 212 个,在校大学生样本是 254 个。在 17 个职业类别样本的内部,对传统文化遗存表示存在了解情况(非常了解和基本了解)的各自占比为:国有企业经理 50%,私营企业主或经理 42.8%,企

事业单位专业技术人员 37%，事业单位管理人员 51.1%，企业单位办公室工作人员 37.7%，工头或领班 36.8%，餐饮酒店娱乐业服务员 20%，工厂熟练工38.3%，建筑环卫等体力劳动者 38.3%，个体工商业 28.7%，农业生产者 26%，军/警人员 72.7%，党政机关干部 43.4%，退休人员 38.9%，城市无业、失业、半失业人员 27.8%，其他(家庭妇女、学生、自由职业者等)39.6%，在校大学生59%。17 种职业类别中，对于传统文化遗存了解程度最低的是餐饮酒店娱乐业服务员，此外是农业生产者、城市无业、失业、半失业人员、个体工商业等文化程度较低的职业类别。对传统文化遗存了解程度最高的是军/警人员，比例达到 72.7%，其次是在校大学生及国有企业经历。显然，对传统文化遗存的了解程度与社会职业差异有很大的关系，不同职业人群拥有不同的知识储备条件和价值追求，因而影响到对传统文化遗存的认知(见表 7.26)。

表 7.26　对传统文化遗存的了解程度与职业交叉分析

			您了解《论语》吗？					合计
			非常了解	基本了解	有点了解	不太了解	没听说过	
职业分类	1	计数	0	5	5	0	0	10
		行百分比	0	50.0%	50.0%	0	0	100.0%
		列百分比	0	1.2%	1.2%	0	0	0.9%
		总百分比	0	0.4%	0.4%	0	0	0.9%
	2	计数	2	13	13	6	1	35
		行百分比	5.7%	37.1%	37.1%	17.1%	2.9%	100.0%
		列百分比	2.9%	3.0%	3.2%	2.6%	5.0%	3.0%
		总百分比	0.2%	1.1%	1.1%	0.5%	0.1%	3.0%
	3	计数	7	37	55	20	0	119
		行百分比	5.9%	31.1%	46.2%	16.8%	0	100.0%
		列百分比	10.3%	8.6%	13.3%	8.7%	0	10.3%
		总百分比	0.6%	3.2%	4.7%	1.7%	0	10.3%
	4	计数	2	21	13	9	0	45
		行百分比	4.4%	46.7%	28.9%	20.0%	0	100.0%
		列百分比	2.9%	4.9%	3.2%	3.9%	0	3.9%
		总百分比	0.2%	1.8%	1.1%	0.8%	0	3.9%

续表

			您了解《论语》吗?					合计
			非常了解	基本了解	有点了解	不太了解	没听说过	
职业分类	5	计数	6	26	37	15	1	85
		行百分比	7.1%	30.6%	43.5%	17.6%	1.2%	100.0%
		列百分比	8.8%	6.1%	9.0%	6.6%	5.0%	7.3%
		总百分比	0.5%	2.2%	3.2%	1.3%	0.1%	7.3%
	6	计数	2	5	8	4	0	19
		行百分比	10.5%	26.3%	42.1%	21.1%	0	100.0%
		列百分比	2.9%	1.2%	1.9%	1.7%	0	1.6%
		总百分比	0.2%	0.4%	0.7%	0.3%	0	1.6%
	7	计数	0	2	3	5	0	10
		行百分比	0	20.0%	30.0%	50.0%	0	100.0%
		列百分比	0	0.5%	0.7%	2.2%	0	0.9%
		总百分比	0	0.2%	0.3%	0.4%	0	0.9%
	8	计数	6	12	16	12	1	47
		行百分比	12.8%	25.5%	34.0%	25.5%	2.1%	100.0%
		列百分比	8.8%	2.8%	3.9%	5.2%	5.0%	4.1%
		总百分比	0.5%	1.0%	1.4%	1.0%	0.1%	4.1%
	9	计数	2	11	11	8	2	34
		行百分比	5.9%	32.4%	32.4%	23.5%	5.9%	100.0%
		列百分比	2.9%	2.6%	2.7%	3.5%	10.0%	2.9%
		总百分比	0.2%	0.9%	0.9%	0.7%	0.2%	2.9%
	10	计数	3	16	31	16	0	66
		行百分比	4.5%	24.2%	47.0%	24.2%	0	100.0%
		列百分比	4.4%	3.7%	7.5%	7.0%	0	5.7%
		总百分比	0.3%	1.4%	2.7%	1.4%	0	5.7%
	11	计数	5	15	26	27	4	77
		行百分比	6.5%	19.5%	33.8%	35.1%	5.2%	100.0%
		列百分比	7.4%	3.5%	6.3%	11.8%	20.0%	6.6%
		总百分比	0.4%	1.3%	2.2%	2.3%	0.3%	6.6%

续表

			您了解《论语》吗?					合计
			非常了解	基本了解	有点了解	不太了解	没听说过	
职业分类	12	计数	2	14	5	1	0	22
		行百分比	9.1%	63.6%	22.7%	4.5%	0	100.0%
		列百分比	2.9%	3.3%	1.2%	0.4%	0	1.9%
		总百分比	0.2%	1.2%	0.4%	0.1%	0	1.9%
	13	计数	3	27	27	12	0	69
		行百分比	4.3%	39.1%	39.1%	0	100.0%	
		列百分比	4.4%	6.3%	6.6%	5.2%	0	6.0%
		总百分比	0.3%	2.3%	2.3%	1.0%	0	6.0%
	14	计数	2	12	15	5	2	36
		行百分比	5.6%	33.3%	41.7%	13.9%	5.6%	100.0%
		列百分比	2.9%	2.8%	3.6%	2.2%	10.0%	3.1%
		总百分比	0.2%	1.0%	1.3%	0.4%	0.2%	3.1%
	15	计数	1	4	5	7	1	18
		行百分比	5.6%	22.2%	27.8%	38.9%	5.6%	100.0%
		列百分比	1.5%	0.9%	1.2%	3.1%	5.0%	1.6%
		总百分比	0.1%	0.3%	0.4%	0.6%	0.1%	1.6%
	16	计数	11	73	68	52	8	212
		行百分比	5.2%	34.4%	32.1%	24.5%	3.8%	100.0%
		列百分比	16.2%	17.0%	16.5%	22.7%	40.0%	18.3%
		总百分比	0.9%	6.3%	5.9%	4.5%	0.7%	18.3%
	17	计数	14	136	74	30	0	254
		行百分比	5.5%	53.5%	29.1%	11.8%	0	100.0%
		列百分比	20.6%	31.7%	18.0%	13.1%	0	21.9%
		总百分比	1.2%	11.7%	6.4%	2.6%	0	21.9%
合计		计数	68	429	412	229	20	1158
		总百分比	5.9%	37.0%	35.6%	19.8%	1.7%	100.0%

注：表中 1 至 17 分别代表的职业是：1 为国有企业经理，2 为私营企业主或经理，3 为企事业单位专业技术人员，4 为事业单位管理人员，5 为企业单位办公室工作人员，6 为工头或领班，7 为餐饮酒店娱乐业服务员，8 为工厂熟练工，9 为建筑环卫等体力劳动者，10 为个体工商业，11 为农业生产者，12 为军/警人员，13 为党政机关干部，14 为退休人员，15 为城市无业、失业、半失业人员，16 为其他(家庭妇女、学生、自由职业者等)，17 为在校大学生。

　　在"低""中""高"三类收入类别对于《论语》了解程度的差异分析中，1152个有效样本里，三类收入群体样本分别为549个、540个及63个。表示"不太了解"或"没听说过"的样本中，低收入人群里所占的比重较大，达到24.1%，而中等和高收入人群则分别为20.2%和17.5%。中等和高收入人群收入上的差距并未对人们关于传统文化遗存的影响产生明显差别;需要说明的是，低收入群体的对《论语》的认识有一定差距，但是当收入上升到一定程度之后，也就是进入中等收入水平之后，这种差别将缩小。人们满足基本物质生活需求之后，一定程度的精神追求作为生活的重要组成部分(见表7.27)。

表 7.27　对传统文化遗存的了解程度与收入水平交叉分析

			收入水平			合计
			低	中	高	
您了解《论语》吗?	非常了解	计数	22	41	4	67
		行百分比	32.8%	61.2%	6.0%	
		列百分比	4.0%	7.6%	6.3%	
		总百分比	1.9%	3.6%	0.3%	5.8%
	基本了解	计数	204	193	23	420
		行百分比	48.6%	46.0%	5.5%	
		列百分比	37.2%	35.7%	36.5%	
		总百分比	17.7%	16.8%	2.0%	36.5%
	有点了解	计数	191	197	25	413
		行百分比	46.2%	47.7%	6.1%	
		列百分比	34.8%	36.5%	39.7%	
		总百分比	16.6%	17.1%	2.2%	35.9%
	不太了解	计数	120	102	11	233
		行百分比	51.5%	43.8%	4.7%	
		列百分比	21.9%	18.9%	17.5%	
		总百分比	10.4%	8.9%	1.0%	20.2%
	没听说过	计数	12	7	0	19
		行百分比	63.2%	36.8%	0	
		列百分比	2.2%	1.3%	0	
		总百分比	1.0%	0.6%	0	1.6%
总计		计数	549	540	63	1152
		总百分比	47.7%	46.9%	5.5%	100.0%

不同的宗教信仰体系构成不同的知识诉求和偏好，所调查的 1182 个总样本中，"有宗教信仰"的样本为 232 个，"没有宗教信仰"的是 950 个，两者分别占比 19.6% 和 80.4%。在"有宗教信仰"的变量中，包括"伊斯兰教""基督教""天主教""佛教"及"其他宗教"，样本量分别是 20、40、6、145 和 21 个，"佛教"占的比重最高，达到信教人数的 62.5%。先作总体差异分析，在"有宗教信仰"和"没有宗教信仰"的两类样本中，"非常了解"的分别为 4.3% 和 6.4%，"基本了解"的为 33.2% 和 37.4%，"有点了解"的为 33.2% 和 36.4%，"不太了解"的是 27.2% 和 18.2%，"没听说过"的分别是 2.2% 和 1.6%。两者在对于《论语》的了解程度上差异不大，故此，有无宗教信仰并不能作为是否了解传统文化遗存的影响因子（见表 7.28）。

表 7.28　对传统文化遗存的了解程度与有无宗教信仰交叉分析

			有无宗教信仰		总计
			有宗教信仰	没有宗教信仰	
您了解《论语》吗？	非常了解	计数	10	61	71
		行百分比	14.1%	85.9%	
		列百分比	4.3%	6.4%	
		总百分比	0.8%	5.2%	6.0%
	基本了解	计数	77	355	432
		行百分比	17.8%	82.2%	
		列百分比	33.2%	37.4%	
		总百分比	6.5%	30.0%	36.5%
	有点了解	计数	77	346	423
		行百分比	18.2%	81.8%	
		列百分比	33.2%	36.4%	
		总百分比	6.5%	29.3%	35.8%
	不太了解	计数	63	173	236
		行百分比	26.7%	73.3%	
		列百分比	27.2%	18.2%	
		总百分比	5.3%	14.6%	20.0%

			有无宗教信仰		总计
			有宗教信仰	没有宗教信仰	
您了解《论语》吗?	没听说过	计数	5	15	20
		行百分比	25.0%	75.0%	
		列百分比	2.2%	1.6%	
		总百分比	0.4%	1.3%	1.7%
总计		计数	232	950	1182
		总百分比	19.6%	80.4%	100.0%

现在,让我们来考察不同的宗教信仰是否对人们的传统文化遗存的了解程度存在差在影响。有宗教信仰的几个样本群体中,由于样本量太小,并不能作充分的数据分析,但按照目前的数据显示,几个"次变量"也就是信何种宗教在中国这样的儒文化国家里,对《论语》的了解尽管有一定差距,但综合考量的结果显示,这种差异性并不显著。对于《论语》非常了解、基本了解和有点了解的回答中,各种宗教信仰样本内部的比例分别是:伊斯兰教75%;基督教62.5%;天主教样本条少,忽略不计;佛教71.7%;其他宗教81%。表示不太了解和没听说过这两项上:伊斯兰教25%;基督教37.5%;佛教49.8%;其他宗教19%。此外,在有无宗教信仰上,样本选择的比例差异也并不明显,卡方检验的 Pearson 值为 0.142,由此可知,尽管宗教信仰对人们于中国传统文化了解程度而言存在一定细微作用,但信何种宗教以及信不信教并非对论语了解程度的决定因素。这或许受人们对于传统文化的主观定义及样本容量所影响(见表 7.29)。

表 7.29　对传统文化遗存的了解程度与宗教信仰交叉分析

			您的宗教信仰						总计
			伊斯兰教	基督教	天主教	佛教	其他宗教	不信教	
您了解《论语》吗？	非常了解	计数	1	2	0	6	1	61	71
		行百分比	1.4%	2.8%	0	8.5%	1.4%	85.9%	
		列百分比	5.0%	5.0%	0	4.1%	4.8%	6.4%	
		总百分比	0.1%	0.2%	0	0.5%	0.1%	5.2%	6.0%
	基本了解	计数	9	14	3	42	9	355	432
		行百分比	2.1%	3.2%	0.7%	9.7%	2.1%	82.2%	
		列百分比	45.0%	35.0%	50.0%	29.0%	42.9%	37.4%	
		总百分比	0.8%	1.2%	0.3%	3.6%	0.8%	30.0%	36.5%
	有点了解	计数	5	9	0	56	7	346	423
		行百分比	1.2%	2.1%	0	13.2%	1.7%	81.8%	
		列百分比	25.0%	22.5%	0	38.6%	33.3%	36.4%	
		总百分比	0.4%	0.8%	0	4.7%	0.6%	29.3%	35.8%
	不太了解	计数	5	15	3	36	4	173	236
		行百分比	2.1%	6.4%	1.3%	15.3%	1.7%	73.3%	
		列百分比	25.0%	37.5%	50.0%	24.8%	19.0%	18.2%	
		总百分比	0.4%	1.3%	0.3%	3.0%	0.3%	14.6%	20.0%
	没听说过	计数	0	0	0	5	0	15	20
		行百分比	0	0	0	25.0%	0	75.0%	
		列百分比	0	0	0	3.4%	0	1.6%	
		总百分比	0	0	0	0.4%	0	1.3%	1.7%
合计		计数	20	40	6	145	21	950	1182
		总百分比	1.7%	3.4%	0.5%	12.3%	1.8%	80.4%	100.0%

　　不同主观阶层与对传统文化遗存（《论语》）的交叉分析中，总共 1185 个有效样本，其中高层的样本量太小，忽略不计，而中高层、中层、中低层、低层和不知道的样本分别为 46 个、338 个、457 个、251 个和 87 个样本。五个相关主观阶层的次变量当中，选择非常了解的比重较小，分别是 10.9%、6.2%、5.7%、4.8% 和 6.9%，而基本了解和有点了解两项在五个主观阶层中的占比分别有 67.4%、76.3%、75.4%、63.4% 及 72.4%，中层、中低层和不知道样本的

比例稍高。不太了解和没听说过选项上,低层的比例最高,达到31.9%,其他几个阶层不存在明显差别。由此可知,对于中国传统文化遗存的了解上,中层和中高层人群之间有细微差异,但差异并不显著,但低层人群和中低层及以上人群之间存在明显的差别,从这个角度来说,阶级差异是人们对传统文化了解程度的影响因素(见表7.30)。

表7.30　对传统文化遗存的了解程度与主观阶层交叉分析

			主观阶层						总计
			高层	中高层	中层	中低层	低层	不知道	
您了解《论语》吗?	非常了解	计数	1	5	21	26	12	6	71
		行百分比	1.4%	7.0%	29.6%	36.6%	16.9%	8.5%	
		列百分比	16.7%	10.9%	6.2%	5.7%	4.8%	6.9%	
		总百分比	0.1%	0.4%	1.8%	2.2%	1.0%	0.5%	6.0%
	基本了解	计数	2	21	136	178	68	31	436
		行百分比	0.5%	4.8%	31.2%	40.8%	15.6%	7.1%	
		列百分比	33.3%	45.7%	40.2%	38.9%	27.1%	35.6%	
		总百分比	0.2%	1.8%	11.5%	15.0%	5.7%	2.6%	36.8%
	有点了解	计数	2	10	122	167	91	32	424
		行百分比	0.5%	2.4%	28.8%	39.4%	21.5%	7.5%	
		列百分比	33.3%	21.7%	36.1%	36.5%	36.3%	36.8%	
		总百分比	0.2%	0.8%	10.3%	14.1%	7.7%	2.7%	35.8%
	不太了解	计数	1	8	54	83	70	18	234
		行百分比	0.4%	3.4%	23.1%	35.5%	29.9%	7.7%	
		列百分比	16.7%	17.4%	16.0%	18.2%	27.9%	20.7%	
		总百分比	0.1%	0.7%	4.6%	7.0%	5.9%	1.5%	19.7%
	没听说过	计数	0	2	5	3	10	0	20
		行百分比	0	10.0%	25.0%	15.0%	50.0%	0	
		列百分比	0	4.3%	1.5%	0.7%	4.0%	0	
		总百分比	0	0.2%	0.4%	0.3%	0.8%	0	1.7%
合计		计数	6	46	338	457	251	87	1185
		总百分比	0.5%	3.9%	28.5%	38.6%	21.2%	7.3%	100.0%

在分析有无出国经历与对传统文化遗存的了解程度之间相互关系的过

程中，1176 个总样本中，有出国经历的人有 182 个，没有出国经历的人有994个。两者在非常了解这一项各自的列百分比分别是 7.1%和 5.6%；基本了解的分别是 41.2%和 36%；有点了解的分别是 34.1%和 35.8%；不太了解的样本比例分别是 17%和 20.6%；没听说过的样本比例为 0.5%和 1.9%。由此可以看出两者在对于《论语》的了解无明显差别，但在没听说过这一项的选择上有一定的差异性，因为这部分没有出国经历的人群中，包含诸多较低文化程度及农业户口的群体。至于有出国经历如到境外旅游过、到境外考察过、在境外学习过、在境外工作过、到境外探过亲等的样本内的差异性比较，由于样本容量过小，在此忽略不计。总体而言，各类样本间有一定差别，但这种差异性并不明显，有无出国经历及出国的方式并非人们对传统文化了解程度的影响因素，或者至少不是决定性因素（见表 7.31、表 7.32）。

表 7.31　对传统文化遗存的了解程度与有无出国(出境)经历交叉分析

| | | | 您有出国(出境)的经历吗? | | 总计 |
			有	没有	
您了解《论语》吗?	非常了解	计数	13	56	69
		行百分比	18.8%	81.2%	
		列百分比	7.1%	5.6%	
		总百分比	1.1%	4.8%	5.9%
	基本了解	计数	75	358	433
		行百分比	17.3%	82.7%	
		列百分比	41.2%	36.0%	
		总百分比	6.4%	30.4%	36.8%
	有点了解	计数	62	356	418
		行百分比	14.8%	85.2%	
		列百分比	34.1%	35.8%	
		总百分比	5.3%	30.3%	35.5%
	不太了解	计数	31	205	236
		行百分比	13.1%	86.9%	
		列百分比	17.0%	20.6%	
		总百分比	2.6%	17.4%	20.1%

续表

			您有出国(出境)的经历吗?		总计
			有	没有	
您了解《论语》吗?	没听说过	计数	1	19	20
		行百分比	5.0%	95.0%	
		列百分比	0.5%	1.9%	
		总百分比	0.1%	1.6%	1.7%
总计		计数	182	994	1176
		总百分比	15.5%	84.5%	100.0%

表 7.31　对传统文化遗存的了解程度与出国(出境)经历交叉分析

			您有出国(出境)的经历吗?						总计
			到境外旅游过	到境外考察过	在境外学习过	在境外工作过	到境外探过亲	没有任何出国出境	
您了解《论语》吗?	非常了解	计数	3	3	4	2	1	56	69
		行百分比	4.3%	4.3%	5.8%	2.9%	1.4%	81.2%	
		列百分比	2.7%	11.5%	20.0%	16.7%	8.3%	5.6%	
		总百分比	0.3%	0.3%	0.3%	0.2%	0.1%	4.8%	5.9%
	基本了解	计数	52	12	6	0	5	358	433
		行百分比	12.0%	2.8%	1.4%	0	1.2%	82.7%	
		列百分比	46.4%	46.2%	30.0%	0	41.7%	36.0%	
		总百分比	4.4%	1.0%	0.5%	0	0.4%	30.4%	36.8%
	有点了解	计数	39	5	7	6	5	356	418
		行百分比	9.3%	1.2%	1.7%	1.4%	1.2%	85.2%	
		列百分比	34.8%	19.2%	35.0%	50.0%	41.7%	35.8%	
		总百分比	3.3%	0.4%	0.6%	0.5%	0.4%	30.3%	35.5%
	不太了解	计数	17	6	3	4	1	205	236
		行百分比	7.2%	2.5%	1.3%	1.7%	0.4%	86.9%	
		列百分比	15.2%	23.1%	15.0%	33.3%	8.3%	20.6%	
		总百分比	1.4%	0.5%	0.3%	0.3%	0.1%	17.4%	20.1%
	没听说过	计数	1	0	0	0	0	19	20
		行百分比	5.0%	0	0	0	0	95.0%	
		列百分比	0.9%	0	0	0	0	1.9%	
		总百分比	0.1%	0	0	0	0	1.6%	1.7%

		您有出国(出境)的经历吗?						总计
		到境外旅游过	到境外考察过	在境外学习过	在境外工作过	到境外探过亲	没有任何出国出境	
总计	计数	112	26	20	12	12	994	1176
	总百分比	9.5%	2.2%	1.7%	1.0%	1.0%	84.5%	100.0%

生活满意度对于人们传统文化遗存认识状况的影响方面,1175个总样本中,表示"满意"的有787人,表示"不确定"和"不满意"的分别有160人和228人。三种生活主观满意度判断相应的人群对于《论语》的了解程度上,选择"非常了解"和"基本了解"的分别占比是44.7%、43.1%和34%。"有点了解"这个选项上,三者分别是35.2%、33.1%和39%。最后"不太了解"和"没听说过"两项的加总三者分别是20%、23.8%和25%。由上可知,三类生活满意度的主观判断在对《论语》的了解程度上,虽然"满意"和"不确定"在"非常了解"和"基本了解"两项较之于"本满意"判断,且两者基本相当,但考虑到"有点了解"这个选项时,三者基本无太大差异。通过卡方检验发现,样本概率值为0.242,远远高出0.05,故接受原假设,亦即行变量和列变量不存在相关性。对于生活的状况的主观判断并不影响人们对于传统文化遗存的理解,反过来说,人们对于生活满意度的主观判断也并不取决于其对于传统文化遗存的了解程度(见表7.33)。

表7.33　对传统文化遗存的了解程度与生活满意度交叉分析

			简化			合计
			满意	不确定	不满意	
您了解《论语》吗?	非常了解	计数	49	8	13	70
		行百分比	70.0%	11.4%	18.6%	
		列百分比	6.2%	5.0%	5.7%	
		总百分比	4.2%	0.7%	1.1%	6.0%
	基本了解	计数	303	61	69	433
		行百分比	70.0%	14.1%	15.9%	

续表

			简化			合计
			满意	不确定	不满意	
您了解《论语》吗?		列百分比	38.5%	38.1%	30.3%	
		总百分比	25.8%	5.2%	5.9%	36.9%
	有点了解	计数	277	53	89	419
		行百分比	66.1%	12.6%	21.2%	
		列百分比	35.2%	33.1%	39.0%	
		总百分比	23.6%	4.5%	7.6%	35.7%
	不太了解	计数	142	36	55	233
		行百分比	60.9%	15.5%	23.6%	
		列百分比	18.0%	22.5%	24.1%	
		总百分比	12.1%	3.1%	4.7%	19.8%
	没听说过	计数	16	2	2	20
		行百分比	80.0%	10.0%	10.0%	
		列百分比	2.0%	1.3%	0.9%	
		总百分比	1.4%	0.2%	0.2%	1.7%
合计		计数	787	160	228	1175
		总百分比	67.0%	13.6%	19.4%	100.0%

(三)对传统文化的态度与常规变量的交叉分析

本节考察的是性别、年龄、收入、文化水平、政治身份、宗教信仰、户口及主观阶层等因素对于人们的传统文化遗存的态度的影响。通过样本对于"假如征求您对'《论语》进中小学课堂'的意见,您的态度是:"的回答,即"完全支持""基本支持""不确定""反对"和"坚决反对"的状况的选择情况来考察调查对象对于传统文化遗存的态度。

性别差异与对传统文化遗存态度的交叉分析:总共 1181 个有效样本,男性 591 个,女性 590 个;男性样本中,选择支持的比例为 83%,选择反对的为 1.3%,不确定的比例为 15.7%;女性样本中,选择支持的比例为 84.4%,选择反对的比例为 1%,不确定的为 14.6%。两者对于传统文化遗存态度的差异不大,女性在认可度方面略高。性别差异不是对传统文化的态度的影响因素（见表7.34）。

表 7.34　对传统文化遗存的态度与性别交叉分析

			性别		总计
			男	女	
假如征求您对"《论语》进中小学课堂"的意见，您的态度是？	完全支持	计数	245	256	501
		行百分比	48.9%	51.1%	
		列百分比	41.5%	43.4%	
		总百分比	20.7%	21.7%	42.4%
	基本支持	计数	245	242	487
		行百分比	50.3%	49.7%	
		列百分比	41.5%	41.0%	
		总百分比	20.7%	20.5%	41.2%
	不确定	计数	93	86	179
		行百分比	52.0%	48.0%	
		列百分比	15.7%	14.6%	
		总百分比	7.9%	7.3%	15.2%
	反对	计数	6	5	11
		总百分比	54.5%	45.5%	
		计数	1.0%	0.8%	
		总百分比	0.5%	0.4%	0.9%
	坚决反对	计数	2	1	3
		总百分比	66.7%	33.3%	
		计数	0.3%	0.2%	
		总百分比	0.2%	0.1%	0.3%
总计		计数	591	590	1181
		总百分比	50.0%	50.0%	100.0%

　　三个年龄段的样本在总体有效样本中的比分布情况是："29岁及以下"为551个；"30~49岁"为505个；"50岁及以上"为128个。"29岁及以下"的样本中，倾向于支持的占85.2%，倾向于反对的占1.7%，不确定的为13.2；"30~49岁"的样本中，倾向支持的是82.2%，反对的占比是0.4%，不确定的则为17.4%；"50岁及以上"的样本中，持支持态度的比例为82.8%，其中选择"完全支持"的比例在三类年龄段中所占的比例最高，达到53.1%，持有反对

倾向的比例是 2.4%,不确定的为 14.8%。"29 岁及以下""30~49 岁"和"50 岁及以上"三者的态度差值分别为 3.8、–0.2 和–23.4,显示出年龄越大对传统文化遗存越持有认可态度的趋势。卡方检验的结果显示,样本的概率值 0.019,远远低于 0.05,证实年龄分分布与人们对于传统文化遗存的态度存在相关性(见表 7.35)。

表 7.35　对传统文化遗存的态度与年龄交叉分析

			年龄			总计
			29 岁及以下	30~49 岁	50 岁及以上	
假如征求您对"《论语》进中小学课堂"的意见,您的态度是?	完全支持	计数	224	208	68	500
		行百分比	44.8%	41.6%	13.6%	
		列百分比	40.7%	41.2%	53.1%	
		总百分比	18.9%	17.6%	5.7%	42.2%
	基本支持	计数	245	207	38	490
		行百分比	50.0%	42.2%	7.8%	
		列百分比	44.5%	41.0%	29.7%	
		总百分比	20.7%	17.5%	3.2%	41.4%
	不确定	计数	73	88	19	180
		行百分比	40.6%	48.9%	10.6%	
		列百分比	13.2%	17.4%	14.8%	
		总百分比	6.2%	7.4%	1.6%	15.2%
	反对	计数	7	2	2	11
		行百分比	63.6%	18.2%	18.2%	
		列百分比	1.3%	0.4%	1.6%	
		总百分比	0.6%	0.2%	0.2%	0.9%
	坚决反对	计数	2	0	1	3
		行百分比	66.7%	0	33.3%	
		列百分比	0.4%	0	0.8%	
		总百分比	0.2%	0	0.1%	0.3%
总计		计数	551	505	128	1184
		总百分比	46.5%	42.7%	10.8%	100.0%

"农业户口"的 518 个有效样本中,持有支持倾向的比例是 82.8%,反对

的是 0.8%,持有不确定倾向的则为 16.4%;"非农业户口"里,对传统文化遗存持有支持倾向的比例为 85.2%,反对的比例为 1.6%,模棱两可倾向的则为 13.3%。由此可看出,持有农业户口的受访人群对于传统文化遗存的支持倾向与非农业户口人群中的比例并无明显区别,Pearson 检验的结果显示,样本概率值为 0.592,这说明,对于传统文化遗存的态度与人们的户籍差异并不存在相关性,即户口不是人们对于传统文化遗存态度的影响因子(见表 7.36)。

表 7.36 对传统文化遗存的态度与户口交叉分析

			户口			总计
			农业户口	非农业户口	其他	
假如征求您对"《论语》进中小学课堂"的意见,您的态度是?	完全支持	计数	209	281	5	495
		行百分比	42.2%	56.8%	1.0%	
		列百分比	40.3%	44.5%	45.5%	
		总百分比	18.0%	24.2%	0.4%	42.6%
	基本支持	计数	220	257	5	482
		行百分比	45.6%	53.3%	1.0%	
		列百分比	42.5%	40.7%	45.5%	
		总百分比	18.9%	22.1%	0.4%	41.5%
	不确定	计数	85	84	1	170
		行百分比	50.0%	49.4%	0.6%	
		列百分比	16.4%	13.3%	9.1%	
		总百分比	7.3%	7.2%	0.1%	14.6%
	反对	计数	4	7	0	11
		行百分比	36.4%	63.6%	0	
		列百分比	0.8%	1.1%	0	
		总百分比	0.3%	0.6%	0	0.9%
	坚决反对	计数	0	3	0	3
		行百分比	0	100.0%	0	
		列百分比	0	0.5%	0	
		总百分比	0	0.3%	0	0.3%
总计		计数	518	632	11	1161
		总百分比	44.6%	54.4%	0.9%	100.0%

"中共党员"的 268 个样本中,对"《论语》进中小学课堂"的态度持支持倾向的比例是 87.6%,表示不确定的是 11.9%,反对的是 0.4%;"共青团员"中支持的比例是 85.8%,不确定的比例为 12.7%,反对的占比是 1.4%;"民主党派"样本中,对此持支持的有 92.8%,反对的是 7.1%;"无党派(群众)"中,表示支持的比例是 79.2%,不确定的则有 19.6%,反对的人有 1.2%。如上,"民主党派"对于传统文化遗存的支持率是最高的,其次是"中共党员",最低的是"无党派(群众)"且这部分人群持有不确定态度的比例是最高的。在持有反对态度方面,"共青团员"的中的比例是最高的。经过 Pearson 检验我们知道,样本的概率值为 0.001,远远低于 0.05,这表明,政治面貌与人们对于传统文化遗存的态度具有高度相关性, 不同的政治面貌决定影响人们关于传统文化遗存的观念,无党派及群众人群因政、文化观念和知识水平等因素的因素,对传统文化遗存的态度较之于其他政治面貌的人群更倾向否定态度,而年轻群体中,对传统文化遗存则持有更大比例的观望态度(见表 7.37)。

表 7.37　对传统文化遗存的态度与政治面貌交叉分析

			政治面貌				总计
			中共党员	共青团员	民主党派	无党派(群众)	
假如征求您对"《论语》进中小学课堂"的意见,您的态度是?	完全支持	计数	140	165	8	179	492
		行百分比	28.5%	33.5%	1.6%	36.4%	
		列百分比	52.2%	41.0%	57.1%	37.7%	
		总百分比	12.1%	14.2%	0.7%	15.4%	42.5%
	基本支持	计数	95	180	5	197	477
		行百分比	19.9%	37.7%	1.0%	41.3%	
		列百分比	35.4%	44.8%	35.7%	41.5%	
		总百分比	8.2%	15.5%	0.4%	17.0%	41.2%
	不确定	计数	32	51	0	93	176
		行百分比	18.2%	29.0%	0	52.8%	
		列百分比	11.9%	12.7%	0	19.6%	
		总百分比	2.8%	4.4%	0	8.0%	15.2%

续表

			政治面貌				总计
			中共党员	共青团员	民主党派	无党派（群众）	
假如征求您对"《论语》进中小学课堂"的意见，您的态度是？	反对	计数	1	5	1	4	11
		行百分比	9.1%	45.5%	9.1%	36.4%	
		列百分比	0.4%	1.2%	7.1%	0.8%	
		总百分比	0.1%	0.4%	0.1%	0.3%	0.9%
	坚决反对	计数	0	1	0	2	3
		行百分比	0	33.3%	0	66.7%	
		列百分比	0	0.2%	0	0.4%	
		总百分比	0	0.1%	0	0.2%	0.3%
总计		计数	268	402	14	475	1159
		总百分比	23.1%	34.7%	1.2%	41.0%	100.0%

文化程度的考量上，除了表格中的具体划分之外，还可以笼统地将"小学及以下"一项设置为"低"，"初中"至"中专"三项为"中"，"大专"至"研究生"设为"高"来划分为三个不同的文化层次进行分析。不同文化程度的 1157 个有效样本中各个层次的分布是："低"是 44 个、"中"为 452 个、"高"为 661 个。"低"文化程度的样本中，对"《论语》进中小学课堂"持支持态度的比例是68.1%，选择"不确定"这一选项的是 29.5%，反对的比例则占到 44 个样本的2.3%；"中"等文化程度的样本中，表示支持倾向的比例是 79.9%，观望态度的占比是 19.2%，反对的是 0.8%；在"高"的样本群中，支持倾向的比例是87.1%，"不确定"的是 11.5%，反对的比例则为 1.4%。在三个不同的文化层次中，按照数据分析结果，随着文化层次的升高，对传统文化遗存的认可态度有所增强，而持观望态度的人数则越少，三者对于传统文化遗存的态度有明显差异。这也同时印证了前一小节所提出的知识水平与文化态度之关系。对传统文化遗存的态度，取决于人们的文化水平和受教育程度（见表 7.38）。

表 7.38　对传统文化遗存的态度与文化程度交叉分析

			文化程度						总计
			小学及以下	初中	高中或中专	大专	本科	研究生	
假如征求您对《论语》进中小学课堂"的意见,您的态度是?	完全支持	计数	17	83	92	75	205	19	491
		行百分比	3.5%	16.9%	18.7%	15.3%	41.8%	3.9%	
		列百分比	38.6%	39.9%	37.7%	46.3%	44.4%	51.4%	
		总百分比	1.5%	7.2%	8.0%	6.5%	17.7%	1.6%	42.4%
	基本支持	计数	13	75	111	64	201	12	476
		行百分比	2.7%	15.8%	23.3%	13.4%	42.2%	2.5%	
		列百分比	29.5%	36.1%	45.5%	39.5%	43.5%	32.4%	
		总百分比	1.1%	6.5%	9.6%	5.5%	17.4%	1.0%	41.1%
	不确定	计数	13	47	40	23	48	5	176
		行百分比	7.4%	26.7%	22.7%	13.1%	27.3%	2.8%	
		列百分比	29.5%	22.6%	16.4%	14.2%	10.4%	13.5%	
		总百分比	1.1%	4.1%	3.5%	2.0%	4.1%	0.4%	15.2%
	反对	计数	1	1	1	0	7	1	11
		行百分比	9.1%	9.1%	9.1%	0	63.6%	9.1%	
		列百分比	2.3%	0.5%	0.4%	0	1.5%	2.7%	
		总百分比	0.1%	0.1%	0.1%	0	0.6%	0.1%	1.0%
	坚决反对	计数	0	2	0	0	1	0	3
		行百分比	0	66.7%	0	0	33.3%	0	
		列百分比	0	1.0%	0	0	0.2%	0	
		总百分比	0	0.2%	0	0	0.1%	0	0.3%
总计		计数	44	208	244	162	462	37	1157
		总百分比	3.8%	18.0%	21.1%	14.0%	39.9%	3.2%	100.0%

1154 个有效样本中,国有企业经理样本是 10 个,私营企业主或经理样本是 35 个,企事业单位专业技术人员样本是 119 个,事业单位管理人员样本是 45 个, 企业单位办公室工作人员样本是 85 个, 工头或领班样本是 19 个,餐饮酒店娱乐业服务员的样本是 10 个,工厂熟练工样本是 47 个,建筑环卫等体力劳动者样本是 35 个,个体工商业样本是 64 个,农业生产者样本是 76 个,军/警人员样本是 22 个,党政机关干部样本是样本是 69 个,退休人

员的样本是 36 个,城市无业、失业、半失业人员的样本是 18 个,其他(家庭妇女、学生、自由职业者等)的样本是 210 个,在校大学生样本是 254 个。在 17 个职业类别样本的内部,对传统文化遗存持有支持倾向(完全支持和基本支持)的比例是:国有企业经理 90%,私营企业主或经理 74.3%,企事业单位专业技术人员 85.7%,事业单位管理人员 91.1%,企业单位办公室工作人员 88.2%,工头或领班 78.9%,餐饮酒店娱乐业服务员 60%,工厂熟练工 80.9%,建筑环卫等体力劳动者 74.3%,个体工商业 75.1%,农业生产者 78.9%,军/警人员 86.4%,党政机关干部 85.5%,退休人员 88.9%,城市无业、失业、半失业人员 88.8%,其他(家庭妇女、学生、自由职业者等)81.4%,在校大学生86.7%。不同职业当中,对传统文化持有的认可态度比例最高的是事业单位管理人员,其次是国有企业经理;最低的是餐饮酒店娱乐业服务员、建筑环卫等体力劳动者、个体工商业和农业生产者,相对而言,这些大部分都是体力劳动者,处于社会的较低层行业,其对传统文化遗存的态度与其他行业的劳动者有较大的差别(见表 7.39)。

表 7.39　对传统文化遗存的态度与职业交叉分析

| | | | 假如征求您对"《论语》进中小学课堂"的意见,您的态度是? | | | | | 合计 |
			完全支持	基本支持	不确定	反对	坚决反对	
职业分类	1	计数	8	1	1	0	0	10
		行百分比	80.0%	10.0%	10.0%	0	0	100.0%
		列百分比	1.6%	0.2%	0.6%	0	0	0.9%
		总百分比	0.7%	0.1%	0.1%	0	0	0.9%
	2	计数	11	15	9	0	0	35
		行百分比	31.4%	42.9%	25.7%	0	0	100.0%
		列百分比	2.3%	3.2%	5.1%	0	0	3.0%
		总百分比	1.0%	1.3%	0.8%	0	0	3.0%
	3	计数	57	45	16	1	0	119
		行百分比	47.9%	37.8%	13.4%	0.8%	0	100.0%

			假如征求您对"《论语》进中小学课堂"的意见，您的态度是？					合计
			完全支持	基本支持	不确定	反对	坚决反对	
职业分类	3	列百分比	11.7%	9.5%	9.0%	9.1%	0	10.3%
		总百分比	4.9%	3.9%	1.4%	0.1%	0	10.3%
	4	计数	24	17	3	1	0	45
		行百分比	53.3%	37.8%	6.7%	2.2%	0	100.0%
		列百分比	4.9%	3.6%	1.7%	9.1%	0	3.9%
		总百分比	2.1%	1.5%	0.3%	0.1%	0	3.9%
	5	计数	38	37	9	1	0	85
		行百分比	44.7%	43.5%	10.6%	1.2%	0	100.0%
		列百分比	7.8%	7.8%	5.1%	9.1%	0	7.4%
		总百分比	3.3%	3.2%	0.8%	0.1%	0	7.4%
	6	计数	7	8	4	0	0	19
		行百分比	36.8%	42.1%	21.1%	0	0	100.0%
		列百分比	1.4%	1.7%	2.3%	0	0	1.6%
		总百分比	0.6%	0.7%	0.3%	0	0	1.6%
	7	计数	3	3	3	0	1	10
		行百分比	30.0%	30.0%	30.0%	0	10.0%	100.0%
		列百分比	0.6%	0.6%	1.7%	0	33.3%	0.9%
		总百分比	0.3%	0.3%	0.3%	0	0.1%	0.9%
	8	计数	20	18	8	1	0	47
		行百分比	42.6%	38.3%	17.0%	2.1%	0	100.0%
		列百分比	4.1%	3.8%	4.5%	9.1%	0	4.1%
		总百分比	1.7%	1.6%	0.7%	0.1%	0	4.1%
	9	计数	9	17	9	0	0	35
		行百分比	25.7%	48.6%	25.7%	0	0	100.0%
		列百分比	1.8%	3.6%	5.1%	0	0	3.0%
		总百分比	0.8%	1.5%	0.8%	0	0	3.0%
	10	计数	28	16	0	0	64	
		行百分比	31.3%	43.8%	25.0%	0	0	100.0%

续表

			假如征求您对"《论语》进中小学课堂"的意见，您的态度是？					合计
			完全支持	基本支持	不确定	反对	坚决反对	
职业分类	10	列百分比	4.1%	5.9%	9.0%	0	0	5.5%
		总百分比	1.7%	2.4%	1.4%	0	0	5.5%
	11	计数	32	28	16	0	0	76
		行百分比	42.1%	36.8%	21.1%	0	0	100.0%
		列百分比	6.6%	5.9%	9.0%	0	0	6.6%
		总百分比	2.8%	2.4%	1.4%	0	0	6.6%
	12	计数	13	6	2	1	0	22
		行百分比	59.1%	27.3%	9.1%	4.5%	0	100.0%
		列百分比	2.7%	1.3%	1.1%	9.1%	0	1.9%
		总百分比	1.1%	0.5%	0.2%	0.1%	0	1.9%
	13	计数	32	27	9	1	0	69
		行百分比	46.4%	39.1%	13.0%	1.4%	0	100.0%
		列百分比	6.6%	5.7%	5.1%	9.1%	0	6.0%
		总百分比	2.8%	2.3%	0.8%	0.1%	0	6.0%
	14	计数	23	9	4	0	0	36
		行百分比	63.9%	25.0%	11.1%	0	0	100.0%
		列百分比	4.7%	1.9%	2.3%	0	0	3.1%
		总百分比	2.0%	0.8%	0.3%	0	0	3.1%
	15	计数	8	8	1	1	0	18
		行百分比	44.4%	44.4%	5.6%	5.6%	0	100.0%
		列百分比	1.6%	1.7%	0.6%	9.1%	0	1.6%
		总百分比	0.7%	0.7%	0.1%	0.1%	0	1.6%
	16	计数	82	89	38	0	1	210
		行百分比	39.0%	42.4%	18.1%	0	0.5%	100.0%
		列百分比	16.8%	18.7%	21.5%	0	33.3%	18.2%
		总百分比	7.1%	7.7%	3.3%	0	0.1%	18.2%
	17	计数	101	119	29	4	1	254
		行百分比	39.8%	46.9%	11.4%	1.6%	0.4%	100.0%

			假如征求您对"《论语》进中小学课堂"的意见,您的态度是?					合计
			完全支持	基本支持	不确定	反对	坚决反对	
职业分类	17	列百分比	20.7%	25.1%	16.4%	36.4%	33.3%	22.0%
		总百分比	8.8%	10.3%	2.5%	0.3%	0.1%	22.0%
合计		计数	488	475	177	11	3	1154
		行百分比	42.3%	41.2%	15.3%	1.0%	0.3%	100.0%
		列百分比	100.0%	100.0%	100.0%	100.0%	100.0%	100.0%
		总百分比	42.3%	41.2%	15.3%	1.0%	0.3%	100.0%

注:表中 1 至 17 分别代表的职业是:1 为国有企业经理,2 为私营企业主或经理,3 为企事业单位专业技术人员,4 为事业单位管理人员,5 为企业单位办公室工作人员,6 为工头或领班,7 为餐饮酒店娱乐业服务员,8 为工厂熟练工,9 为建筑环卫等体力劳动者,10 为个体工商业,11 为农业生产者,12 为军/警人员,13 为党政机关干部,14 为退休人员,15 为城市无业、失业、半失业人员,16 为其他(家庭妇女、学生、自由职业者等),17 为在校大学生。

收入水平从某种角度来说影响着人们的文化体验,但其是否决定人们对于传统文化遗存的态度,本部分通过划分"低""中""高"三类不同的收入群体(具体分法,前有叙述)来考察其与传统文化遗存态度的关系。三类不同收入等级在 1149 个有效样本中的分布状况是:低收入群体为 551 个、中等收入的总数是 535 个、高收入样本的总数是 63 个。在"低"这一变量中,表示支持倾向的比例是 84.9%、选择"不确定"的比例为 14%、表示反对的比例是 1.1%。"中"的样本中,具有支持倾向的比例是 81.8%、持有不确定态度的是 17%、有反对倾向的比例是 1.1%。"高"的样本中,持支持倾向的占比是 81%、"不确定"的比例是 15.9%、反对倾向的比例则有 3.2%。三类收入层次样本对于传统文化遗存的支持倾向没有明显的差距,而持有保守态度的比例也基本相当,但是在反对倾向方面,高收入人群的部分样本显示出较高的独立判断能力,达到 3.2%。总体上而言,收入水平的不同并未导致人们对于传统文化遗存的态度上的明星差异,收入水平并非文化态度的影响因子(见表 7.40)。

表 7.40　对传统文化遗存的态度与收入水平交叉分析

			收入水平			合计
			低	中	高	
假如征求您对《论语》进中小学课堂"的意见，您的态度是？	完全支持	计数	235	226	24	485
		行百分比	48.5%	46.6%	4.9%	
		列百分比	42.6%	42.2%	38.1%	
		总百分比	20.5%	19.7%	2.1%	42.2%
	基本支持	计数	233	212	27	472
		行百分比	49.4%	44.9%	5.7%	
		列百分比	42.3%	39.6%	42.9%	
		总百分比	20.3%	18.5%	2.3%	41.1%
	不确定	计数	77	91	10	178
		行百分比	43.3%	51.1%	5.6%	
		列百分比	14.0%	17.0%	15.9%	
		总百分比	6.7%	7.9%	0.9%	15.5%
	反对	计数	5	5	1	11
		行百分比	45.5%	45.5%	9.1%	
		列百分比	0.9%	0.9%	1.6%	
		总百分比	0.4%	0.4%	0.1%	1.0%
	坚决反对	计数	1	1	1	3
		行百分比	33.3%	33.3%	33.3%	
		列百分比	0.2%	0.2%	1.6%	
		总百分比	0.1%	0.1%	0.1%	0.3%
总计		计数	551	535	63	1149
		总百分比	48.0%	46.6%	5.5%	100.0%

　　作为泛化的信仰体系，宗教是人类价值判断和文化意识的重要衡量依据和规制标准，而对于儒释道作为中心观念基础的中国而言，具体不同的宗教信仰是否影响人们对于儒家传统文化遗存的态度？此题以伊斯兰教、基督教、天主教、佛教及所谓的其他宗教作为假设因素，分析其与人们传统文化态度的关系。在 1178 个有效样本中，表示有宗教信仰的样本数是 231 个，无宗教信仰的是 947 个。各宗教样本的分布情况是这样的：伊斯兰教 20 个、基督教 39 个、天主教 6 个、佛教 146 个、其他宗教 20 个。在有宗教信仰的调查样本中，对"《论语》进中小学课堂"表示支持的比例是 79.2%，持有观望态度

的是 19%、有反对倾向的比例为 1.8%;不持有宗教信仰的样本群中,有支持倾向的比例是 84.7%、表示不确定的为 14.3%,而持有反对倾向的比例则为 1.1%。由此可知,在有无宗教信仰,至少在中国这样一个特定的文化整体内,对人们关于传统文化遗存的态度有一定差别,但不是很明显。尽管卡方检验 Pearson 值有 0.101,即有无宗教信仰并非决定对于传统文化遗存的态度,但仍然需要注意到的是:有宗教信仰的人群较之于无宗教信仰的人群而言,对传统文化遗存表现出更为保守的态度,而其反对的倾向也更强烈,因此持有支持倾向的人群更少(见表 7.41)。

表 7.41 对传统文化遗存的态度与有无宗教信仰交叉分析

			有无宗教信仰		总计
			有宗教信仰	没有宗教信仰	
假如征求您对"《论语》进中小学课堂"的意见,您的态度是?	完全支持	计数	91	406	497
		行百分比	18.3%	81.7%	
		列百分比	39.4%	42.9%	
		总百分比	7.7%	34.5%	42.2%
	基本支持	计数	92	396	488
		行百分比	18.9%	81.1%	
		列百分比	39.8%	41.8%	
		总百分比	7.8%	33.6%	41.4%
	不确定	计数	44	135	179
		行百分比	24.6%	75.4%	
		列百分比	19.0%	14.3%	
		总百分比	3.7%	11.5%	15.2%
	反对	计数	2	9	11
		行百分比	18.2%	81.8%	
		列百分比	0.9%	1.0%	
		总百分比	0.2%	0.8%	0.9%
	坚决反对	计数	2	1	3
		行百分比	66.7%	33.3%	
		列百分比	0.9%	0.1%	
		总百分比	0.2%	0.1%	0.3%
总计		计数	231	947	1178
		总百分比	19.6%	80.4%	100.0%

主观阶层既是公民个人的文化界定,也是政治判断,是一种复杂的社会资本主观建构过程及结果。1181 个有效样本中,五个具体阶层样本的分布状况是:高层 6 个、中高层 46 个、中层 336 个、中低层 456 个、低层 251 个,其余为未确定的样本。对于"《论语》进中小学课堂"的态度方面,主观阶层中的"高层"样本过少,在此忽略不计。"中高层"样本中,具有支持倾向的比例为78.3%,表示犹豫的比例有 21.7%;"中层"样本群里,支持倾向的比例为81.9%,选择"不确定"选项的有 17.3%,持有反对倾向的为 0.9%;"中低层"这一变量中,持有支持倾向的比例为 88.4%,有保守迟疑倾向的比例为 10.3%,表示反对的有 1.4%;"低层"样本中,有支持倾向样本的比例是 78.5%,模棱两可的是 20.3%,表示反对的则有 1.2%;最后,对自身阶层层级持有犹豫判断的人群样本中,具有支持倾向的比例为 83.7%,不确定态度的为 15.1%,反对的有1.2%。由数据可看出,不同主观阶层对人们关于传统文化遗存之态度的影响存在一定关系,其中中层尤其是中低层主观阶层的群体作为社会文化与政治的核心,较之于更加和更低两个阶层的民众而言,对传统文化遗存持有更强的认同态度,也就是说,传统儒家文化遗存作为中国社会的主流文化传统,当今仍具有一定的主导作用。高层和低层民众作为中国社会分层结构的两级,对于传统文化遗存的态度持有较低的认同倾向。通过对称度量,两个交叉变量的相依系数为 0.003,这表明,主观阶层是文化态度的重要影响因素(见表 7.42)。

表 7.42　对传统文化遗存的态度与主观阶层交叉分析

			主观阶层					总计
			高层	中高层	中层	中低层	低层	不知道	
完全支持		计数	2	19	130	207	107	35	500
		行百分比	0.4%	3.8%	26.0%	41.4%	21.4%	7.0%	
		列百分比	33.3%	41.3%	38.7%	45.4%	42.6%	40.7%	
		总百分比	0.2%	1.6%	11.0%	17.5%	9.1%	3.0%	42.3%

续表

			主观阶层						总计
			高层	中高层	中层	中低层	低层	不知道	
假如征求您对"《论语》进中小学课堂"的意见,您的态度是?	基本支持	计数	3	17	145	196	90	37	488
		行百分比	0.6%	3.5%	29.7%	40.2%	18.4%	7.6%	
		列百分比	50.0%	37.0%	43.2%	43.0%	35.9%	43.0%	
		总百分比	0.3%	1.4%	12.3%	16.6%	7.6%	3.1%	41.3%
	不确定	计数	0	10	58	47	51	13	179
		行百分比	0	5.6%	32.4%	26.3%	28.5%	7.3%	
		列百分比	0	21.7%	17.3%	10.3%	20.3%	15.1%	
		总百分比	0	0.8%	4.9%	4.0%	4.3%	1.1%	15.2%
	反对	计数	1	0	3	3	3	1	11
		行百分比	9.1%	0	27.3%	27.3%	27.3%	9.1%	
		列百分比	16.7%	0	0.9%	0.7%	1.2%	1.2%	
		总百分比	0.1%	0	0.3%	0.3%	0.3%	0.1%	0.9%
	坚决反对	计数	0	0	0	3	0	0	3
		行百分比	0	0	0	100.0%	0	0	
		列百分比	0	0	0	0.7%	0	0	
		总百分比	0	0	0	0.3%	0	0	0.3%
合计		计数	6	46	336	456	251	86	1181
		总百分比	0.5%	3.9%	28.5%	38.6%	21.3%	7.3%	100.0%

　　在 1172 个有效样本中,有无出国经历的样本量为 182 个,没有的样本量是 990 个。在有出国经历的样本中,各个具体亚变量的分布为:到境外旅游过 113 个、到境外考察过 26 个、在境外学习过 20 个、在境外工作过 11 个、到境外探过亲 12 个。对于《论语》进中小学课堂的态度,有出国经历的样本群中,持认可倾向的比例是 80.3%,保留态度的是 18.1%,持有反对倾向的比例为 1.6%;没有出国经历的样本里,三种态度的比例分别是 84.1%、14.7% 和 1.1%。数据显示,有无出国经历对于样本的态度没有明显影响,其中,卡方检验的概率值为 0.492,也就是说,在不考虑具体出国经历内容的情况下,变量对于文化态度没有明显影响(见表 7.43)。

表 7.43 对传统文化遗存的态度与有无出国(出境)经历交叉分析

			您有出国(出境)的经历吗?		总计
			有	没有	
假如征求您对"《论语》进中小学课堂"的意见,您的态度是?	完全支持	计数	80	415	495
		行百分比	16.2%	83.8%	
		列百分比	44.0%	41.9%	
		总百分比	6.8%	35.4%	42.2%
	基本支持	计数	66	418	484
		行百分比	13.6%	86.4%	
		列百分比	36.3%	42.2%	
		总百分比	5.6%	35.7%	41.3%
	不确定	计数	33	146	179
		行百分比	18.4%	81.6%	
		列百分比	18.1%	14.7%	
		总百分比	2.8%	12.5%	15.3%
	反对	计数	2	9	11
		总百分比	18.2%	81.8%	
		计数	1.1%	0.9%	
		总百分比	0.2%	0.8%	0.9%
	坚决反对	计数	1	2	3
		总百分比	33.3%	66.7%	
		计数	0.5%	0.2%	
		总百分比	0.1%	0.2%	0.3%
总计		计数	182	990	1172
		总百分比	15.5%	84.5%	100.0%

在有出国经历的样本集合内部,即从出国经历的不同内容来考察其对文化态度的影响,结果出乎所料。到境外旅游过、到境外考察过、在境外学习过、在境外工作过和到境外探过亲五种出国经历的具体方式中,对《论语》进中小学校园持有支持倾向的比例分别是 77.9%、88.5%、85%、63.7% 及83.3%。由数据分析结果可知,到境外学习或者考察过的人群中,对于传统文化遗存表现出更高的支持倾向,而在国外有工作经历的样本中,则对中国传统文化遗存表现出较低的认同。通过卡方检验,Pearson 值为 0.018,这表明笼

统的有无出国经历并不能说明人们对传统文化遗存态度的差异性,而是要具体考虑出国的时间、国外经历的具体内容,而从这个方面来看,有无出国经历确实是人们对于传统文化遗存态度的影响因素(见表7.44)。

表7.44 对传统文化遗存的态度与出国(出境)经历交叉分析

			您有出国(出境)的经历吗?						总计
			到境外旅游过	到境外考察过	在境外学习过	在境外工作过	到境外探过亲	没有任何出国出境	
假如征求您对"《论语》进中小学课堂"的意见,您的态度是?	完全支持	计数	48	15	9	5	3	415	495
		行百分比	9.7%	3.0%	1.8%	1.0%	0.6%	83.8%	
		列百分比	42.5%	57.7%	45.0%	45.5%	25.0%	41.9%	
		总百分比	4.1%	1.3%	0.8%	0.4%	0.3%	35.4%	42.2%
	基本支持	计数	40	8	9	2	7	418	484
		行百分比	8.3%	1.7%	1.9%	0.4%	1.4%	86.4%	
		列百分比	35.4%	30.8%	45.0%	18.2%	58.3%	42.2%	
		总百分比	3.4%	0.7%	0.8%	0.2%	0.6%	35.7%	41.3%
	不确定	计数	24	2	2	4	1	146	179
		行百分比	13.4%	1.1%	1.1%	2.2%	.6%	81.6%	
		列百分比	21.2%	7.7%	10.0%	36.4%	8.3%	14.7%	
		总百分比	2.0%	0.2%	0.2%	0.3%	0.1%	12.5%	15.3%
	反对	计数	1	0	0	0	1	9	11
		行百分比	9.1%	0	0	0	9.1%	81.8%	
		列百分比	0.9%	0	0	0	8.3%	0.9%	
		总百分比	0.1%	0	0	0	0.1%	0.8%	0.9%
	坚决反对	计数	0	1	0	0	0	2	3
		行百分比	0	33.3%	0	0	0	66.7%	
		列百分比	0	3.8%	0	0	0	0.2%	
		总百分比	0	0.1%	0	0	0	0.2%	0.3%
总计		计数	113	26	20	11	12	990	1172
		总百分比	9.6%	2.2%	1.7%	0.9%	1.0%	84.5%	100.0%

在生活满意度的1171个有效样本中,样本对生活状态判断的分布情况是:"满意"783个、"不确定"160个、"不满意"228个。对传统文化遗存项,即"《论语》进中小学课堂"的态度上,"满意"样本中有支持倾向的比例是

85.7%、持保留态度的比例是 13.4%、反对倾向的样本占比 0.9%;"不确定"的样本中,持有认可倾向的比例为 77.5%、表示模棱两可或保留态度的是 21.9%、有反对倾向的是 0.6%;生活状态上表示不满意的样本中,持有认可倾向的比例有 80.7%、不确定态度的有 16.7%、持有否定倾向的比例则高达 2.6%。作为对于个人生活状态的总和判断与认知,生活满意度取决于个体的物质、精神等多方面的体验和认知,从而决定个体对于社会政治、经济、文化的认知或判断。从数据显示的结果来看,生活满意度对人们的文化态度有一定的影响,生活满意度低的人群对社会的核心价值要素和文化传统持有更高的否认倾向,而生活满意度较高的群体则反之。在对生活状态持保留态度的人群中,对传统文化的态度亦持有较多的保留态度。由此观之,生存状态、个体满意度对人的文化观念具有重要的影响作用(见表 7.45)。

表 7.45 对传统文化遗存的态度与生活满意度交叉分析

			简化			总计
			满意	不确定	不满意	
假如征求您对"《论语》进中小学课堂"的意见,您的态度是?	完全支持	计数	335	55	105	495
		行百分比	67.7%	11.1%	21.2%	
		列百分比	42.8%	34.4%	46.1%	
		总百分比	28.6%	4.7%	9.0%	42.3%
	基本支持	计数	336	69	79	484
		行百分比	69.4%	14.3%	16.3%	
		列百分比	42.9%	43.1%	34.6%	
		总百分比	28.7%	5.9%	6.7%	41.3%
	不确定	计数	105	35	38	178
		行百分比	59.0%	19.7%	21.3%	
		列百分比	13.4%	21.9%	16.7%	
		总百分比	9.0%	3.0%	3.2%	15.2%
	反对	计数	6	0	5	11
		行百分比	54.5%	0	45.5%	
		列百分比	0.8%	0	2.2%	
		总百分比	0.5%	0	0.4%	0.9%

			简化			总计
			满意	不确定	不满意	
假如征求您对"《论语》进中小学课堂"的意见,您的态度是?	坚决反对	计数	1	1	1	3
		行百分比	33.3%	33.3%	33.3%	
		列百分比	0.1%	0.6%	0.4%	
		总百分比	0.1%	0.1%	0.1%	0.3%
合计		计数	783	160	228	1171
		总百分比	66.9%	13.7%	19.5%	100.0%

(四)传统文化观念与常规变量交叉分析

问卷传统文化的第四题中,我们设置的问题是:"我国古代有一些为官治政之道,其中一些说法的大体意思列在了下表中。您对这些说法的态度分别是?"对应的四个选项分别为:4a,国家最高统治者的权力应当不受任何限制,就像古代的皇帝那样(君权至上);4b,无论什么社会,上下级之间的尊卑关系都不能乱(伦常神圣);4c,政府应当轻刑薄赋,爱惜老百姓(民本);4d,道德对政治生活起决定作用,应当把道德教化作为治国的原则(为政以德)。针对不同的选项差异区分"坏的传统观念"和"好的传统观念",即将 4a 和 4b 编为 4e1"传统观念中的强权威主义"(4a=1&4b=1\4a=1&4b=2\4a=2&4b=1\4a=2&4b=2),4c 与 4d 编为 4e2"传统观念中的强民本主义"(方法同前),以此衡量民众的传统文化观念取向。

性别与传统文化观念的交叉分析中,男性与女性样本在 667 个有效样本中的分布情况是:男性 355 个;女性 312 个。男性样本中,在传统文化观念上,6.2%的样本倾向于强权威主义,98.3%倾向于强民本主义观念;相比之下,女性样本在"传统文化中的强权威主义"所占的比例为 6.4%,而具备强民本取向的样本比例则为 98.4%。性别差异对于传统文化观念的影响来说,并没有明显的差别,也就是说,人们的传统文化观念,不论是强权威主义的信奉还是强民本主义的诉求,并不取决为性别差异(见表 7.46)。

表 7.46 传统文化观念与性别交叉分析

			性别		总计
			男	女	
传统文化观念	传统文化中的强权威主义	计数	22	20	42
		行百分比	52.4%	47.6%	
		列百分比	6.2%	6.4%	
		总百分比	3.3%	3.0%	6.3%
	传统文化中的强民本主义	计数	349	307	656
		行百分比	53.2%	46.8%	
		列百分比	98.3%	98.4%	
		总百分比	52.3%	46.0%	98.4%
总计		计数	355	312	667
		总百分比	53.2%	46.8%	100.0%

不同年龄段的人在政治与文化的认识上往往秉持不同的看法，据此形成不同的政治文化观念和传统文化认知体系，为了考察年龄对于传统文化观念的影响，我们以 29 岁及以下、30 至 49 岁和 50 岁及以上为三个年龄段与传统文化观念作相关性分析。其中，三个年龄段的样本容量分别为 253 个、318 个和 98 个，总数 669 个。在 29 岁及以下这个年龄段的样本中，倾向于传统文化中的强权威主义的比例为 5.9%，有传统文化中的强民本取好的样本比例为 97.6%。30 至 49 岁的中年群体中，5.3% 的样本显示出明显的强权威主义倾向，98.7% 的样本选择传统文化中的强民本主义。最后，50 岁及以上这部分年龄比较大的样本群中，9.2% 的人倾向于传统文化中的强权威主义，但同时也有 99% 的受访者选择了传统文化中的强民本主义。根据数据分析可知，由于时代及社会经历等诸多原因，较之于 29 岁及以下和 30 至 49 岁这两个年龄段的人，50 岁及以上的人群更倾向于强权威主义，呈现的总体趋势是，年龄越小，越对强权威主义持有较少的认可度。所受调查的 669 个样本中，对民本主义都有较高的诉求（见表 7.47）。

表 7.47　传统文化观念与年龄交叉分析

			年龄			总计
			29 岁及以下	30~49 岁	50 岁及以上	
传统文化观念	传统文化中的强权威主义	计数	15	17	9	41
		行百分比	36.6%	41.5%	22.0%	
		列百分比	5.9%	5.3%	9.2%	
		总百分比	2.2%	2.5%	1.3%	6.1%
	传统文化中的强民本主义	计数	247	314	97	658
		行百分比	37.5%	47.7%	14.7%	
		列百分比	97.6%	98.7%	99.0%	
		总百分比	36.9%	46.9%	14.5%	98.4%
总计		计数	253	318	98	669
		总百分比	37.8%	47.5%	14.6%	100.0%

653 个有效样本中,农业户口和非农业户口样本的分布情况是:农业户口 305 个、非农业户口 343 个、其他为 5 个。在农业户口的样本中,倾向传统文化中的强权威主义的比例是 6.9%,而倾向于传统文化中的强民本主义的比例则有 98.7%。非农业户口的样本群中,倾向于传统文化中的强权威主义的比例是 5.5%,而传统文化中的强民本主义之比例则有 98.3%。在强权威主义之一项的选择上,农业户口稍高,也就是说,户籍差异对于人们的权威主义观念具有一定的影响;然而户籍类型对于人们的传统文化中的民本主义观念并没有实质影响,两种户籍类型没有显著差异(见表 7.48)。

表 7.48　传统文化观念与户口交叉分析

			户口			总计
			农业户口	非农业户口	其他	
传统文化观念	传统文化中的强权威主义	计数	21	19	0	40
		行百分比	52.5%	47.5%	0	
		列百分比	6.9%	5.5%	0	
		总百分比	3.2%	2.9%	0	6.1%

续表

			户口			总计
			农业户口	非农业户口	其他	
传统文化观念	传统文化中的强民本主义	计数	301	337	5	643
		行百分比	46.8%	52.4%	0.8%	
		列百分比	98.7%	98.3%	100.0%	
		总百分比	6.1%	51.6%	0.8%	98.5%
总计		计数	305	343	5	653
		总百分比	46.7%	52.5%	0.8%	100.0%

　　政治面貌的 654 个样本中,各个亚变量的样本分布情况是:中共党员164 个、共青团员 173 个、民主党派 5 个、无党派(群众)312 个。民主党派的样本量过小,在此忽略不计。中共党员的样本中,选择传统文化中的强权威主义的比例是 6.7%,选择传统文化中的强民本主义的比例是 98.8%;共青团的情况是,选择传统文化中的强权威主义的比例为 5.2%,而强民本主义倾向的则是 98.3%;无党派(群众)样本在这两项的选择比例分别是 5.8% 和98.4%。由数据分析可知,不同政治面貌的人群对于传统文化观念中的强权威主义与强民本主义的取向上没有显著区别,民本主义作为中国传统社会中的政治价值取向,在各个政治身份类别的人群中都具备较高的诉求(见表 7.49)。

表 7.49　传统文化观念与政治面貌交叉分析

			政治面貌				总计
			中共党员	共青团员	民主党派	无党派(群众)	
传统文化观念	传统文化中的强权威主义	计数	11	9	0	18	38
		行百分比	28.9%	23.7%	0	47.4%	
		列百分比	6.7%	5.2%	0	5.8%	
		总百分比	1.7%	1.4%	0	2.8%	5.8%

续表

			政治面貌				总计
			中共党员	共青团员	民主党派	无党派（群众）	
传统文化观念	传统文化中的强民本主义	计数	162	170	5	307	644
		行百分比	25.2%	26.4%	0.8%	47.7%	
		列百分比	98.8%	98.3%	100.0%	98.4%	
		总百分比	24.8%	26.0%	0.8%	46.9%	98.5%
总计		计数	164	173	5	312	654
		总百分比	25.1%	26.5%	0.8%	47.7%	100.0%

按照前述的划分标准,受教育水平小学及以下的文化程度编为"低",初中、高中或中专为"中",大专至研究生为"高",三者在 684 个样本总量中的分布情况是:"低"文化程度为 30 个、"中"329 个、"高"325 个。对于传统文化中的强权威主义,低文化层次样本群中选择的比例是 6.7%;中等文化程度样本选择的比例为 6.4%;高层次文化样本中选择的占比是 5.2%。在传统文化中的强民本主义这一项上,低文化层次样本中的比例为 93.3%,中等文化层次中的占比是 93.6%,高文化层次样本中选择的比例为 94.8%。对于这两张传统文化观念而言, 文化层次的高低并未产生明显的取向差异,Pearson 相关性检验的结果显示,传统文化观念的类型与受教育水平没有相关性,人们的文化观念取向,至少在传统文化观念而言,并不取决于其文化层次(见表 7.50)。

表 7.50　传统文化观念与受教育水平交叉分析

			受教育水平			合计
			低	中	高	
传统文化观念	传统文化中的强权威主义	计数	2	21	17	40
		行百分比	5.0%	52.5%	42.5%	
		列百分比	6.7%	6.4%	5.2%	
		总百分比	0.3%	3.1%	2.5%	5.8%
	传统文化中的强民本主义	计数	28	308	308	644
		行百分比	4.3%	47.8%	47.8%	

续表

			收入水平			合计
			低	中	高	
传统文化观念	传统文化中的强民本主义	列百分比	93.3%	93.6%	94.8%	
		总百分比	4.1%	45.1%	45.1%	94.2%
合计		计数	30	329	325	684
		总百分比	4.4%	48.1%	47.5%	100.0%

该项分析中,针对职业类别的不同,主要将样本职业分为公务员和非公务员量大类,其在 653 个总样本中的分布情况是:非公务员 618 人、公务员 35 人。在"传统文化中的强权威主义"这一项上,公务员样本中的比例是8.6%,非公务样本量中的比例是 6%,公务员较之于后者有较强的倾向,这与公务员的职业特性有一定关系,作为国家权力的执行者和传统官僚体制中成员,其更倾向于政治与行政上由上而下的规范和约束机制,权力等级结构在其政治和文化价值观念中有很大的决定意义。然而这并不影响两者在强民主义观念取向上的状况,在此处,两者并不因职业的不同而产生明显的差异。此项分析及前述的分析似乎说明了这一问题,即传统文化中的强民本主义和强权威主义并非天生二元对立要素,作为政治运行机制和政治诉求取向,或许并不能作为一对相互对立的概念进行探讨(见表 7.51)。

表 7.51　传统文化观念与职业交叉分析

			职业类别		总计
			非公务员	公务员	
传统文化观念	传统文化中的强权威主义	计数	37	3	40
		行百分比	92.5%	7.5%	
		列百分比	6.0%	8.6%	
		总百分比	5.7%	0.5%	6.1%
	传统文化中的强民本主义	计数	609	34	643
		行百分比	94.7%	5.3%	
		列百分比	98.5%	97.1%	
		总百分比	93.3%	5.2%	98.5%
总计		计数	618	35	653
		总百分比	94.6%	5.4%	100.0%

收入水平 648 个总样本中的分布情况是:低收入这一层次为 331 个、中等收入水平为 287 个、高收入为 30 个。不同收入水平样本对于传统文化中的强权威主义选择的比例分别是 6.6%、5.2% 及 10%，三者并没有依据收入的递增而形成递进变化,但高收入样本中,对强权威主义的取向较之于前两者比较明显,高收入人群一般占据社会系统内部的绝大多数政治、经济和文化资源,从随机调查的样本量即可看出,低收入、中等收入和高收入样本的差距非常大,这间接反映了当前存在的贫富差距状况。出于经济、政治层次等因素的差别，高收入群体倾向于维持现有政治和文化体制而更容易采纳一种权威主义的观念意识。对于传统文化中的强民本主义,不同收入层次的人群也作出了不一样的选择,尽管总体上都较多倾向强民本主义,而非传统文化中的强权威主义,但收入的不同导致的政治、文化等诉求的差异仍然在传统文化中的强民本主义中显现。低收入样本中倾向于传统文化中的强民本主义的比例是 99.1%,中等收入中的比例是 98.3%,高等收入则是 93.3%,随着收入的减少，人们更倾向于一种民本主义的政治诉求和文化观念。因而,收入水平是传统文化观念的一个影响因素(见表 7.52)。

表 7.52　传统文化观念与收入水平交叉分析

			收入水平			合计
			低	中	高	
传统文化观念	传统文化中的强权威主义	计数	22	15	3	40
		行百分比	55.0%	37.5%	7.5%	
		列百分比	6.6%	5.2%	10.0%	
		总百分比	3.4%	2.3%	0.5%	6.2%
	传统文化中的强民本主义	计数	328	282	28	638
		行百分比	51.4%	44.2%	4.4%	
		列百分比	99.1%	98.3%	93.3%	
		总百分比	50.6%	43.5%	4.3%	98.5%
合计		计数	331	287	30	648
		总百分比	51.1%	44.3%	4.6%	100.0%

在 666 个有效样本中,有无宗教信仰的分布情况是:有宗教信仰的样本是 142 个、没有宗教信仰的样本是 524 个。从宗教类别上而言,具体情况是:伊斯兰教 11 个、基督教 20 个、天主教 3 个、佛教 94 个、其他宗教 14 个。针对传统文化中的强权威主义,有宗教信仰和没有宗教信仰样本中选择的比例分别是 6.3%和 5.7%;对于传统文化中的强民本主义上,两者各自的比例分别是 97.9%和 98.7%。从有无宗教信仰的角度而言,人们对于传统文化的观念差异并没有显著差异,是否有宗教信仰不是个体传统文化观念的影响因素(见表 7.53)。

表 7.53 传统文化观念与有无宗教信仰交叉分析

			有无宗教信仰		总计
			有宗教信仰	没有宗教信仰	
传统文化观念	传统文化中的强权威主义	计数	9	30	39
		行百分比	23.1%	76.9%	
		列百分比	6.3%	5.7%	
		总百分比	1.4%	4.5%	5.9%
	传统文化中的强民本主义	计数	139	517	656
		行百分比	21.2%	78.8%	
		列百分比	97.9%	98.7%	
		总百分比	20.9%	77.6%	98.5%
总计		计数	142	524	666
		总百分比	21.3%	78.7%	100.0%

至于不同宗教信仰之间的差别,涉及的五个不同宗教信仰的样本中(天主教的样本容量过小,不作考虑),对于传统文化中的强权威主义的选择,各自的比例分别是:伊斯兰教 9.1%、基督教 5%、佛教 6.4%、其他宗教 7.1%。从数据分析结果看出,不同宗教信仰之间对强权威主义的态度存在一定的差异性,尤其是伊斯兰教,而这种倾向最弱的是基督教,这似乎印证了韦伯的分析,也就是说,不同的宗教信仰在权威与民主观念上的取舍存在一定的差异,宗教教义是形成人们政治价值观念和文化观念的重因素。另外,如在传

统文化中的强民本主义这一取向上，不同的宗教信仰之间没有明显的差异（见表 7.54）。

表 7.54　传统文化观念与宗教信仰交叉分析

			宗教信仰						总计
			伊斯兰教	基督教	天主教	佛教	其他宗教	不信教	
传统文化观念	传统文化中的强权威主义	计数	1	1	0	6	1	30	39
		行百分比	2.6%	2.6%	0	15.4%	2.6%	76.9%	
		列百分比	9.1%	5.0%	0	6.4%	7.1%	5.7%	
		总百分比	0.2%	0.2%	0	0.9%	0.2%	4.5%	5.9%
	传统文化中的强民本主义	计数	11	19	3	92	14	517	656
		行百分比	1.7%	2.9%	0.5%	14.0%	2.1%	78.8%	
		列百分比	100.0%	95.0%	100.0%	97.9%	100.0%	98.7%	
		总百分比	1.7%	2.9%	0.5%	13.8%	2.1%	77.6%	98.5%
合计		计数	11	2	3	94	14	524	666
		总百分比	1.7%	3.0%	0.5%	14.1%	2.1%	78.7%	100.0%

主观阶层在 664 个有效样本中的分布情况是:高层 3 个、中高层 21 个、中层 189 个、中低层 271 个、低层 143 个、不知道的为 37 个。对传统文化中的强权威主义的倾向上,各主观阶层内的比例分别是:高层样本量太小,忽略不计;中高层 4.8%、中层 5.3%、中低层 6.3%、低层 5.6%、不知道的为 8.1%。各主观阶层之间无显著差异, 相关性检验的 Pearson 值为 0.578, 远远高于 0.05,故主观阶层不是传统文化中强权威主义的影响因素。对于传统文化中的强民本主义,各个主观阶层内部的占比分别是:高层不计、中高层 100%、中层 97.9%、中低层 98.2%、低层 99.3%、不知道的为 100%。由此可知,各阶层之间无明显差异,传统文化中的强民本主义同样不取决于主观阶层的差别（见表 7.55）。

表 7.55　传统文化观念与主观阶层交叉分析

			主观阶层						总计
			高层	中高层	中层	中低层	低层	不知道	
传统文化观念	传统文化中的强权威主义	计数	1	1	10	17	8	3	40
		行百分比	2.5%	2.5%	25.0%	42.5%	20.0%	7.5%	
		列百分比	33.3%	4.8%	5.3%	6.3%	5.6%	8.1%	
		总百分比	0.2%	0.2%	1.5%	2.6%	1.2%	0.5%	6.0%
	传统文化中的强民本主义	计数	3	21	185	266	142	37	654
		行百分比	0.5%	3.2%	28.3%	40.7%	21.7%	5.7%	
		列百分比	100.0%	100.0%	97.9%	98.2%	99.3%	100.0%	
		总百分比	0.5%	3.2%	27.9%	40.1%	21.4%	5.6%	98.5%
合计		计数	3	21	189	271	143	37	664
		总百分比	0.5%	3.2%	28.5%	40.8%	21.5%	5.6%	100.0%

有无出国经历在 659 个有效总样本中的分布情况是：有出国经历的是 93 个、没有出国经历的是 566 个。由于各具体出国方式及目的的样本量太小，在此不针对其内部差异作分析。有出国经历的样本中，没有人选代表传统文化中强权威主义的两项因子，即 4a、4b，而全部表现出了传统文化中的强民本主义倾向。没有出国经历的样本中，选择传统文化中的强权威主义的比例是 7.1%，选择了传统文化中的强民本主义的比例有 98.2%。分析显示，两者没有明显的差别，且 Pearson 检验的样本概率值均远远大于 0.05，因此可以说有无出国经历并不能作为传统文化观念的影响因素（见表 7.56）。

表 7.56　传统文化观念与有无出国(出境)经历交叉分析

			您有出国(出境)的经历吗?		总计
			有	没有	
传统文化观念	传统文化中的强权威主义	计数	0	40	40
		行百分比	0	100.0%	
		列百分比	0	7.1%	
		总百分比	0	6.1%	6.1%

续表

| | | | 您有出国(出境)的经历吗? | | 总计 |
			有	没有	
传统文化观念	传统文化中的强民本主义	计数	93	556	649
		行百分比	14.3%	85.7%	
		列百分比	100.0%	98.2%	
		总百分比	14.1%	84.4%	98.5%
总计		计数	93	566	659
		总百分比	14.1%	85.9%	100.0%

生活主观满意度在 659 个有效样本中的分布情况是:满意为 451 个、不确定为 89 个、不满意为 119 个。对于传统文化中的强权威主义,满意的样本中所选的占比为 5.5%、不确定的样本中占的比例为 5.6%、不满意样本中的比例为 7.6%。三者无明显区别,但不满意中的比例最高,卡方检验结果显示,样本的概率值为 0.83,大于 0.05,对于生活状态的满意状况并不影响人们的传统文化观念。针对传统文化中的强民本主义,满意样本的比例为 98.4%,不确定样本中的比例为 98.9%,不满意样本的比例是 98.3%,三者在概率上无明显差异,生活满意度同样非传统文化观念的影响因素(见表 7.57)。

表 7.57　传统文化观念与生活满意度交叉分析

| | | | 简化 | | | 总计 |
			满意	不确定	不满意	
传统文化观念	传统文化中的强权威主义	计数	25	5	9	39
		行百分比	64.1%	12.8%	23.1%	
		列百分比	5.5%	5.6%	7.6%	
		总百分比	3.8%	0.8%	1.4%	5.9%
	传统文化中的强民本主义	计数	444	88	117	649
		行百分比	68.4%	13.6%	18.0%	
		列百分比	98.4%	98.9%	98.3%	
		总百分比	67.4%	13.4%	17.8%	98.5%
合计		计数	451	89	119	659
		总百分比	68.4%	13.5%	18.1%	100.0%

三、传统文化遗存对政治文化类型的影响

阿尔蒙德在《公民文化》中将政治文化分三个类型,即蒙昧型政治文化、服从型政治文化和参与型政治文化,公民文化是三种类型文化的混合(阿尔蒙德,2014)。依据此理论,本研究将政治文化分为极端村民型、极端臣民型、极端公民型、均衡的公民型、村民–臣民型、臣民–参与者及村民–参与者七种政治文化类型和态度类型。在考察政治文化态度类型上, 我们设置的问题是:"老王、老张、老李是同村人,但个性不同。您对他们的态度分别是",其下三个具体内容是:

7a:老王对政治丝毫不感兴趣,甚至不关心国家的惠农政策,梦想着过上与世隔绝的、完全自主的生活。(对村民型文化的描述)

7b:老张关心国家大事,遵纪守法,认为老百姓就应该听政府的话。(对臣民型文化的描述)

7c:老李在村里是个活跃分子,经常琢磨着给政府提建议,到了人大代表选举的时候更积极。(对公民型文化的描述)

每一项具体内容后分别对应的态度选项是:很喜欢、喜欢、说不清楚、反感和很反感。对应值分别是 1 至 5,表示从极端肯定到极端否定。

具体运算的方法和公式如下:

7aj:老王简化 1=1、2;2=3;3=4、5;

7bj:老张简化 1=1、2;2=3;3=4、5;

7cj:老李简化 1=1、2;2=3;3=4、5;

7e:极端村民型态度:

a7aj =1&a7bj =2&a7cj =2 |a7aj =1&a7bj =2&a7cj =3 |a7aj =1&a7bj =3&a7cj=2|a7aj=1&a7bj=3&a7cj=3;

7f:极端臣民型态度:7bj=1,同时 7aj=2 或 3,7cj=2 或 3;

7g:极端公民型态度:7cj=1,同时 7aj=2 或 3,7bj=2 或 3;

7g2:均衡的公民型态度:7cj=1,同时 7aj=2,7bj=2;

7h:村民-臣民型文化(传统社会态度):

a7aj=1&a7bj=1&a7cj=2|a7aj=1&a7bj=1&a7cj=3;

7i:臣民-参与者文化:a7aj=2&a7bj=1&a7cj=1|a7aj=3&a7bj=1&a7cj=1;

7j:村民-参与者文化:a7aj=1&a7bj=2&a7cj=1|a7aj=1&a7bj=3&a7cj=1。

 958 个有效样本里,对中国传统文化自豪感的分布情况是:非常自豪为 495 个、自豪 393 个、说不清楚 55 个、不自豪 14 个,根本不自豪因样本量太少而忽略不计。对于极端村民型态度,传统文化自豪感的各个样本比例情况是:非常自豪 3%、自豪 4.1%、说不清楚 9.1%、不自豪 7.1%。极端臣民型态度方面,自豪感各个样本中的比例情况是:非常自豪 7.7%、自豪 7.6%、说不清楚 1.8%、不自豪 7.1%。极端公民型上,列的比例情况分别是:非常自豪 35.2%、自豪 43.5%、说不清楚 50.9%、不自豪 78.6%。对于均衡的公民型态度类型而言,列的比例情况是:非常自豪 8.9%、自豪 13.2%、说不清楚 14.5%、不自豪 21.4%。典型的传统型态度方面:非常自豪 0.8%、自豪 2.3%、说不清楚 3.6%、不自豪 0;臣民参与者型上,列样本各自的比例情况是:非常自豪 47.9%、自豪 36.6%、说不清楚 23.6%、不自豪 7.1%;最后是村民参与者型,针对这一种政治文化类型,列样本各自的比例情况是:非常自豪 5.5%、自豪 5.9%、说不清楚 10.9%、不自豪为 0。

 根据以上数据分析结果,对传统文化自豪感的增强,某种意义上决定着样本越倾向极端臣民型态度、极端公民型或臣民参与者型态度,尤其是臣民参与者型态度上,对传统文化具有自豪倾向的样本中,及自豪和非常自豪的比例加总为 84.5%,从这个意义上来说,对中国传统文化的意识的当中,衍生或者蕴含着很大程度的臣民型政治文化类型。至于极端村民型的态度类型,与传统文化自豪感似乎是逆生关系的,随着自豪感的降低,而越是倾向于一种村民型尤其是极端村村民型的政治文化态度。然而均衡型作为一种介于极端公民型和臣民型态度之间的政治文化类型,与传统文化的自豪感有一定关系,但这种关系是极弱的。总体而言,对于传统文化的态度或自豪感确确实实影响到人们的政治文化态度与观念取向,因为对于传统文化的自豪感本身而言就是一种基于政治价值而对于政治系统的判断(见表7.58)。

表7.58 对中国传统文化的自豪感与政治文化态度类型交叉分析

			对中国传统文化的自豪感					总计
			非常自豪	自豪	说不清楚	不自豪	根本不自豪	
政治文化态度类型	极端村民型态度	计数	15	16	5	1	0	37
		行百分比	40.5%	43.2%	13.5%	2.7%	0	
		列百分比	3.0%	4.1%	9.1%	7.1%	0	
		总百分比	1.6%	1.7%	0.5%	0.1%	0	3.9%
	极端臣民型态度	计数	38	30	1	1	0	70
		行百分比	54.3%	42.9%	1.4%	1.4%	0	
		列百分比	7.7%	7.6%	1.8%	7.1%	0	
		总百分比	4.0%	3.1%	0.1%	0.1%	0	7.3%
	极端公民型态度	计数	174	171	28	11	1	385
		行百分比	45.2%	44.4%	7.3%	2.9%	0.3%	
		列百分比	35.2%	43.5%	50.9%	78.6%	100.0%	
		总百分比	18.2%	17.8%	2.9%	1.1%	0.1%	40.2%
	均衡的公民型态度	计数	44	52	8	3	0	107
		行百分比	41.1%	48.6%	7.5%	2.8%	0	
		列百分比	8.9%	13.2%	14.5%	21.4%	0	
		总百分比	4.6%	5.4%	0.8%	0.3%	0	11.2%
	典型的传统型态度	计数	4	9	2	0	0	15
		行百分比	26.7%	60.0%	13.3%	0	0	
		列百分比	0.8%	2.3%	3.6%	0	0	
		总百分比	0.4%	0.9%	0.2%	0	0	1.6%
	臣民参与者型态度	计数	237	144	13	1	0	395
		行百分比	60.0%	36.5%	3.3%	0.3%	0	
		列百分比	47.9%	36.6%	23.6%	7.1%	0	
		总百分比	24.7%	15.0%	1.4%	0.1%	0	41.2%

			对中国传统文化的自豪感					总计
			非常自豪	自豪	说不清楚	不自豪	根本不自豪	
政治文化态度类型	村民参与者型态度	计数	27	23	6	0	0	56
		行百分比	48.2%	41.1%	10.7%	0	0	
		列百分比	5.5%	5.9%	10.9%	0	0	
		总百分比	2.8%	2.4%	0.6%	0	0	5.8%
合计		计数	495	393	55	14	1	958
		总百分比	51.7%	41.0%	5.7%	1.5%	0.1%	100.0%

954 个有效样本中,对传统文化遗存了解程度的分布情况是:非常了解 53 个、基本了解 348 个、有点了解 338 个、不太了解 197 个、没听说过 18 个。对于极端村民型态度,对传统文化遗存的了解程度的各个样本比例情况是:非常了解 3.8%、基本了解 3.2%、有点了解 4.4%、不太了解 4.6%、没听说过 0%。对传统文化遗存非常了解的样本中,在极端村民型、极端臣民型、极端公民型、均衡的公民型、村民–臣民型、臣民–参与者及村民–参与者七种态度类型上的比例分别是 3.8%、11.3%、24.5%、9.4%、0、49.1%、11.3%。对传统文化基本了解的样本中,在其中政治文化类型上的比例分别是 3.2%、5.7%、44%、9.2%、1.5%、38.8%和 6.9%。同比,有点了解的占比情况分别是:4.4%、7.7%、39.6%、13.9%、1.5%、42%及 4.7%。而不太了解和没听说过的样本上,对应的行百分比加总依次是:24.3%、25.7%、22.1%、21.5%、33.3%、22.5%和 17.9%。与对传统文化自豪感的比例一样,非常了解的样本中,倾向于臣民参与者型文化的比重比较高,而基本了解的样本则更多偏向极端公民型态度。极端臣民型态度上,对传统文化的了解程度越深,也越偏向于这种政治文化类型。村民参与者型与了解程度的关系则相反,两者是存在一定的逆相关,但这种相关性较弱。总体来说,对于传统文化遗存的;了解程度一定意义上影响到人们的政治态度和政治文化类型。事实上,因为对于传统文化的理解程度本身就决定着对传统文化的自豪感,因此其

作为影响因子就不足为奇了（见表 7.59）。

表 7.59　对传统文化遗存的了解程度与政治文化态度类型交叉分析

			对传统文化遗存的了解程度					合计
			非常了解	基本了解	有点了解	不太了解	没听说过	
政治文化态度类型	极端村民型态度	计数	2	11	15	9	0	37
		行百分比	5.4%	29.7%	40.5%	24.3%	0	
		列百分比	3.8%	3.2%	4.4%	4.6%	0	
		总百分比	0.2%	1.2%	1.6%	0.9%	0	3.9%
	极端臣民型态度	计数	6	20	26	15	3	70
		行百分比	8.6%	28.6%	37.1%	21.4%	4.3%	
		列百分比	11.3%	5.7%	7.7%	7.6%	16.7%	
		总百分比	0.6%	2.1%	2.7%	1.6%	0.3%	7.3%
	极端公民型态度	计数	13	153	134	83	2	385
		行百分比	3.4%	39.7%	34.8%	21.6%	0.5%	
		列百分比	24.5%	44.0%	39.6%	42.1%	11.1%	
		总百分比	1.4%	16.0%	14.0%	8.7%	0.2%	40.4%
	均衡的公民型态度	计数	5	32	47	23	0	107
		行百分比	4.7%	29.9%	43.9%	21.5%	0	
		列百分比	9.4%	9.2%	13.9%	11.7%	0	
		总百分比	0.5%	3.4%	4.9%	2.4%	0	11.2%
	典型的传统型态度	计数	0	5	5	5	0	15
		行百分比	0	33.3%	33.3%	33.3%	0	
		列百分比	0	1.4%	1.5%	2.5%	0	
		总百分比	0	0.5%	0.5%	0.5%	0	1.6%
	臣民参与者型态度	计数	26	135	142	75	13	391
		行百分比	6.6%	34.5%	36.3%	19.2%	3.3%	
		列百分比	49.1%	38.8%	42.0%	38.1%	72.2%	
		总百分比	2.7%	14.2%	14.9%	7.9%	1.4%	41.0%
	村民参与者型态度	计数	6	24	16	10	0	56
		行百分比	10.7%	42.9%	28.6%	17.9%	0	
		列百分比	11.3%	6.9%	4.7%	5.1%	0	
		总百分比	0.6%	2.5%	1.7%	1.0%	0	5.9%
合计		计数	53	348	338	197	18	954
		总百分比	5.6%	36.5%	35.4%	20.6%	1.9%	100.0%

　　对传统文化遗存的态度在 949 个有效样本中的分布情况是：完全支持 405 个、基本支持 390 个、不确定 144 个、反对 9 个、坚决反对 1 个。对于极端村民型态度，对传统文化遗存的态度的各个样本比例情况是：完全支持 3.2%；基本支持 3.3%；不确定 6.9%；反对和坚决反对因样本量太少，分析中忽略不计。（见表 3-3）关于政治文化态度类型，对传统文化遗存的态度的样本中，完全支持样本对应极端村民型、极端臣民型、极端公民型、均衡的公民型、村民-臣民型、臣民-参与者及村民-参与者等文化类型的比例依次是：3.2%、6.9%、38.5%、11.4%、2%、44.9%与 4.4%。基本支持样本的比例情况依次是：3.3%、6.4%、43.6%、12.1%、1.3%、38.5%及 6.9%。保留态度即不确定的样本中，比例对应七种政治文化态度类型的比例依次是：6.9%、10.4%、38.2%、9%、1.4%、36.1%及 6.9%。对于极端村民型和臣民参与者型，不同态度之间的差异不是很大，但相对于基本支持和保留态度的样本，完全支持的样本更倾向于臣民参与者型的政治文化态度类型。

　　总体上而言，不同的支持程度倾向于极端公民型和臣民参者型这两种政治文化类型。对传统文化持有较多保留态度的人群中，相对于支持的人而言，更多地倾向一种极端村民型和极端臣民型的政治文化态度。因此，从上述分析来看，对于传统文化遗存的态度对人们的政治文化态度类型具有一定的影响，但臣民型政治文化类型作为中国较为明显的政治文化特征，臣民参与者型则更多彰显了中央集权、民主集中制的政治机制性质，其受人们对于传统文化态度的影响较弱（见表 7.60）。

表 7.60　对传统文化遗存的态度与政治文化态度类型交叉分析

			假如征求您对"《论语》进中小学课堂"的意见，您的态度是？					合计
			完全支持	基本支持	不确定	反对	坚决反对	
政治文化态度类型	极端村民型态度	计数	13	13	10	0	1	37
		行百分比	35.1%	35.1%	27.0%	0	2.7%	
		列百分比	3.2%	3.3%	6.9%	0	100.0%	
		总百分比	1.4%	1.4%	1.1%	0	0.1%	3.9%
	极端臣民型态度	计数	28	25	15	1	0	69
		行百分比	40.6%	36.2%	21.7%	1.4%	0	
		列百分比	6.9%	6.4%	10.4%	11.1%	0	
		总百分比	3.0%	2.6%	1.6%	0.1%	0	7.3%
	极端公民型态度	计数	156	170	55	4	0	385
		行百分比	40.5%	44.2%	14.3%	1.0%	0	
		列百分比	38.5%	43.6%	38.2%	44.4%	0	
		总百分比	16.4%	17.9%	5.8%	0.4%	0	40.6%
	均衡的公民型态度	计数	46	47	13	1	0	107
		行百分比	43.0%	43.9%	12.1%	0.9%	0	
		列百分比	11.4%	12.1%	9.0%	11.1%	0	
		总百分比	4.8%	5.0%	1.4%	0.1%	0	11.3%
	典型的传统型态度	计数	8	5	2	0	0	15
		行百分比	53.3%	33.3%	13.3%	0	0	
		列百分比	2.0%	1.3%	1.4%	0	0	
		总百分比	0.8%	0.5%	0.2%	0	0	1.6%
	臣民参与者型态度	计数	182	150	52	3	0	387
		行百分比	47.0%	38.8%	13.4%	0.8%	0	
		列百分比	44.9%	38.5%	36.1%	33.3%	0	
		总百分比	19.2%	15.8%	5.5%	0.3%	0	40.8%
	村民参与者型态度	计数	18	27	10	1	0	56
		行百分比	32.1%	48.2%	17.9%	1.8%	0	
		列百分比	4.4%	6.9%	6.9%	11.1%	0	
		总百分比	1.9%	2.8%	1.1%	0.1%	0	5.9%
		计数	405	390	144	9	1	949
		总百分比	42.7%	41.1%	15.2%	0.9%	0.1%	100.0%

547 个有效样本中传统文化观念的分布为:传统文化中的强权威主义 31 个;传统文化中的强民本主义 539 个。对于极端村民型态度,传统文化观念的各个样本比例情况是:传统文化中的强权威主义 3.2%;传统文化中的强民本主义 3.9%。对于极端臣民型态度,传统文化观念的各个样本比例情况是:传统文化中的强权威主义 12.9%;传统文化中的强民本主义 9.8%。对于极端公民型态度,传统文化观念的各个样本比例情况是:传统文化中的强权威主义 25.8%;传统文化中的强民本主义 31.9%。对于均衡的公民型态度,传统文化观念的各个样本比例情况是:传统文化中的强权威主义 6.5%;传统文化中的强民本主义 9.6%。对于典型的传统型态度,传统文化观念的各个样本比例情况是:传统文化中的强权威主义 6.5%;传统文化中的强民本主义 1.5%。对于臣民参与者型,传统文化观念的各个样本比例情况是:传统文化中的强权威主义 51.6%;传统文化中的强民本主义 41.7%。在村民参与者型方面,传统文化观念中的各个样本集合内占比情况是:传统文化中的强权威主义为 0;传统文化中的强民本主义 5.8%。

传统文化中的强民本主义,从数据分析的结果来看,村民型的政治文化态度类型与传统文化中的强民本有较强的相关性,越是强民本主义的倾向越可能导致极端村民型或村民参与型的政治文化态度类型,同时也会伴随着一定程度正相关的臣民型政治文化态度。至于传统文化中的强权威主义,与极端村民型、极端臣民型和臣民参与者型政治文化态度类型有一定的相关性,强权威主义作为传统中央集权政治的一个重要体现,本身包含着色彩比较浓厚的小农政治意识和臣民政治心态。因此,传统文化观念是政治文化类型的影响因素(见表 7.61)。

表 7.61　传统文化观念与政治文化态度类型交叉分析

			传统文化观念		
			传统文化中的强权威主义	传统文化中的强民本主义	总计
政治文化态度类型	极端村民型态度	计数	1	21	21
		行百分比	4.8%	100.0%	
		列百分比	3.2%	3.9%	
		总百分比	0.2%	3.8%	3.8%
	极端臣民型态度	计数	4	53	53
		行百分比	7.5%	100.0%	
		列百分比	12.9%	9.8%	
		总百分比	0.7%	9.7%	9.7%
	极端公民型态度	计数	8	172	176
		行百分比	4.5%	97.7%	
		列百分比	25.8%	31.9%	
		总百分比	1.5%	31.4%	32.2%
	均衡的公民型态度	计数	2	52	54
		总百分比	3.7%	96.3%	
		计数	6.5%	9.6%	
		总百分比	0.4%	9.5%	9.9%
	典型的传统型态度	计数	2	8	9
		总百分比	22.2%	88.9%	
		计数	6.5%	1.5%	
		总百分比	0.4%	1.5%	1.6%
	臣民参与者型态度	计数	16	254	257
		总百分比	6.2%	98.8%	
		计数	51.6%	47.1%	
		总百分比	2.9%	46.4%	47.0%
	村民参与者型态度	计数	0	31	31
		总百分比	0	100.0%	
		计数	0	5.8%	
		总百分比	0	5.7%	5.7%
总计		计数	31	539	547
		总百分比	5.7%	98.5%	100.0%

四、传统文化遗存对政治价值观的影响

始于 20 世纪七八十年代的跨国民意调查对政治价值观作了系统性的定期测量,包括英格尔哈特、罗基奇、布尔科林、克莱茵等在内的政治学者以物质主义和后物质主义作为考量维度对代际价值转变问题作了诸多研究,同时,物质主义/后物质主义价值观念也是民主政治、文化转型等问题的重要研究议题。本研究参照世界价值观调查(WVS)的方法,采取六个维度和目标来探讨物质主义和后物质主义价值观的优先性,分别是"维持国内秩序""人民在重要的政府决策上有更多的发言权""控制物价上涨""保障言论自由""稳定的经济增长"及"生态环境得到根本改善"。六个维度按照第一重要和第二重要依次被评分排序,并按照所代表的价值观念被分为两种类别,其中,"控制物价上涨""稳定经济增长"和"生态环境得到根本改善"三项代表物质主义的优先目标,而"维持国内秩序""人民在重要的政府决策上有更多的发言权"及"保障言论自由"三项则代表后物质主义的价值取向。

物质主义三个维度代表的是生存的需求,即物质层面的满足与对生存的基本保障和生活条件的提升,其直接与物质生存有关。而在物质生存条件得到满足的情况之下,人们则会倾向于安全感、个人政治权力等方面的需求,并将之作为优先目标,也就是后物质主义的三项,而后物质主义价值观被认为是自由民主有效运行的精神基础。除了物质主义和后物质主义,我们把两类维度交叉的情况,即既具备物质主义需求目标又同时包含后物质主义目标的倾向作为混合价值观的代表。问题及评分排序如下:

表 7.62 "下面列举的是一组未来十年我国总的发展目标,
您认为这些目标中哪一个最重要? 哪一个第二重要?"

		第一重要 17a	第二重要 17b	不知道
1	维持国内社会秩序	1	2	99
2	人民在重要的政府决策上有更多的发言权	1	2	99
3	控制物价上涨	1	2	99
4	保障言论自由	1	2	99
5	稳定的经济增长	1	2	99
6	生态环境得到根本改善	1	2	99

除分开的数据外, 又依据英格尔哈特对物质主义和后物质主义价值观的界定和算法,进行了变量转换:

17mp 价值观

17m 物质主义价值观

=if（17a＝1&17b＝3/17a＝1&17b＝5/17a＝3&17b＝1/17a＝3&17b＝5/17a＝5&17b＝1/17a＝5&17b＝3）

17p 后物质主义价值观

=if（17a＝2&17b＝4/17a＝2&17b＝6/17a＝4&17b＝2/17a＝4&17b＝6/17a＝6&17b＝2/17a＝6&17b＝4）

17x 混合价值观:17mp−17m−17p

传统文化遗存及观念影响着人的政治价值诉求和判断标准,这些因素是否隐含着人们对于物质主义或后物质主义政治价值观念的取舍? 下面将以对传统文化自豪感、对传统文化遗存的理解、对传统文化遗存的态度以及传统文化观念四个方面与物质主义、后物质主义和混合价值观作相关性分析,以考察传统文化遗存对于政治价值观念的影响。

在 777 个有效样本中,自豪感的分布情况为:非常自豪 401 个;自豪 317

个;说不清楚 42 个;不自豪 15 个;根本不自豪 2 个。对于物质主义价值观,
传统文化自豪感各类样本的选择比例是:非常自豪 62.3%;自豪 65.9%;说不
清楚 57.1%;不自豪 66.7%。在混合价值观方面,各个对于传统文化自豪感样
本的选择比例分别是:非常自豪 21.2%;自豪 18.6%;说不清楚 28.6%;不自
豪 13.3%。在对传统文化的自豪感中,趋向后物质主义价值观的比例分别是:
非常自豪 16.5%;自豪 15.5%;说不清楚 14.3%;不自豪 20%。

从自豪感各个层次的比例状况可以看出,对传统文化的各个评判层次
对物质主义价值观念的取向没有明显区别,其中不自豪稍微高出,而不自豪
的原因很大程度上取决于对传统文化的认知程度,也就是样本的知识水平。
这些低教育水平的人群有很大一部分属于收入较低的社会底层,因此其倾
向于物质主义。然而在对后物质主义价值观念的取向上,各自豪层次的比例
数据显示,不自豪是最高的,这与样本容量应该有一定关系,但与其他层次
没有明显的差异。至于作为过渡层次的混合价值观,在自豪感的样本中,持
有含混态度的样本选择的比例最高,这说明在文化上的某种模棱两可态度
预示着政治价值观念上的含混,但这种关系极其微弱。总体而言,对中国传
统文化的自豪感并非政治价值取向的影响因素(见表 7.63)。

表 7.63　政治价值观与对中国传统文化的自豪感交叉分析

			对中国传统文化的自豪感					总计
			非常自豪	自豪	说不清楚	不自豪	根本不自豪	
价值取向	物质主义	计数	250	209	24	10	1	494
		行百分比	50.6%	42.3%	4.9%	2.0%	0.2%	
		列百分比	62.3%	65.9%	57.1%	66.7%	50.0%	
		总百分比	32.2%	26.9%	3.1%	1.3%	0.1%	63.6%
	混合价值观	计数	85	59	12	2	0	158
		行百分比	53.8%	37.3%	7.6%	1.3%	0	
		列百分比	21.2%	18.6%	28.6%	13.3%	0	
		总百分比	10.9%	7.6%	1.5%	0.3%	0	20.3%

续表

			对中国传统文化的自豪感					总计
			非常自豪	自豪	说不清楚	不自豪	根本不自豪	
价值取向	后物质主义	计数	66	49	6	3	1	125
		行百分比	52.8%	39.2%	4.8%	2.4%	0.8%	
		列百分比	16.5%	15.5%	14.3%	20.0%	50.0%	
		总百分比	8.5%	6.3%	0.8%	0.4%	0.1%	16.1%
合计		计数	401	317	42	15	2	777
		总百分比	51.6%	40.8%	5.4%	1.9%	0.3%	100.0%

在 775 个有效样本中,对传统文化遗存了解程度的分布情况是:非常了解 47 个;基本了解 293 个;有点了解 280 个;不太了解 143 个;没听说过 12 个。在对物质主义价值观念的选择上,于传统文化遗存非常了解的样本选择比例是 70.2%;基本了解 61.4%;有点了解 62.5%;不太了解 66.4%;没听说过 75%。没听说过的样本比例最高,但与非常了解无明显差异,总的来看,各项之间差异并不显著。在对混合价值观的选择上,从非常了解到没听说过这五个了解层次的比例分别是 21.3%、23.2%、17.1%、20.3%及 25%,相互之间没有明显差异。在对后物质主义价值观念的选择上,除了没听说过选择的样本是 0 以外,非常了解到不太了解四者的比例分别是 8.5%、15.4%、20.4%和 13.3%,其中有点了解的比例最高。对传统文化遗存的了解程度并不影响人们的政治价值取向,或者说这种影响并不明显,因为政治价值观念的取舍,基于的是人们对自我生存状况的客观判断,在此基础上才是一个主观体验与认知追求过程(见表 7.64)。

表 7.64　政治价值观与对传统文化遗存了解程度交叉分析

			您了解《论语》吗?					合计
			非常了解	基本了解	有点了解	不太了解	没听说过	
价值取向	物质主义	计数	33	180	175	95	9	492
		行百分比	6.7%	36.6%	35.6%	19.3%	1.8%	
		列百分比	70.2%	61.4%	62.5%	66.4%	75.0%	
		总百分比	4.3%	23.2%	22.6%	12.3%	1.2%	63.5%
	混合价值观	计数	10	68	48	29	3	158
		行百分比	6.3%	43.0%	30.4%	18.4%	1.9%	
		列百分比	21.3%	23.2	17.1%	20.3%	25.0%	
		总百分比	1.3%	8.8%	6.2%	3.7%	0.4%	20.4%
	后物质主义	计数	4	45	57	19	0	125
		行百分比	3.2%	36.0%	45.6%	15.2	0	
		列百分比	8.5%	15.4%	20.4%	13.3%	0	
		总百分比	0.5%	5.8%	7.4%	2.5%	0	16.1%
合计		计数	47	293	280	143	12	775
		总百分比	6.1%	37.8%	36.1%	18.5%	1.5%	100.0%

在 772 个有效样本中,对传统文化遗存的态度的分布情况是:完全支持 327 个;基本支持 329 个;不确定 106 个;反对 8 个;坚决反对 2 个。坚决反对 与反对的样本过少,在此项分析中忽略不计。在对物质主义价值观的取舍 上,对传统文化完全支持的样本选择比例是 60.2%,基本支持 67.5%,不确定 63.2%。在混合价值观方面,在完全支持的样本中,有 18% 的人选择,基本支 持的样本里有 21.6% 的人选择,而不确定的样本则有 21.7%。在后物质主义 价值观的倾向上,完全支持传统文化的样本选择比例是 21.7%,基本支持 10.9%,不确定 15.1%。尽管所显示的数据看不出显著差异,但考虑到在将反 对和坚决反对作为反对倾向的样本时,对传统文化的不同态度呈现出不同 的政治价值观念取向,尤其是在后物质主义价值观上,对传统文化的认可度 越高,越偏向于这种价值取向。同时,完全支持和基本支持作为对传统文化 态度的认可项,其对后物质主义的倾向更加明显。因此,对传统文化的态度 对人们的政治价值观具有一定的影响,具体来说,对于后物质主义政治价值

观念取舍的影响最突出(见表 7.65)。

表 7.65　政治价值观与对传统文化遗存的态度交叉分析

| | | | 假如征求您对"《论语》进中小学课堂"的意见，您的态度是? | | | | | 合计 |
			完全支持	基本支持	不确定	反对	坚决反对	
价值取向	物质主义	计数	197	222	67	5	1	492
		行百分比	40.0%	45.1%	13.6%	1.0%	0.2%	
		列百分比	60.2%	67.5%	63.2%	62.5%	50.0%	
		总百分比	25.5%	28.8%	8.7%	0.6%	0.1%	63.7%
	混合价值观	计数	59	71	23	2	1	156
		行百分比	37.8%	45.5%	14.7%	1.3%	.6%	
		列百分比	18.0%	21.6%	21.7%	25.0%	50.0%	
		总百分比	7.6%	9.2%	3.0%	0.3%	0.1%	20.2%
	后物质主义	计数	71	36	16	1	0	124
		行百分比	57.3%	29.0%	12.9%	0.8%	0	
		列百分比	21.7%	10.9%	15.1%	12.5%	0	
		总百分比	9.2%	4.7%	2.1%	0.1%	0	16.1%
		计数	327	329	106	8	2	772
		总百分比	42.4%	42.6%	13.7%	1.0%	0.3%	100.0%

在 422 个有效样本中,传统文化观念的分布情况是:传统文化中的强权威主义 28 个;传统文化中的强民本主义 414 个。在传统文化观念对物质主义的取向上 , 传统文化中的强权威主义与强民本主义比例分别是 53.6% 和61.4%。在混合价值观取向上,传统文化中的强权威主义和强民本主义分别占比 17.9% 和24.6%。在后物质主义价值观念上,传统文化中的强权威主义与强民本主义各自占比 28.6% 和41%。相比于强民本主义,强权威主义更趋向于后物质主义,且其差异较为明显,而强民本主义倾向于物质主义的倾向则强于强权威主义。在混合价值观上,两者相当,但强民本主义稍微高出。两种传统文化观念在政治价值观念取向上的差值分别是–25 和–47.4,显然有明显的差别,且民本主义与政治价值观念取向的关联性比较明显(见表 7.66)。

表 7.66　政治价值观与传统文化观念交叉分析

			传统文化观念		总计
			传统文化中的 强权威主义	传统文化中的 强民本主义	
价值 取向	物质主义	计数	15	254	256
		行百分比	5.9%	99.2%	
		列百分比	53.6%	61.4%	
		总百分比	3.6%	60.2%	60.7%
	混合 价值观	计数	5	102	104
		行百分比	4.8%	98.1%	
		列百分比	17.9%	24.6%	
		总百分比	1.2%	24.2%	24.6%
	后物质 主义	计数	8	58	62
		行百分比	12.9%	93.5%	
		列百分比	28.6%	14.0%	
		总百分比	1.9%	13.7%	14.7%
总计		计数	28	414	422
		总百分比	6.6%	98.1%	100.0%

第八章

基层治理与传统政治文化

在坚持中国特色社会主义政治发展道路的历史条件下,基层治理的重要意义与作用不言而喻。"治理"这一来自西方学界的新概念,目前在中国早已成为热点,尽管仍存在着"治理"是否适用于中国之类的质疑与讨论,但人们却在经济学、政治学、管理学等越来越多的学科里不断地使用这一词汇。华中师范大学农村问题研究中心将"治理"定义为:"治理是通过一定权力配置和运作对社会加以领导、管理和调节,从而达到一定目的的活动。"[1]与传统的"统治"观念不同,治理作为内涵与外延不同的新概念是与政治现代化、政治发展紧密联结在一起的。而基层治理,"则是在一个政治制度框架或政治结构之中,最基层的权力运作过程,在这个过程中,各种不同的行为者都是参与主体,他们遵循特定的规则和程序,以合作、协商的方式,持续地推进公共利益"[2]。毋庸置疑,在以农业为主的中国传统社会,所谓基层治理其实就是乡村治理。

作为新概念,基层治理等是后起的,而基层治理或曰乡村治理的实践却是自古就有的。林辉煌特别指出:"虽然治理作为明确的概念被提出来是很晚近的事,但是治理的行为却一直都存在,尤其在中国的基层社会,治理拥有

---

① 徐勇:《中国农村村民自治》,华中师范大学出版社,1997年,第22页。
② 陈家刚主编:《基层治理》,中央编译出版社,2015年,第2页。

自己悠久的政治文化传统。"①

中国向来是一个农业大国,所谓基层治理,几乎就意味着乡村治理。这并不是说城市基层治理不重要,而仅仅是指出中国的乡村治理涉及更多的人口和事务,是基层治理至为关键的环节。从这个意义上讲,不研究乡村治理,就难以理解中国基层治理的机制和中国国家-社会关系的精髓。乡村治理发生在国家官僚体系末端和乡村社会犬牙交错的接合之处,自上而下的国家意志与自下而上的村庄需求在这里碰撞博弈,形成各种微观的权力技术和精致的互动模式。通过对这些权力技术和互动模式的研究,我们可以更好地理解中国的国家与社会。②

例如,以传统宗族为载体的乡规民约(简称"乡约")活动,便是自宋代以来一以贯之的基层治理实践。如有关论者指出的那样,"农村基层治理经历着'统治—管理—治理'的转变。国家统治模式下的乡规民约本质上是国家统治阶级在乡村社会进行合法统治的一种形式,它以柔性治理的面目出现,将'仁义礼智信''无讼'等儒家传统思想以具体生动实用的方式深入农村,通过乡规民约教化功能不断内化为农民生活价值观念和农村社会秩序的重要组成,从而实现国家在农村社会的有效统治"③。就此而言,离开对中国传统社会基层治理的政治文化思考与研究,就无法深刻地理解传统社会基层治理的思路与旨趣,更遑论在坚持当代中国特色社会主义政治发展道路的历史条件下,进一步改善与促进基层治理的实践。

传统基层治理载体是由血亲关系发展而来的宗族,其中一个很重要的实践形式就是教化与自治功能并存的乡约制度。所以探讨基层治理的政治文化意涵及其当下价值,宗族传统与乡约制度是两个不可或缺的、必要的切入点。

---

① ② 林辉煌:《传统政治文化与中国乡村治理》,《华南理工大学学报》(社会科学版),2016 年第 4 期。

③ 齐飞:《国家治理体系中的乡规民约》,中央党校博士学位论文,2015 年,第 83 页。

第一节 宗族传统与基层治理

由于中国古代进入文明社会的路径是一种"早熟"的方式,亦即是在古代氏族并未完全解体的情况下进入文明社会的, 周代的宗法制社会最为鲜明地体现了这一点。这样,从先秦的宗法社会形态到宋以后"家国同构"的普及型的宗法家族形态,积累在其后的历史发展中,成为主导中国古代社会政治的重要因素。特别是在中古以后普遍存在的宗法家族,刘广明在《宗法中国》一书中指出了宗法家庭形态在宋以后普及的重要原因。其间,理学家的鼓吹与实践和地主阶层的认同支持自不待言,更重要的是:①这种家族形态适应了私有经济,同时又带有互助性质,不侵损富人的私益,同时对贫者又有接济之助,从而在经济上具有较大的灵活性。②这种家族在政治上实行宗子(族长)推举制,可以灵活地应对因血缘关系的疏远、家世久长等引起的族内关系的变化。③在社会动乱的年代,家族的凝聚性有助于安身保命。④这种家族在政治上没有特权,且结构上与封建国家同构,从而为封建地主国家所接纳。①就此而言,在中国传统漫长的王权专制社会中,农村基层普遍存在的宗族(宗法家族)发挥了重要的治理功能。在这里,父权至尊、伦常神圣的政治价值起到了核心的政治文化作用。

一、宗族制度与传统基层治理

有研究者认为,宗族制度"是祖先崇拜的产物,与以孝为中心的儒家伦理文化、封建的大一统一元化思维模式相联系。宗族制度作为中国社会最基

---

① 参见刘广明:《宗法中国》,上海三联书店,1993 年,第 92 页。

本的制度，中国传统文化的凝结，反映了传统文化的固有特质。宗族制度对中国人的观念、意识、心理有着深远的影响，如慎终追远、尊祖敬宗、寻根意识、团体意识、互助互爱精神等，都是由宗族制度派生的。宗族制度奠定了中国传统文化的基础，具有普遍的适应性和顽强的生命力"①。特别是在王权专制条件下的广大农村，宗族作为普遍的、客观的存在，实际上深刻影响了传统社会的基层治理。

（一）以宗族为代表的自发性的基层组织自治，逐渐成为传统社会基层治理的重要组成形式

有学者研究指出，在秦汉时期，国家对基层社会的治理是以官治和控制为主。而"唐宋以后，国家基层政权从乡退缩到县，在基层社会的治理上，国家既依赖于自上而下的控制系统，同时，也逐渐依赖自发性的社会组织的作用，至清代中期，形成了比较完整的'控制与自治相结合的模式'"②。相关学者进一步说明了这种基层治理模式的宗族自治特征："清王朝所建立的国家，不但疆域辽阔，而且，通过建省、削藩、改土归流等重大措施，逐渐在全国建立起完整的郡县制体制。同时，清王朝也接受历代王朝兴亡的教训，刻意约束国家对基层社会的控制程度，把正式的官僚机构只设立到县级政府，县以下的公共事务，一般都由乡绅和宗族长老进行管理，县级政府主要起着监督和协调作用，并不直接干预基层社会的公共事务。乡绅包括两类人：一类是退休官员（绅）与未担任官职的有功名者（士），所谓士绅；另一类是宗族长老，即一族中辈分、威望较高者。士绅阶层曾是官僚体系的一员，或者，具有国家赋予的一定特权，因此，有资格代表村民在赋税和公共事务上与地方官员协商，成为国家与社会之间的重要联结纽带。同时，由于士绅们往往具有良好的学

---

① 常建华：《宗族志》，上海人民出版社，1998年，第1页。
② 曹正汉、张晓鸣：《郡县制国家的社会治理逻辑——清代基层社会的"控制与自治相结合模式"研究》，《学术界》，2017年第10期。

识,通常也有能力参与乡村公共事务的管理。宗族长老则具有天然的威望与非正式权力,故他们在族内事务和地方公共事务上也发挥着重要作用。"①

在清代历史上,这种控制与自治一定程度上体现为保甲制与宗族形式的有机结合,朝廷拣选"族正"管理地方,实际上给予族长治理地方的社会权力,这一度导致了族权的膨胀。学者常建华也在《宗族志》中总结阐明了宗族在清代发展成熟的政治性、自治性特征。他说:"首先在清代孝治宗族政策及教化体系下,宗族制度的政治性进一步加强,'上谕十六条'及'广训'或法律对宗族的影响很大,或依其制定的族规家训不少,甚至将这些政治性极强的谕旨法令收入族谱;或于宗祠宣讲,要求族人遵守,使宗族法较之明代更有效。其次,宗族制度进一步完善。从祠堂祭祖制度到族长、族田、族谱、族学制度,远较前代完整。再次,宗族普遍化(民众化)、自治化也更为发展,宗族制度成为成熟的基层社会组织。"②也可以这样来表述,传统社会的基层治理发展是与宗族制度发展桴鼓相应的。这也为传统社会基层治理的政治文化特征奠定了根本性的组织基础。因此,传统社会基层治理及其政治文化特征不可避免地要打上宗族制度的烙印。

(二)君权至上、父权至尊与伦常神圣的政治价值成为传统社会基层治理的价值主导

儒家从血亲网络关系扩展出的伦常体系随着儒学的意识形态化,以及宗族制度的不断发展完善和以官方为主的社会教化的全方位拓展,使得基层社会中,"君权至上""父权至尊"与"伦常神圣"的政治价值成为普遍认同与奉行的信条。

如上文所引,在宗族制度发展和完善的过程中,除族长、族田、族谱等内

---

① 曹正汉、张晓鸣:《郡县制国家的社会治理逻辑——清代基层社会的"控制与自治相结合模式"研究》,《学术界》,2017 年第 10 期。

② 常建华:《宗族志》,上海人民出版社,1998 年,第 48 页。

容的发展完善外,还有族学、族规等制度的不断完善。在族学、族规中贯彻着王权专制国家的专制权威和以儒家为核心的国家意识形态内容。这里,将君权至上、父权至尊、伦常神圣的政治价值放置在最核心的地位。

如元人程端礼撰《程氏家塾读书分年日程》开篇便引《白鹿洞书院教条》的"五教之目"作为家塾学习的总纲领。所谓"五教之目",即:父子有亲,君臣有义,夫妇有别,长幼有序,朋友有信。①

这意味着在族学或家学中,伦常神圣的政治价值是核心和首要。该书还记述:八岁未入学之前,读《性理字训》。自八岁入学之后,读《小学书》正文。自十五志学之年,即当尚志。为学以道为志,为人以圣为志。自此依朱子法读《四书》注,或十五岁前用功失时失序者,此从此起,便读《大学章句》《或问》,仍兼补《小学书》。②

《性理字训》是程端蒙撰写的少年学习理学的基本知识的小书,四句成言,共三十条。《小学书》则是朱熹、刘子澄编的符合伦常道德的嘉言、善行之辑录。至若《四书章句集注》更是理学的核心读物了。之后,才读《资治通鉴》,读韩愈文,读史书等。可见,在族学或家学里,在孩子未成人的关键时期,在学习识字之始,就开始不断地进行价值灌输。又如清代江苏华亭顾氏家塾规定:"盖此支塾,以'孝悌忠信礼义廉耻'培植本根实行为重。"常州屠氏家塾亦强调"必以教孝为主"。③至若我们现在都熟知的那些蒙学读物,如《三字经》《幼学琼林》《弟子规》《神童诗》《二十四孝》之类更是如此,将基本伦常观念和君权至上、父权至尊、伦常神圣的政治价值不断进行灌输。其有效性与成功已为历史所证明,无须赘言。

至若历朝历代浩如烟海的族规、家训,更是配合王权专制需要,大力灌输君权至上、父权至尊、伦常神圣的核心价值。我们只需将清人朱柏庐的《朱子

---

① 参见程端礼:《程氏家塾读书分年日程》,姜汉椿校注,黄山书社,1992年,第1页。
② 同上,第28~40页。
③ 参见常建华:《宗族志》,上海人民出版社,1998年,第412页。

治家格言》阅读一遍,便可知大概。《朱子治家格言》影响广泛,其全文如下:

黎明即起,洒扫庭除,要内外整洁,既昏便息,关锁门户,必亲自检点。一粥一饭,当思来处不易;半丝半缕,恒念物力维艰。宜未雨而绸缪,毋临渴而掘井。自奉必须俭约,宴客切勿流连。器具质而洁,瓦缶胜金玉;饮食约而精,园蔬愈珍馐。勿营华屋,勿谋良田。三姑六婆,实淫盗之媒;婢美妾娇,非闺房之福。奴仆勿用俊美,妻妾切忌艳妆。宗祖虽远,祭祀不可不诚;子孙虽愚,经书不可不读。居身务期质朴,教子要有义方。勿贪意外之财,勿饮过量之酒。与肩挑贸易,毋占便宜;见穷苦亲邻,须加温恤。刻薄成家,理无久享;伦常乖舛,立见消亡。兄弟叔侄,须分多润寡;长幼内外,宜法肃辞严。听妇言,乖骨肉,岂是丈夫;重资财,薄父母,不成人子。嫁女择佳婿,毋索重聘;娶媳求淑女,勿计厚奁。见富贵而生谄容者,最可耻;遇贫穷而作骄态者,贱莫甚。居家诫争讼,讼则终凶;处世诫多言,言多必失。勿恃势力而凌逼孤寡;毋贪口腹而恣杀牲禽。乖僻自是,悔误必多;颓惰自甘,家道难成。狎昵恶少,久必受其累;屈志老成,急则可相依。轻听发言,安知非人之谮愬,当忍耐三思;因事相争,焉知非我之不是,须平心暗想。施惠无念,受恩莫忘。凡事当留余地,得意不宜再往。人有喜庆,不可生妒忌心;人有祸患,不可生喜幸心。善欲人见,不是真善;恶恐人知,便是大恶。见色而起淫心,报在妻女;匿怨而用暗箭,祸延子孙。家门和顺,虽饔飧不济,亦有余欢;国课早完,即囊橐无余,自得至乐。读书志在圣贤,非徒科第;为官心存君国,岂计身家。守分安命,顺时听天。为人若此,庶乎近焉。

《朱子治家格言》充斥着对王权、父权的高度认同,对伦常的顽强坚守。这对王权专制条件下基层治理的作用是可以想见的。值得注意的是,历代宗族在实践过程中对族规家法的严格执行,发挥了实实在在的基层治理效能。

如明万历广东五华缪氏宗族规定："子孙故违家训，会众拘至祠堂，告于祖宗，重加责治，谕其省改。"①其例甚伙，兹不赘举。

毋庸置疑，基层宗族对核心政治价值的传播与持守是得到专制王权的大力支持的，其间的逻辑并不复杂。葛荃具体地分析了传统政治文化的价值系统结构，他认为传统政治文化的价值系统的主体部分呈"三层次结构"，即君权至上，父权至尊，伦常神圣。三者"各据其位又互相依存彼此照应"，"君权至上是核心，亦是传统政治文化价值结构的价值中轴，君权至上决定着以儒学为主体的传统政治文化的理性思维和价值选择的主导方向；父权至尊是君权至上的社会保障机制，其与君权至上相呼应，为维护君权提供社会－心理基础，建构传统政治文化的社会基础。伦常神则居间沟通调停，除了五常之德，主要通过忠孝相互切换，促使君父之是形成价值互补"②。三者的互相援引与支持，是宗族形式发挥基层治理效能的秘密所在。

二、宗族传统与当代基层治理

宗族制度在新中国成立以后已经被消灭了。但宗族作为一种客观存在的现象，并未随着历史的发展而消亡。20世纪80年代以来，宗族出现了复兴、发展、回潮的现象。各地广泛联络，重修族谱、建祠堂、兴祭祀的现象十分普遍。有学者以浙江为例指明："浙江是全国宗族最为发达的地区，1980年之后浙江的宗族组织也迅速复兴。据上海图书馆《中国家谱总目》著录的全部谱牒中，不管是1949年之前的旧家谱，还是1949年至2004年新修的家谱，浙江籍的谱牒数量都占据中国大陆各省之首。而且浙江新修家谱原来由农村居民发起、完成的谱牒类文献已经逐步演变为主要由城市（镇）居民编撰问世的新型谱牒类作品，其间常有政府部门的身影存在。而且，浙江当代宗

---

① 常建华：《宗族志》，上海人民出版社，1998年，第464页。
② 葛荃：《中国政治文化教程》，高等教育出版社，2006年，第49页。

族复兴在民营经济发达地区更为显著，如温州部分地区在 20 世纪 80 年代编修宗谱和修建祠堂几乎到了村村普及的程度。"①其回潮程度可见一斑。由此看来，历史上的宗族传统及其所能起到的作用尤其是政治文化作用，是当代基层治理必须面对的情况。尽管宗族复兴对于基层治理的正面与负面影响都客观存在，但在较早的一个时期，学界对这种现象多从负面来看待，如对基层政权的稳定与团结的腐蚀和破坏，乃至村霸之类犯罪现象。近些年来，学界的思考重点开始逐渐转移到对宗族现象及传统对于基层治理可能发挥的积极作用方面。地方政府也开始引导宗族参与基层治理。如：温州苍南地方政府利用闲置的祠堂，实施"宗祠改建农村文化中心"工程，自 2003 年至2009 年，苍南地方政府共投入 200 多万元为 34 座宗祠购置文化娱乐设施。

　　2013 年，浙江省开展农村文化礼堂建设，也把"积极健康的家训、族训、家谱、族谱"作为文化礼堂展示的内容，并提出将村落的宗祠改建为文化礼堂，这些设想都是继承和发展了以往宗族文化与公共文化互嵌的经验。文化礼堂建设的实践也表明，将传统家族祭祀、族规族训与当代先进文化和时代特色相融合，使农民作为文化建设的主体地位得到确定，建设成效就能更加显著。

　　温州永嘉苍坡村文化礼堂由该村的李氏宗祠改建，宗祠原来的祭祀功能、娱乐功能、教化功能等文化层面上的内容仍得以保留，体现了国家政治意识与民众民俗生活在文化领域上的互动。②

　　因此，有的学者甚至对宗族在农村基层治理方面所能发挥的作用抱有"振衰起敝"的极大期望。如有学者说："特别是改革开放以后，由于市场化对农村社会的冲击，农民集体的衰微已经是不争的事实，宗族作为乡村社会最原始的集体维系，却在一定程度上出现了大面积的复兴，对这一现象发展过

---

①②　王一胜：《当代宗族更新与基层社会的文化治理——以浙江省为例》，《观察与思考》，2017年第 8 期。

程和意义的深入探究,不仅是对传统文化怀旧式地考据,还是对乡村传统能否承担起现代乡村社会振衰起敝重任的期待。"①在这方面,学界有两种代表性的对策性思考。

(一)更新宗族,打破血缘限制,使之成为民间文化自治组织,从而服务于基层治理

王一胜认为:"宗族是中国传统文化的承载体,当代宗族的复兴显示了传统宗族文化潜在的顽强生命力。浙江省当代宗族在 20 世纪 80 年代迅速复兴,成为重建乡村社会的重要力量,其所包含的以伦理为方式协调社会秩序的文化治理模式,也对乡村社会治理产生了积极作用。但是当代宗族需要加强现代性的更新,在避免与行政力量合而为一、克服狭隘的宗族本位观念的前提下,造就新伦理,构建地缘与血缘相结合的组织体系,并把现代文化元素注入宗族文化之中,才能切实地发挥以伦理为方式协调社会秩序的文化治理的作用,为乡村社会重建以及城乡一体化发展提供动力。"②这意味着彻底地更新宗族,使之成为政府认可的民间文化自治组织,在新的社会历史条件下,发挥其伦理教化作用,从而服务于基层治理。

(二)对宗族进行现代国家改造,发展治理型宗族,作用于基层乡村治理

有学者归纳列举出了 20 世纪 80 年代自宗族复兴以来,宗族型村庄治理的四种连续类型:对抗型宗族、博弈型宗族、边缘型宗族、治理型宗族。显然"治理型宗族是宗族接受现代国家改造过程中的一种理想类型,在治理型宗族村落中,无论是在组织还是在意识形态维度,村庄治理的传统结构与现代国家

---

① 王阳、刘炳辉:《宗族的现代国家改造与村庄治理——以南部 G 市郊区"横村"社区治理经验为例》,《南京农业大学学报》(社会科学版),2017 年第 3 期。

② 王一胜:《当代宗族更新与基层社会的文化治理——以浙江省为例》,《观察与思考》,2017 年第 8 期。

的基层组织高度结合，并且在连续地相互改造过程中，既实现村庄治理权威的统一，体现传统宗族文化的优势，也能够实现国家治理的目标"①。

据上述所举材料，无论是对宗族的更新还是改造的对策性思考，其实都包含着这样的前提认同，即宗族伦理教化的政治文化传统在基层治理中是必然要发挥作用的。只不过，在坚持中国特色社会主义政治发展道路的历史条件下，需要注重两个方面的核心工作：一是宗族性质与结构的更新与重构，二是伦理教化内容与形式的更新与重构。后者的核心是新的政治价值的构建。新的中国特色社会主义政治文化的形成亦有赖于此。从宗族文化传统来观察，就此而言，基层治理绝非只是结构性和制度性问题，也是重要的政治文化问题。

第二节　乡约及其自治性与制度化

中国古代的乡约与乡约制度既是了不起的制度创造，又是了不起的文化创造。它立足于基层乡村生活，立足于血缘宗族结构，是按照儒家从血亲情感开始扩充、建设的伦理政治思路，而不断发展起来的基层教化、自我教化组织或自治制度。自宋代吕大钧制定《吕氏乡约》之后，乡约和乡约制度在王权专制社会后期特别是明清时代，发挥了巨大的作用和政治文化功能，并给我们当下的基层治理与乡村建设以重要启示。

中国古代的乡约是什么？有人认为就是"乡规民约"，"乡约原是指乡村、城坊的民众以美风俗、安里弭盗为宗旨自发订立的乡规民约。其滥觞于北宋吕大钧所创的《蓝田吕氏乡约》"②。

---

①　王阳、刘炳辉：《宗族的现代国家改造与村庄治理——以南部 G 市郊区"横村"社区治理经验为例》，《南京农业大学学报》（社会科学版），2017 年第 3 期。
②　谢长法：《乡约及其社会教化》，《史学集刊》，1996 年第 3 期。

有学者认为是一种教化组织或教化形式,"相对于学校,乡约主要是以地域为单位对普通民众实施教化的组织,因此也可以视为中国古代的重要教化组织之一"①。"乡约是一种旨在乡村地区开展的道德教化形式,真正意义的乡约肇始于宋代《吕氏乡约》(又名《蓝田吕氏乡约》或《蓝田乡约》),系当时儒家士绅为组织基层民众共同应对天灾人祸、改善社会风尚,而自发兴起、自动主持、自愿参与且具有一定强制性,并书之于通俗、简明文字的'契约性'文件。其道德教化精神在于,通过沿革古礼勾勒出乡村社会的理想道德愿景,籍以约束人之日常行为、处事态度、礼仪规范,影响人之心意态度、情感归依、意志品质,进而达到完善德性、塑造人格以及和谐乡村生活的功效"②。

还有学者认为是一种基层自治制度,"'乡约'作为一种有成文条款规范的地方基层自治制度,从北宋开始出现,从明代开始流行,清代出现明显质变,直到民国时代仍然存在,影响及于朝鲜和越南"③。

由上可见,学界对乡约的界定并无统一观点。但从历史沿革上看,说"乡约"是乡民的自我规约、教化组织和教化形式、基层自治制度都言之有据,但又都不免有偏狭之弊。近来有学者综合上述看法,对"乡约"作了更折中的界定,认为"对乡约切忌作过于狭隘和僵硬的定性,在一定的情境中它可能会较多地表现出组织的特性,换一种情境则可能会彰显出更多的制度的特性,再换一种情境则或许又会更突出地带有规范的特性,而兼具规范、组织和制度诸特性,换言之,作为规范组织和制度的统一体,当是乡约的基本属性"④。总体上看,我们认同这一种界定。可以说,乡约作为规范组织突出显现的是其教化功能;而作为制度则显现的是它的乡村基层自治功能。无论何种功能,站在传统政治文化角度审视,中国古代乡约和乡约制度的范导性是极其突出的。

---

① 白文刚:《中国古代政治传播研究》,中国社会科学出版社,2014年,第130页。
② 韩玉圣:《中国古代乡约道德教化精神的理性审视及现代性重塑》,《云南社会科学》,2014年第3期。
③ 朱鸿林:《一道德,同风俗——乡约的理想与实践》,《读书》,2016年第10期。
④ 栾淳钰、付洪:《中国传统乡约的现代审视》,《理论学刊》,2016年第2期。

一、从劝导到控制：乡约制度的治理功能

如上所言，作为制度，乡约的功能主要体现在基层治理上。然而这种以乡规民约为主要内容的自治，更多的是以道德性的劝导与互助体现出来，其总体形式就是广泛的教化活动，因此乡约及乡约制度的范导功能不言而喻。只不过，随着乡约制度化程度的加强，究竟是以发挥劝导、引导作用为主，还是以发挥规范、控制作用为主，侧重点不同了。

中国古代的成文乡约，上溯至宋代关中学者吕大钧所创的《吕氏乡约》。《吕氏乡约》一共包括七个方面的内容："德业相劝、过失相规、礼俗相交、患难相恤、罚式、聚会、主事。"其中乡约的主要内容在"德业相劝、过失相规、礼俗相交、患难相恤"四个方面。后三者"罚式、聚会、主事"是具体的操作办法。如杨开道所说："吕氏乡约的基本主张，在树立共同的道德标准，共同礼俗的标准，使个人行为有所遵守，不致溢出标准范围以外。这种步骤在礼学里面，可以说是到了登峰造极的地位……吕氏乡约的约文，只是吕氏兄弟'躬行仁义'的结晶，关中学者提倡礼学的集成。他们自己实践以后，家庭举行以后，朋友研究以后，还以为不足，要想变成具体的标准，有形的标准，团体的标准，社会的标准，希望从本乡到蓝田，从蓝田到关中，从关中到天下后世。虽然他们的志愿没有完全达到，他们的标准没有十分普遍，然而乡约在中国这千年来的影响，也不在其他制度之下。"①杨氏指明了，吕氏乡约的初衷的一个重要方面就是要发挥乡约的范导作用，以图教化和影响天下后世。

后世除朱熹增损《吕氏乡约》外，明代王阳明作《南赣乡约》、吕坤作《保甲约》、李春芳作《订乡约事宜》、陆世仪作《治乡三约》，以至到清代的诸种乡约的发展，其官方教化色彩愈加浓重，而自治色彩日益淡薄。有学者梳理历

---

① 杨开道：《中国乡约制度》，商务印书馆，2015年，第69页。

史材料，指出了乡约发展的这种倾向性变化。"乡约自诞生就不断增损嬗变，尚在蓝田乡约初期时，吕大钧家兄吕大防鉴于乡约惩罚性顾忌而改作家仪或乡学，吕大钧放宽乡约门槛，这可谓乡约第一次变动；第二次嬗变是朱熹做的增损，他明确删除乡约惩罚性的制裁规定；第三次嬗变则涉及乡约性质的转型，在南赣乡约王阳明完成了乡约完全由地方自治性向官倡民办的半官方行政性转变；乡约第四次嬗变则是清代在乡约加入宣讲圣谕，把乡约作为维护其统治的工具，乡约逐渐失去其自治本色。"①实则乡约在明代就已加入宣讲圣谕的内容，而宣讲圣谕也就是上文所引"乡约自治性向官倡民办的半官方行政性"转变的开始。据杨开道先生的研究："自从阳明提倡南赣乡约，把圣训六谕②和吕氏四条③打成一片后，圣谕便加入了乡约的组织，以后继续发展，遂成为乡约的中心。"④这意味着，乡约已由基层社会自发性、道德性的民间组织，逐渐发展为构建地方统治秩序的"乡约制度"。有学者分析明代乡约的发展后指出："明代嘉靖以后，乡约开始兴盛于全国。这一方面说明此时的乡约已经具备官方认可的合法性，另一方面也表明政府已经开始有意介入乡约的制定与推广。于是，明代前期以教化职能为主的乡约开始向融合教化、救济、司法职能的综合性乡约转变。不仅乡约的形式呈现官办、民办、官督民办等多样共存的特点，乡约的内容也逐渐与《教民榜文》、圣谕相结合。此外，随着官方力量的涉入，乡约逐渐与社仓、保甲制度相融合，成为地方秩序构建的重要组成部分。"⑤

换言之，乡约的自发性、道德性的引导作用，随着它的制度化的加强，逐

---

① 冯润兵、赵晓峰：《乡约的历史嬗变及其当代治理价值》，《中共福建省委党校学报》，2017年第1期。
② 即"圣谕六言"。洪武三十一年（1398），朱元璋令户部颁布《教民榜文》，其核心内容是24个字："孝顺父母，尊敬长上，和睦乡里，教训子孙，各安生理，毋作非为"，是所谓"圣谕六言"，亦称"太祖六谕"，这成为当时各地乡约的主要内容。——引者注。
③ 即《吕氏乡约》中的"德业相劝、过失相规、礼俗相交、患难相恤"四条。——引者注。
④ 杨开道：《中国乡约制度》，商务印书馆，2015年，第105页。
⑤ 宋文慧：《明代乡约的发展与乡治实践》，《广西社会科学》，2016年第5期。

步转化为控制性的规范作用。作为基层民间自我教化的组织,乡约的教化活动触角深入到了以宗族为基本细胞的传统乡村社会最基层,很好地扫清了教化对象的"死角",起到了相当积极的社会作用。特别是乡约活动的早期,最为重视的就是乡约感化、劝导、示范的作用。有学者指出,这时的乡约活动表现出"道德本位"的特征,"所谓'道德本位'是指坚持道德教化优先原则,以道德感化、道德劝谕、道德示范等方式引导个体向善"①。明人邢侗在《乐陵乡约序》一文中,便描述了乐陵县乡约教化活动的良好效果,该县通过广泛的乡约教化活动,"妇孺靡不晓畅而佩膺焉……子言孝,父言慈,兄弟言友悌,妇女言从婉,土著井闾病相问而贫相假"②。胡直也记述其友曾于乾以乡约教化乡里的成果:"谓古道不复,卷卷以正风俗、成人材自任……申订罗文庄公云亭乡约,乡人尊行数十年,以故云亭视他俗稍美。"③可见,乡约的教化活动确实能够发挥改善社会风气、稳定基层秩序的积极作用。这时,其发挥作用的方式是劝导和感化、示范等。

但随着明代中后期乡约制度化程度的加强,它的范导作用的发挥主要已转为社会控制与规范了。相对于早期乡约的民间松散、自由的组织方式,明代中后期的乡约已逐步发展为与社仓、保甲等结合在一起,组织化、规范化水平相当高的基层统治制度。换言之,乡约已逐渐由民办发展为半官半民和直接官办。如以王阳明著名的《南赣乡约》为例,便可知其制度化水平。

《南赣乡约》与王阳明实行的"十家牌法"制度紧密结合,除深入阐述制定乡约的必要性外,又分别从组织模式、户口赋税、相邻调解、私通贼匪、安置新民、婚丧嫁娶、例会程序等 16 个方面极其规范地制定了乡约内容,这些内容是极具操作性的实施细则。略引几条,便可知其规范化与制度化水平。

---

① 韩玉胜:《"宋明乡约"乡村道德教化展开的历史逻辑》,《伦理学研究》,2014 年第 2 期。
② 〔明〕邢侗:《来禽馆集》卷之六《乐陵乡约序》,齐鲁书社,1997 年,第 161 册,第 443 页。
③ 〔明〕胡直:《亡友月塘曾君墓志铭》,《宗子相集衡庐精舍藏稿》,上海古籍出版社,1993 年,第234 页。

同约中推年高有德为众所敬服者一人为约长,二人为约副,又推公直果断者四人为约正,通达明察者四人为约史,精健廉干者四人为知约,礼仪习熟者二人为约赞。置文簿三扇:其一扇备写同约姓名,及日逐出入所为,知约司之;其二扇一书彰善,一书纠过,约长司之。①

通约之人,凡有危疑难处之事,皆须约长会同约之人与之裁处区画,必当于理济于事而后已。②

当会日,同约毕至,约赞鸣鼓三,众皆诣香案前序立,北面跪听约正读告谕毕;约长合众扬言曰:"自今以后,凡我同约之人,祇奉戒谕,齐心合德,同归于善;若有二三其心,阳善阴恶者,神明诛殛。"众皆曰:"若有二三其心,阳善阴恶者,神明诛殛。"皆再拜,兴,以次出会所,分东西立,约正读乡约毕,大声曰:"凡我同盟,务遵乡约。"众皆曰:"是。"乃东西交拜。③

其实践效果之好,文献多有记述。"乃者南赣乏镇,溪谷凶民聚党为盗,视效虐劫,肆无忌惮。凡在虔、楚、闽、广接壤山泽,无非贼巢。大小有司,束手无策,皆谓终不可理。守仁镇守三年,兵威武略奇变如神,以故茶寮、桶冈诸寨,大冒、浰头诸寨,次第擒灭,增县置逻,立明约,遂为治境。视古名将,何以过此。江右之民,为立生祠,岁时祝祭,民心不忘亦可见矣。"④诸多反叛之地,在王阳明"增县置逻,立明约"之下,"遂为治境"。这更说明,制度化的乡约作用的发挥是以规范和控制为主的。

有明一代,乡约及其制度化的发展,"前期主要由地方精英自主领导,以劝善惩恶、移风易俗为主要目的,到后期则逐渐与社仓、保甲、社学相融合,形

---

① 〔明〕王守仁:《阳明先生集要》(下),中华书局,2008 年,第 608 页。
② 同上,第 609 页。
③ 同上,第 611 页。
④ 〔明〕王守仁:《王阳明全集》,上海古籍出版社,2011 年,第 1620 页。

成四者并行的乡治体系，这也反映了乡约体制的日臻完善与乡治体系的日趋成熟"①。这样，乡约制度的逐渐成熟，就使其范导作用更多地体现在乡约对社会的规范与控制上了。正因如此，它的范导性作用在于基层社会风气的改善与统治秩序的稳定，所以为清王朝继承和发扬，乃至完全发展为彻底国家化的一种制度，一种社会控制手段，"地方官远在郡邑，悉皆寄耳目于乡约"②，并且随着乡约制度的异化与乡约领导者私权的膨胀和扩张，逐渐走向了它的反面。这是我们在思考这一制度时应该充分注意的。

二、乡约制度基层治理功能的重要启示

今人思考中国古代乡约制度的借鉴意义与启示时，往往更多地着眼于乡约制度的自治作用和维持秩序稳定的作用。如"乡约在历史延续近千年之久，在国家和地方之间探索地方自治模式，虽然后人对其褒贬不一，但是它所发挥到的乡治作用即使在当代依然有借鉴意义"③。又如"历代统治者通过实行乡约制度，族善惩恶，宣讲乡约与圣谕，使封建伦理道德深入穷乡僻壤，封建统治者所提出的道德规范和要求为广大民众所内化，从而对端正民风民俗，维系社会安定，保持社会秩序起到了重要作用"④。即便是重视乡约的教化与救助作用，也是将其纳入乡村治理的角度来审视。如有人把乡约制度的历史作用概括为四个方面：教化作用、救助作用、维稳作用、自治作用，对这四个方面作用概括的出发点是基层治理。⑤

与此相对应，有学者在社会主义新农村建设的视角下，将新时代条件下

---

①　宋文慧：《明代乡约的发展与乡治实践》，《广西社会科学》，2016 年第 5 期。
②　转引自王广义：《论清代东北地区"乡约"与社会控制》，《史学集刊》，2009 年第 5 期。
③⑤　冯润兵、赵晓峰：《乡约的历史嬗变及其当代治理价值》，《中共福建省委党校学报》，2017 年第 1 期。
④　谢长法：《乡约及其社会教化》，《史学集刊》，1996 年第 3 期。

新乡约的当代价值也概括为教化价值、制度价值、组织价值、政策价值四个方面。①立足于新时代审视传统乡约,也有学者认为其功用主要表现在四个方面:增进认同,凝聚共识;教化民众,淳朴民风;化解矛盾,维护稳定;保护生态,巩固农本。②显然,这些价值与功用完全可以应用于当下社会主义新农村建设。传统生产生活方式的解体使传统乡约制度走向消亡是历史的必然。然而历史文化的传承和惯性,又使乡约在当今社会仍然有生存的土壤。"中国社会特别是农村社会所具有的乡土性,决定了乡约精神依然有其存在的理由。"③在新的历史条件下,抛弃其旧有的糟粕,赋予新的时代内涵,乡约制度仍然会在社会主义新农村建设过程中发挥巨大作用,例如传统乡约的诸多经验,对当代新乡约即"村规民约"的制度,具有直接的参照作用。

　　除上述思考外,传统乡约制度给我们更大的一个启示是其制度的范导功能。没有这个制度发挥其范导功能会怎样? 有了这个制度发挥其范导功能又会怎样?

　　由上文的梳理可知,明清以来乡约制度化程度的逐渐加强,使其早期的民间自治互助、自由出入的本意丧失殆尽,从而越来越成为基层统治手段的重要组成部分,并且因为乡约领导者权力的私有、膨胀与异化导致其生命力的彻底丧失,乃至走到了乡约本意的反面,最后消解在历史烟云中。而近代以来的乡约及其组织化,从一开始就是乡治的意涵,其行政化、组织化的特征,加剧着乡约本来应该作为主导功能的教化功能的衰退。有学者认为:"近现代以来,乡约的行政组织化导致乡约'尽失古意',其相应的教化功能也趋于衰退,且呈现出支离破碎的样貌。此外,随着市场化、城镇化、现代化等现代性因素的出现及其强化,导致传统乡约的教化内容、原则以及相应的作用机制等

---

① 参见许娟:《论新型乡约的当代价值——以社会主义新农村建设为视角》,《中南民族大学学报》(人文社会科学版),2008 年第 3 期。

② 参见栾淳钰、付洪:《中国传统乡约的现代审视》,《理论学刊》,2016 年第 2 期。

③ 冯润兵、赵晓峰:《乡约的历史嬗变及其当代治理价值》,《中共福建省委党校学报》,2017 年第 1 期。

难以与现代社会人们的生产和生活无缝隙对接,其教化作用势必大为消解。"①
就是说,传统乡约制度的教化功能的消解,弱化着乡村社会的价值共识、恶化
着民间风气、破坏着社会稳定,从而严重影响着基层社会秩序。从一定程度上
说,乡约的教化功能就体现为规范、示范和劝导、引导功能,范导功能在实质
上就是教化功能的载体。因而,传统乡约制度教化功能的消解,也就是其范导
功能的消解。

　　站在这一思考角度,新的乡约制度的建立,便不仅仅是重塑基层的价值
认同与行为规范,从而在此基础上重建基层秩序,而是重新发挥该制度的范
导功能亦即教化功能,发挥其在政治社会化方面的重要作用。也有学者指出
了这方面的重要性:"重塑并发挥乡约的教化功能极为重要。其一,引导民众
正确认知自身价值……其二,以农民的全面发展为价值归宿……此外,乡约
教化要注重'本真价值关怀',即基于人的'未完成性'和'可塑性'特征,充分
挖掘人们自身内在的无限潜能,鼓励人们在礼俗的行为规范中建立'善'的观
念,在频繁的社会交往中建立紧密的地缘社会联系,从而构建社会有机整合
的纽带,在互促共进中引导他们走向更加全面、完整、崇高的境界。"②从坚持
中国特色社会主义政治发展道路出发,新的乡约与乡约制度的教化功能应该
以社会主义核心价值观及其体系为主要内容,围绕着价值观重建乡村秩序,
发挥范导功能。

　　《辽宁日报》2007 年 4 月 3 日第 11 版曾发表《乡约所成就的一个村庄的
文明与和谐》一文,报道了新乡约在辽宁省营口大石桥市周家镇大沟村实践
的情况,可称为典型案例(案例如下)。

---

　　①②　栾淳钰、付洪:《中国传统乡约的现代审视》,《理论学刊》,2016 年第 2 期。

乡约所成就的一个村庄的文明与和谐

本报记者　郑　红

"1996年6月,'一饭一菜丧事从简'被写进周家镇大沟村的村规民约后,这一制度他们整整坚持了11年。"3月30日,大石桥市委对外宣传办公室的管洪朋主任在接受记者采访时感慨万分地说:"11年来,丧事简办这一村规为大沟村直接节省了60多万元的资金。村民们最终没有因丧致贫,而是将丧事简办节省下来的资金用于发展种植业和养殖业。据统计,大沟村共种植李子树3万多棵,年收获50多万公斤,成为镇里优质李子示范基地,果品一路畅销,村民增加收入100多万元。村民养羊1000多只,养鸡年出栏10万多只,村民收入增加到3600元,比原来翻了一番。此外,村里协调资金200多万元,修建了10里柏油路。为了丰富村民们的文化生活,村里成立了秧歌队,村民们主动捐款8000多元为秧歌队添置了电视、音响、服装和乐器。村民们的生活变得更加和谐更加幸福。2006年10月,大石桥市周家镇大沟村被评为了营口市市级文明村。"

村规民约给大沟村带来的可喜变化

3月30日,记者在大沟村采访时,正赶上一些忙完农活的村民们扛着锄头回家吃午饭,年近七旬的张春光老人也是其中的一员,他热情洋溢地向记者讲述了村规民约给大沟村带来的变化,"在制定村规民约前,在村内看到的是脏、乱,牛粪、猪粪、鸡屎遍地,污水随处流,闻到的是猪栏和厕所的臭味。制定了村规民约后,道路宽阔洁净,村内绿树成荫,果树飘香。另外,村风民风也出现了可喜变化。在制定村规民约前,由于缺乏高尚的文化娱乐活动,赌博现象时有出现,封建迷信思想较为严重,建庙搞迷信活动大有市场。制定村规民约后,村干部经常对村民进行法制教育,村民的法制观念和意识有较大的提高，整体文明素质也得到了较大的改善，形成了良好的村风民风。村子里以前的民风不太好，赌博、偷窃、迷信活动常有出现。制定村规民约后，赌博、偷窃现象没有了，甚至喝酒时划拳的现象也少了。1996 年，丧事简办写进了村规民约后，村民办丧事时，也没有大操大办，更不会大搞封建迷信活动。关心集体、相互帮助在村中已蔚然成风。去年，村里还成立了篮球队，与邻村举行比赛，在节日期间参加县、镇举办的各种体育比赛。另外，我觉得村民们的思想观念也发生了可喜变化。制定了村规民约之后，村民得到实惠，使自己的生活水平和生活质量得到提高。大家的思想观念已悄悄地发生了变化，尤其是改变了过去的小农经济意识，逐步树立起开放的意识和市场经济的意识，村民文明意识也得到提高，增强了村民的集体观念和凝聚力。如在修建村道，需占用屋地或房屋时，村民能以集体利益为重，自动拆除，也不需要补偿。修建集体项目全部由村民义务投工；在资金方面，大家踊跃集资；有些困难村民，较富裕的村民主动借款给他们。"

不断丰富村规民约的内涵

大沟村的支部书记曲锡山表示，村规民约的内涵，是农村文明能否发挥作用的关键；巩固村规民约在提高农村文明方面已取得的成果，是永葆农村文明长盛不衰的重要措施。在农村文明的建设中，大沟村始终在丰富村规民约的内涵上做文章，在巩固已取得的成果上下功夫。为了使村民们对村规民约有更加直观的了解和认识，村干部们将农民群众关心的村里事务、村规民约、文明守则、行为规范等内容上街上墙，并把计划生育、法律、邻里和睦、尊老爱幼的内容，编成言简意赅的打油诗，张贴在墙上教育群众。编排的打油诗，既富有哲理，又朗朗上口，便于记忆，起到了非常好的教育效果。我们大沟村有一位村民，对自己家人的老人不尊重、不赡养，镇、村干部多次到其家做工作，都没有解决赡养老人的问题。为了使他能够认识到自己的错误，村干部把一首敬老爱老的打油诗喷在了他家靠街的墙面上。他不仅每天能看到,而且村里群众也能看到,对他触动很大。从此他改过自新,不但赡养自己家的老人,还关心和尊敬别家的老人。从这一真实的事例中,我们深深地感到,只有不断地在丰富村规民约的内涵上下功夫,才能充分发挥农村文明的作用,达到教育人的目的。

村规民约对社会风气影响深远

"俗话说:家有家规,国有国法。'村规民约'我们天天讲,每家都有一小本,大家随口都可以说出一两条来,但是我们的认识往往是感性的、具体的;对它还没有一个比较理性的认识、系统完整的了解。其实,对于村规民约的产生、发展和它的法律地位都应该有个清醒的认识,树立法制的理念,增强法律意识,用村规民约来规范和约束大家,大家才能共同来创造一个安定、团结、有序的生活环境,懂得用法律的武器来维护我们的合法权益。"提起村规民约,沈阳大兴律师事务所的林枫律师侃侃而谈,"我们国家有几千年文明史,'村规民约'在古代就有了,据我了解,京兆兰田县(现西安境内)吕氏四兄弟著述倡导《乡约》,是我国第一部成文的村规民约。史书上讲,这部《乡约》在当时影响非常大,受《乡约》的影响,当地的风俗非常好。村规民约在当时是有宗教意义的习惯和礼仪,是一种规范的礼节。现在我们说的'村规民约',实际上是古代礼治的延续,是治理社会、规范人们行为的一种手段,是乡村治理的一种形式。现在随着农村普法工作的开展,我们的民主法制意识也在不断增强,大家在村民自治的基础上,根据农村实际普遍制定了'村规民约',在规范干群行为和促进社会风气好转等方面起了重要的作用。据了解,大沟村等很多村子在制定了村规民约后,不断地发展和完善这些村规,使得村里的整体精神面貌焕然一新,文明之风盛行。可见,村规民约作为介于法律与道德之间'准法'的自治规范,是我们村民共同意志的载体,是村民自治的表现,是村民自我管理、自我教育、自我服务、自我约束的行为准则,具有教育、引导和约束、惩戒作用,对于促进村民自治具有特殊作用。"

话音刚落，林律师起身在书桌旁边的书柜里翻查着资料，林律师告诉记者："制定村规民约的目的是为了维护我们农村的发展与稳定，提高我们村民的法律意识，从而使我们在一定的规则中有秩序的生活，它是农村法制建设的一个有益的补充。村规民约的主要特征，就是以正面提倡为主，正面教育为主，处罚为辅；而且处罚须适度。"说着说着，林律师从书柜里翻出一本《村民委员会组织法》递了过来，"你看，《村民委员会组织法》第二十条明确规定：'村民会议可以制定和修改村民自治章程、村规民约'。所以每个村集体都可以有村规民约。但是依《村民委员会组织法》规定，制定村规民约必须要'三合法'：一是制定程序要合法，村规民约只能由本村过半数十八周岁以上村民或者本村三分之二以上的户代表参加召开的村民大会才能制定，并要与会人员半数通过。二是内容要合法，村规民约不得与法律、法规和国家政策相抵触，不得有侵犯村民人身权利、民主权利和合法财产的内容。三是要有合法监督，村规民约要报乡镇人民政府备案。村规民约不同时具备上述条件都是无效的。另外，值得一提的是，村规民约，对本村集体以外的人是没有约束力的。"

"那么，村规民约的内容是根据什么产生出来的呢？"面对记者的提问，林律师立刻给出了回答，"是由村民自治的范围所决定的。由于村民自治涉及农村基层社会生活的方方面面，所以村规民约的内容应当是十分广泛的，可涉及村民自治的一切领域。《村民委员会组织法》对具体应包括哪些内容，没有明确规定。根据实际需要，村规民约我觉得一般应包括以下几项内容：首先，要维护农村生产、经营秩序。由于农村实行家庭联产承包经营，家庭与集体之间不可避免地存在利益冲突。村规民约应当有调和这种矛盾的内容：包括保护水利设施，合理使用水资源；封山育林，禁止乱砍滥伐；保护田园，禁止牲畜进入耕地；保护好村级公路和其他集体设施等。其次，要维护生活秩序和社会治安。生活秩序和社会治安仅靠公安机关来维持是不够的，可以利用村规民约对村民的行为进行约束，把不偷盗、不打架斗殴、不寻衅滋事、不赌博、不毁损他人财物等内容写进去。然后要落实党的政策、履行国家法律。从根本上说,村规民约是落实党的政策、执行国家法律的一种有效形式,是政策和法律的具体化,所以应包括自觉缴纳税款,实行计划生育,落实义务教育,自觉服兵役,珍惜土地,不侵占耕地等。最后,也是最关键的一点,是要注重精神文明建设。目前,在个别村子里,农村中不文明的思想和行为依然存在,村规民约中应当对不文明思想和行为进行约束。如提倡爱党、爱国、爱社会主义;提倡邻里团结,相互帮助;家庭和睦,孝敬老人,爱护儿童;反对封建迷信,倡导新风尚;讲卫生、讲文明等。"

由上述材料可知,在新的时代条件下,新型乡约和乡约的制度化实践,在以辽宁大沟村为代表的当代社会主义新农村建设中发挥了巨大的范导作用。这里我们应该充分注意到的是:

其一,新型乡约及其实践在这里发挥了切实的教化作用,在改变乡村风俗、端正社会风气等方面成效显著。从丧事简办、赌博、迷信等风气的扭转,到文化生活的追求与睦邻、敬老、互让、卫生、文明等风俗习惯的养成,我们看到的是集体凝聚力的增强与提高。其范导作用的发挥是切实而显明的。

其二,新型乡约及其实践本身即体现出社会主义核心价值观的诸多价值诉求:富强、民主、文明、平等、和谐、公正等。如果我们认真体察和玩味,传统乡约中即蕴含着民主、平等、自由等价值资源,但"我们也必须承认,乡约中自由、协商、民主、自治等精神不仅是萌芽,而且在后世的发展中也有所蜕变、衰歇"[①]。由于时代变迁的原因,当代的新型乡约所蕴含的价值要远多于中国古代乡约。上述新型乡约所蕴含的诸多社会主义核心价值观念的日积月累与潜移默化,发挥的重要政治社会化功效确然无疑,并且新型乡约及其制度化会成为培育中国特色社会主义成熟公民的重要路径之一。

确如有学者总结的那样,新型乡约的教化(范导)作用至少体现在三个方

---

① 李卓:《乡约制度与协商民主》,《光明日报》,2016年11月2日。

面,"首先,新型乡约在乡村建设中具有文化凝聚的价值作用。其次,通过利益表达、文化参与等主体价值的培养起到化导乡民,移风易俗的作用。最后,以新型乡约的人民性促进社会主义新文化启蒙运动"①。就此而言,坚持中国特色社会主义政治发展道路,我们就不能忽视乡约及乡约制度重要的范导作用或曰政治社会化功能。

总之,制度所具有的控制特性,除了规范、约束的功能外,还具有激励、引导的功能。因而,我们用"制度范导"一词,来概括制度所具有的规范、约束功能及激励、引导功能。如果站在政治文化角度,除了制度文化本身,制度所发挥的政治文化方面的作用,是非常值得重视的。对中国传统政治文化的考察使我们发现,制度所发挥的范导作用,乃是传统政治文化的精髓之一。从总体上看,乡约作为规范组织突出显现的是其教化功能;而作为制度则显现的是它的乡村基层治理功能。无论何种功能,站在传统政治文化的角度审视,中国古代的宗族制度和乡约制度的范导性是极其突出的。站在这一角度思考,新的宗族文化和乡约制度的建立,便不仅仅是重塑基层的价值认同与行为规范,从而在此基础上重建基层秩序,而是重新发挥该制度的范导功能亦即教化功能,发挥其在基层自治方面的重要作用。从坚持中国特色社会主义政治发展道路出发,新宗族文化与乡约制度的教化功能应该以社会主义核心价值观及其体系为主要内容,围绕着价值观重建乡村秩序,发挥其重要的政治文化功能。

---

① 许娟:《论新型乡约的当代价值——以社会主义新农村建设为视角》,《中南民族大学学报》(人文社会科学版),2008 年第 3 期。

第九章

教化之道:传统政治文化的现代启示

　　在对中国古代社会王权专制的历史事实判断基础上,刘泽华先生明确指出:"中国历史有个极其重要的现象,那就是政治权力支配社会,政治无所不在,因此政治思想也就像政治一样弥漫于社会观念的各个角落。"①正是这一重要现象,酿就了以传统价值体系为核心,中国传统政治文化的强势覆盖性与全方位的弥散性特点。传统政治文化的强势覆盖性是指统治阶层利用自上而下的统治体系,以"教化之道"的政治社会化方式、政治传播方式对整个社会的掌控和把握;而全方位的弥散性是指作为传统文化核心的传统价值体系对整个社会全面的渗透性,这种渗透具有无所不在的特点,"也就是说,不仅直接与政治系统密切相连的文化显现出政治性价值取向,同时在宗教、教育、伦理,甚至社会物质文化等方面,均无一例外地显示出明显的政治性价值取向"②。毋庸置疑,中国传统王权专制社会的稳定与持久都与此有深刻关联。换言之,从有力地维护和延续王权专制社会的角度看,传统政治文化是极其成功的,它发挥了巨大作用。这都与教化活动的全面高效有密切关系。甚至可以说,传统的教化之道是传统政治文化的最主要内容之一。正是以传统价值体系作为教化内容的全方位、立体性的教化活动,一代代地累积造就了中国

---

① 刘泽华主编:《中国政治思想通史·综论卷》,中国人民大学出版社,2014年,第1页。
② 同上,第54页。

传统政治文化的鲜明特征。

第一节 教化之道的多重面向

一、作为政治社会化方式的教化之道

政治社会化是现代政治学理论中的重要概念。王浦劬将之定义为:"人们在特定的政治关系中,通过社会政治生活和政治实践活动,逐步获得政治知识和能力,形成和改变自己的政治心理和政治思想的能动过程。"①站在政治文化研究立场,葛荃将之定义为:"政治社会化是一个民族维系、延传政治文化的过程;对于个人来说则是其学习、获取和形成政治文化,成长为政治人的过程。"②

葛荃在其专著《走出王权主义藩篱:中国传统政治文化研究》中特别指出:"中国传统政治文化的政治社会化过程是全方位的和具有鲜明特点的⋯⋯传统中国的政治社会化途径和方式是面向全社会的。政治社会化的效果是积极有效的、可圈可点的,在维系政治系统和政治文化延传方面起到了不可替代的作用。中国古代社会的君主政治之所以延续两千多年,政治社会化的强势与完备是其重要原因之一。"③概而言之,在传统中国社会中,政治社会化的强势覆盖性是其最鲜明的特点,这也同中国传统社会的政治社会化组织完善有关,"一是家庭(族)的组织性很强,政治社会化的功能显著。二是学校教育极为发达,在一定意义上具有政治组织的功能和效果。三是'政治录

---

① 王浦劬主编:《政治学基础》(第二版),北京大学出版社,2006年,第281页。
② 葛荃:《走出王权主义藩篱:中国传统政治文化研究》,天津人民出版社,2017年,第282页。
③ 同上,第284~285页。

用'具有某种政治社会化的实效"①。这都是政治社会化在中国传统社会历史发展中发挥重大作用的原因所在。

在对中国这种全方位、立体性的政治社会化过程和方式的观察中,"教化之道"遂得以凸显。"教化"一词,在古代通常在两个层面上使用。"首先,指一种和政治处于同一高度的治国方略,所谓'美教化,移风俗'正是此意,它是儒家治理国家的理想途径";"第二个层面的意思是指个体的心灵由于受到某种具有普遍性的文化思想和价值理念的引导,从而摆脱了原有的特殊性状态的过程"。②

毫无疑问,在王权专制社会条件下,中国式的政治社会化过程主要体现为以"教化之道"为核心的治国方略。"'教化'作为君主政治的基本职能之一,成为最主要的政治社会化途径。"③而所谓"教化",则明确涵藏着古人在政治目的方面的期许,即"教而化之","教"是手段、途径,其内容是以王权至上为中轴的政治价值,"化"是目的、追求,结果要的是忠臣、顺民和稳定的政治秩序。有学者说:"它是政治控制、社会整合及政治文化传承的重要手段,蕴涵于整个古代政治动作过程中,是中国传统政治文化的一大特征。"④具体而言,所谓"教化",就是中国古代的统治者通过学校和其他手段教育民众,将儒家文化内含着的政治价值、政治理念和道德规范等灌输给人们,使得一般社会成员都能接受或认同符合统治者根本利益的理念和观念,并以此修习道德、僵固头脑、束缚心性,最终成为合乎君主统治需要的孝子、忠臣和顺民,从而保证政治秩序的稳定。⑤

这种政治社会化方式是极其高明的,历史事实证明了它的有效性。教化活动的强势覆盖性体现在以下诸方面:一是以最高统治者的教化要求作为根

① 葛荃:《走出王权主义藩篱:中国传统政治文化研究》,天津人民出版社,2017年,第285页。
② 参见刘静:《走向民间生活的明代儒学教化研究》,华东师范大学博士学位论文,2004年,第4~5页。
③ 刘泽华:《中国政治思想史集》(第三卷),人民出版社,2008年,第41页。
④ 陈谦:《中国古代政治传播思想研究》,中国社会科学出版社,2009年,第21页。
⑤ 参见葛荃:《走出王权主义藩篱:中国传统政治文化研究》,天津人民出版社,2017年,第289页。

本指针。这方面最具代表性的当属明太祖朱元璋的教民榜文。早在建立政权之初,朱元璋就认为"天下初定,所急者衣食,所重者教化"①。洪武三十一年(1398),朱元璋令户部颁布《教民榜文》,其核心内容是 24 个字:"孝顺父母,尊敬长上,和睦乡里,教训子孙,各安生理,毋作非为",是所谓"圣谕六言",亦称"太祖六谕",这成为当时各地乡约的主要内容。无论是各级行政官员还是基层士绅以及平民儒者,无不奉此为行民间教化的金科玉律,在各自的实践过程中不断地阐发与揄扬。

其后,清代康熙皇帝亦颁布《圣谕十六条》:"敦孝弟以重人伦,笃宗族以昭雍睦,和乡党以息争讼,重农桑以足衣食,尚节俭以惜财用,隆学校以端士习,黜异端以崇正学,讲法律以儆愚顽,明礼让以厚风俗,务本业以定民志,训子弟以禁非为,息诬告以全良善,诫窝逃以免株连,定钱粮以省催科,联保甲以弭盗贼,解仇忿以重身命。"②雍正皇帝更是将之阐释、扩展为《圣谕广训》,作为教化活动的根本据准,其核心内容与朱元璋的"圣谕六言"并无二致,只不过进一步详细化了。可见,这种由皇帝亲自指示或出面颁布的教化指针,其权威性与强势是毋庸怀疑的。

在发布这种教化指针的同时,统治者往往还详细规定具体的做法。如《教民榜文》便规定:"每乡每里各置木铎一个,于本里内选年老或残疾不能理事之人或瞽目者,令小儿牵引,持铎循行本里。如本里内无此等之人,于别里内选取,俱令直言叫唤,使众闻知。劝其为善,毋犯刑宪。其词曰:'孝顺父母,尊敬长上,和睦乡里,教训子孙,各安生理,毋作非为。'如此者每月六次。其持铎之人,秋成之时,本乡本里内众人随其多寡,资助粮食。如乡村人民住居四散窎远,每一甲内置木铎一个,易为传晓。"③可谓是既有方针指导,又有办法实行,可操作性极强。

① 《明太祖实录》卷 26,吴元年癸丑条,第 387~388 页。
② 转引自葛荃:《走出王权主义藩篱:中国传统政治文化研究》,天津人民出版社,2017 年,第 304 页。
③ 张卤:《皇明制书》卷九,《续修四库全书》影印明万历七年(1579 年)张卤刻本,第 8 页。

　　二是教化成为各级官员的日常工作内容。元代官员张养浩著《牧民忠告》，在对于基层官员的忠告中，专列"宣化"一章，凡列十条："先劳""申旧制""明纲常""勉学""劝农""服远""恤鳏寡""戢强""示劝""毁淫祠"①，均属申明教化活动的具体做法。明人薛瑄在《从政录》中总结他的从政经验时说："法者，辅治之具，当以教化为先。""民不习教化，但知有刑政，风俗难乎其淳矣。"②他们在内心高度认同这种活动，因而将之作为日常工作内容。而王权专制时代评价官员的标准很重要的一条就是能否做到对所治之民的"教而化之"、移风易俗。如明代聂豹评价六安知州欧阳德："授六安知州，至则兴教化，省追呼，绝宴享之供，导原泉之利。宪臣行部至，过境不入，曰：'有贤守在。'岁大饥疫，捐俸倡赈，设糜煮药，全活数万人。"③

　　明清两代官员正因为有了皇帝的圣谕作为指针，才更有了厉行教化的热情与办法。直接宣讲和安排在基层乡约中宣讲圣谕，本身便是最好的教化活动。如，明代罗汝芳"初授太湖县令，'平山盗，便纳赋、修庠序、立乡约、演圣谕六条，其诸政务，一本于兴教化，明礼乐，不为一切俗吏所为。'"④罗汝芳自述他的重要行政活动："惟居乡居官，常绎诵我高皇帝圣谕，衍为《乡约》，以作会规，而士民见闻处处兴起者，辄觉响应。乃知大学之道在我朝果当大明，而高皇帝真是挺生圣神，承尧舜之统，契孔孟之传，而开太平于兹天下，万万世无疆者也。"⑤罗汝芳甚至因此而吹捧皇帝说："我太祖高皇帝，人徒知其扫荡驱除，为整顿一世乾坤，而不知'孝顺父母、恭敬长上'数言，直接尧舜之统，发扬孔孟之蕴，却是整顿万世乾坤也。"⑥这里恐非全属谀词，作为官员在日常教化工作中，如深切感受到了宣扬教化的重要政治作用，不免会归功于始作俑者。

---

①　陈生玺辑：《政书集成》（第五辑），中州古籍出版社，1996年，第36~45页。
②　同上，第400~401页。
③　陈永革编校整理：《欧阳德集》附录，凤凰出版社，2007年，第848页。
④　《罗汝芳集》（下）附录，凰出版社，2007年，第896页。
⑤　《罗汝芳集》（上），凤凰出版社，2007年，第5页。
⑥　同上，第67页。

　　三是将地方士绅及民间儒者的自觉教化活动作为重要补充。有学者在研究明代儒学教化过程时说："在明代社会的权力结构中,地方长官、教官和绅士等都拥有大小不等的教化权力。他们可以有效地利用自己的身份、地位赋予他们的特权对下层民众、妇女、儿童等实施教化。在此,普通的民众就成为被教化者,如果他们接受儒学所支持的社会规范,那么他们就会被整个社会所容纳接受,从而获得一种安全感和归属感;如果一旦违反这些规范,他们就是反社会的,就有被社会、家族所抛弃的危险。"①

　　地方士绅或者是致仕官员,或者是有功名在身的读书人,而作为读书人的民间儒者与他们更有着千丝万缕的联系。更重要的是,他们的成长过程本身即属于这种教化活动(政治社会化)的结果,因而对政治价值的高度肯认,强化了他们对教化活动的参与自觉性。他们的自觉教化活动的存在,可以有效地扫清教化活动的死角,从而更大范围地加强政治社会化力度,巩固成果。并且由于他们自身教化成果的示范效应和亲民立场,可以在基层民众中发挥更大的作用,产生更积极的影响。

　　尤其是明代中后期大量平民儒者参与的种种乡村讲会,发挥了极其重要的政治作用。如刘元卿记述平民儒者王艮的讲学活动,"先生学既有得,毅然以倡道化俗为任,无问工贾佣隶咸从之游,随机因质诱诲之,顾化而善良得以千数"②。这种教化活动方式活泼、对象广泛,效果不可能不好。

　　特别是平民儒者具有"自我教化"与"化民"的两种积极主动性。以"自我教化"过的具有充分自觉性的底层臣民典范来"教化"底层平民,其政治调节功能是难以替代的。最典型的例子莫过于泰州后学中的陶工出身的韩贞(号乐吾,1509—1585年)了。在遭逢灾荒之年的时候,他首先认为这是锻炼、磨砺自己意志与功夫的大好时机,因而写诗表述道:"百岁饥荒有几年,工夫到此好加鞭。楞楞瘦骨撑天地,凛凛冰心继圣贤。道合乾坤生死在,眼同日月古

① 刘静:《走向民间生活的明代儒学教化研究》,华东师范大学博士学位论文,2004年,第7页。
② 刘元卿:《诸儒学案·心斋王先生要语》,"四库存目"丛书,影印明万历刻本,第420页。

今悬。放开百尺竿头步,踏破濂溪太极图。"[①]"楞楞瘦骨"的痛苦生活正好映衬出"凛凛冰心"的道德信仰。韩贞讲学影响很大,"远近来学者,门外屦常满,惓惓以明道化人为己责,虽田夫、樵子,未尝不提命之,餍其意而去"[②]。这使他的教化对象扩大到社会的角落,并且取得了很好的效果,这是官方以学校为主体的教化活动所不能及的。政治社会化也是个政治传播过程,在这个过程中,平民儒者对于政治传播的弥散性、渗透性、全员性所做的贡献是不可磨灭的。中国传统政治社会化的强势覆盖性特点端赖此乎。[③]由是可知,地方士绅及民间儒者的自觉教化活动,是作为王权专制体制整体教化活动的重要补充,与前两者共同凸显了王权专制社会政治社会化的强势覆盖性特点。

二、作为政治传播与制度建设的教化之道

所谓"政治传播,是指政治传播者通过多通道、多媒体、多符号传播政治信息,以推动政治过程、影响受传者的态度与行为的一种对策"[④]。还有学者将之定义为:"在国家的政治制度体系内,统治者作为信息的中枢,利用信息输出、输入、传递、扩散、存储及反馈等方式,实施社会控制、监督、整合,以保持政治稳定、延续的手段与活动。"[⑤]就此而言,政治传播是教化活动的另外一种面向。

实际上,政治传播在传统王权专制社会教化活动中扮演的角色与发挥的作用,是我们难以想象的。至少在王朝合法性建立、政治文化的传承、日常政治的运转、对外形象的塑造与天朝地位的建构,以及王朝的更迭等方面起

① 黄宣民点校《颜钧集》后附《韩贞集》,中国社会科学出版社,1996 年,第 181 页。
② 同上,第 191 页。
③ 参见贾乾初:《论泰州学派的平民讲学——基于政治社会化的视角》,《贵阳学院学报》(社会科学版),2017 年第 5 期。
④ 邵培仁:《政治传播学》,江苏人民出版社,1991 年,第 25 页。
⑤ 陈谦:《中国古代政治传播思想研究》,中国社会科学出版社,2009 年,第 21 页。

着极其重要的作用。①无论"政治传播"定义的广、狭,如果放到传统王权专制社会中,基于政治文化的立场,我们从中都可以把握住两点:一是所传播的政治信息最主要的应是王权专制社会的核心价值系统,二是传播的方式具有多样性和立体性的特点。

上文我们曾就中国传统的政治社会化即教化活动的强势覆盖性展开论述,这里,换一个面向,在这个面向中教化活动亦是典型的政治传播活动,并且它的多样性融合于立体性之中。

我们这里讲的传统的教化活动即政治传播的立体性意指分层次的特征。首先,从上到下的统治组织体系或曰科层制的传播居主导地位。因为这种传播借组织体制的系统性,输出和强化政治价值直接而强势,具有压倒性的影响。其次,官、私学塾的教育传播,借含蕴政治价值的官方经典文献的传播与解读,通过学官与儒生,引导和渗透,在知识阶层的教育方面进行了政治传播,又为政治传播培养了诸多人才,为政治传播的进一步发展储备了大量行为主体。再次,宗族与乡约作为政治传播的基层方式,发挥着无法替代的作用。在以宗族为核心的古代社会农村中,以血亲情感及血缘伦理为纽带的关系结构,为乡约这种政治传播方式的构建与实施提供了先在条件与有力支持。最后,先秦以来为官方高度重视的礼乐文化,以外在规范和愉悦身心的多重方式,使社会移风易俗,日积月累,对社会与民众养成价值认同、权威认同的习惯,产生了潜移默化且深刻而普遍的影响。诚如陈谦所讲:"古代王朝教化的实施,可以看作是一种独特的统治方式和信息编码、操作技术,使社会全体(也包括君主)在一个持续稳定的风俗环境中,不知不觉被涵化、被定位,同时思维与行为被延续。"②站在政治传播角度,教化活动的独特性再次得以凸显。

---

① 参见白文刚:《政治传播在中国古代政治中的地位与作用》,《哈尔滨工业大学学报》(社会科学版),2013 年第 2 期。

② 陈谦:《中国古代政治传播思想研究》,中国社会科学出版社,2009 年,第 223 页。

中国传统政治传播的立体性，还可以有别的表述方式。站在传统政治文化传播与延续的立场，金太军认为中国传统的政治社会化（政治传播）有"五大机制"：以儒学为主要内容的教育机制，排斥异端邪说的强抑制机制，以注经为主线的损益机制，以吏为师的政治教化机制，以儒家为中心的儒道佛互补机制。①中国传统政治文化正是"凭借着这套机制，它得以传播、弥散于社会政治生活的各个领域，并连绵不息地传延下来，逐渐凝结、沉积为稳定、持久、牢固的民族政治思维和政治心理，成为人们共同遵行的政治规范、价值观念和政治生活准则。其影响至今仍不绝如缕"②。当然，这套机制也存在消极的一面，如金太军指明："就像一张无形而无所不在的巨网，拘囚锢蔽着人们的思想，使人们难以越出官方规范的雷池一步，使封建统治阶级的意识形态和政治文化的作用包摄范围极其广阔。"③不过，这反而从另一个侧面再次论证了政治传播立体性的巨大力量。

教化之道与制度建设的关系至为紧密。这里我们并非是要做一个中国制度史的探讨，也并非是强调制度的刚性对政治文化所起到的作用，而是特别分析在传统政治文化发展与延续的过程中，相关制度所起到的范导性即规范、示范、引导性的作用。我们认为，古人所建立健全的相关制度建设的范导性乃是传统政治文化的精髓之一。这里，以学校制度、科举制度及奖惩制度为例。

其一，学校制度。站在政治文化视角，学校制度对于政治文化的传播、延续与发展具有最为直接的功效。因为学校制度在王权专制时代是最普遍的制度之一，历史悠久，积累深厚。史籍载："殷人养国老于右学，养庶老于左学"，"天子命之教，然后为学。小学在公宫南之左，大学在郊，天子曰辟雍，诸侯曰泮宫"。④后世虽孔子开创的私学日益兴盛，但中央到地方的太学、郡学、府学、

---

① ② ③　金太军：《论中国传统政治文化的政治社会化机制》，《政治学研究》，1999 年第 2 期。
④　杨天宇：《礼记译注》，上海古籍出版社，2004 年，第 149 页。

州学、县学等各级官学始终为历代政权所高度重视,影响深远。学校制度的兴盛与古代统治者对学校政治功能的认识有关,如《礼记·学记》所谓:"建国君民,教学为先","化民成俗,其必由学"。①就是说,在古人眼中,学校制度所起到的传播政治文化,发挥政治社会化的作用是首要的、必需的。而通过学校制度走向仕途,积极参与政治生活,也在此制度引导下,成为古代社会精英分子标准的人生道路、最主流的人生追求。"万般皆下品,唯有读书高",成为社会普遍认识。在此制度引领下,士人们前赴后继,乃至用捐买等方式求得学籍、官位,以期终其一生有所建树。正是因为有了完善和发达的学校制度,"传统政治文化的政治价值体系及其认知、观念、信仰和态度等,通过专门培育的士人群体而传布到社会的各个层面和角落。统治者的意志和利益通过这样的过程而得到全社会的认同,得到一般社会成员的拥戴和维护"②。宋以后书院、私学的大发展,与学校制度的范导性有很大关系。

其二,科举制度。与学校制度紧密相连,发挥着巨大范导作用的是隋唐以来延续千余年的科举制度。科举制度的示范效应与引导作用,集中体现在政治录用上。有学者指出:"中国古代的选官制度——科举制是封建社会中政治录用的典范。"③通过科举的途径进入到政治体系中,参与政治生活、分享政治资源的成功范例,对一般社会成员的政治选择具有深刻影响。正是科举制度的建立与完善,使得"官员录用标准就有了明确的引导定向作用,使得那些有志于谋求仕途者,不得不一门心思地尊孔读经,全盘接受了传统政治文化的价值观念,培育出君权崇拜的政治信仰,更要以政治道德来标定善恶是非,按照君主政治的政治录用标准整塑自身"④。科举制度对于整个社会的范导性影响,除了政治录用之外,更重要的是科举考试的内容所发挥的深远影响。隋唐

① 参见杨天宇:《礼记译注》,上海古籍出版社,2004年,第456页。
②④ 葛荃:《教化之道:传统中国政治社会化路径析论》,《政治学研究》,2008年第5期。
③ 房宁:《科举制与现代文官制度——科举制的现代政治学诠释》,《战略与管理》,1996年第6期。

以来,国家对于科举考试所用儒学经典教本都有各自具体的规定,如《五经正义》《四书章句集注》等,而考试具体内容亦无非是阐发儒家经义及价值观念。即便是在科举考试中未能进入仕途即被录用,参与者也因长期浸透在作为科举考试主要内容的儒家经典中而深为所化,在参与科举活动的过程中不断强化自己的价值认同与王朝认同,成为专制王权下的合格臣民。"学子们在寒窗苦读中逐渐接受了儒家的政治价值观、伦理道德,一旦中举入仕,便事君以忠;即使不中举,其本身也具有传播传统政治文化的社会化作用。"①因此,基于政治文化角度,可以说无论士人是否在科举考试中能够一举成功,对于政治社会化来说,都是巨大的成功。

其三,旌表制度。在王权专制社会中,旌扬、表彰制度具有最直接的示范引导性。所谓"旌表",即如《尚书·毕命》所说:"旌别淑慝,表厥宅里;彰善瘅恶,树之风声。"②究其实质,这种制度本身就是为了示范、引导臣民的品德、行为走向而设立的。旌表的对象无非是忠臣、孝子、义夫、节妇等,但总体上看,还是一般社会成员居多。历朝官修正史中,特别设立"忠义"等相关传记条目,以示旌表。尤其是事关传统政治文化价值核心的那些事迹,皆在旌表之列。如表彰忠义,就是为了劝臣以忠义;表彰孝悌,就是为了劝民以孝悌;表彰节烈,就是为了劝人以节烈。这些表彰措施从最早的政治表扬措施,自秦汉以后逐渐演化为旌表制度。如北周宣帝登基便"诏制九条,宣下州郡",规定"孝子顺孙义夫节妇,表其门"。③《北史》亦记载隋炀帝时代"义夫节妇,旌表门闾"④。清代为彰显仁政、治世,还将长寿老人的旌表制度化。乾隆《大清会典》载:"凡优老之礼,百岁老民赐银三十两建坊,里门题以'生平人瑞'四字,逾百岁者加赏银十两,内府币一,百有十岁者倍之,百二十岁以上者,请旨

---

① 程惠霞、杜奎霞:《论传统政治社会化途径及其现代借鉴意义》,《聊城大学学报》(社会科学版),2003 年第 2 期。
② 顾宝田、洪泽湖译注:《尚书译注》,吉林文史出版社,1995 年,第 379 页。
③ 参见令狐德棻:《周书·宣帝纪》,中华书局,2000 年,第 116 页。
④ 李延寿:《北史·隋炀帝纪》,中华书局,1974 年,第 442 页。

加赏,不拘成例,老妇旌以'贞寿之门'。"①这一制度的现实意义与政治作用,是不言而喻的。

类书《册府元龟》极其明白地揭示了旌表制度"奖一而劝百"的政治文化功能:

> 王者甄明高义,显异至行,所以激扬风化,敦率人伦也。盖天下至大,士民至众,不可家喻而户晓,故显其忠所以励事君也;褒其孝所以劝事亲也;尊贤者所以耸善也;表烈士所以与义也。或授之爵秩,或禄其子孙,或旌其门闾,或赐以谷帛,以至复其征赋,申以祠祀。皆因事以立教,奖一而劝百,故能述宣王度,丕变薄俗,民德归厚,有耻且格……②

旌表制度作为国家表彰行为,紧紧围绕传统王权专制社会的价值体系,其示范、引导作用是普遍而深远的,因而其发挥的政治文化功能昭昭可见,自然是绝对不能忽视的。

第二节 教化之道与中国特色社会主义政治发展道路

由上可见,将教化之道视作传统政治文化的精髓,其重要性毋庸赘述。我们充分了解传统政治文化的延续性影响,因而十分重视对以教化之道为主要内容的传统政治文化的研究与思考。站在坚持中国特色政治发展道路的立场,对之的研究与思考意义尤其重要。教化之道作为深厚的传统政治文化

---

① 转引自王彦章:《清代的奖赏制度研究》,浙江大学博士学位论文,2005 年。
② 王钦若等编:《册府元龟·旌表第一》(卷一三七),中华书局,第 1653 页。

资源,批判地继承它,并使之在我们坚持中国特色社会主义政治发展道路的新的历史进程中,发挥积极正面的作用,诚属题中必有之义。无论是在政治社会化的面向,还是政治传播的面向,教化之道可能产生的积极正面作用是决然不可低估的。自然,在新的历史时期,在新的历史任务的引领下、新的社会文化条件的限定下,教化之道在内容、目的、形式等方面会发生极大的变革。

一、价值转换

(一)传统价值体系结构及其自洽性

在王权专制社会中,王权主义体现为价值体系的结构核心。刘泽华、葛荃认为,王权主义呈现一种"刚柔二元结构":"王权主义的体系庞大而完备,它的内在构成呈一种刚柔二元结构。刚是指王权主义的绝对性而言,柔指的是王权主义的内在调节机制。"①这一"刚柔二元结构"即绝对性与内在调节机制的分析,实际上已初步展现出传统价值结构的自洽性特点。

循此进路,葛荃进而更加具体地分析了传统政治文化的价值系统结构,他认为传统政治文化的价值系统的主体部分呈"三层次结构",即君权至上,父权至尊,伦常神圣。三者"各据其位又互相依存彼此照应":"君权至上是核心,亦是传统政治文化价值结构的价值中轴,君权至上决定着以儒学为主体的传统政治文化的理性思维和价值选择的主导方向;父权至尊是君权至上的社会保障机制,其与君权至上相呼应,为维护君权提供社会–心理基础,建构传统政治文化的社会基础。伦常神则居间沟通调停,除了五常之德,主要

---

① 刘泽华:《中国的王权主义》,上海人民出版社,2000年,第141页。

通过忠孝相互切换,促使君父之是形成价值互补。"①葛荃认为,这个价值结构除了主体的三层次之外,还有均平理想、明哲保身两个价值调节机制。

均平理想作为一种外在的政治调节机制,其作用发挥或隐或显。"随着社会的发展和均平观念的传播积淀,唐宋时代,人们即以平均、均平相号召,大体上从这个时候起始,均平理想就成为主体价值结构被颠覆以后的一种社会动员手段,实际上成为一种社会的即外在的价值调节机制发挥着作用。在均平理想的认同和驱动下,政治集团重新整合力量,建构秩序,按照前朝的模式组建帝国和恢复政治秩序。当传统的主体价值结构开始运作,政治秩序恢复以后,则均平理想复又退出主流位置,或恢复隐匿状态,或是在亚文化层面在民间结社中流传,成为传统政治文化的一支潜流,等待着再次升腾,再次发挥引导社会整合的作用。"②明哲保身之作用要点是调节个人与政治体制的关系,亦即调节个人与统治集团的关系,这是一种政治体制内的调节机制。它发挥了独到的政治功能:"对于帝国来说,由于明哲保身的指引,那些君主政治的失意者、失败者们选择了退隐、归隐,因而成功地化解了政治上的'异己分子'和反对派。"③正是这五个层次构成的价值结构,"既有其主体层面,又有调节功能。五层次的政治价值系统深埋在传统政治文化的内部深层,形成了一个极为稳定的系统"④。这显然是对传统政治文化(王权主义)"刚柔二元结构"的进一步阐发。这一阐发愈益彰显了传统政治文化价值结构的自洽性特点。

自洽性本是自然科学领域中的常用概念,现在也为社会科学研究所习用。"所谓自洽性即逻辑自洽性和概念、观点等的前后一贯性,是指建构一个科学理论的若干个基本假设之间,基本假设和由这些基本假设逻辑地导出的一系列结论之间,各个结论之间必须是相容的,不是相互矛盾的。作为一个理

---

①　葛荃:《走出王权主义藩篱:中国传统政治文化研究》,天津人民出版社,2017年,第56页。
②　同上,第62页。
③　同上,第64页。
④　同上,第65页。

论体系一个模型,它必须不能自相矛盾,如果一个理论自相矛盾,具有内在的矛盾性,那么这个理论就会被抛弃掉。"①还有学者说:"社会科学领域中的自洽性概念,主要研究理论体系的'内在紧张性',它反映了构成理论体系的各个要素及其分支体系的相容性与一脉相承性,并通过假设、推理、结论、实践验证等基本步骤凸显理论本身的与时俱进品格。换句话说,一种理论体系是否具有自洽性,重点是看该理论体系能否根据社会进步要求与人的发展需要不断实现自我建构和自我完善。"②

前引葛荃关于传统政治文化价值结构五层次阐发,很好地体现了传统价值结构的逻辑自洽性。无疑,传统政治价值结构的自洽性,一方面保证了传统政治价值在传统社会政治发展过程中的生命张力与适应性;另一方面又通过传统政治系统"崩溃–重建"不断重复的过程,有力地进行了自洽性的自我论证和自我强化。当然,这个价值结构及其自洽性的形成是一个历史过程,是一个在家国一体的社会历史发展背景下,政治思想、政治习俗、政治情感、政治制度等不断积淀和抟铸③的过程。

历史具有无法割断的延续性,文化因其作为观念形态的独立性精神存在,而具有更长的延续性,并不断反作用于社会政治实践。这是中国传统政治文化仍然在当代具有实质性影响的根本原因。对中国传统政治文化的观察与探讨,使我们对它的价值结构及其自洽性有着一种极其深刻的印象。有学者指出:"一种理论体系是否具有自洽性,重点是看该理论体系能否根据社会进步要求与人的发展需要不断实现自我建构和自我完善。"④上述五个层次的传

① 陈殿林:《论社会主义核心价值体系的自洽性》,《长江论坛》,2007年第3期。
② 张国启:《论社会主义意识形态的逻辑自洽性及其当代意义》,《马克思主义研究》,2011年第11期。
③ "抟",《说文解字》:"抟,圜也。从手专声。"段玉裁《说文解字注》:"手圜之也。各本作圜也。"其本意盖是指将黍、饭等事物,用手团成一个整体。"铸",《说文解字》:"铸,销金也。"是指将金属熔化,然后模铸成器。
④ 张国启:《论社会主义意识形态的逻辑自洽性及其当代意义》,《马克思主义研究》,2011年第11期。

统政治文化价值结构的生命力，正是来自于它内在的自洽性。自然，这种自洽性的形成是历史不断积淀和发展完善的结果，并非一蹴而就。也就是说，传统政治文化价值结构的形成有一个不断"价值抟铸"①的过程，而不断地抟铸才造就了它的自洽性，因而具有强大的生命力，至今仍发挥着积极或消极的作用。这启示我们，在坚持中国特色社会主义政治发展道路的过程中，必须将社会主义核心价值体系的构建与完善作为重点任务。这将是一个不断抟铸的过程，是一个不断优化其价值结构与自洽性的过程，是一个生命力不断强化的过程，从而使其在坚持社会主义政治发展道路的过程中发挥主导作用。

（二）社会主义核心价值观的价值结构及其自洽性

2006 年 10 月，中共中央在第十六届六中全会上明确提出"建设社会主义核也价值体系"这一重大战略任务，并指明了社会主义核心价值观是其主要内容。2012 年，党的十八大报告进一步阐明"倡导富强、民主、文明、和谐，倡导自由、平等、公正、法治，倡导爱国、敬业、诚信、友善，积极培育和践行社会主义核心价值观"②。社会主义核心价值观的关键性在于："社会主义核心价值体系是兴国之魂，决定着中国特色社会主义发展方向。"③因之，社会主义核心价值观具有不可替代的重要政治功能。习近平曾指出："人类社会发展的历史表明，对一个民族、一个国家来说，最持久、最深层的力量是全社会共同认可的核心价值观。核心价值观，承载着一个民族、一个国家的精神追

---

　　①　我们这里所使用的"价值抟铸"一词，意为通过调动主体的主观能动性，利用制度手段、政治传播等示范和引导，不断积淀和完善，使价值条目形成一个有机整体，进而发挥其在政治生活中的主导作用。

　　②　胡锦涛：《坚定不移沿着中国特色社会主义道路前进为全面建成小康社会而奋斗》，人民出版社，2012 年，第 31~32 页。

　　③　同上，第 31 页。

求,体现着一个社会评判是非曲直的价值标准。"具体而言,"社会主义核心价值体系肩负着不断巩固社会主义意识形态、发展中国特色社会主义事业的重要政治使命……社会主义核心价值体系实际上是以社会主义主导价值观念体系存在的一种政治态度,凝聚社会共识就是社会成员基于社会主义核心价值体系而对其政治制度合法性的政治认同,这也就是社会主义核心价值体系现实政治使命得以存在和发展的客观依据"①。从构建社会主义核心价值观着手,纲举目张,是真正把握住了坚持社会主义政治发展道路的关键。无疑,这也是我们当代中国特色社会主义政治文化建设的根本任务之一。

社会主义核心价值观的价值结构及其自洽性关涉到它的生命力,因而对它的研究是学界一直比较关注的。自中央提出社会主义核心价值观及核心价值体系建设以来,关于它的价值结构及其自洽性的研究,始终为学界高度重视,对此的探讨亦不断深入,成为前沿问题之一。

党的十八大报告提出的社会主义核心价值观,包含着三个层面,即倡导"富强、民主、文明、和谐"属于国家层面,倡导"自由、平等、公正、法治"属于社会层面,倡导"爱国、敬业、诚信、友善"属于个人层面。有学者认为,这三个层面,"分别属于社会层面、公民个体层面和中国传统伦理层面,体现了公共价值、个体价值和道德价值"②。当然,这种层面的分疏是相对的,许多价值条目具有交叉性。社会主义核心价值观的价值结构构建,以及以之为中心的社会主义核心价值体系构建,学界已进行了多方面的思考与探讨。

首先,社会主义核心价值体系建设是一个多元价值结构整合的过程。当今,价值的多元化及其进步性已是一种社会共识,但这决不意味着价值结构是在此基础上自然而然的结果。恰恰相反,"这种进步性必须有一个前提条件,即复杂价值结构中价值共识——主导性价值的存在。换言之,这种进步性

① 黄蓉生、白显良:《社会主义核心价值体系的政治功能浅论》,《马克思主义研究》,2014年第6期。
② 周中之:《社会主义核心价值理论建构研究》,《思想理论教育》,2013年第7期。

立基于整个社会价值结构的平衡、有序与协调,取决于价值结构的科学性与成熟度。任何现实社会的和谐有序都源于一整套共同的价值观"①。就是说,在这个价值构建过程中,主导价值和价值共识是关键所在。因此,有学者概括社会主义核心价值体系对复杂价值结构整合的逻辑表现是:首先是作为灵魂的马克思主义指导思想;其次是作为主题的中国特色社会主义理想;再次是作为精髓的以爱国主义为核心的民族精神和以改革创新为核心的时代精神;最后是作为基础的社会主义荣辱观。②也有人用"理论路径"的表述方式来强调这个逻辑表现。如有学者认为:"建构社会主义核心价值观的理论路径就是以马克思主义关于科学社会主义价值观建构路径的理论为指导,以中国特色社会主义理论体系为基础,以社会主义核心价值体系为导向。既保证中国特色社会主义道路方向,又体现中国特色社会主义的理论自信和自觉"③等。

其次,社会主义核心价值体系已经体现出新的结构性特征。有学者概括指出,社会主义核心价值体系已凸显出以认知指向、信仰导向和价值取向为内涵的转化和整合,呈现出"三位一体"的崭新结构体系,即"认知指向——塑造完美的人格形象""信念导向——坚守崇高的信仰理想""价值取向——培育生命力的强国意识"。并且,"这一逻辑结构体系讲究以注重国民的马克思主义观学习、传统文化传承、现代文化创新、思想道德基础培育等认知内涵为基础,突出培养以马克思主义指导下的中国特色社会主义共同理想为信念导向,而树立崇高的民族精神和时代精神为动力的价值取向。若从整个内在逻辑结构上看,这些内容并不是一种简单的组合关系,而是其要素之间存在着不可分离的结构递进关系,即呈现由认知、判断而价值取向的逻辑结构进

---

① 上官酒瑞:《整合多元价值:社会主义核心价值体系的基本诉求》,《理论导刊》,2008年第6期。
② 参见上官酒瑞:《整合多元价值:社会主义核心价值体系的基本诉求》,《理论导刊》,2008年第6期。
③ 董春华:《社会主义核心价值观建构的理论路径选择》,《陕西社会主义学院学报》,2013年第3期。

程”[1]。从一定程度上说,这种对社会主义核心价值体系的结构性阐释是更重要的价值结构和体系建构过程。

最后,立基于社会主义核心价值观本身,这24个字的分层表述,呈现富有逻辑性的“多元动态结构”。有学者认为,社会主义核心价值观呈现出一种“多元动态结构”:在个群属性域中,表现为价值个群的自由人及自由人的联合体;在内外表达域中,表现为价值内容和方式的人民性与实践性;在目标工具域中,表现为价值目标和工具目标的解放与变革;在意义功能域中,表现为价值效用的团结与共享;在正误规约域中,表现为价值规约的集体主义与共同富裕。这五个方面又是“内在互动的”,还表现为“共时性的自体结构,相互联结,层次性地体现出动态价值”和“历时性开放结构,生成过程中各自逻辑生长性、彼此间的连带性,发展过程具有分层性,呈现彼此反映、此消彼长”。[2]这种划分功能域的解读,进一步说明了社会主义核心价值的结构性联结,进一步明确化、强化了它的系统性。

此外,关于专门研究社会主义核心价值观作为价值抟铸过程,对社会主义核心价值观及其体系的结构不断进行深入解析和建构是其基本内容。正是对此的解析和建构才会进一步加强社会主义核心价值观与社会主义核心价值体系的自洽性与生命力,也才能使之在坚持中国特色社会主义政治发展道路中发挥核心主导作用。

近年来,自洽性的概念常被人文社会科学领域的研究所习用,借以对某些理论、学说的发展、变迁乃至生命力予以分析和阐释。如有的学者引申出“话语自洽性”的概念,并对之予以界定,认为“话语自洽性是指构成某种思想、理论、学说等观念体系的各话语之间的一致性、相容性和无对冲性以及由之衍生的与现实的通约性。说某种思想、理论、学说等观念体系具有话语自

---

① 郭刚:《社会主义核心价值体系“三个向度”分析》,《中共福建省委党校学报》,2012年第8期。

② 杨晓敏、叶启绩:《社会主义核心价值观的多元动态结构与现实表达》,《山东社会科学》,2015年第2期。

洽性，意味着其内部既多元杂存，又和谐一致。话语自洽性检验也是科学研究的一个基本方法，是对某个思想、理论和学说的最基本评估，不能满足话语自洽性的思想、理论和学说显然是缺乏说服力和站不住脚的"①。

显然，无论是直接借用还是引申使用"自洽性"这一概念，我们站在社会主义核心价值观及其体系的结构立场，认为它都包蕴着这样三层基本意涵：一是自洽性意味着多样性与一致性的统一；二是自洽性意味着稳定性与发展性的统一；三是只有具有高度自洽性的思想、理论或学说才是富有说服力的，才能站得住脚。就此而言，某种思想、理论或学说的生命力大小乃至发展趋势如何，其本身自洽性包蕴着的这三层基本意涵具有决定性作用。因而，社会主义核心价值观及其体系的解析与建构，亦即价值捋铸过程，就应该紧紧把握自洽性要求，从以下三个方面着手：

第一，应该不断阐释社会主义核心价值观及其结构的多样性与一致性的统一。社会主义核心价值观的提出，是在当代多元文化背景下对核心价值观念的提炼与整合。多元文化冲突与融合的背景和公民价值追求的多元化、个性化都深刻地影响着中国特色社会主义条件下公民的价值选择。当然，这里的多样性指的是文化上的多样性。这使社会主义核心价值观也必然体现出文化上的多样性(多元性)特征。有学者概括认为，社会主义核心价值观的 24 个字中有 14 个字即"富强、文明、和谐、爱国、敬业、诚信、友善"来自于中华传统文化的核心价值观念，而另外 10 个字即"民主、自由、平等、公正、法治"来自于西方国家的核心价值观念，所以说社会主义核心价值观具有文化多元性，它是中国化的马克思主义即中国特色社会主义，也就是主流意识形态、中国传统文化和西方现代文化汇聚的成果。②而对社会主义核心价值观的共同认同，必然归结为多样性与一致性的统一。这是我们应该予以不断阐释和论证

① 阮博：《论社会主义意识形态的话语自洽性及其建设》，《探索》，2013 年第 3 期。
② 参见叶姝静：《社会主义核心价值观的文化多元性》，《湖北经济学院学报》(人文社会科学版)，2015 年第 6 期。

的,学界对此十分重视。如有学者基于社会主义核心价值观认同过程阐释和论证其多样性与一致性的统一说:

社会主义核心价值观认同过程,是对当前多元文化发展"最大公约数"的汇聚过程。以"三个倡导"为主要的社会主义核心价值观,是当代中国的价值观的"最大公约数"。富强、民主、文明、和谐是社会主义中国发展的目标和奋斗方向,是几代中国人的梦想,是当代中国国家层面的价值观内核,代表着最广大人民群众的根本利益,体现着当代中国的精神面貌和思想境界,是当代中国人的共同追求。自由、平等、公正、法治是社会主义中国关于社会建设的指针和目标,是当代中国社会的价值观基础,反映了绝大多数人民群众对社会发展的内心期待和追求,也汇聚了对社会治理目标和要求的共识。爱国、敬业、诚信、友善是社会主义中国的公民道德原则和价值规范,是个人的价值观在当代中国经济社会发展的映射,是每一个中国人的道德自觉和自律,也是对照自己的标杆和尺度,反映了当代中国人民群众的精神境界和道德水准。

社会主义核心价值观认同的结果,是一致性和多样性的统一。一致性体现在共同的理想。实现中华民族的伟大复兴,实现人民的全面发展,实现中国梦的共同理想,这是社会主义核心价值观认同的结果,更是当代中国全社会的共识和奋斗目标。多样性体现在核心引导下的多元存在……社会主义核心价值观认同正是要在多元多样的基础上树立起实现中国梦的思想文化旗帜,统合共同理想,夯实"最大公约数",实现多样性与一致性的统一。①

还有学者指出,多元文化背景下社会主义核心价值观的多样性与一致性的统一,表现为"在核心价值观内涵中融入多元文化的优秀成分",在中国特色社会主义政治旗帜引领下,既要吸纳西方文明中为人类普遍接受的价值理念,又要向中国传统文化的深层拓展,吸收民族文化深层的价值因素。具体

① 参见陶蕾韬:《多元文化发展中社会主义核心价值观认同的困境与应对》,《求索》,2016 年第 6 期。

而言：

首先，要围绕"富强、民主、文明、和谐"，实现与中国特色社会主义文化观的契合。作为一个尚处于社会主义初级阶段的发展中国家，我们要立足国情，加快经济和文化建设步伐，争取早日实现"富强、民主、文明、和谐"的奋斗目标，这是彰显社会主义核心价值观的先进性、体现社会主义制度优越性的必然选择。其次，要围绕"自由、平等、公正、法治"，实现与西方文化价值理念的契合。西方对"自由、平等、公正、法治"权利的倡导，奠定了其文化的价值基础。这些主张尽管并非中国传统文化的价值内核，但却是符合人类文明发展趋势的先进理念。但是我们所倡导的"自由、平等、公正、法治"，不应是西方文化中"自由、平等、公正、法治"的简单复制，而应该立足社会主义基本政治制度，以追求社会主义和谐社会建设为目标来培育、践行我们的核心价值观。最后，要围绕"爱国、敬业、诚信、友善"，实现与中华民族传统文化的契合。我们既要把"爱国、敬业、诚信、友善"的价值观，作为对公民思想道德、素质修养的基本要求，又要突出思想道德、素质修养对于治国、平天下的重要性。要通过对传统文化的深层拓展，凝聚全民族的价值要素和价值根基，共同为实现社会主义现代化目标而努力奋斗。①

还有学者从论证社会主义核心价值观的包容性出发，从一个侧面论证了社会主义核心价值观多样性与一致性的统一，并分析了社会主义核心价值观价值结构的层次与逻辑关系。该学者认为：

首先，在价值导向上，社会主义核心价值观反映了当代中国国家、社会、个人三个层面各自的价值目标和价值取向，追求全面，体现了极大的包容性。

其次，在文化来源上，社会主义核心价值观既立足中国传统优秀文化，又吸纳了世界近代文明优秀精神和价值观，兼收并蓄，体现了极大的包容性。

再次，在社会阶层上，社会主义核心价值观追求新时期爱国统一战线的

---

① 参见铁明太：《多元文化与社会主义核心价值观关系研究》，《求索》，2016 年第 5 期。

全部四个层面和三大范围社会力量的大团结，体现了极大的包容性。

最后，在具体要求上，社会主义核心价值观对每个层面都严格遵循认识规律和逻辑顺序提出具体、实在的内容要求，全面系统，体现了极大的包容性。[①]

上述这些学者具有代表性的阐释、分析与论证，显现出对这一方面问题的探讨方兴未艾，成果迭出，对此我们仍需不断地推进相关工作。

第二，应该不断研究社会主义核心价值观及其结构的稳定性与发展性的统一。社会主义核心价值观及其结构作为价值共识的凝聚，如果没有稳定性，则就失去了它作为凝聚共识的基本作用。因此，社会主义核心价值观及其结构在当代必然有一个稳定性的内核，不能也不应该是随意解释的。社会主义核心价值观的界定首先是基于马克思主义科学世界观而呈现的，马克思主义的科学世界观是它的灵魂所在。继承中国传统文化的精髓、吸纳西方文化积极有益的内容，都应该立足马克思主义科学世界观，浸透社会主义的基本原理，而不是别的什么世界观和别的什么基本原理。有学者专门梳理了社会主义核心价值观的科学社会主义来源和根本性质，这就从我们当代价值共识建设的角度很好地阐明了社会主义核心价值观的稳定性。

该学者认为，社会主义核心价值观中的第一个层次倡导的"富强、民主、文明、和谐"，其实就是党在社会主义初级阶段的基本路线中总目标的四个定语用词。这个倡导的内容，明显地体现了社会主义初级阶段的要求，是科学社会主义在当前的直接目标。社会主义核心价值观中"自由、平等、公正、法治"这8个字的来源同样具有科学社会主义和中国特色社会主义的形态特点。倡导"爱国、敬业、诚信、友善"，这是社会主义核心价值观的第三个层次的内容。从总体上看，这四个概念来自2001年9月中共中央印发的《公民道德建设实施纲要》中对于公民基本道德规范的表述。它本身就是社会主义精

---

① 参见徐光寿：《简论社会主义核心价值观的包容性》，《思想政治课研究》，2015年第1期。

神文明建设和社会主义道德建设的核心内容。总之，"三个倡导"的具体内涵体现了马克思主义、科学社会主义的本质要求，是其外显形式和具体化的内容。"三个倡导"的具体内容是在马克思主义、科学社会主义指导下的产物。①

　　就此而言，社会主义核心价值观及其结构的稳定性是由它的科学社会主义性质所决定的。对传统优秀文化和世界文明有益成果的继承与吸纳都要从此出发。诚如习近平指出的那样："我们提出的社会主义核心价值观，把涉及国家、社会、公民的价值要求融为一体，既体现了社会主义本质要求，继承了中华优秀传统文化，也吸收了世界文明有益成果，体现了时代精神。"②所以社会主义核心价值观有着不可替代的历史重任——重建现代社会的价值秩序。"通过社会主义核心价值观的凝练、彰显，人们能够对多样化价值予以批判性整合，对价值之间的冲突加以调解，以此理解和统摄社会生活，消解价值观的物质主义、相对主义、虚无主义，从而有效建构精神家园，在多样化价值的喧嚣声中，安顿自己的心灵。社会也能够找到全体社会成员在价值认同上的最大公约数，在具体利益矛盾、各种思想差异之上最广泛地形成价值共识，有效引领整合纷繁复杂的社会思想意识，有效避免社会分化带来的思想对立和混乱，形成稳定有效的现代价值秩序。"③这都有赖于社会主义核心价值观的稳定性特征。

　　在研究社会主义核心价值观及其结构的稳定性的同时，我们还要不断推进其发展性的研究。它的发展性意味着社会主义核心价值观及其结构不是封闭性的而是开放性的，它要随着社会主义实践的发展而不断地丰富其时代内涵。

　　刘华景认为，开放性是社会主义核心价值观的内在逻辑属性。社会主义

---

　　①　参见刘书林：《论社会主义核心价值观的几个重要关系》，《思想理论教育导刊》，2014 年第 9 期。

　　②　习近平：《青年要自觉践行社会主义核心价值观——在北京大学师生座谈会上的讲话》，《人民日报》，2014 年 5 月 5 日。

　　③　吴向东：《社会主义核心价值观的意义自觉》，《光明日报》，2013 年 9 月 14 日。

核心价值观思想源流的广泛性，社会主义核心价值观理论体系的可扩展性，社会主义核心价值观实践功效的广延性，社会主义核心价值观实践途径的多样性，①共同彰显出它的开放性特征。

陈慧平则把开放性提升到了极其重要的高度，他认为："从根本上说，社会主义核心价值体系是一个开放的、与时俱进的理论体系，它要为改革、开放的中国提供智力支持和前进动力，它既不是向西方看齐，也不是回归传统。向前的开放性是社会主义核心价值体系的立身之本，保持开放性是使其发挥作用所不可忽视的指导思想，从这个角度看，24个字的社会主义核心价值观是起点，不是终点，要根据时代的发展、创新的思想赋予民主、自由等概念以新的内涵，而不是在封闭的思想框架内重复旧的理想性词语。"②概括来说，开放性对于社会主义核心价值体系的重要性体现为：开放性是一个理论体系的关键要素，开放性是社会主义社会的内在要求，开放性是马克思主义理论的本质属性，开放性是凝聚共同理想的重要依托，开放性是践行社会主义核心价值观的主要原则。③

综上所举，无论是侧重于对社会主义核心价值观内在性、稳定性的研究，还是侧重于对开放性发展品格的研究，实际上都涉及了稳定性与发展性统一的内容。离开内在稳定性的社会主义核心价值观很难凝聚起价值共识，离开发展性与开放性的社会主义核心价值观又会逐渐丧失其生命力，乖离了马克思主义与时俱进的理论品格。所以进一步研究社会主义核心价值观及其结构的稳定性与发展性的统一，不仅是必要的也是亟须的。

第三，应该结合实践活动，不断强化社会主义核心价值观高度自洽性而

---

① 参见刘华景：《开放性：社会主义核心价值观的内在逻辑属性》，《青岛农业大学学报》，2013年第4期。
② 陈慧平：《论开放性对社会主义核心价值体系的重要性》，《中国矿业大学学报》（社会科学版），2016年第3期。
③ 参见陈慧平：《论开放性对社会主义核心价值体系的重要性》，《中国矿业大学学报》（社会科学版），2016年第3期。

彰显出的生命力。有学者将结合具体实践活动推动社会主义核心价值观教育，上升到了教育方法的高度，将之概括为"实践教育法"。在此举一典型事例——"六小道德实践活动"：

北京市通州区在全区青少年中开展了"六小道德实践活动"，即围绕"做文明有礼的北京人"的主题，以倡导垃圾减量、垃圾分类为重点，以"社区小楼门长""文明小宣传员""文明小引导员""环保小卫士""爱心小使者""家庭小笑星"等道德实践活动为载体，通过组织广大中小学生积极参与形式多样的社会实践活动，对全区广大青少年进行社会主义核心价值观教育。

活动取得了积极成果。全区近 10 万名中小学生，利用假期到全区 4 个街道办事处、11 个乡镇，共 111 个社区、475 个村报到，积极参与礼仪、环境、秩序、服务、观赏、网络六大文明行动和以"小楼门长、文明小宣传员、环保小卫士、爱心小使者、家庭小孝星、文明小引导员"为主要内容的青少年"六小"道德实践活动，911 名"社区文明小使者"受到表彰。①

研究者认为，上述的"六小道德实践活动"，既涉及价值观、行为习惯和情感，也涉及家庭、学校、社区和社会，与青少年生活紧密相连，与社会主义核心价值观紧密相连。该活动"通过个体实践，指导青少年学会身体力行，从实际行动中，从身边细微小事规范自我的言行做起，促进青少年养成日常表现符合社会主义核心价值观标准和规范的行为习惯"②。离开了扎实具体的实践教育，只是从事理论引导，经验证明是无助于社会主义核心价值观生命力发挥的。"六小道德实践活动"，在实践角度，紧密联结社会主义核心价值观，很好地彰显了它的生命力，并从一定侧面表明了社会主义核心价值观的自洽性特征。

还有研究者以汶川大地震后的 2008 年 5 月 19 日，中南海怀仁堂前、汶

---

①② 安宁、张敏：《谈青少年社会主义核心价值观教育方法创新——以 3 个典型案例为分析样本》，《中国青年研究》，2015 年第 5 期。

川地震废墟上、天安门广场中三场集体哀悼仪式的场景，以及同年 10 月 1 日举行的升旗和向人民英雄纪念碑敬献花篮仪式两项重要实践活动为典型案例，探讨了"集体仪式与社会主义核心价值认同"的重要关系，从国家重要集体仪式的角度，思考了社会主义核心价值观的实践路径等问题。"地震后的集体哀悼仪式集中反映了社会主义核心价值观中的民族精神、以人为本以及对于生命价值尊重这些重要的核心内容，正好是切合人们当时当地的情感需要而激发出一种强烈的整体价值认同感。而敬献花篮的仪式里则更为系统、整体地表达了社会主义核心价值观。"①

"反观在地震集体哀悼仪式中人们所表现出来的认同度与参与热情，其中的原因自然是非常复杂的，但就核心价值观的内涵特征来说，诸如这样的集体哀悼仪式在很大程度上丰富和张扬了核心价值观的内容，而这种内容又与现代人们的实际情感与需要发生了直接的联系，如此才会促使人们形成自发的认同。在学界前人的研究以及本文之前的文献综述屡次提及，社会主义核心价值观其中最重要的思想基础之一就是民族精神，而面对灾害的苦难与创伤，中国人民正是以这种勇敢、坚强的民族精神在不屈不挠地与灾害做着斗争，而适时进行的集体哀悼仪式在很大程度上契合了这种精神的欲求……另外，集体哀悼仪式对于社会主义核心价值观的又一丰富而深刻的内涵则是集体仪式表达了以人为本的价值理念以及对普通人的生命与价值的尊重。"②

如上例所述，集体仪式的活动实践以其深厚的传统文化色彩，在推进社会主义核心价值观认同方面发挥着不可替代的重要作用。而集体仪式活动实践本身所凸显的对人的塑造作用，也在很大程度上体现了社会主义核心价值观的生命活力。

---

①②　刘燕燕：《集体仪式与社会主义核心价值认同——基于两个案例的启示》，"中国优秀硕士论文全文数据库"，"社会科学 I 集"，2011 年第 S1 期。

此外，有学者总结了福建省引导非公有制经济人士践行社会主义核心价值观的实践经验。一方面，福建省在引导非公有制经济人士核心价值观时，注重以习近平 2015 年 5 月在中央统战工作会议上所提出的促进非公有制经济健康发展和非公有制人士健康成长，引导非公有制经济人士特别是年轻一代致富思源，富而思进，做到"爱国、敬业、创新、守法、诚信、贡献"的新十二字方针，进行内部塑造；另一方面，又特别注意由党委政府主导的外部建构工作。这些外部建构的实践工作包括：①加强宣传，获得理论认同，构建分层分级的教育体系，创新教育形式，坚持重点突出与分类指导相结合；②主动服务，赢得情感认同，为企业的生存做好服务工作，为企业的开拓发展提供一切便利条件，坚持搭建平台与创新载体相结合，引导非公有制经济人士将社会主义核心价值观外化于行，自觉履行社会责任；③学思想，树典型，争取道德认同，培育企业家精神，发挥行业精英的示范作用，加强企业文化建设，发挥文化的引领作用，坚持典型带动和普遍参与相结合，形成非公有制经济人士积极践行社会主义核心价值观的良好氛围；④创新机制，保障行为认同，建立协同联动机制，创新奖惩机制，坚持政策保证与机制保障相结合，保障非公有制经济人士践行社会主义核心价值观，推动社会和谐健康发展。①

这里概括的外部建构是以大量的各种形式的实践活动为依托的。应该讲，引导非公有制经济人士认同与践行社会主义核心价值观是有一定的特殊性的。福建省对此以浸透着社会主义核心价值观念的新十二字方针为指导，在各种日常性的、创新性的、联动性的实践活动推动下，在引导非公有制经济人士认同与践行社会主义核心价值观方面取得了宝贵的经验。这些实践经验同样也显示了社会主义核心价值观的强大生命力。

---

① 参见谢珍珍：《引导非公有制经济人士践行社会主义核心价值观》，《福建省社会主义学院学报》，2016 年第 1 期。

(三)价值抟铸与价值共识:理论与实践的高度统一

站在坚持中国特色社会主义政治发展道路,构建当代政治文化的角度,社会主义核心价值观的培育和践行是一项长期的社会性系统工程,形成价值共识,绝对不会是一蹴而就的。因此,这必将是一个不断进行价值抟铸的过程,是一个不断优化其价值结构与自洽性的过程,是一个生命力不断强化的过程。在这里,价值抟铸是理论构建过程,形成价值共识则是实践所致的结果,而坚持中国特色社会主义政治发展道路则是根本目的。没有价值抟铸,形不成作为主导价值的社会主义核心价值观,则价值共识无从谈起;而没有全社会对价值共识的达成,则构建社会主义核心价值观又失去了意义。

那么什么是价值共识呢?"简单地说,价值共识是指不同主体对价值(主要指公共价值)达成基本或根本一致的看法,也即对价值形成基本或根本一致的观点和态度。"①一个民族国家最终是否能形成主导的价值观、形成价值共识,不仅仅是个理论问题,更是个实践问题。因为这是"一个民族国家的凝聚力、黏合剂和导航器,它能够对现实存在的诸多价值形式及其价值冲突进行必要的统摄、抑制、平衡与协调,凝聚社会价值共识,熔铸社会精神支柱,起到价值定向与社会团结的作用。因此,我们在培育主导价值和价值观建设中,必须坚持以社会主义核心价值体系引领多元化的社会思潮,真正让社会主义核心价值体系成为全民族奋发向上的精神力量与团结和睦的精神纽带"②。其意义不容置疑。价值抟铸与价值共识共同凸显出坚持中国特色社会主义政治发展道路理论与实践相统一的重要任务。这意味着,价值抟铸与价值共识又是高度联结而不能强为割裂的。价值共识在实践中不断推进,也会通过实践反馈进一步加强价值的理论抟铸,而反过来,不断进行理论抟铸的社会

---

① 胡敏中:《论价值共识》,《哲学研究》,2008 年第 7 期。
② 上官酒瑞:《整合多元价值:社会主义核心价值体系的基本诉求》,《理论导刊》,2008 年第 6 期。

主义核心价值观又会因其自洽性,从而更有说服力地促进价值共识的形成。

关于价值共识对价值拎铸的重要影响,胡敏中认为,价值共识由认知共识、评价共识、思想共识和信念共识这四种共识构成,并展现为递进的过程。这在相当程度上显现出了价值共识形成过程中的复杂性。无论价值共识的形成具有怎样的曲折性与复杂性,概而言之,可以通过两条主要途径来实现。第一条途径主要依靠价值主体自身内部的力量,以交往、交流、对话、商谈、合作等方式达成价值共识。第二条途径通过价值主体之外的第三方(包括他人、团体、组织、政府和国际组织等)力量,以意识形态的教化、思想文化的宣传、利益的调节、外交上的斡旋等方式促成价值共识。①毫无疑问,这两条主要途径都涉及核心价值观的价值结构及其自洽性。如果核心价值观没有一个稳定的结构或者本身矛盾突出,没有高度的自洽性,则无论采取何种途径,都不会取得很好的结果。特别是当以政府和组织为主要力量进行意识形态教化与思想宣传时,价值拎铸即价值结构及其自洽性的理论建构程度,就显得更加重要。

东南大学樊浩教授作为首席专家之一的团队在全国几个省区进行大量调查后发现,我国目前已形成三方面的共识:一是意识形态观共识——主题词是"调整"和"多元包容";二是改革开放共识——对改革开放高度肯定;三是"改革开放问题"共识——聚焦于两极分化与腐败。在这三大共识中,"第一、二两个共识不仅本身就是基本价值共识,而且为其他价值共识的生成提供了良好的理念前提和政治基础,为价值共识和核心价值观的形成提供了可能条件"②。调查还显示,当前我国社会最重要的五种德性依次为:爱(占78.2%)、诚信(占70.0%)、责任(占69.4%)、正义(占52.0%)、宽容(占47.8%)。调查通过排序加权的结果是:爱、责任、诚信、正义、宽容。两次调查,除"责任"

---

① 参见胡敏中:《论价值共识》,《哲学研究》,2008 年第 7 期。
② 樊浩:《中国社会价值共识的意识形态期待》,《中国社会科学》,2014 年第 7 期。

与"诚信"的地位发生转换外，要素乃至排序几乎一致。"新五德"中，只有"爱"和"诚信"勉强归之于传统，其他三德——责任、正义、宽容，都是现代元素。由此，便可以描绘当代中国社会伦理与道德的不同演进轨迹——伦理上仍守望传统，但道德上已经基本解构了传统而走向现代，二者呈现反向运动。①

　　这反映在社会主义核心价值观的 24 个字中，则表现为伦理传统的坚持与现代观念的提倡相统一。这里对于"责任""正义""宽容"三者"都是现代元素"的判定似有武断之嫌，就字面来看，这三种德性的表述都是现代习用的词汇，但从其内涵来审视，亦都有着极其丰富的传统文化根基。如以"责任"为例，传统文化中关于政治责任、社会责任、家庭责任、个人责任等的论述可谓汗牛充栋、不胜枚举：

　　　　以其身任为君之责，凡百姓之有过，则是我一人之有罪，盖自任天下之责也。②
　　　　天生烝民而立君，所以任父母抚绥之责。③
　　　　所谓责下任者，夫以海宇之广、亿兆之众，一人不可以独治，必赖辅弼之人然后能成天下之务。④
　　　　盖身为大臣，兼有致君泽民之责，为臣之所以不易也。⑤
　　　　士之仕也，有其任斯有其责；有其责，斯有其忧。任一县之责者，则忧一县；任一州之责者，则忧一州；任一路之责、天下之责者，则以一路与天下为忧也。盖任重则责重，责重则忧深。⑥
　　　　世之论者，皆以天下国家之责属诸君子之身，妇女若无所与焉者。及

① 樊浩：《中国社会价值共识的意识形态期待》，《中国社会科学》，2014 年第 7 期。
② 〔宋〕林之奇：《尚书全解》卷二十二，四库全书本。
③ 〔宋〕程珌：《洺水集》卷一，四库全书本。
④ 〔宋〕赵汝愚：《宋名臣奏议》卷四十一，四库全书本。
⑤ 〔元〕陈悦道：《书义断法》卷三，四库全书本。
⑥ 〔元〕张养浩：《三事忠告》卷二，四库全书本。

观斯传,然后知责之在君子者,虽妇女亦足以尽之。①

　　夫礼义乖则民俗漓,儒学之责也;疾疢兴则民生蹙,医学之责也……②

　　为人之母,有教人之责矣。③

　　"正义""宽容"亦犹是,皆有着深厚的传统文化根基,兹不赘举。可见,这所谓"新五德"的价值共识,其深层仍有着传统伦理的依托。尽管对结论我们有不同看法,但这项对于价值共识的实证性研究无疑促进了对社会主义核心价值观的深层次理解和思考,价值共识对价值抟铸具有根本性影响。落实到实践中则如陈来所说的那样:"社会主义核心价值的实践,具体的操作,一定要以中华美德体系的传承和实践为条件、为落脚点。"④

　　价值抟铸对价值共识具有积极的促进作用。如前文所言,价值抟铸与价值共识是相互促进与不断强化的过程。从社会主义核心价值观建设角度,价值共识对价值抟铸的根本性影响毋庸置疑,价值共识是社会主义核心价值观凝聚抟铸为自洽性整体的前提与基础。但同时在价值抟铸的过程中,也会对价值共识的达成起到进一步强化与促进的作用。亦即是说,价值抟铸是对价值共识深层次的强化与加工。

　　首先,价值抟铸会使价值共识一体化。价值共识之间可能从深层次上有着紧密的逻辑或历史联系,但如果没有价值抟铸的过程,在表面上价值共识之间可能表现为松散的、缺乏联系的一种状态。这对价值共识的延续与发展显然并不有利。而如果通过价值抟铸的过程,使价值共识之间逻辑的、历史的乃至当下的联结得以阐明与凝聚,使之一体化,则对价值共识的延续与发展

---

① 〔明〕杨继盛:《杨忠愍集》卷三,四库全书本。
② 〔明〕孙绪:《沙溪集》卷一,四库全书本。
③ 〔明〕倪元璐:《倪文贞集》卷十二,四库全书本。
④ 陈来:《中华文明的核心价值:国学流变与传统价值观》,生活·读书·新知三联书店,2015年,第230页。

具有重要意义。通过价值抟铸对社会主义核心价值观这种价值共识一体化的阐释,会不断增强和优化社会主义核心价值共识的自洽性与生命力。

其次,价值抟铸会使价值共识在实践中得到民众的普遍肯认。有学者指出:"达成对社会主义核心价值体系的共识,不仅要对人民群众进行社会主义意识形态和优秀传统文化的教育,而且要使人民群众通过自己的认知、体验和信仰来接受和内化社会主义核心价值体系,更为重要的则是要通过人民群众的日常行为和社会实践来真正践行它。只有这样,社会主义核心价值体系才能真正成为人民群众的普遍共识。"①这里强调的是,价值抟铸在社会政治实践中通过调动各种政治主体的主观能动性,利用制度手段、政治传播等示范和引导,不断积淀和完善,使社会主义核心价值观形成一个有机整体,进而发挥其在政治生活中的主导作用,从而形成人民群众乃至全社会的普遍共识。

如学者胡敏中所言:"社会主义核心价值体系是对当代中国的核心价值和公共价值的反映和建构,是对中国特色社会主义建设实践的理论总结和概括。社会主义核心价值体系代表了最广大人民的根本利益,同时又有其广泛而坚实的思想文化基础。社会主义核心价值体系既传承着中华民族的优秀文化和民族精神,又具有时代的内涵和时代精神;既保持了社会主义意识形态的本质特征,又关联着人们日常生活的道德情操和伦理规范。从而,社会主义核心价值体系同人民群众日常的一般价值观是水乳交融的,同时在性质和诉求上也是根本一致的。这就保障了社会主义核心价值体系在整个价值体系中的核心地位和支配作用,使其能够统一人民的思想,并引领社会各种思潮。"②这就更彰显出价值抟铸的重要性,没有价值抟铸这样一个牢牢置于实践基础之上的理论建构过程,没有社会主义核心价值观自洽性与生命力的增强,没有在社会政治实践中形成全社会的普遍价值共识,就不能更好地坚

①② 胡敏中:《论价值共识》,《哲学研究》,2008 年第 7 期。

持中国特色社会主义政治发展道路。就此而言,围绕社会主义核心价值观及其体系价值抟铸的理论建构与实践,是坚持中国特色社会主义政治发展道路带有根本性与核心性的重要任务。

二、目标转换

在王权专制的传统社会,教化之道最终的目的是将自然人通过教化的方式培养为王权专制所需要的臣民。"臣民"二字就字义的本来含义来看,就是奴隶的意思,最多是大奴隶、小奴隶的区别。在王权专制社会中,臣民的基本特点是,只有义务可尽,并无权利可言。有学者认为,所谓臣民,"就是屈从或被动服从于国家权力的人,对国家具有强烈的依附性,缺乏独立之人格,表现为奴性之本质,相对于国家权力而言,只有义务而无实质的有效权利"[1]。葛荃教授则简明地指出:"构成臣民观念的本质特征是:只尽义务,不讲权利。"[2]刘泽华先生更是明确地概括了臣民意识的三大特征:一是在"君权至上"价值准则的规定下,臣民只有忠君义务观念,而无任何关于法定权利的自觉;二是在泯灭个人主体意识的道德修身观念束缚之下,人们缺乏基本的权利主体意识;三是在沉重的等级观念压制之下,形成了普遍的"尽人皆奴仆"的政治心态。[3]

即使是能够参与分享政治权力的"大臣""重臣"们,在君权至上的价值主导下,也随时可能被人君抛之如敝屣,上演大起大落的人生悲喜剧。确如论者所言:在君主政治条件下,君权是国家权力的唯一表现形式,君主位于政治体制的核心,拥有最高的决策权和"分配权力的权力"。因之,贵族朝臣

---

① 刘宇:《从臣民到公民——个人自由与权利生长历程的逻辑性考察》,南开大学博士学位论文,2010年。
② 葛荃:《走出王权主义藩篱:中国传统政治文化研究》,天津人民出版社,2017年,第168页。
③ 参见刘泽华:《从臣民意识到公民意识》,《炎黄春秋》,2009年第4期。

和各级官吏所享有的权力不过是君权的再分配。在权力私有的君主政治时代，官僚制下的官吏系统是君权统治的延伸，朝臣贵族和各级官吏拥有的只是从王权派生或分解出来的政治经济特权，而非法定的以自由和平等为前提的"政治权利"。①

　　这样，极度的忠君义务观念，以及与之相对应的"尽人皆奴仆"的臣民心态的形成，就是再自然不过的了。在使每一个独立的"自然人"变化成为依附性的"政治人"即臣民的过程中，传统的教化起到了举足轻重的作用。这里，教化活动的目的是极其明确的——造就合格的王朝臣民，促进"王权至上"的价值认同与王朝认同。

　　显然，在坚持中国特色社会主义政治发展道路的当下，教化即政治社会化的最终目标不再是王权专制社会条件下的合格臣民，而是社会主义社会的公民。事实上，从臣民到公民的角色目标转换绝非是政治制度与法律规定可以完成的。从晚清、民国时代先进中国知识精英们对公民观念的鼓唱到新中国成立之后对公民身份的法律确认，都没彻底扫清臣民观念对人们的思想羁绊。政治文化的变迁本就是一个缓慢的过程。

　　葛荃教授认为，立足于政治文化层面，至今公民意识不能正常发育，而传统的臣民观念、臣民心态挥之不去的缘由主要有两点：一是中国与西方政治文化的内在价值系统存在着很大的差异，使得舶来的公民及权利、义务等观念难以深入并扎根于中国传统政治文化的土壤。二是形成普遍的公民意识必须以每一个社会成员的具体社会实践为必要环节。②这样，教化目标的转换就为教化过程的实践提出了新问题。如何在新的政治社会化目标下，有效地开展以促进社会主义社会公民意识发育、确立为目的的教化活动就摆在了当下。实际上，葛荃教授在分析公民意识不能正常发育的问题时，已同时指

---

① 参见葛荃：《走出王权主义藩篱：中国传统政治文化研究》，天津人民出版社，2017年，第169页。
② 同上，第180页。

明了解决问题的办法。一是构建中国特色社会主义核心价值体系,这一问题党中央已经解决;二是在坚持中国特色社会主义政治发展道路的实践中,不断强化社会主义公民意识,在政治实践与政治观念的互动中,真正使人们学会"在实践中做公民"①。而当代知识分子也应自觉地担当起教化的使命,如雷颐所讲:"由于中国目前再次面临公民社会的建立,所以当今中国知识分子的使命仍是承续从'维新'到'五四'的精神传统:为公民社会的建立启蒙、尽力。"②

三、形式创新

《布莱克维尔政治制度百科全书》直接指明了政治社会化是"一种或多种过程",即"人们关于政治传统或政治角色以及与之相关的行为的知识不是生而俱有的,政治社会化就是获取这些知识的一种过程或多种过程"。③故而国内政治学教科书把政治社会化定义为:"人们在特定的政治关系中,通过社会政治生活和实践活动,逐步获得政治知识和能力,形成和改变自己的政治心理和思想的能动的过程。"④毋庸置疑,政治社会化过程的完成是需要各种媒介的。这些媒介包括家庭、学校、特定的政治符号、大众传播工具、社会政治组织以及政治实践等。⑤从这个角度审视,站在人由自然人成长为政治人的立场及政治文化延传的立场,通过上述诸多媒介,以政治内容特别是核心政治价值为主的社会化传播,其意义便得以凸显。

尤其是大众传播工具,在当今信息化时代,其作用可谓是生死攸关。如

---

① 葛荃:《走出王权主义藩篱:中国传统政治文化研究》,天津人民出版社,2017年,第176页。
② 雷颐:《臣民·公民:中国知识分子当今使命》,《学习时报》,2004年7月12日。
③ 参见邓正来:《布莱克维尔政治制度百科全书》(新修订版),中国政法大学出版社,2011年,第505页。
④ 王浦劬等:《政治学基础》(第二版),北京大学出版社,2006年,第281页。
⑤ 参见王浦劬等:《政治学基础》(第二版),北京大学出版社,2006年,第284~286页。

有学者指出:大众传播工具能够产生巨大的和统一化的影响,它不仅是提供信息的工具,而且是改变基本政治文化模式的工具。大众传播工具作为改变基本政治文化模式的工具,是从两重意义上而言的:①广泛的传播与交流,使政治文化得以更新发展;②一种新政治文化要上升为一个社会的主体政治文化,必须通过广泛的大众传播。从这一意义上说,谁掌握了大众传播工具,谁就拥有了政治文化传播的主导权。①

政治传播亦与上述媒介具有不可分割的关系,无论是作为一种政治活动过程,还是一般意义上的传播活动过程,其最终均指向政治社会化,作用于政治文化的延传。有研究者阐明:"政治传播系统实现政治社会化功能主要通过两个途径:一是政治传播系统引导政治传播媒介通过大量报道使政治事件引人注目;二是直接宣传某种政治观念、政治态度与政治情感,久而久之这样的政治态度与情感成为现有政治系统的政治文化得以代际传承。政治传播系统的政治社会化功能,其实质是在公众的头脑中力图塑造出一种政治秩序和政治合法性,形成对现有政治系统的认同的政治心理和政治思想,从而实现政治系统长期的平衡与稳定。"②我们知道,政治社会化本身是一个复杂和长期的过程。从一定程度上讲,政治传播的过程是从属于政治社会化过程的,是政治社会化过程中极其重要的方面。甚至如果我们只从活动过程本身而不包括结果考察在内的话,政治传播与政治社会化是高度重合的。因此,我们要坚持中国特色社会主义政治发展道路,政治社会化尤其是政治传播是我们不可忽视的重点领域。

(一)政治传播及其形式、功能

关于政治传播的界定,目前大致可以分为两大类别,一是立基于传播学

---

① 参见王浦劬等:《政治学基础》(第二版),北京大学出版社,2006年,第285页。
② 苏颖:《政治传播系统的结构、功能与困境分析——基于政治结构—功能分析方法的视角》,《东南传播》,2009年第5期。

基础上的界定，这类界定更关注"传播"。如国内有学者将"政治传播"界定为："在国家的政治制度体系内，统治者作为信息的中枢，利用信息输出、输入、传递、扩散、存储及反馈等方式，实施社会控制、监督、整合，以保持政治稳定、延续的手段与活动。"①又如将之界定为："政治共同体的政治信息的扩散、接受、认同、内化等有机系统的运行过程，是政治共同体内与政治共同体间的政治信息的流动过程。"②刘佩峰认为："政治传播是指传播的主体（政治传播的主体）过多通道、多媒体、多符号传播政治信息，以推动政治过程，影响受众的态度与行为的一种对策活动过程。"③还有人界定为："政治传播是政治主体通过媒介将政治信息进行传递、使受众接受并反馈以实现政治目标的活动。"④另一类界定更倾向于从政治学立场来思考，这一类更关注"政治"。费根认为政治传播是"政治系统内及政治系统与其环境间的任何传播行为，因而建议研究传播网络（组织、团体、大众媒介、特殊管道等）及传播形态的经济、社会决定因素"，查菲则认为政治传播就是"传播在政治过程中所扮演的角色"。⑤宋黎明认为"政治传播是一种政治行为"，同时"政治传播的内容是与政治有关或有政治意义的信息"。⑥在这一立场上，学者们更重视政治传播所发挥的政治活动方面的功能。如李元书在强调政治传播的功能性时说："政治传播的功能，即政治传播的使命、能力和作用的总和。使命强调的是政治传播应该做什么，职责有哪些。能力是指实际发挥的作用有多大，力量有多大，发挥了哪些作用。"⑦

---

① 陈谦：《中国古代政治传播思想研究》，中国社会科学出版社，2009 年，第 21 页。

② 荆学民、苏颖：《中国政治传播研究的学术路径与现实维度》，《中国社会科学》，2014 年第 2 期。

③ 刘佩峰：《政治传播：行政管理的运作过程》，《党政干部论坛》，2001 年第 5 期。

④ 薛忠义、刘舒、李晓颖：《当代中国政治传播研究综述》，《政治学研究》，2012 年第 5 期。

⑤ 参见荆学民、施惠玲：《政治与传播的视界融合：政治传播研究五个基本理论问题辨析》，《现代传播》，2009 年第 4 期。

⑥ 参见宋黎明：《中国共产党的政治传播机制研究》，中央党校博士论文，2007 年。

⑦ 李元书：《政治体系中的信息沟通——政治传播学的分析视角》，河南人民出版社，2005 年，第 39~41 页。

鉴于传播学和政治学不同的学科立场,对于政治传播的界定各有偏颇的状况,也有学者认为,"对于'政治传播'范畴的准确界定和规范,首先要克服上述'短视'界定的局限性,突破那种只在具有独立而完整规定性的'政治'与'传播'的'关系'上做文章的思考理路,分别解构'政治'与'传播'两个范畴,从'政治'的本质中探求其传播的要素,从'传播'的内容中探求政治的要素,二者有机结合构成'元态'的、完整的、独立的'政治传播'范畴"①,因此对"政治传播"作了这样的界定:所谓"政治传播"是指特定政治共同体中政治信息扩散和被接受的过程。②

这一界定是有关学者希图建立"政治传播学"的本体立场,是其构建学科体系的根本出发点。但在我们看来,这一界定即使仅从政治学角度着眼,它也颇具合理性。因为"特定政治共同体中政治信息扩散和被接受的过程"一语很好地彰显了政治传播过程与政治社会化过程的同质性,也彰显出"政治传播的本质所反映的是一种国家与社会的关系"③。

对政治传播形式,学界也有不同的概括。如有学者认为政治传播形式可以分为两类:一是以轴状、单向互动为主的政治演说、政治新闻、政治广告和政治公文;二是以网状、相向互动为主的政治辩论、政治谈判、政治流言和政治歌谣。④有学者认为政治传播的形式可以分为政治新闻、政治宣传、政治广告、政治辩论、公共舆论和政治选举六大类,并认为政治社会化是政治传播的重要目的。还有学者将政治传播形式主要分为两类:一类是传播形态,主要包括政治新闻和政治宣传;一类是传播符号,主要包括政治修辞、政治象征和政治形象。⑤

政治传播具有明确的政治社会化目的,因而它的功能性是明确的。李元

①②   荆学民、施惠玲:《政治与传播的视界融合:政治传播研究五个基本理论问题辨析》,《现代传播》,2009 年第 4 期。

③   刘远亮:《中国语境下的政治传播功能分析》,《东南传播》,2011 年第 12 期。

④   参见周鸿铎:《政治传播学概论》,中国纺织出版社,2005 年,第 13 页。

⑤   参见薛忠义:《当代中国政治传播研究综述》,《政治学研究》,2012 年第 5 期。

书将政治传播的功能概括为：传播政治信息、设置政治议题、影响公共舆论、促进民主、政治社会化、塑造政治形象、监督政府、政治控制与稳定等方面。①周鸿铎则将政治传播的功能区分为组织、社会两大层面，他认为政治传播在组织层面的功能主要体现在：塑造形象，提高声望，培养角色，优化品格、弘扬理想，激发斗志、促进团结，争取谅解、动员支持，发展经济、实施管理、稳定秩序六个方面；在社会层面上的功能主要体现在：报道的职能、表达的职能、解释的职能、教育的职能以及控制的职能五个方面。②

　　值得注意的是，上述关于政治传播的相关研究无论是基于传播学、政治学立场乃至政治传播学的具体学科立场，其所关注与思考的前提都是现代社会。而有关传统社会特别是中国传统王权专制社会政治传播的相关思考，除少数学者有所涉及，如陈谦认为："应该说，中国古代王朝的诸多政治活动、谏议及教化等都是王朝的政治控制活动，信息传播必然蕴涵其间。"③大部分学者对此的关注是明显不够的。如果我们认同政治传播对于政治文化的延续具有不可忽视的重要作用的话，那么关于传统王权专制社会政治传播、政治社会化乃至政治文化的思考，就是绝对绕不过去的。因为"自从有了政治有了国家，也就有了政治传播"④。可以说，正是在传统王权专制社会与现代社会的比较思考中，政治传播的政治文化意义与政治发展实践价值才能更好地得以显现。

　　在前文导论中，我们曾概括传统王权专制社会政治传播的立体性与层次性，这里我们在比较思考的角度，以及上文界定与功能认识的基础上，将政治传播形式作一新划分，将之划分为制度内与制度外两种基本形式。

---

①　参见李元书：《政治体系中的信息沟通——政治传播学的分析视角》，河南人民出版社，2005年，第39~41页。
②　参见周鸿铎：《政治传播学概论》，中国纺织出版社，2005年，第9~12页。
③　陈谦：《中国古代政治传播思想研究》，中国社会科学出版社，2009年，第21页。
④　李元书：《政治传播学的产生与发展》，《政治学研究》，2001年第3期。

1.制度内政治传播

所谓制度内政治传播形式,指的是中国传统王权专制社会被包蕴在政治制度之中的政治传播形式。无疑,这种制度内政治传播形式是具有体系性特点的。学者陈谦在研究中国古代政治传播时,将传统政治制度中所包含的有关政治传播的制度提炼概括出"中国古代政治传播制度体系",陈谦认为,中国古代政治传播制度的体系大致包括如下五种制度:①信息中枢的政治决策制度;②政治信息传递渠道(包括媒介)制度;③政治信息收集与反馈制度;④政治秩序的信息监控与政治传播权力调节制度;⑤政治文化传统的信息存续与维护制度。上述五个方面相互关联,但又具有各自的功能,形成完整的政治传播制度体系。①

具体而言,信息中枢的决策制度包括:决策机构的构成形式(御前会议、宰辅会议、百官会议、内侍参与)、决策的依据与信息传递渠道、决策的程序和方式(诏、制、敕、令的格式、颁布程序、各级官府执行程序)、运行机制(内廷与外朝、朝议与廷争、封驳制度、皇帝最终裁夺权)等;政治信息的传递渠道(包括媒介)制度包括:历代普遍设置的传递公文奏报的机构,如唐代的知匦使、进奏院,宋代的通进银台司、登闻鼓院、检院,明代的通政司等,以及在基础上形成的如唐进奏院状报,明清的塘报、京报等政治信息传播媒介,以及历代王朝的邮传设施及制度等;政治信息收集与反馈制度包括:历代巡视制度、"天子听政""采诗观风"等收集政治信息的制度、官吏考绩述职制度、君主定期或不定期下诏征求民间的对策等相关制度;政治秩序的信息监控与政治传播权力调节制度包括:在中国历史上影响深远且广泛的历代监察制度、谏议制度,乃至如曹魏时期的"校事"、明代的"厂卫"的密探、特务制度等;政治文化传统的信息存续与维护制度包括:历代设立专门机构,官修史书的制度,大规模编纂图书的制度,包括中央在内的各级官学制度,包括察举、征辟、科举取士在

① 参见陈谦:《传播、政治传播与中国古代政治传播制度体系》,《广西社会科学》,2006年第1期。

内的人才选拔制度等。①

由上可知,制度内政治传播,因其依托于政治传播制度体系(该体系实际包容于整个传统社会的政治制度之中),所以这种政治传播形式具有体系性、密集性、完整性、强制性、诱导性等诸多特点。

2.制度外政治传播

所谓制度外政治传播形式,指的是传统王权专制社会政治传播制度体系之外的传播形式。中国传统社会的政治社会化过程,从一定程度上可以将之与教化之道相提并论。无疑,在这里教化活动是不折不扣的政治传播活动。就教化而言,中国传统社会既有体制内教化,如各级官员与各级官办学校的具体教化活动,又有体制外教化,如民间宗族社会的家庭教化、民间士绅以及平民儒者的自我教化及大量的私学办学、社会讲学活动,乃至娱乐活动等。这些体制外的教化活动都属于制度外的政治传播形式。这种政治传播形式,因其缺乏政治传播制度体系的依托,因而具有基层性、多样性、自发性、覆盖性等特点,并且这种政治传播形式往往与生活、娱乐等联结得极其紧密。

如以地方士绅和平民儒者为主的体制外教化,就发挥着极其重要的政治传播作用。地方士绅与平民相比,在政治上具有一定特权,他们常常成为地方学校或书院的主持者,并一般负有宣讲教化和表彰德行的义务。②地方士绅或者是致仕官员,或者是有功名在身的读书人,而作为读书人的民间儒者与他们更有着千丝万缕的联系。更重要的是,他们的成长过程本身即属于这种政治传播活动(政治社会化)的结果,因而对政治价值的高度肯认,强化了他们对教化活动的参与自觉性。他们的自觉教化活动的存在,可以有效地扫清教化活动的死角,从而更大范围地加强政治社会化力度,巩固成果。并

---

① 参见陈谦:《传播、政治传播与中国古代政治传播制度体系》,《广西社会科学》,2006 年第 1 期。
② 参见葛荃:《走出王权主义藩篱:中国传统政治文化研究》,天津人民出版社,2017 年,第 302~304 页。

且由于他们自身具有教化成果的示范效应和亲民立场，可以在基层民众中发挥更大的作用,产生更积极的影响。

再如,地方宗族作为地方政治传播的基层载体,其作用是无可替代的。以宗族为背景的家庭政治传播，因其以血亲情感及血缘伦理为纽带的关系结构,从而发挥着极其重要的政治社会化作用,并且为制度化的乡约发挥其政治传播功能奠定了坚实的社会组织基础。

又如，根植于传统乡村社会的诸多生活或娱乐方式都在深层次发挥着政治传播的作用。因为其间的主题都是围绕着传统政治价值而展开的,如祭礼、社戏、说书、民俗表演等。这种寓教于乐且为普通民众喜闻乐见的形式，在文盲和半文盲占传统社会人口大多数的情况下，所发挥的政治传播功能非但是巨大的,而且是不可替代的。

当然,严格地讲,制度外政治传播与制度内政治传播形式只是一种相对的划分。其目的是从另一个角度来论证、观察传统政治传播所具有的立体性与层次性。这里所进行的划分提示我们,站在坚持中国特色社会主义政治发展道路的立场上,我们一方面应该重视制度内政治传播,不断地建立和健全中国特色社会主义政治传播制度体系;另一方面,我们还应该高度重视制度外政治传播形式，特别是在目前推动中国特色社会主义建设的新历史条件下,其意义难以估量。

(二)政治传播内容:社会主义核心价值观及其体系

政治传播的政治社会化效果不但与政治传播的形式有关，更关键的是与政治传播的内容即所传播的是何种政治信息有关。从根本上讲,政治传播内容的先在与形成是政治传播的前提与基础。因之,站在坚持中国特色社会主义政治发展的立场,政治传播的内容是我们要作重点研究与把握的。

荆学民教授"把政治传播内容设想为一个圆,那么其表层结构就是意识形态,中层结构就是政治价值,深层结构就是政治文明,而且在传播的过程中，这三种内容的'可传播性'也是不一样的"①。具体而言，在政治传播中，意识形态和政治价值"均属于可传播的'政治信息'范畴。但是……意识形态由于其特定政治经验所裹挟的坚硬的'政治性'外壳，在被传播中往往充满着拒斥和斗争，而政治价值由于其面向未来的超经验的'理想性'，虽然在传播中也有一定程度的'歧见'，但总体上相容性更强"②。而作为深层次的政治文明，因其没有政治冲突性、唯有通过传播而融合、有国别无国界的特点，而更具有"可传播性"。③

　　荆学民的研究是基于政治传播的一般理论所进行的理论思考。如果我们提前设定坚持中国特色社会主义政治发展的立场，则在他那里作为政治传播内容中间层次的政治价值，就变得更加核心和关键了。一方面，如他所讲，政治价值的可传播性程度是强于作为表层的意识形态的，同时，特定的政治价值又比作为深层内核的政治文明更具体和富有操作性；另一方面，如果从政治文化角度，政治价值是政治文化的基础性内容。就此而言，从我们的研究题旨出发，政治传播内容应该以社会主义核心价值作为主体，这是理所当然的。政治传播的内容，无论是制度内传播还是制度外传播，都应该围绕着具体政治价值，这样不仅有效，而且还会更好地发挥凝聚性和整合性的作用。

　　首先，以政治价值作为政治传播内容的主体是传统政治文化的重要启示。诸多政治文化研究者认为，在中国历史文化中，人们通过浩如烟海的文献所表达的认知与理念的惊人相似、相近和相同的现象，"意味着中国传统文化内含着的政治价值准则具有一致性与贯通性。也就是说，政治价值是建构传统政治文化体系的'内在结构'，在中国文化的传承过程中，正是这一政治价值系统的相对稳定才达成了传统文化的源远流长，绵延不绝"④。"所谓政治价值是意义系统，具有明确的主体性，体现着人与外部世界的某种关系。同时，政

①②③　荆学民：《关于政治传播内容的理论思考》，《南京社会科学》，2016年第3期。
④　葛荃：《走出王权主义藩篱：中国传统政治文化研究》，天津人民出版社，2017年，第33页。

治价值亦是一个政治系统赖以建立的根本依据，以及人们全部政治生活的终极目的。"①这启示我们，政治价值特别是成体系的价值系统作为政治文化的内在结构，具有一致性、稳定性和传承性。因此，我们如果不把政治传播的内容主体把握为政治价值及其体系，则事倍功半，效果不好是可以预见的。我们有了党中央提出的社会主义核心价值及其体系，便已有了明确的政治传播主体内容。牢牢把握住这个主体内容，对坚持中国特色社会主义政治发展道路、构建和发展中国特色社会主义政治文化，具有举足轻重的影响。

其次，政治价值对人们政治态度、政治观念、政治选择等具有决定性影响。

政治价值属于政治文化的核心部分，对人们的政治态度、政治观念、政治选择乃至意识形态等具有决定性影响。有学者指出此方面的关键性与核心性："如果说政治认知还属于政治文化的客观范畴的话，那么，政治价值则更多地渗入了感情和评价的要素，从而具有更多主观倾向。政治价值的基础是政治认知，一定的政治价值会以一定的政治知识为基础，政治主体的政治选择和制度偏好都是在政治知识的基础上产生的。政治观念进一步发展，并同政治实践发生联系，就有可能转化为政治意识形态。"②亦即是说，具有明确政治主体性的、系统的主观倾向，在人类的政治生活实践与政治文化中是居于主导地位的。这一点不仅为学界所普遍认同，也是中国传统政治文化的研究所证明了的。并且研究者指出，在中国传统政治文化中，政治价值及其系统的主导性影响还具有强烈的弥散性与渗透性，使整个中国传统文化都显示出"明显的政治价值取向"："在古代中国，政治具有较强的弥散性，几乎渗入整个社会文化，使之呈现出鲜明的总体性政治价值取向。也就是说，不仅直接与政治系统密切相连的文化显现出政治价值取向，同时在宗教、教育、伦

①　葛荃：《走出王权主义藩篱：中国传统政治文化研究》，天津人民出版社，2017年，第33页。
②　佟德志主编：《比较政治文化导论——民主多样性的理论思考》，高等教育出版社，2011年，第19页。

理,甚至社会物质文化等方面,均无一例外地显示出明显的政治性价值取向,由此形成了中国传统文化所特有的政治文化与文化政治化过程。"①由此可知,政治价值对人们的政治态度、政治观念、政治选择乃至意识形态等所具有的决定性影响,在中国传统文化当中的主导性更强,这一点是毋庸置疑的。因此,在这样一个政治价值主导性的政治文化传统背景下,以社会主义核心价值观及其体系作为政治传播的主要内容,对于人们基于社会主义立场,强化社会主义理想信念,坚守社会主义政治选择,坚持社会主义政治发展道路,亦会产生举足轻重的影响。

最后,以政治价值为主要内容的政治传播具有高度的可操作性。政治价值作为一种意义系统是内在的,从其本身而言,似乎很难讲它的可操作性问题。但将之作为政治传播的主要内容,亦即是说,如果政治价值有了自己明确的政治传播形式(各种媒介载体),那么它就具有高度的可操作性了。前文所引荆学民所说政治价值所具有的可传播性,终究要落实为各种明确的政治传播形式。从政治传播功能角度,可以很清楚地了解以政治价值为主要内容的政治传播的可操作性。如有研究者立足政治传播"国家与社会互动"这一认知角度,对中国语境即中国特定的社会政治文化条件下的政治传播功能作了如下概括:服务功能:①传播政治信息;②政治教育;③娱乐。控制功能:①拥护党的领导,增强党和政府的权威;②强化意识形态;③促进社会整合。发展功能:①沟通政府与民众;②社会动员;③促进科学决策的制定与实施;④塑造新的政治文化。②对政治传播功能作了服务、控制、发展三个方面的概括,基本勾勒出了当下"中国语境"背景中政治传播的特殊性。同时,也全方位地展示出了政治传播的高度可操作性。

将政治传播的主要内容限定为社会主义核心价值观及其体系,依然可以

---

① 刘泽华主编:《中国政治思想通史·综论卷》,中国人民大学出版社,2014 年,第 54 页。
② 参见刘远亮:《中国语境下的政治传播功能分析》,《东南传播》,2011 年第 12 期。

全方位地展示出政治传播的功能及其高度可操作性和中国特色。确如研究者所说："从功能的角度来分析，政治传播对中国社会发展的功能主要表现在服务、控制、发展三大方面，这是中国语境下政治传播功能的核心体现，它决定了中国政治传播的特点与发展格局。然而，政治传播各方面功能并不是孤立的，而是紧密联系、相互影响、相互促进的。研究中国语境下政治传播的功能就是为了凸显政治传播对中国社会发展的重要意义，一方面，政治传播的发展是中国社会发展的重要构成部分，另一方面，政治传播又是推动中国社会发展的重要动力。如何有效地发挥政治传播的功能，对于中国社会发展来说则是重要的理论与实践问题。"①以社会主义核心价值观及其体系为政治传播的主要内容，有效发挥政治传播的各项功能，对坚持中国特色社会主义政治发展道路，其重要意义不言而喻，而在此基础上高度重视政治传播本身的政治社会化作用，并将之视为坚持中国特色社会主义政治发展道路的重要领域，更是题中应有之义。

不必讳言，在当下政治传播中的确存在"政治话语困境"，有学者在罗列了政治话语的"霸权""政治独白""妖魔化"等现象后，将政治传播当中的政治话语困境归纳为立场困境、内容困境、形态困境、沉淀困境以及传播渠道困境，同时也提出了改变政治话语的立场、口气、用词、传播渠道等解决对策。②无论何种困境，实际上都显现出当下政治传播的发展水平与时代要求的脱节和不相称。自然，从政治文化角度，这种滞后正是政治文化延传的一个正常现象，不过，它也恰好提出了在新的社会历史条件下建构当代政治文化的迫切性，这又在当代政治文化建构的背景下，彰显了政治传播的问题及重要性。

---

① 刘远亮：《中国语境下的政治传播功能分析》，《东南传播》，2011 年第 12 期。
② 参见荆学民、李海涛：《论中国特色政治传播中的政治话语》，《青海社会科学》，2014 年第 1 期。

（三）政治传播的有关思考与实践：全媒体时代

其一，政治传播的日常性问题。习近平强调指出："要利用各种时机和场合，形成有利于培育和弘扬社会主义核心价值观的生活情景和社会氛围，使核心价值观的影响像空气一样无所不在、无时不有。"①这里，他指出的是培育和弘扬社会主义核心价值观的日常性问题，这就凸显出了以社会主义核心价值观为主要内容的政治传播的日常性问题。如前文所述，中国传统政治文化的"总体性价值取向"使传统文化体现出了一种政治覆盖性与弥散性的特点，这说明传统中国社会是政治主导型的社会。传统政治文化尤其以"王权""父权""伦常"，亦即忠、孝等核心政治价值渗透到了社会生活的方方面面。因传统社会既有制度内传播的形式，又有制度外传播的形式，所以使这些核心政治价值形成了一个没有人能够冲决的巨大"网罗"。建筑从城市、宫殿、衙署到普通民居、墓地，从形制、体量到装饰甚至颜色，都是有明确等级规定的，是由"王权至上""父权至尊"价值主导的。换言之，中国传统的居住从总体上说是政治性居住。

在这种渗透性影响之下，蕴含政治价值在内的政治性话语亦无处不在，不但民间戏剧娱乐大讲忠孝信义，即如中药亦讲"君臣佐使"之类，此种例证在在皆是，举不胜举。这种情况的造成，与传统政治传播（政治社会化）的立体性、层次性与日常性有关。其渗透的成功之处，表现为"百姓日用而不知"，传统政治价值成为人们的血液与呼吸，与生命凝为一体，不可剥离。因此，在新的社会历史条件背景下，互联网、手机等新媒介不断出现，政治信息的传播与关注因此更日常化了。这为以社会主义核心价值观为主要内容的政治传播的日常化，提供了很好的信息技术基础和生活习惯条件。

---

① 习近平：《把培育和弘扬社会主义核心价值观作为凝魂聚气强基固本的基础工程》，《人民日报》，2014年2月26日。

以互联网和手机为基本载体的微博、微信以及社交媒体平台,使网民和"手机控"成为一种生活常态,更有力地推动了信息传播的日常化。在这种条件下,我们已很难想象失去互联网和手机等日常通信工具的生活状态。以社会主义核心价值观为主要内容的政治传播完全也可以更日常化与普遍化,循此以往,政治传播必然会更好地起到潜移默化的政治社会化作用。这种日常化的政治传播方式对社会主义核心价值观的传播是有利的。因为归根结底社会主义核心价值观的认同是"需要日常化话语的浸润和感染,需要充分交流后的理性思考。传统媒体与新兴媒体的深度融合,可以充分发挥各自优势,使信息的沟通和意见的表达更为充分,观念的渗透更加广泛深入"①。

其二,政治传播主体的多元化问题。传统政治传播过程基本是单向或曰单维度的,就是说,传统政治传播主要是政府和精英阶层作为主体向整个社会的传播,传播主体是一元化的。而随着社会文明程度的进步,民众由只有义务可尽,毫无权利可讲的臣民,逐步成长为权利与义务对等的公民,公民观念与权利意识不断增长,政治传播的主体开始多元化,政治传播也逐步发展为一种双向互动的模式。"现在的政治传播不仅表现为党和政府向社会广泛传播执政理念、施政纲领、政府政策、改革方案等,也表现为广大民众向党和政府传达各种利益要求和愿望,广大民众、社会团体等都成了重要的政治传播主体。因为政治传播是一个双向互动的过程,所以在传播主体与客体之间也是相互转换的,在一定条件下是政治传播主体,而在另一条件下则是政治传播的客体。主体与客体之间的双向互动的目的就是企图影响对方的政治认知、政治态度与政治行为,以达到自己政治传播的目的。"②

政治传播主体的多元化与政治传播活动的双向互动,表面上看,带来了政治传播实践的许多新问题。比如,不同的主体主导的政治传播活动会由此

---

① 苏宝俊、李朝阳:《社会主义核心价值观的传播语境与路向》,《贵州省党校学报》,2016 年第 4 期。

② 刘远亮:《中国语境下的政治传播功能分析》,《东南传播》,2011 年第 12 期。

变得更加复杂：政治立场的不同、传播内容的不同、传播话语的不同等，从某些视角会看到由此导致的思想歧出、价值紊乱、取向繁杂等消极社会现象。因此，从总体上看，似乎对于在政治传播过程中传播和弘扬社会主义核心价值观及其体系很不利，对于全社会达成坚持社会主义政治发展道路的社会共识也似乎颇为不利。实则并非如此，我们不能如此简单地看待这些现象。

一是，各个政治传播主体的高度、广度与能量并非是等量齐观的，有强势主体、弱势主体之分，有主流、支流之分，因此其在政治传播实践过程中的影响力及所能实现的传播效果也是不能够等量齐观的。在这方面，强势政治传播主体显然优势是明显的。二是，不同政治传播主体所传播的内容对人与社会的价值和作用也有着明显的不同。在这里，显然那种传播对人与社会具有凝聚性、积极性的政治内容更会促使社会达成共识，会有更长期的吸引力。三是，在政治传播过程中，不同政治传播主体及其政治传播活动的存在，以及双向互动，对主流的政治传播主体及其政治传播活动具有不可替代的补充、借鉴、促进作用。特别是以社会主义核心价值观及其体系作为主要传播内容的传播主体，它的生命力也正是在与其他政治传播主体的比较与互动中才能更好地得到发挥。当代政治传播的多元化是不可推翻的事实存在，用老生常谈的话来说，它绝不仅仅是挑战，更是机遇。这并非虚言，而是事实如此。

其三，政治传播的创新问题。相较于传统社会的政治传播，当代政治传播从历史条件、社会环境到传播主体、传播媒介等都发生了巨大的变化。特别是在大众传播媒介方面，随着新科技层出不穷地发展，大众传播媒介成为最重要的传播媒介，其传播的速度、规模、方式、影响力都是空前的。有学者称当下为新媒体时代，所谓"新媒体"，"主要是指伴随卫星通信、数字化、多媒体和计算机网络等技术的发展而出现的新型传播媒介，包括跨国卫星多媒体广播电视、多频道有线电视、文字、音像的电子出版以及作为信息高速公路之雏形的互联网络等"。有人还将之称为"互联网+"时代①,也有学者更愿意用"全媒体"(omnimedia)这样的词汇,"如今,我们正在经历一个由媒介变革引领的全媒体时代。以网络传播为代表的媒介变革改变了政治传播的生态环境和传播走向,随之伴生新特征、新语境,又对社会政治结构与公民行为产生了传者日常化、中介功能化、受众选择自主化等链式影响"②。

基于"互联网+"时代的学术考察,有学者提出了当下政治传播的困境,这些困境都构成了对传统政治传播的挑战:一是信息来源多样化对一元思想的挑战;二是信息传输快捷化对政治传播管理的挑战;三是信息影响复杂化对社会控制的挑战;四是信息处理智能化对政治传播构建方式的挑战。③更有学者从政治意识引导的思考立场,举出了以互联网为代表的新技术对政治传播的巨大冲击,以及执政党和政府的措手不及。新兴技术的发展让思想传播的所有对象不再仅仅是被动的接受者,而且都瞬间成为具备主动"出击"的能力。该变化带来的冲击力给中国的经济、政治、社会、军事等各个方面都造成了突破政府政策计划预设的界限,其结果:一是,旧有的思想传播技术单纯对于由虚拟空间推动造成的政治对抗和思想裂变几乎毫无招架之力;二是,对于新兴信息技术浮于表面、应付设框式的政治应用,例如建立一个形式化的政府官方网站而不注意及时更新明示决策公开和实施绩效考评,或者设置形式化的网络互动平台,只顾删减不满意见而不作及时回应,也并非是对传播阵地的重视,并非是对政治意识引导的创新;三是,针对互联网等信息平台的监管在建章立制和技术更新上都仍有欠缺。执政党及政府依然在如何加

---

① 所谓"互联网+"时代,是由腾讯董事会主席兼CEO马化腾在2015年向全国人大提出的"互联网+"战略而引出的提法。"互联网+"战略就是利用互联网的平台,利用信息通信技术,把互联网和包括传统行业在内的各行各业结合起来,在新的领域创造一种新的生态。

② 邵培仁、张梦晗:《全媒体时代政治传播的现实特征与基本转向》,《探索与争鸣》,2015年第2期。

③ 参见秦红:《"互联网+"时代网络政治传播的困境与优化策略》,《湖北社会科学》,2016年第9期。

强监管上继续摸索。①

　　邵培仁等学者则指出,全媒体时代在政治传播方面的深刻变化表现在倡导者、中介、受众等方面:首先,政治传播的倡导者不再具有绝对优势,逐渐褪去封闭而坚硬的外壳,开始与流行文化联姻,呈现一种日常化的样态,但同时面临过度戏剧化的危险。其次,政治传播的中介不再只是信息的制作者、守门人,转而成为平台的提供者,通过公共空间的搭建,使各类致力于改进民主的努力得到实现。最后,政治传播的受众看似拥有了更多的参与选择权,但同时面临着理性公民主体性缺乏的尴尬。总体来说,国际范围内的政治传播在全球化和网络新媒体的促动下,正不断走向一个更日常化、更透明、更混杂和更具参与性的未来。②

　　无论是新媒体时代、"互联网+"时代,还是全媒体时代的提法,都表明了在当代政治传播中,网络政治传播已越来越成为主流传播渠道或方式。这对以坚持中国特色社会主义政治发展道路为目标的政治传播(政治社会化)提出了更高的要求。因此,政治传播的创新是自然而然的,不可避免的。例如,有学者针对"互联网+"时代的政治传播困境,从网络政治传播的诸多方面,提出了一系列优化策略:一是推进网络政治传播理论创新;二是加强网络政治传播平台建设;三是构建网络政治传播话语体系;四是加强党对网络政治传播的领导。③在网络政治传播越来越成为政治传播主流方式的条件下,政治传播的创新既是个系统性工程,又是个实践性工程。

　　有学者指出:"传播行为必须符合传播语境特征才能取得预期的传播效应,这是政治传播的基本规律。以社会治理为特征的政治语境,以多元共识为特征的社会语境和全媒体为特征的媒体语境,规定了社会主义核心价值

---

　　①　参见陈承新:《论当代中国政治意识引导》,中共中央党校博士学位论文,2012年。

　　②　参见邵培仁、张梦晗:《全媒体时代政治传播的现实特征与基本转向》,《探索与争鸣》,2015年第2期。

　　③　参见秦红:《"互联网+"时代网络政治传播的困境与优化策略》,《湖北社会科学》,2016年第9期。

观传播的基本路向。"①因此,站在以社会主义核心价值观及其体系为核心内容的政治传播角度,网络化条件下的政治传播应采用这样的基本路向:一是保持政治宣传与政治传播的适度张力;二是多种媒介融合创新;三是传播话语的日常化、形象化。②无疑,这些基本路向的提出,正是在网络等新媒体条件下,对社会主义核心价值观传播的创新性思考。这类思考还要在实践的推动下不断进行下去。

①② 苏宝俊、李朝阳:《社会主义核心价值观的传播语境与路向》,《贵州省党校学报》,2016 年第 4 期。

结　语

　　坚定不移走中国特色社会主义道路是历史的走向,也是中华民族在历史的振荡中作出的选择。然而有些观点需要关注:一是退回传统,以儒家思想指导中国的进步与发展, 在儒学传统的指导下进行制度构建和治国理政;二是用西方的政治经验裁量中国,凡是与西方政治规则不同的就是错误的。

　　关于传统文化,稍稍有点历史知识便能知晓,传统文化是在古代中国的历史语境中生成的,儒学是历史的产物,其合理性主要是历史合理性。当代中国经历了近代百年变迁,从 1840 年以后的"西学东渐"到 1919 年以后新民主主义革命论的提出, 中国人民在前所未有的大变局中历经诸多坎坷而作出了选择。从民主革命到社会主义革命是历史的选择,也是人的选择,兹可谓"顺天应人",复古倒退又怎么能行得通。这里说的"顺天应人"指的是符合历史与人的双向选择, 也是优秀传统文化与时代潮流即历史走向的最佳结合。

　　如果论者具有一定的历史感,那么就更应该知晓,任何形式的历史认识都是认知主体站在当下反观传统,必然带有认知主体自身的认识主体性和主观性。人类社会从来没有纯粹客观的历史认识。既然如此,人们的历史认知中就不可避免地带有一定程度的主观投射,将当下的主观理念和价值判断投射到历史事物上,为的是尽可能地接近历史事物的本来面目,而不是相反。同时,从传统中获得参照系,以便把握当下,展望未来。认识主体将自己的主观意愿完全代入认识对象本身,以至于替代了历史事物,或是替代了古人的思想,这是典型的主观投射过度,殊为论者所不取。复古倒退者以弘扬儒家文化为名义,实则以他们臆想的儒学替代中国的现代化,否定了近一个半世纪以来中国人的努力与进步,特别是对于改革开放以来的卓越成就视而不见,一厢情愿地要将社会主义中国拖回历史的陈迹中。在他们的视野中,中国特色社会主义政治道路显然是不存在的。这种思路、理念与作为背离了人类社会文明和社会主义政治文明,完全无视历史事实,其弊不言自明。

这里特别需要说明的是,否定以儒家思想指导当代中国政治发展并不是历史虚无,中华文化之优秀和隽永是毋庸置疑的。正如党的十九大报告指出的那样:"中华民族有五千多年的文明历史,创造了灿烂的中华文明,为人类作出了卓越贡献,成为世界上伟大的民族。"包括儒家思想在内的中国传统政治文化含有诸多优秀思想文化成果,这些优秀文化将为当代中国特色社会主义文化所借鉴和吸纳,成为新时代中国特色社会主义文化的重要组成部分。这一文化的主体是社会主义的,优秀传统文化的借鉴和吸纳是辅助性的,其中内含的价值和理念具有一定的普世性,与人类社会政治文明的基本价值及基本理念相契合。这也正是中国特色社会主义文化与中华优秀传统文化的价值所在。坚持走中国特色社会主义政治发展道路也正是在合理借鉴和吸纳了中华优秀传统文化的基础上达成的。

关于西方的政治经验,我们当然赞同西方文化在欧美国家从中世纪走向近代文明过程中起到了重要作用。而且相对西方资产阶级民主政治而言,虽然当下问题不少,但其政治理论和政治经验整体上仍然是成功的。但是西方政治经验的成功并不意味着适用于中国。事实上恰恰相反,中国的历史、文化和政治发展道路是独具特色的,与西方社会的历史、文化有着很大的不同。在这里我们作两点分析:

一是中西方的历史与文化差异很大，这是不争的事实。西方的"两希"（希腊、希伯来）文化传统与中国以儒家思想为主体的传统政治文化在政治价值系统、政治理念和政治观念意识方面有着太大的差异。我们并不是说中西方文化格格不入——中西方文化之间有些价值理念仍然是相近和相通的，而且"中国人民的梦想同各国人民的梦想息息相通"。这里说的是，中西方历史路向的差异使得二者在政治发展及文化理念方面展现的是两条道路。

中国古代社会在政治格局、制度构建和思想文化方面是具有高度理性的和相对完善的，自成体系并形成了内在的超稳定结构，得以维系君主政治数千年。只是在晚清被西方炮火轰开国门，被强行拖进近代社会。近代以前的中国创建出世界顶级的文明社会，其思想和文化的先进性甚至影响到 17 世纪欧洲的启蒙运动。朱杰勤在为朱谦之《中国哲学对欧洲的影响》一书的序言中介绍："启蒙运动大师如伏尔泰、莱布尼茨、蒯内及百科全书派等，通过耶稣会士的介绍，认识中国和孔子。在他们的著作中，表扬中国文化，称道中国的'仁君'和'仁政'，以及儒家以德教人的伦理思想，主张欧洲以中国为榜样，借此来批判旧制度下的欧洲政府、教会和社会。事实证明，18 世纪在物质文明和精神文明上，中国有许多方面是胜过欧洲的……启蒙时代是中国文化传入欧洲的极盛时代，也是中西文化交流史中一件承先启后的大事。"①

与中国的政教合一政治体制不同，欧洲古代社会是政教两分的。古希腊的城邦民主政治、罗马帝国多种政体合一的政治制度、中世纪的领主制、农奴制、贵族政治，均与中国传统社会相"左"，展现为另一种历史走向，西方近代以来的政治道路必然有别于中国。

换言之，中西方社会、政治与文化的历史性差异决定了在当代政治道路的选择上有所不同，这是客观存在，任何视而不见或是随意抹杀这种差别都是对历史和人类社会的不负责任，也是社会科学研究不应有的态度。

① 朱谦之：《中国哲学对欧洲的影响》，上海人民出版社，2006 年，第 1 页。

　　二是其他国家成功的经验并不能移植到另一个国家，中国只能走中国特色的政治道路。欧洲文化有着相近或相通的历史文化背景，但是各个族群仍然有其独自的文化特点传承。新教改革、文艺复兴和启蒙运动催动着资本主义生产方式的生成与兴盛，政治道路的指向无非是资产阶级民主政治，但依然有着具体的差异，表现为英、法、德等国的资产阶级民主革命的方式，君主立宪、总统制等政治体制构建均有所不同。文化同源尚且如此，况其不同乎！

　　西方国家的政治经验并不适合中国社会，生搬硬套必然带来混乱。合理的选择是从域外文化中，包括从西方文化中借鉴和吸取有益的内容，为我所用。中国传统文化原本就有着鲜明的包容性。事实上，一个民族的文化发展都会得益于域外文化的交流，不同民族文化之间的互动和交流，能极大地丰富本民族文化，凝结为卓越的成就。中国正是这样。中华民族的文化发展曾经吸收了诸多域外文明，包括周边游牧民族文化和西域、欧洲的文化，从而造就了盛唐、两宋文化的繁荣。改革开放以来学习西方等域外文化的热潮愈盛，在一定程度上为中国经济和社会发展提供了助力。在这样的过程中，特别需要警惕以西化替代现代化，无视中国国情和历史文化特点而一味崇洋，而是要坚定地走自己的路。

　　我们"必须坚定不移贯彻创新、协调、绿色、开放、共享的发展理念"，坚信"中国特色社会主义道路是实现社会主义现代化、创造人民美好生活的必由之路"，我们"既不走封闭僵化的老路，也不走改旗易帜的邪路，保持政治定力，坚持实干兴邦，始终坚持和发展中国特色社会主义"。中华优秀传统政治文化为新时代中国特色社会主义思想提供有益的借鉴与参照，为坚持走中国特色社会主义道路提供文化自信、理论自信，从而进一步强化了我们的道路自信。诚如党的十九大报告所指出的："我们走中国特色社会主义道路，具有无比广阔的时代舞台，具有无比深厚的历史底蕴，具有无比强大的前进定力。"

附 录

问卷样本

问卷编号

中国社会各阶层政治价值观调查问卷

先生/女士：

　　您好！

　　根据我院葛荃教授主持的国家重大招标课题（项目号：13&ZD008）研究的需要，我们正在对我国社会各阶层政治价值观的现状进行抽样调查，希望得到您的支持与合作。本调查不记姓名，选项也没有对错之分，调研结果完全用于学术研究，请根据您的实际情况和意愿填答，不必有任何顾虑。请直接在每道题中您认为合适的数字上打钩。完成问卷大约需要5~8分钟。

衷心感谢您的支持与合作！

山东大学政治学与公共管理学院

调研课题组

二〇一五年一月十日

单位地址:山东大学洪家楼校区一号楼

邮政编码:250100

联系电话:13589002585

联系人:楚成亚

样本概况

您的性别

		次数	百分比	有效的百分比	累积百分比
有效	男	597	49.5	50.0	50.0
	女	596	49.5	50.0	100.0
	总计	1193	99.0	100.0	
遗漏	系统	12	1.0		
总计		1205	100.0		

您的年龄

		次数	百分比	有效的百分比	累积百分比
有效	18 岁以下	42	3.5	3.5	3.5
	18—19 岁	169	14.0	14.1	17.6
	20—24 岁	228	18.9	19.1	36.7
	25—29 岁	115	9.5	9.6	46.3
	30—34 岁	72	6.0	6.0	52.3
	35—39 岁	83	6.9	6.9	59.3
	40—44 岁	164	13.6	13.7	73.0
	45—49 岁	191	15.9	16.0	89.0
	50—54 岁	54	4.5	4.5	93.5
	55—59 岁	21	1.7	1.8	95.3
	60—64 岁	9	0.7	0.8	96.1
	65—69 岁	20	1.7	1.7	97.7
	70 岁以上	28	2.3	2.3	100.0
	总计	1196	99.3	100.0	
遗漏	系统	9	0.7		
总计		1205	100.0		

您的文化程度

		次数	百分比	有效的百分比	累积百分比
有效	小学及以下	44	3.7	3.8	3.8
	初中	213	17.7	18.2	22.0
	高中或中专	249	20.7	21.3	43.3
	大专	162	13.4	13.9	57.1
	本科	464	38.5	39.7	96.8
	研究生	37	3.1	3.2	100.0
	总计	1169	97.0	100.0	
遗漏	系统	36	3.0		
总计		1205	100.0		

职业分类

		次数	百分比	有效的百分比	累积百分比
有效	1 国有企业经理	10	0.8	0.9	0.9
	2 私营企业主或经理	35	2.9	3.0	3.9
	3 企事业单位专业技术人员	120	10.0	10.3	14.2
	4 事业单位管理人员	46	3.8	3.9	18.1
	5 企业单位办公室工作人员	85	7.1	7.3	25.4
	6 工头或领班	19	1.6	1.6	27.0
	7 餐饮酒店娱乐业服务员	10	0.8	0.9	27.9
	8 工厂熟练工	47	3.9	4.0	31.9
	9 建筑环卫体力劳动者	36	3.0	3.1	35.0
	10 个体工商业	66	5.5	5.7	40.7
	11 农业生产者	78	6.5	6.7	47.3
	12 军/警人员	22	1.8	1.9	49.2
	13 党政机关干部	69	5.7	5.9	55.1
	14 退休人员	3.7	3.1	3.2	58.3
	15 城市无业失业半失业人员	18	1.5	1.5	59.9
	16 家庭妇女、自由职业者	213	17.7	18.3	78.1
	17 在校学生	255	21.2	21.9	100.0
	总计	1166	96.8	100.0	
遗漏	系统	39	3.2		
总计		1205	100.0		

1.作为一个中国人,您是否为中国的传统文化感到自豪?

非常自豪……1　　　　自豪……2　　　　说不清楚……3

不自豪……4　　　　根本不自豪……5

2. 您了解《论语》吗?

非常了解……1　　　　基本了解……2　　　　有点了解……3

不太了解……4　　　　没听说过……5

3.假如征求您对"《论语》进中小学课堂"的意见,您的态度是:

完全支持……1　　　　基本支持……2　　　　不确定……3

反对……4　　　　坚决反对……5

4.我国古代有一些为官治政之道,其中一些说法的大体意思列在了下表中。您对这些说法的态度分别是:

		全赞	赞同	不确定	不赞同	完全不
4a	国家最高统治者的权力应当不受任何限制,就像古代的皇帝那样。	1	2	3	4	5
4b	无论什么社会,上下级之间的尊卑关系都不能乱。	1	2	3	4	5
4c	政府应当轻刑薄赋,爱惜老百姓。	1	2	3	4	5
4d	道德对政治生活起决定作用,应当把道德教化作为治国的原则。	1	2	3	4	5

5.当您与朋友在一起的时候,你们经常讨论政治方面的问题吗?

经常讨论……1　　　　有时讨论……2　　　　很少讨论……3

从不讨论……4　　　　说不清……99

6.人们对工作中服从领导的指示有不同的意见:有人说即使不完全同意领导的意见也应该服从;另一些人说,只有确信领导的指示是正确的才能服从,您同意哪一种观点?

任何情况下都应服从领导……1　　　　　　要区分不同情况……2

必须先确信领导的指示是正确的……3　　　　不知道……99

7.老王、老张、老李是同村人，但个性不同。您对他们的态度分别是：

		很喜欢	喜欢	说不清楚	反感	很反感
7a	老王对政治丝毫不感兴趣，甚至不关心国家的惠农政策，梦想着过上与世隔绝的、完全自主的生活。	1	2	3	4	5
7b	老张关心国家大事，遵纪守法，认为老百姓就应该听政府的话。	1	2	3	4	5
7c	老李在村里是个活跃分子，经常琢磨着给政府提建议，到了人大代表选举的时候更积极。	1	2	3	4	5

8.下面哪一种说法更接近您对"民主"的理解？（限选一项）

民主就是一个国家要定期举行选举，并且通过几个政党的竞争选出国家领导人……1

民主就是一个国家的政府和领导人，要真正代表人民的利益，为人民服务，给人民带来实际利益……2

其他……3

9.下面哪种说法更接近您对"自由"的理解？（可多选）

自由就是信仰自由……1

自由就是可以批评政府……2

自由就是张扬自己的个性……3

自由就是想干什么就干什么……4

自由就是可以做法律没有禁止的任何事情……5

自由就是自己的生命和财产不受非法侵害……6

其他……7

不知道……99

10.下面哪些说法更接近您对法治的理解？（可多选）

法治就是司法公正……1　　　法治就是政府要守法……2

法治就是老百姓要守法……3　　　法治就是政府用法律对付老百姓……4

其他……5　　　　　　　　　不知道……99

11.请您给我国 5 年前、当前及未来 5 年的富强、民主、文明、和谐、自由、平等、公正、法治程度打分。分数范围 1~10 分，1 分表示"非常差"，数字越大表示越好，10 分表示"非常好"。请直接在数字上打钩。

	时间	分值										
富强	5 年前	1	2	3	4	5	6	7	8	9	10	11a1
	当前	1	2	3	4	5	6	7	8	9	10	11a2
	5 年后	1	2	3	4	5	6	7	8	9	10	11a3
民主	5 年前	1	2	3	4	5	6	7	8	9	10	11b1
	当前	1	2	3	4	5	6	7	8	9	10	11b2
	5 年后	1	2	3	4	5	6	7	8	9	10	11b3
文明	5 年前	1	2	3	4	5	6	7	8	9	10	11c1
	当前	1	2	3	4	5	6	7	8	9	10	11c2
	5 年后	1	2	3	4	5	6	7	8	9	10	11c3
和谐	5 年前	1	2	3	4	5	6	7	8	9	10	11d1
	当前	1	2	3	4	5	6	7	8	9	10	11d2
	5 年后	1	2	3	4	5	6	7	8	9	10	11d3
自由	5 年前	1	2	3	4	5	6	7	8	9	10	11e1
	当前	1	2	3	4	5	6	7	8	9	10	11e2
	5 年后	1	2	3	4	5	6	7	8	9	10	11e3
平等	5 年前	1	2	3	4	5	6	7	8	9	10	11f1
	当前	1	2	3	4	5	6	7	8	9	10	11f2
	5 年后	1	2	3	4	5	6	7	8	9	10	11f3
公正	5 年前	1	2	3	4	5	6	7	8	9	10	11g1
	当前	1	2	3	4	5	6	7	8	9	10	11g2
	5 年后	1	2	3	4	5	6	7	8	9	10	11g3
法治	5 年前	1	2	3	4	5	6	7	8	9	10	11h1
	当前	1	2	3	4	5	6	7	8	9	10	11h2
	5 年后	1	2	3	4	5	6	7	8	9	10	11h3

12.下表是一些有关政治问题的看法或做法,您对它们的态度是?

	完全同	同意	不确定	不同意	坚决不	
民主是最好的政府形式	1	2	3	4	5	12a
公共事务应当由多数人决定	1	2	3	4	5	12b
社会没必要容忍与多数人看法不同的政治观点	1	2	3	4	5	12c
宁愿生活在一个有秩序的社会中，也不能生活在自由太多而混乱的社会中	1	2	3	4	5	12d
不论一个人的政治信仰是什么，他都享有与别人相同的合法权利	1	2	3	4	5	12e
新闻机构应受法律保护，使其免受政府的迫害	1	2	3	4	5	12f
多党竞争对国家是有害的	1	2	3	4	5	12g
选举只是一种形式,没有实质意义	1	2	3	4	5	12h
国家不应该什么都管，有很多事情交给老百姓自己办会更好	1	2	3	4	5	12i
只有能给老百姓带来实际利益的政府才值得拥护	1	2	3	4	5	12j
权力太集中是腐败的根源	1	2	3	4	5	12k
在环境保护等全球性问题上，中国应与国际社会合作,该让步的就让步,该妥协的就要妥协	1	2	3	4	5	12l
善意地批评政府也是一种爱国行为	1	2	3	4	5	12m
法律应当体现公众利益和愿望	1	2	3	4	5	12n
大多数人遵守法律是因为害怕受到法律惩罚	1	2	3	4	5	12p
人人都应当维护法律的尊严	1	2	3	4	5	12q
自由比金钱更重要，为了自由可以牺牲财富	1	2	3	4	5	12r
国家应该承担更多的责任保障每个人的生活	1	2	3	4	5	12s
政府的行为必须受到法律约束	1	2	3	4	5	12t

13.在您看来,下面这些公民权利应该总是受到尊重还是要视情况而定?

		应该总是受到尊重(保护)	要视情况而定	不知道
13a	言论自由	1	2	3
13b	结社自由	1	2	3
13c	宗教信仰自由	1	2	3
13d	法律面前人人平等	1	2	3
13e	人身安全	1	2	3
13f	独特的文化、习俗	1	2	3
13g	财产权	1	2	3
13h	工作权	1	2	3
13i	选举(选举人大代表)权	1	2	3
13j	被(被选举为人大代表)选举权	1	2	3
13k	担任公务员	1	2	3
13l	受教育权	1	2	3
13m	选择居住在哪个城市	1	2	3
13n	过体面的生活	1	2	3
13p	隐私权	1	2	3

14.您觉得,担任党和政府领导人最重要的条件应当是什么?(限选两项)

清廉……1　　　　作风正派……2　　　　遵纪守法……3

实干……4　　　　善于处理上下级关系……5　　　　其他……6

不知道……99

15.下面是关于社会政治变革的三种基本态度,请您选出一种最能表达您的看法的观点:

应当通过革命彻底改变整个制度……1

应当通过改革实现社会的逐步改善……2

应当抵制所有试图颠覆现存社会的力量……3

不知道……99

16.下列两种说法中哪一个更接近您的想法?

A 自由和平等都很重要,如果必须选其一,那么个人的自由更重要。因为每个人都可以自由地生活和毫无阻碍地发展。

B 自由和平等都很重要,如果必须选其一,那么平等更重要。这意味着没有人处于无权地位,人与人之间没有明显差别。

同意说法 A……1　　　　　　都不同意或者视情形而定……2

同意说法 B……3　　　　　　不知道……99

17.下面列举的是一组未来十年我国总的发展目标,您认为这些目标中哪一个最重要? 哪一个第二重要?

	第一重要 17a	第二重要 17b	不知道
1 维持国内社会秩序	1	2	99
2 人民在重要的政府决策上有更多的发言权	1	2	99
3 控制物价上涨	1	2	99
4 保障言论自由	1	2	99
5 稳定的经济增长	1	2	99
6 生态环境得到根本改善	1	2	99

18. 下面列举的是一组未来十年我国政治发展的目标,您认为这些目标中哪一个最重要? 哪一个第二重要?

	第一重要 18a	第二重要 18b	不知道
1 扩大民主	1	2	99
2 实现平等	1	2	99
3 保障自由	1	2	99
4 实现法治	1	2	99
5 强化中央政府的权威	1	2	99
6 对外维护好国家利益	1	2	99

19.您主要通过哪些途径获得有关政治问题的认识?

		有重要影响	有影响	不确定	没有影响	完全没有影响
19a	家庭	1	2	3	4	5
19b	学校	1	2	3	4	5
19c	电视报纸	1	2	3	4	5
19d	互联网	1	2	3	4	5
19e	工作经历	1	2	3	4	5
19f	其他	1	2	3	4	5

20.一般来说,您认为大多数人是可以信任的,还是与人相处要越小心越好?

大多数人是可以信任的……1   要越小心越好……2

说不清……99

21.您的性别:

男……1   女……0

22.您的年龄:

18 岁以下……1   18~19 岁……2   20~24 岁……3

25~29 岁……4   30~34 岁……5   35~39 岁……6

40~44 岁……7   45~49 岁……8   50~54 岁……9

55~59 岁……10   60~64 岁……11   65~69 岁……12

70 岁以上……13

23.您的户口:

农村户口……1   城镇户口……2   其他……3

如果是农村户口,请问:(如果不是农村户口,直接到第 24 题)

23a. 您一年里有多少时间在外打工?

三分之一的时间……1   三分之二的时间……2

全年……3   不出外打工……4

23b.您去过多少个城市打工?

一个……1　　　　　两个……2　　　　　三个……3

三个以上……4　　　　在本地打工……5

23c.村里还有您的地吗?

没有承包地,只有宅基地……1　　　　有宅基地和少量承包地……2

什么都没有了……3

23d.打工收入在您家的总收入中占多大比例?

三分之一……1　　　　三分之二……2　　　　全部……3

24.您的政治面貌:

中共党员……1　　　　共青团员……2　　　　民主党派……3

无党派(群众)……4

25.您的文化程度

小学及以下……1　　　初中……2　　　　高中或中专……3

大专……4　　　　　本科……5　　　　　研究生……6

26.您的主要职业:

国有企业经理……1　　　　　　　　私营企业主或经理……2

企事业单位专业技术人员……3　　　事业单位管理人员……4

企业单位办公室工作人员……5　　　工头或领班……6

餐饮酒店娱乐业服务员……7　　　　工厂熟练工……8

建筑环卫等体力劳动者……9　　　　个体工商业……10

农业生产者……11　　　　　　　　军/警人员……12

党政机关干部……13　　　　　　　退休人员……14

城市无业、失业、半失业人员……15

其他(家庭妇女、学生、自由职业者等)……16

如果是公务员(党政机关干部),请问:(如果不是公务员,请直接跳到第

27题)

26a.您在机关工作了几年?

1—2 年……1	3—4 年……2	5—6 年……3
7—8 年……4	9 年以上……5	

26b.你现在的干部级别是:

科员……1	股级……2	副科……3
正科……4	副处……5	正处……6
正处以上……7	其他……8	

27.您家 2014 年的人均纯收入(元):

三千元以下……1	三千至五千……2	六千至一万……3
一两万至三万……4	四万至五万……5	六万至七万……6
八万至九万……7	十万及以上……8	

28.您的宗教信仰:

伊斯兰教……1	基督教……2	天主教……3
佛教……4	其他宗教……5	不信教……6

29.您认为自己属于哪一个社会阶层?

高层……1	中高层……2	中层……3
中低层……4	底层……5	不知道……99

30.在您的记忆中,您在童年时代是否经常吃不饱肚子?

是……1	不是……2	不知道……99

31.您是否曾经参与过,或可能会参与,或者在任何情况下都不会参与如下的活动?

	曾经参与过	可能会参与	永远不会参与	不知道
31a 与本单位(本村)或上级领导吵架	1	2	3	99
31b 在网上发帖评论时事政治	1	2	3	99
31c 制止破坏公共设施的行为	1	2	3	99
31d 抵制某个国家的产品	1	2	3	99

续表

	曾经参与过	可能会参与	永远不会参与	不知道
31e 投票选举人大代表	1	2	3	99
31f 状告某个政府部门	1	2	3	99
31g 打政府热线电话	1	2	3	99
31h 当"钉子户"	1	2	3	99
31i 罢工、罢课	1	2	3	99
31j 上访	1	2	3	99

32.您有出国(出境)的经历吗?

到境外旅游过……1 　　　到境外考察过……2

在境外学习过……3 　　　在境外工作过……4

到境外探过亲……5 　　　没有任何出国出境经历……6

33.把所有的情况都考虑进去,总的来说,您对自己近来的生活满意吗?

非常满意……1 　　　满意……2 　　　不确定……3

不满意……4 　　　很不满意……5

34.您觉着您在哪些方面与父母存在"代沟"?

宗教信仰……1 　　　道德原则……2 　　　对社会的看法……3

政治观点……4 　　　婚恋观念……5 　　　对金钱的态度……6

其他…… 7 　　　不知道……8

35.您最希望(将来)自己的孩子具有哪些方面的品质? 请从下列选项中选出最多5项。

品行端正……1 　　　独立性强……2 　　　勤奋……3

有责任心……4 　　　有想象力……5 　　　宽容和尊重他人……6

节俭……7 　　　有信仰……8 　　　不自私……9

听话……10 　　　其他……11

36.如果您批评政府,怕不怕遭报复?

很害怕……1 　　　有些怕……2 　　　不确定……3

不怕……4　　　　　完全不怕……5

37.您有什么特别想说的吗?

38.您对本问卷有什么意见或建议?

访问员填写部分

访问员姓名:

访问地点:_____省_____县(市)

访问时间:2015 年　　　月　　　日

一、采访对象的合作:

1.非常好　　　　　　2.好　　　　　　　　3.一般

4.不好　　　　　　　5.非常不好

二、采访开始以前,采访对象对这项研究的疑虑程度:

1.没有疑虑　　　　　2.有一些疑虑　　　3.非常疑虑

三、采访对象回答问题的可信程度:

1.完全可信　　　　　2.可信　　　　　　3.一般

4.不可信　　　　　　5.很不可信

四、总的来看,采访对象对访谈的感兴趣程度:

1.非常高　　　　　　2.高于一般水平　　3.一般水平

4.低于一般水平　　　5.非常低

五、采访时有无其他在场人员?

1.有　　　　　　　　2.没有

六、其他人在场是否影响了采访的质量?

1.是　　　　　　　　2.不是

七、其他你认为应该报告和说明的情况:

参考文献

一、古籍类

1.班固:《汉书》,中华书局,2007 年。

2.蔡尚思等:《谭嗣同全集》(增订本),中华书局,1981 年。

3.陈淳:《北溪字义》,中华书局,1983 年。

4.《陈确集》,中华书局,1979 年。

5.陈生玺辑:《政书集成》,中州古籍出版社,1996 年。

6.陈先初:《易白沙集》,湖南人民出版社,2008 年。

7.陈悦道:《书义断法》,四库全书本。

8.程珌:《洺水集》,四库全书本年。

9.《春秋繁露》,四库全书本。

10.戴明扬:《嵇康集校注》,中华书局,2014 年。

11.戴震:《戴东原集》,中华书局,1980 年。

12.戴震:《孟子字义疏证》,中华书局,1982 年。

13.范晔:《后汉书》,中华书局,2007 年。

14.范仲淹:《范文正公集》,四部丛刊初编本。

15.房玄龄等:《晋书》,中华书局,1974 年。

16.顾宝田、洪泽湖译注:《尚书译注》,吉林文史出版社,1995 年。

17.顾炎武:《日知录》,上海古籍出版社,2014 年。

18.官箴书集成编纂委员会:《官箴书集成》,黄山书社,1997 年。

19.《管子》百子全书本。

20.郭茂倩:《乐府诗集·琴曲歌辞》,上海古籍出版社,2016 年。

21.《国语》,四库全书本。

22.韩婴撰,许维遹校释:《韩诗外传集释》,中华书局,1980 年。

23.恒宽:《盐铁论》,安徽大学出版社,2012 年。

24.胡直:《宗子相集衡庐精舍藏稿》,上海古籍出版社,1993 年。

25.《淮南子》,中华书局,2009 年。

26.《皇明制书》,《续修四库全书》影明万历七年(1579 年),张卤刻本。

27.黄敦兵:《潜书校释》,岳麓书社,2011 年。

28.康有为:《大同书》,上海古籍出版社,2009 年。

29.《孔子家语》,四库全书本。

30.《礼记》十三经注疏本。

31.《李觏集》,中华书局,1981 年。

32.李上交:《近事会元》,中华书局,1991 年。

33.李延寿:《北史》,中华书局,1974 年。

34.李延寿:《北史》,中华书局,1974 年。

35.梁启超:《先秦政治思想史》,东方出版社,1996 年。

36.梁启超:《饮冰室合集》,中华书局,1941 年。

37.林之奇:《尚书全解》,四库全书本。

38.令狐德棻:《周书》,中华书局,2000 年。

39.令狐德棻:《周书》,中华书局,2000 年。

40.刘元卿:《诸儒学案》,四库存目丛书,影印明万历刻本。

41.《陆九渊集》,中华书局,1980 年。

42.《陆宣公集》，浙江古籍出版社，1988年。

43.《论语》十三经注疏本。

44.《罗汝芳集》，凤凰出版社，2007年。

45.马其昶：《韩昌黎文集校注》，上海古籍出版社，1986年。

46.马王堆汉墓帛书整理小组编：《战国纵横家书》，文物出版社，1976年。

47.《满洲实录太祖实录》，中华书局，1986年。

48.《孟子》十三经注疏本。

49.《墨子》百子全书本。

50.倪元璐：《倪文贞集》，四库全书本。

51.《欧阳德集》，凤凰出版社，2007年。

52.欧阳修，宋祁：《新唐书》，中华书局，1975年。

53.《尚书》十三经注疏本。

54.司马迁：《史记》，中华书局，2013年。

55.孙卫华：《明夷待访录校释》，岳麓书社，2011年。

56.孙绪：《沙溪集》，四库全书本。

57.《唐太宗集》，陕西人民出版社，1986年。

58.陶原良：《忠经详解》，续修四库全书本。

59.王定保：《唐摭言》，上海古籍出版社，2012年。

60.王夫之：《船山全书》，岳麓书社，2011年。

61.王夫之著，舒士彦点校：《读通鉴论》，中华书局，1975年。

62.王国珍：《释名语源疏证》，上海辞书出版社，2009年。

63.王聘珍：《大戴礼记解诂》，中华书局，1983年。

64.王钦若等编：《册府元龟》，中华书局，1960年。

65.王守仁：《阳明先生集要》，中华书局，2008年。

66.魏了翁：《鹤山先生全集》，上海商务印书馆，1936年。

67.吴兢：《贞观政要》，四库全书本。

68.武曌:《臣轨》,中华书局,1985 年。

69. 习凿齿:《汉晋春秋编辑》,商务印书馆,1937 年。

70.向宗鲁:《说苑校证》,中华书局,1987 年。

71.邢侗:《来禽馆集》,齐鲁书社,1997 年。

72.邢侗:《来禽馆集》,齐鲁书社,1997 年。

73.《荀子》百子全书本。

74.严可均辑:《孝经郑注》,中华书局,1985 年。

75.《盐铁论》,四库全书本。

76.阎振益、钟夏:《新书校注》,中华书局,2000 年。

77.颜之推:《颜氏家训》,中国华侨出版社,2014 年。

78.《晏子春秋》,诸子集成本。

79.杨继盛:《杨忠愍集》,四库全书本。

80.姚思廉:《梁书》,中华书局,1973 年。

81.姚政、邓启铜注释:《春秋公羊传》,南京大学出版社,2014 年。

82.叶适:《习学记言序目》,中华书局,1977 年。

83.易白沙:《帝王春秋》,岳麓书社,1984 年。

84.元好问:《遗山先生文集》,商务印书馆,1929 年。

85.原北平故宫博物院文献馆编:《清代文字档案明辟尹嘉铨标榜之罪谕》,上海书店出版社,2011 年。

86.岳阳译注:《鬼谷子》,中州古籍出版社,2008 年。

87.张艳国:《家训辑览》,武汉大学出版社,2007 年。

88.张养浩:《三事忠告》,四库全书本。

89.《张载集》,中华书局,1978 年。

90.章梫:《康熙政要》,中共中央党校出版社,1994 年。

91.赵汝愚:《宋名臣奏议》,四库全书本。

92.《周礼》十三经注疏本。

93.朱熹:《四书章句集注》,中华书局,1983 年。

94.《朱子全书》,上海古籍出版社、安徽教育出版社,2010 年。

95.《诸葛亮集》,中华书局,1960 年。

二、经典著作与文献类

1.《马克思恩格斯全集》(第 2 卷),人民出版社,1957 年。

2.《马克思恩格斯选集》(第四卷),人民出版社,1995 年。

3.《马克思恩格斯全集》(第 17 卷),人民出版社,1963 年。

4.《马克思恩格斯全集》(第 42 卷),人民出版社,1979 年。

5.《毛泽东选集》(第二卷),人民出版社,1991 年。

6.《毛泽东选集》(第三卷),人民出版社,1991 年。

7.《毛泽东选集》(第四卷),人民出版社,1991 年。

9.《毛泽东文集》(第三卷),人民出版社,1996 年。

10.《毛泽东文集》(第七卷),人民出版社,1999 年。

11.《毛泽东早期文稿》,湖南出版社,1990 年。

12.中共中央文献研究室:《毛泽东书信选集》,中央文献出版社,2003 年。

13.中共中央文献研究室编:《毛泽东传(1949—1967)》,中央文献出版社,2003 年。

14.《邓小平文选》(第二卷),人民出版社,1994 年。

15.《邓小平文选》(第三卷),人民出版社,1993 年。

16.中共中央统一战线工作部、中共中央文献研究室编:《邓小平论统一战线》,中央文献出版社,1991 年。

17.《陈云文选(一九五六——一九五八年)》,人民出版社,1986 年。

18.国务院法制办公室编:《中华人民共和国民政法典》,中国法制出版社,2011 年。

19.胡锦涛:《高举中国特色社会主义伟大旗帜 为夺取全面建设小康社会新胜利而奋斗》,人民出版社,2007年。

20.胡锦涛:《坚定不移沿着中国特色社会主义道路前进为全面建成小康社会而奋斗》,人民出版社,2012年。

21.《胡锦涛文选》(第二卷),人民出版社,2016年。

22.《经济研究参考资料》编辑部:《经济研究参考资料》,中国社会科学出版社,1981年。

23.《经济研究参考资料》编辑部:《经济研究参考资料》,中国社会科学出版社,1980年。

24.全国人大常委会办公厅、中共中央文献研究室:《人民代表大会制度重要文献选编》,中国民主法制出版社,2015年。

25.《人民日报社论全集》编写组:《人民日报社论全集:全面建设社会主义时期》(一),人民日报出版社,2013年。

26.《三中全会以来重要文献选编》(上),人民出版社,1982年。

27.《三中全会以来重要文献选编》(下),人民出版社,1982年。

28.《孙中山选集》,人民出版社,2011年。

29.《乌兰夫传》编写组:《乌兰夫传(1906—1988)》,中央文献出版社,2007年。

30.习近平:《决胜全面建成小康社会 夺取新时代中国特色社会主义伟大胜利——在中国共产党第十九次全国代表大会上的报告》,人民出版社,2017年。

31.中共中央党史研究室:《中国共产党历史大事记(1919.5—2005.12)》,中共党史出版社,2006年。

32.中共中央纪律检查委员会、中共中央文献研究室:《习近平关于党风廉政建设和反腐败斗争论述摘编》,中央文献出版社,2015年。

33.中共中央文献研究室:《建党以来重要文献选编》(第15册),中央文献出版社,2011 年。

　　34.中共中央文献研究室:《建党以来重要文献选编》(第 21 册),中央文献出版社,2011 年。

　　35.中共中央文献研究室:《建党以来重要文献选编》(第 25 册),中央文献出版社,2011 年。

　　36.中共中央文献研究室:《建党以来重要文献选编》(第 18 册),中央文献出版社,2011 年。

　　37.中共中央文献研究室:《建党以来重要文献选编》(第 12 册),中央文献出版社,2011 年。

　　38.中共中央文献研究室:《建党以来重要文献选编》(第 11 册),中央文献出版社,2011 年。

　　39.中共中央文献研究室:《建国以来重要文献选编》(第 5 册),中央文献出版社,2011 年。

　　40.中共中央文献研究室:《建国以来重要文献选编》(第 9 册),中央文献出版社,2011 年。

　　41.中共中央文献研究室:《建国以来重要文献选编》(第 1 册),中央文献出版社,2011 年。

　　42.中共中央文献研究室:《十八大以来重要文献选编》(上册),中央文献出版社,2014 年。

　　43.中共中央文献研究室:《十二大以来重要文献选编》(上册),中央文献出版社,2011 年。

　　44.中共中央文献研究室:《十六大以来重要文献选编》(上册),中央文献出版社,2011 年。

　　45.中共中央文献研究室:《十六大以来重要文献选编》(下册),中央文献出版社,2011 年。

　　46.中共中央文献研究室:《十六大以来重要文献选编》(中册),中央文献出版社,2011 年。

47.中共中央文献研究室:《十七大以来重要文献选编》(上册),中央文献出版社,2013 年。

48.中共中央文献研究室:《十三大以来重要文献选编》(上册),中央文献出版社,2011 年。

49.中共中央文献研究室:《十四大以来重要文献选编》(上册),中央文献出版社,2011 年。

50.中共中央文献研究室:《十五大以来重要文献选编》(上册),中央文献出版社,2011 年。

51.中共中央宣传部:《习近平总书记系列重要讲话读本》,学习出版社、人民出版社,2016 年。

52.中国社会科学院近代史研究所近代史资料编译室主编:《陕甘宁边区参议会文献汇辑》,知识产权出版社,2013 年。

53.中国社会科学院近代史研究所中华民国史研究室:《孙中山全集》(第二卷),中华书局,1982 年。

54.中央文献研究室:《人民代表大会制度重要文献选编(四)》,中央文献出版社,2015 年。

55.中央文献研究室:《人民代表大会制度重要文献选编》(一),中央文献出版社,2015 年。

三、中文著作类

1.艾永明:《清朝文官制度》,商务印书馆,2003 年。

2.白文刚:《中国古代政治传播研究》,中国社会科学出版社,2014 年。

3.蔡放波主编:《中国行政制度史》,武汉大学出版社,2009 年。

4.常建华:《宗族志》,上海人民出版社,1998 年。

5.陈家刚主编:《基层治理》,中央编译出版社,2015年。

6.陈来:《宋明理学》(第二版),华东师范大学出版社,2003年。

7.陈来:《中华文明的核心价值:国学流变与传统价值观》,生活·读书·新知三联书店,2015年。

8.陈谦:《中国古代政治传播思想研究》,中国社会科学出版社,2009年。

9.陈晓律:《在传统与变革之间——英国文化模式溯源》,浙江人民出版社,1991年。

10.陈寅恪:《金明馆丛稿二编》,上海古籍出版社,1980年。

11.楚成亚:《变迁、分化与整合:当代中国政治文化实证研究》,山东大学出版社,2009年。

12.邓正来:《布莱克维尔政治制度百科全书》(新修订版),中国政法大学出版社,2011年。

13.方朝晖:《文明的毁灭与新生:儒学与中国现代性研究》,中国人民大学出版社,2011年。

14.冯达文、郭齐勇:《新编中国哲学史》(上),人民出版社,2004年。

15.冯天策:《宗教论:当代重大理论和现实问题研究》,山东人民出版社,2005年。

16.甘怀真:《皇权、礼仪与经典诠释:中国古代政治史研究》,华东师范大学出版社,2008年。

17.葛荃:《走出王权主义藩篱——中国传统政治文化研究》,天津人民出版社,2017年。

18.郭齐勇、郑文龙编:《杜维明文集》(第5卷),武汉出版社,2002年。

19.郭庆光:《传播学教程》,中国人民大学出版社,1999年。

20.贺麟:《文化与人生》,商务印书馆,1988年。

21.黄勇军:《儒家政治思维传统及其现代转化》,岳麓书社,2010年。

22.黄铸:《构建中国统一战线理论的学术话语体系》,人民日报出版社,

2010 年。

23.江荣海:《传统的拷问——中国传统政治文化的现代化研究》,北京大学出版社,2012 年。

24.李道湘、于铭松:《中华文化与民族凝聚力》,中央编译出版社,2007 年。

25.《李光耀回忆录(1965—2000)》,新加坡联合早报出版,2000 年。

26.李光耀:《40 年政论选》,现代出版社,1996 年。

27.李零:《郭店楚简校读记》,中国人民出版社,2007 年。

28.李小红、张如安:《中国古代廉政思想简史》,中国方正出版社,2011 年。

29.李艳丽:《政治亚文化——影响当代中国政治发展的特殊因素分析》,武汉大学出版社,2008 年。

30.李元书:《政治体系中的信息沟通——政治传播学的分析视角》,河南人民出版社,2005 年。

31.林军:《俄罗斯外交史稿》,世界知识出版社,2002 年。

32.刘广明:《宗法中国》,上海三联书店,1993 年。

33.刘泽华等:《中国古代政治思想史》,南开大学出版社,2001 年。

34.刘泽华:《中国的王权主义》,上海人民出版社,2000 年。

35.刘泽华:《中国政治思想史集》,人民出版社,2008 年。

36.刘泽华:《中国政治思想通史·综论卷》,中国人民大学出版社,2014 年。

37.《鲁迅全集》(第 6 卷),人民出版社,2005 年。

38.陆学艺:《当代中国社会阶层研究报告》,社会科学文献出版社,2002 年。

39.闾小波:《中国近代政治发展史》,高等教育出版社,2003 年。

40.吕元礼:《新加坡为什么能》(上),江西人民出版社,2007 年。

41.吕元礼:《政治文化:转型与整合》,江西人民出版社,1999 年。

42.吕增奎主编:《民主的长征:海外学者论中国政治发展》,中央编译出版社,2011 年。

43.罗国杰、夏伟东:《以德治国论》,中国人民大学出版社,2004 年。

44.罗振建、吴文华:《统一战线学研究》,重庆出版社,2005年。

45.马克垚主编:《世界文明史》(中),北京大学出版社,2004年。

46.闵琦:《中国政治文化——民主政治难产的社会心理因素》,云南人民出版社,1989年。

47.潘维、廉思主编:《中国社会价值观变迁30年》,中国社会科学出版社,2008年。

48.潘一禾:《观念与体制:政治文化比较研究》,学林出版社,2002年。

49.钱穆:《国史大纲》,商务印书馆,2010年。

50.钱穆:《中国文化史导论》(修订版),商务印书馆,2004年。

51.任剑涛:《后革命时代的公共政治文化》,广东人民出版社,2008年。

52.邵汉明:《中国文化研究30年》(中卷),人民出版社,2009年。

53.孙晓春:《中国传统政治哲学》,吉林人民出版社,2003年。

54.孙正甲:《政治文化:心态、观念、价值及其演进》,北方文艺出版社,1992年。

55.佟德志主编:《比较政治文化导论——民主多样性的理论思考》,高等教育出版社,2011年。

56.王乐理:《政治文化导论》,中国人民大学出版社,2000年。

57.王浦劬:《政治学基础》(第2版),北京大学出版社,2006年。

58.王玉波:《历史上的家长制》,人民出版社,1984年。

59.夏曾佑:《中国古代史》,河北教育出版社,2000年。

60.萧公权:《中国政治思想史》,商务印书馆,2013年。

61.肖群忠:《孝与中国文化》,人民出版社,2001年。

62.徐大同:《中国传统政治文化讲论》,江苏人民出版社,2015年。

63.徐勇:《中国农村村民自治》,华中师范大学出版社,1997年。

64.徐宗华:《现代化的政治文化维度》,人民出版社,2007年。

65.许和隆:《冲突与互动:转型社会政治发展中的制度与文化》,中山大学出版社,2007 年。

66.许纪霖编选:《现代中国思想史论》(下),上海人民出版社,2014 年。

67.宣朝庆:《泰州学派的精神世界与乡村建设》,中华书局,2010 年。

68.阎照祥:《英国政治制度史》,人民出版社,1999 年。

69.杨开道:《中国乡约制度》,商务印书馆,2015 年。

70.杨开道:《中国乡约制度》,商务印书馆,2015 年。

71.杨阳:《王权的图腾化——政教合一与中国社会》,浙江人民出版社,2000 年。

72.叶文龙:《统战文化概论》,华文出版社,2007 年。

73.张凤阳等:《政治哲学关键词》,江苏人民出版社,2006 年。

74.张宏石:《联盟及联盟之后》,时事出版社,2014 年。

75.张明澍:《中国人想要什么样的民主》,社会科学文献出版社,2013 年。

76.赵渭荣:《转型期的中国政治社会化研究》,复旦大学出版社,2001 年。

77.中共中央统战部等:《中国统一战线教程》,中国人民大学出版社,2013 年。

78.周鸿铎:《政治传播学概论》,中国纺织出版社,2005 年。

79.朱日耀主编:《中国古代政治思想史》,吉林大学出版社,1988 年。

四、中译海外学者著作

1.[美]阿尔蒙德和维巴:《公民文化》,徐湘林译,东方出版社,2008 年。

2.[英]安德鲁·海伍德:《政治学核心概念》,吴勇译,天津人民出版社,2008 年。

3.[美]保罗·S.芮恩施:《平民政治的基本原理》,罗家伦译,吉林出版集团有限责任公司,2010 年。

4.[英]伯特兰·罗索:《西方的智慧》(下),文化艺术出版社,1997 年。

5.[美]布占姆等:《美国的历程》(下册),商务印书馆,1988年。

6.[日]岛田虔次:《中国近代思维的挫折》,甘万萍译,江苏人民出版社,2005年。

7.[日]岛田虔次:《中国思想史研究》,邓红译,上海古籍出版社,2009年。

8.[美]狄百瑞:《儒家的困境》,黄水婴译,北京大学出版社,2009年。

9.[法]托克维尔:《论美国的民主》,董果良译,商务印书馆,1988年。

10.[日]沟口雄三:《中国的思想》(修订版),赵士林译,中国财富出版社,2012年。

11.[美]郝大维、安乐哲:《先贤的民主》,何刚强译,江苏人民出版社,2004年。

12.[美]亨廷顿、哈里森:《文化的重要作用——价值观如何影响人类进步》,程克雄译,新华出版社,2002年。

13.[美]亨廷顿:《难以抉择:发展中国家的政治参与》,汪晓寿等译,华夏出版社,1989年。

14.[英]霍布斯:《利维坦》,黎思复、黎廷弼译,商务印书馆,2010年。

15.[英]基思·福克斯:《政治社会学》,陈崎等译,华夏出版社,2008年。

15.[美]加布里埃尔·A.阿尔蒙德:《当代比较政治学:世界视野》,上海人民出版社,2010年。

17.[美]加布里埃尔·A. 阿尔蒙德、小 G. 宾厄姆·鲍威尔:《比较政治学:体系、过程和政策》,上海译文出版社,1987年。

18.卡尔·雅斯贝斯:《历史的起源与目标》,魏楚雄、俞新天译,华夏出版社,1989年。

19.[美]科恩:《论民主》,聂崇信等译,商务印书馆,2005年。

20.[英]克里斯·布朗等主编:《政治思想中的国际关系学:从古希腊到一战的文本》,王文等译,上海人民出版社,2011年。

21.[美]莱斯利·里普森:《政治学的重大问题》,华夏出版社,2001年。

22.[美]利希巴赫:《比较政治:理性、文化和结构》,储建国译,中国人民出版社,2008 年。

23.[美]露丝·本尼迪克特:《文化模式》,王炜等译,生活·读书·新知三联书店,1988 年。

24.[美]罗兹曼主编:《中国的现代化》,比较现代化课题组译,江苏人民出版社,1995 年。

25.[德]马克斯·韦伯:《社会科学方法论》,中央编译出版社,2005 年。

26.[美]迈克尔·布林特:《政治文化的谱系》,卢春龙、袁倩译,社会科学文献出版社,2013 年。

27.[美]普特南:《使民主运转起来》,王列、赖海榕译,江西人民出版社,2001 年。

28.[英]乔纳森·沃尔夫:《政治哲学导论》,王涛、赵荣华、陈任博译,吉林出版有限责任公司,2009 年。

29.[美]塞缪尔·亨廷顿:《变化社会中的政治秩序》,生活·读书·新知三联书店,1988 年。

30.[美]塞缪尔·亨廷顿:《文明的冲突与世界秩序的重建》,新华出版社,2002 年。

31.[俄]Вл. 索洛维约夫等:《俄罗斯思想》,浙江人民出版社,2000 年。

32.[美]西摩·马丁·李普塞特:《政治人——政治的社会基础》,上海人民出版社,1997 年。

33.[美]伊斯顿:《政治生活的系统分析》,王浦劬等译,华夏出版社,1999 年。

34.[德]约恩·吕森:《思考乌托邦》,张文涛等译,山东大学出版社,2010 年。

35.[英]詹姆斯·布赖斯:《现代民治政体》(上、下册),吉林人民出版社,2001 年。

五、论 文 类

1.安宁、张敏：《谈青少年社会主义核心价值观教育方法创新——以 3 个典型案例为分析样本》，《中国青年研究》，2015 年第 5 期。

2.白文刚：《政治传播在中国古代政治中的地位与作用》，《哈尔滨工业大学学报》（社会科学版），2013 年第 2 期。

3.本刊记者：《马克思主义是科学性与阶级性的有机统一体——访中国社会科学院马克思主义研究院特聘研究员赵明义》，《马克思主义研究》，2006 年第 11 期。

4.曹高丁：《论现代政治体系中的政治录用》，《胜利油田党校学报》，2012 年第 5 期。

5.曹任何、丁知平、周巍：《行政文化与政治文化概念的比较分析》，《学术论坛》，2004 年第 3 期。

6.曹任何、丁知平、周巍：《行政文化与政治文化概念的比较分析》，《学术论坛》，2004 年第 3 期。

7.陈殿林：《论社会主义核心价值体系的自洽性》，《长江论坛》，2007 年第 3 期。

8.陈慧平：《论开放性对社会主义核心价值体系的重要性》，《中国矿业大学学报》（社会科学版），2016 年第 3 期。

9.陈家刚：《协商民主：概念、要素与价值》，《中共天津市委党校学报》，2005 年第 3 期。

10.陈谦：《传播、政治传播与中国古代政治传播制度体系》，《广西社会科学》，2006 年第 1 期。

11.陈寿灿、傅文：《儒家德治的思想内涵，历史价值与现代意义》，《人文杂志》，2005 年第 2 期。

12.陈文滨:《论西方近现代议会政治的中世纪基础》,《江西科技师范学院学报》,2005 年第 6 期。

13.陈永森:《儒家的民本思想与王权主义》,《江西社会科学》,2001 年第 8 期。

14.陈尤文:《中国行政文化流变及其特征》,《上海行政学院学报》,2003 年第 4 期。

15.成良斌、李晓立、王炎坤:《中外科技奖励制度的主要区别》,《科学技术与辩证法》,1998 年第 10 期。

16.程广丽:《"威权政治"评析及其启示》,《辽宁大学学报》(哲学社会科学版),2016 年第 1 期。

17.程惠霞、杜奎霞:《论传统政治社会化途径及其现代借鉴意义》,《聊城大学学报》(社会科学版),2003 年第 2 期。

18.程竹汝、郭燕来:《当代中国政治发展模式研究综述》,《学术界》,2010 年第 5 期。

19.崔浩:《马克思主义政治参与观及其实践意义》,《毛泽东邓小平理论研究》,2011 年第 8 期。

20.代金平、殷乾亮:《宗教政治组织合法化、政党化现象分析》,《当代世界》,2009 年第 8 期。

21.董春华:《社会主义核心价值观建构的理论路径选择》,《陕西社会主义学院学报》,2013 年第 3 期。

22.樊浩:《中国社会价值共识的意识形态期待》,《中国社会科学》,2014 年第 7 期。

23.房宁:《科举制与现代文官制度——科举制的现代政治学诠释》,《战略与管理》,1996 年第 6 期。

24.费世军、杨易军:《论公务员考试录用歧视的法律规制》,《邵阳学院学报》,2016 年第 3 期。

25.费孝通:《反思·对话·文化自觉》,《北京大学学报》(哲学社会科学版),1997 年第 3 期。

26.高伟浓、汪鲸:《政治传统、宗教和殖民历史对东南亚民主政治的影响——以菲律宾和马来西亚为例》,《东南亚南亚研究》,2009 年第 4 期。

27.高小平:《创新行政管理体制和机制建设服务型政府》,《中国行政管理》,2008 年公务创新专刊年。

28.葛荃:《教化之道:传统中国政治社会化路径析论》,《政治学研究》,2008 年第 5 期。

29.葛荃:《行政文化与行政发展管见》,《中国行政管理》,2007 年第 9 期。

30.龚敏:《论近代欧洲的新君主政治》,《湘潭师范学院学报》,1989 年第 1 期。

31.郭刚:《社会主义核心价值体系"三个向度"分析》,《中共福建省委党校学报》,2012 年第 8 期。

32.韩玉胜:《"宋明乡约"乡村道德教化展开的历史逻辑》,《伦理学研究》2014 年第 2 期。

33.韩玉圣:《中国古代乡约道德教化精神的理性审视及现代性重塑》,《云南社会科学》,2014 年第 3 期。

34.韩志明:《行政文化的功能及其实现机制》,《学习论坛》,2014 年第 4 期。

35.贺文涛:《浅析英国政治制度特点及其政治文化》,《现代交际》,2016 年第 8 期。

36.胡敏中:《论价值共识》,《哲学研究》,2008 年第 7 期。

37.胡新生:《礼制的特性与中国文化的礼制印记》,《文史哲》,2014 年第 3 期。

38.黄蓉生、白显良:《社会主义核心价值体系的政治功能浅论》,《马克思主义研究》,2014 年第 6 期。

39.黄义英:《中国传统民生理论的特点分析》,《广西社会科学》,2010 年第 8 期。

40.贾乾初:《愚夫愚妇:平民儒学语境中的"人"——基于政治文化立场的考察》,《文史哲》,2013 年第 2 期。

41.江亦丽:《宗教对当代印度政治的影响》,《南亚研究》,1992 年第 1 期。

42.蒋淑波:《论德治与法治的良性互动及其实现条件》,《理论探讨》,2001 年第 4 期。

43.金太军:《论中国传统政治文化的政治社会化机制》,《政治学研究》,1999 年第 2 期。

44.荆学民、施惠玲:《政治与传播的视界融合:政治传播研究五个基本理论问题辨析》,《现代传播》,2009 年第 4 期。

45.孔庆江、郭帅:《〈中国入世议定书〉解释:逻辑自洽性有可能吗?》,《国际法研究》,2014 年第 3 期。

46.孔祥林:《孔子"忠"的意义及其当代价值》,《孔子研究》,2003 年第 4 期。

47.赖黎明:《马克思主义政治文化的社会化探析》,《华中农业大学学报》(社会科学版),2007 年第 2 期。

48.李朝晖:《中国改革 25 年:谁分享其利》,《当代中国研究》,2003 年第 4 期。

49.李春成:《孝行与官德:公德与私德间关系的案例分析》,《复旦学报》,2010 年第 3 期。

50.李培林、李炜:《近年来农民工的经济状况和社会态度》,《中国社会科学》,2010 年第 1 期。

51.李鹏飞:《传统行政文化的结构、功能和价值开掘》,《四川行政学院学报》,2004 年第 1 期。

52.李小宁:《统一战线学学科建设情况的整体思考》,湖南省社会主义学院学报,2012 年第 6 期。

53.李元书:《政治传播学的产生与发展》,《政治学研究》,2001 年第 3 期。

54.李战胜、傅安洲、阮一帆：《二战后联邦德国政治文化转型研究》，《理论月刊》，2010 年第 4 期。

55.梁丽萍：《现代社会宗教的政治参与及其对政治稳定的影响》，《当代世界与社会主义》，2007 年第 2 期。

56.刘爱玲：《魏晋时期的门阀世族》，《前沿》，2004 年第 1 期。

57.刘华景：《开放性：社会主义核心价值观的内在逻辑属性》，《青岛农业大学学报》，2013 年第 4 期。

58.刘华景：《社会主义核心价值体系建设的现代性论析》，《北京青年政治学院学报》，2012 年第 3 期。

59.刘佩峰：《政治传播：行政管理的运作过程》，《党政干部论坛》，2001 年第 5 期。

60.刘师培：《儒学法学分歧论》，《国粹学报》，1907 年第 7 期。

61.刘维政：《传统行政文化的创新对行政伦理建设的启示》，《内蒙古财经学院学报》（综合版），2008 年第 5 期。

62.刘维政：《传统行政文化的创新对行政伦理建设的启示》，《内蒙古财经学院学报》（综合版），2008 年第 5 期。

63.刘新庚：《关于统一战线学科界定的理论思考》，《江西社会科学》，2013 年第 1 期。

64.刘燕燕：《集体仪式与社会主义核心价值认同——基于两个案例的启示》，"中国优秀硕士论文全文数据库"，"社会科学 I 集"，2011 年第 S1 期。

65.刘远亮：《中国语境下的政治传播功能分析》，《东南传播》，2011 年第 12 期。

66.鲁子问：《国家治理视野的考选制度改革》，《当代世界与社会主义》，2009 年第 2 期。

67.陆自荣：《儒家礼制中的和谐追求》，《北京理工大学学报》（社会科学版），2006 年第 1 期。

68.吕其昌:《美国宗教及其对政治的影响》,《国际论坛》,2003 年第 1 期。

69.栾淳钰、付洪:《中国传统乡约的现代审视》,《理论学刊》2016 年第 2 期。

70.罗建振:《统一战线学研究简述》,《河北省社会主义学院学报》,2006 年第 3 期。

71.罗志田:《科举制废除在乡村中的社会后果》,《中国社会科学》,2006 年第 1 期。

72.莫岳云:《统一战线学科体系建设若干问题初探》,《广东省社会主义学院学报》,2012 年第 4 期。

73.牛霞飞、郑易:《美国政治文化的特点及其对政治制度稳定性的影响》,《世界经济与政治论坛》,2016 年第 5 期。

74.欧东明:《印度近代宗教改革中的世俗化倾向》,《南亚研究季刊》,2002 年第 4 期。

75.欧阳辉纯:《论"忠"的道德内涵》,《齐鲁学刊》,2013 年第 3 期。

76.彭怀祖:《我国国家荣誉制度建设的回顾与展望》,《南通大学学报》(社会科学版),2017 年第 1 期。

77.秦永洲、韩帅:《中国旌表制度溯源》,《山东师范大学学报》(人文社会科学版),2007 年第 6 期。

78.邱小玲:《论公共权力视闭下的官德建设》,《道德与文明》,2010 年第 4 期。

79.阮博:《论社会主义意识形态的话语自洽性及其建设》,《探索》,2013 年第 3 期。

80.上官酒瑞:《整合多元价值:社会主义核心价值体系的基本诉求》,《理论导刊》,2008 年第 6 期。

81.邵宏伟:《战后日本新宗教参与政党政治的方式、动因及其认识》,《佛学研究》,2008 年第 17 期。

82.施雪华:《论传统君主专制政治向现代代议民主政治转变的过程、机理和动因》,《武汉大学学报》(哲学社会科学版),2005 年第 4 期。

83.施雪华、孙发锋:《对中国特色社会主义政治发展道路的理论探索——关于中国政治发展的动力、方式、途径和手段》,《马克思主义研究》,2009 年第 4 期。

84.宋文慧:《明代乡约的发展与乡治实践》,《广西社会科学》2016 年第 5 期。

85.宋云高、梁琨:《中国传统文化与统一战线的关系》,中央社会主《义学院学报》,2009 年第 6 期。

86.苏宝俊、李朝阳:《社会主义核心价值观的传播语境与路向》,《贵州省党校学报》,2016 年第 4 期。

87.苏颖:《政治传播系统的结构、功能与困境分析——基于政治结构—功能分析方法的视角》,《东南传播》,2009 年第 5 期。

88.孙国良:《行政文化的含义、作用及发展趋势探析》,《湖北经济学院学报》(人文社会科学版),2014 年第 2 期。

89.孙国良:《行政文化的含义、作用及发展趋势探析》,《湖北经济学院学报》(人文社会科学版),2014 年第 2 期。

90.陶蕾韬:《多元文化发展中社会主义核心价值观认同的困境与应对》,《求索》,2016 年第 6 期。

91.铁明太:《多元文化与社会主义核心价值观关系研究》,《求索》,2016年第 5 期。

92.万俊人:《"德治"的政治伦理视角》,《学术研究》,2001 年第 4 期。

93.王滨:《美国的宗教文化与政治》,《学术论坛》,2008 年第 6 期。

94.王成:《董仲舒"忠"思想研究》,《山东社会科学》,2005 年第 3 期。

95.王沪宁:《转变中的中国政治文化结构》,《复旦大学学报》,1988 年第 3 期。

96.王军:《中国传统文化精髓在促进和推动统一战线发展中的作用》,

《统战理论与实践》，2007 年第 5 期。

97.王为：《论以政治制度为基础的现代政治文化》，《教学与研究》，2014年第 1 期。

98.王彦敏：《以色列宗教政党政治演变探析》，《理论学刊》，2011 年第 10 期。

99.吴立群：《传统社会治理中的价值认同实践——以科举制与旌表制为例》，《宁夏大学学报》（人文社会科学版），2015 年第 6 期。

100.吴欣：《宗族与乡村社会"自治性"研究——以明清时期苫山村落为中心》，《民俗研究》，2010 年第 1 期。

101.谢长法：《乡约及其社会教化》，《史学集刊》1996 年第 3 期。

102.谢珍珍：《引导非公有制经济人士践行社会主义核心价值观》，《福建省社会主义学院学报》，2016 年第 1 期。

103.熊必军：《关于文化统战的几点思考》，湖南省社会主义学院学报，2007 年第 3 期。

104.徐奉臻：《英国政治现代化的历程及特点》，《史学月刊》，2004 年第 10 期。

105.徐光寿：《简论社会主义核心价值观的包容性》，《思想政治课研究》，2015 年第 1 期。

106.徐可、游丽：《浅议英国政治文化的形成发展与本质特点——保守主义与激进主义的融合》，《湖北师范学院学报》（哲学社会科学版），2007 年第 3 期。

107.徐斯勤：《当代中国政治研究理论建构问题的一个案例》，《中国书评》（香港），1995 年 11 月总第 8 期。

108.徐万胜：《宗教与战后日本政党政治》，《世界经济与政治》，1999 年第 6 期。

109.徐小凤：《对伊斯兰政党现象的一点思考》，《当代世界与社会主义》，2004 年第 4 期。

110.薛忠义、刘舒、李晓颖:《当代中国政治传播研究综述》,《政治学研究》,2012 年第 5 期。

111.燕继荣:《论宗教改革与现代西方政治文化的关系》,《学习与探索》,1993 年第 5 期。

112.杨晓敏、叶启绩:《社会主义核心价值观的多元动态结构与现实表达》,《山东社会科学》,2015 年第 2 期。

113.叶姝静:《社会主义核心价值观的文化多元性》,《湖北经济学院学报》(人文社会科学版),2015 年第 6 期。

114.袁兆霆:《美国联邦制的形成及其演变》,《历史研究》,2010 年第 4 期。

115.张国启:《论社会主义意识形态的逻辑自洽性及其当代意义》,《马克思主义研究》,2011 年第 11 期。

116.张建伟:《变法模式与政治稳定性》,《中国社会科学》,2003 年第 1 期。

117.张康之:《论社会治理中的法治与德治》,《学术论坛》,2003 年第 5 期。

118.张燮飞:《福建统战文化建设与文化统战工作的理论与实践》,《中国统一战线》,2012 年第 2 期。

119.张颖、蒋连华:《实现科学发展 促进社会和谐——论新世纪统一战线的时代特征》,《中央社会主义学院学报》,2011 第 5 期。

120.赵林:《英国宗教改革与政治发展》,《学习与实践》,2006 年第 7 期。

121.赵世超:《中国古代等级制度的起源与发展》,《陕西师范大学学报》,2016 年第 1 期。

122.赵耀:《政党政治录用的中西比较及启示》,《攀登》,2012 年第 2 期。

123.周俊华:《中国行政文化的历史传统与现代重构》,《云南行政学院学报》,2007 年第 5 期。

124.周晓虹:《改革开放以来中国社会心态的变迁》,《中国社会科学辑刊》,2009 年第 1 期。

125.周中之:《社会主义核心价值理论建构研究》,《思想理论教育》,2013

年第 7 期。

126.朱鸿林:《一道德,同风俗——乡约的理想与实践》,《读书》2016 年第 10 期。

127.朱孝远:《国家主权与现代政治秩序之基——德国的宗教改革与国家教会关系演变》,《人民论坛·学术前沿》,2014 年第 10 期。

六、硕博生学位论文

1.王丽:《国大党的兴衰与印度政党政治的发展》,华东师范大学博士学位论文,2005 年。

2.陈凤娟:《政治社会发展中的宗教因素分析》,山西大学硕士学位论文,2010 年。

3.吕月英:《宗教对当代印度政治的影响》,《河北师范大学硕士学位论文》,2004 年。

4.王璇:《东西文化的融合与会通:新加坡政治价值与政治发展问题研究》,中共中央党校硕士学位论文,2008 年。

5.薛嵬:《基督教对美国政党制度的影响》,东北大学硕士学位论文,2011 年。

6.左彩金:《伊斯兰教与当代土耳其政党政治研究》,河北师范大学硕士学位论文,2004 年。

7.张科:《中国特色社会主义民主政治发展道路研究》,中共中央党校博士学位论文,2015 年。

8.宋黎明:《中国共产党的政治传播机制研究》,中共中央党校博士学位论文,2007 年。

9.邢丽芳:《儒家教化及其有效性研究——先秦至西汉时期》,南开大学博士学位论文,2014 年。

10.程启学:《中国特色社会主义行政文化建设研究》,河北师范大学博士学位论文,2011 年。

七、外文文献

1.Yun-han Chu,Larry Diamand,Andrew J. Nathan & Doh Chull Shin(ed). *How East Asians View Democracy.* Columbia University Press,2008.

2.Inglehart. *Human Values and Believes:A Cross -Cultural Sourcebook.* The University of Michigan Press,1998.

3.Lawrence E. Harrison,*Underdevelopment Is a State of Mind:the Latin American Case,*University Press of America,1985.

4.Peter R.Moody,Jr.. Political Culture and the Study of Chinese Politics. *Journal of Chinese Political Science,*(2009)14.

5.Steve Chan. Chinese Political Attitudes and Values in Comparative Context:Cautionary Remarks on Cultural Attributions. *Journal of Chinese Political Science,*vol.13,no.3,2008.

6.Marshall,T. H.,*Class,Citizenship and Social Development,*University of Chicago Press,1964.

7.Solinger,Dorothy J.,*Contesting Citizenship in Urban China,*University of California Press,1999.

8.White,Gordon,*Riding the Tiger:The Politics of Economic Reform In Post-Mao China,*Stanford University Press,1993.

9.White,Gordon et.,*In Search of Civil Society,Market Reform and Social Change in Contemporary China,*Clarendon Press,1996.

10.Dorothy J. Solinger,China's Urban Transients in the Transition From Socialism and the Collapse of the Communist"Urban Public Goods Regime", *Comparative Politics,*January 1995.

11.Moore,Mick.,Economic Structure and the Politics of Sectoral Bias:East Asian and Other Cases. *Journal of Development Studies*,29(4)1993.

后　记

2013年获批国家社科基金重大项目《中国传统政治文化与坚持走中国特色社会主义政治发展道路研究》,欣喜之余,也深感责任重大。中国传统文化诚如习近平总书记在党的十九大报告中指出的,确有极为丰富的优秀内容, 当代中国特色社会主义的发展已然从传统文化中有所借鉴和吸纳,但是如何把握研究课题的主体逻辑,梳理其间的内在关联,却是一个重大的理论创新。为此,课题组邀请政治学界著名学者莅临山东大学,为项目开题,整合思路,以把握课题要点与难点。

成果形成初稿后,再次邀请多位学界著名专家进行审议,提出修改建议。与会专家对研究成果作了充分肯定,同时也提出了中肯的修改建议。课题组在专家们的指导下,再次锤炼主题,凝聚创新点,调整结构,对研究成果的整体提升起到了积极的促动作用。为此,课题组对王浦劬教授、高建教授、桑玉成教授、孙晓春教授、杨阳教授、郁建兴教授、王韶兴教授给予本课题的热心关注和悉心指导深表谢意!

课题组分工如下(以章节为序):

导　论:葛荃;

第一章:蒋锐;

第二章:葛荃;

第三章:蒋锐、高建明;

第四章:王成、王露;

第五章:王成、辛美君、杨萍;

第六章:王成、高杨、丁凌;

第七章:楚成亚;

第八章:贾乾初、蒲业虹;

第九章:贾乾初;

结　语:葛荃。

感谢国家社科基金委的有关领导,感谢山东大学相关领导,感谢山东大学政管学院诸位同仁。同时感谢课题组的所有成员,以及所有帮助我们的学界朋友们!

本项成果的出版得到天津人民出版社的鼎力相助,为此特别感谢王康总编、责编郑玥女士和王琤女士、特约编辑王倩女士,感谢她们的热忱、付出与辛劳!

课题组首席专家:葛荃

2018 年 5 月 14 日